Neue Architektur, Berlin 1990–2000
New Architecture, Berlin 1990–2000

jovis

Neue Architektur, Berlin 1990–2000
New Architecture, Berlin 1990–2000

Herausgegeben vom / Edited by
Förderverein Deutsches Architektur Zentrum, Berlin

jovis

©2000 by jovis Verlagsbüro Berlin und den Bildrechtegebern

Erstauflage © 1997 by jovis Verlagsbüro Berlin und den Bildrechtegebern

Herausgeber: Förderverein Deutsches Architektur Zentrum, Berlin

Autor: Martin Kieren

Redaktion: Sybille Fanelsa, Benedikt Hotze, Carl Steckeweh, Jochen Visscher

Redaktionsassistenz: Maike Wulff
Recherche: Björn Bossmann, Patrick Großmann
Korrektur: Patrick Diekelmann, Alexa Geisthövel, Ulrike Lippe, Wiepke van Aaken, Yamin von Rauch
Übersetzung: Victor Dewsbery

Layout und Umschlag: Lisa Neuhalfen, Berlin

Satz und Lithographie: Reschke & Steffens, Berlin

Druck und Bindung: DBC Druckhaus Berlin-Centrum, Berlin

jovis Verlagsbüro
Kurfürstenstraße 15/16
D-10785 Berlin

ISBN 3-931321-82-7

Inhalt / Contents

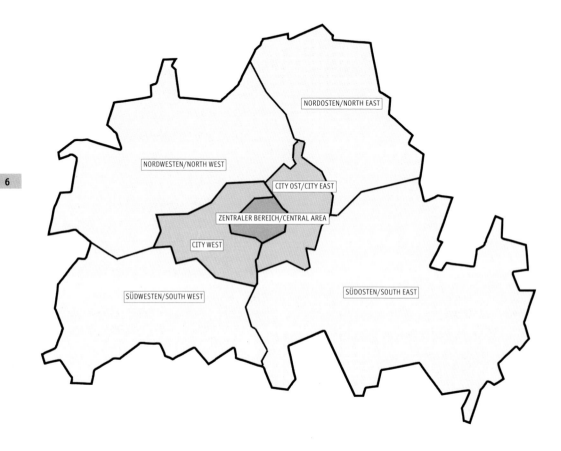

Vokabular / Vocabulary

Adresse / location	Bauherr, Investor / investor
Verkehrsverbindungen / transport connections	Nutzung / use
Bezirk / district	Bruttogeschoßfläche / gross floor area
Architekturbüro / architects	Bauzeit / construction period

Akademie / academy
Atelier / studio
Ausstellungshalle / exhibition hall
Bahnhof / station
Bank / bank
Bezirksamt / local council offices
Bibliothek / library
Botschaft / embassy
Büro / office
Diakoniestation / church social welfare station
Doppelsporthalle / double sports hall
EDV-Zentrale / EDP centre
Einkaufszentrum / shopping centre
Einzelhandel / retail trade
Fachhochschule / polytechnic
Festsaal / hall
Feuerwehrstützpunkt / fire station
Galerie / gallery
Gastronomie / gastronomy
Gedenkstätte / memorial
Gesundheitszentrum / health centre
Gewerbe / trade
Gymnasium / high school
Hochschule / college, university
Hörsaal / lecture theatre
Hotel / hotel
Industrieanlagen / industrial plant
Institutsräume / institute rooms
Jugendfreizeitheim / youth centre
Kindertagesstätte / kindergarten
Kino / cinema
Kleinkunstzentrum / cabaret centre
Kommunikationszentrum / communication centre
Krankenhaus / hospital

Küchengebäude / catering building
Laden / shop
Lehrwerkstätten / training workshops
Markt / market
Mensa / university canteen
Müllverbrennungsanlage / waste incineration plant
Museum / museum
Oberstufenzentrum / upper school centre
Orchesterprobenraum / orchestra rehearsal room
Parkhaus / multi-storey car park
Prüfhalle / testing hall
Rathaus / town hall
Regionalbahnhof / regional railway station
Saal / room
Sanitäranlagen / sanitary facilities
Saunaanlage / sauna facility
Schule / school
Schwimmbad / swimming pool
Seminar / seminar
Sendezentrum / broadcasting centre
Seniorenheim / old people's home
Sporthalle / sports hall
Studentenwohnheim / student residence
Tagungsraum / conference room
Tankstelle / petrol station
Therapiebad / therapy pool
Umkleidegebäude / changing facilities
Umspannwerk / transformer station
Verwaltung / administration
Werkstatt / workshop
Wohnen / living, housing
Wohnstätte / location

Berlin war in der Nachkriegszeit trotz seiner Teilung und Insellage viele Jahre Experimentierfeld und Ideenschmiede für neue Architektur und zukunftsweisenden Städtebau. Über vierzig Jahre konnten im Westen wie im Osten Projekte entwickelt werden, die andernorts vermutlich nicht möglich gewesen wären, der Stadtentwicklung im geteilten Land aber maßgebliche Anstöße gegeben haben.

Daß sich nach der Wende 1989 die Bedingungen ganz besonders in Berlin ändern würden, war allen Fachleuten klar. Aus zwei Hälften muß nun wieder ein Ganzes werden, eine Metropole europäischen Maßstabs, die nach dem Beschluß des Deutschen Bundestages vom 20. Juni 1991 wieder Regierungssitz werden sollte – trotz mancher peinlich anmutenden Diskussionen mit Argumenten für das Provisorium Bonn. Berlin wird sich zum geistigen, kulturellen und politischen Zentrum Deutschlands entwickeln und eine besondere Stellung zwischen Ost und West in Europa einnehmen.

Ob es gelingt, Berlin zur Hauptstadt Deutschlands werden zu lassen, zu einer wirklichen, mit anderen europäischen Hauptstädten vergleichbaren Metropole, wird nicht so sehr von den Bauten oder der Architektur abhängen, sondern vielmehr von dem Geist und der Atmosphäre, die sich in Berlin entwickeln wird, sowie der Toleranz und der Kraft, allgegenwärtiger kultureller und politischer Provinzialität zu entgehen und von dem Mut zum Experiment, zur multikulturellen Öffnung und zur ständigen Beweglichkeit.

Der Geist sucht sich zu materialisieren und findet die Form seiner Behausung – auch in Städtebau und Architektur. Das Engagement all derer, die in Berlin investieren und bauen, zeigt nicht nur Vertrauen in die zukünftige wirtschaftliche Kraft dieser Stadt, sondern auch die Überzeugung, daß sich hier die einzigartige Gelegenheit bietet, dabei zu sein, wenn sich eine ganz andere urbane Qualität als in den übrigen deutschen Städten entwickelt. Zunächst allerdings entsprachen die städtebaulichen und politischen Voraussetzungen nicht immer diesen Erwartungen. Unter dem großen Druck schnell zu handeln, um dringende Bedürfnisse, aber auch politische Erwartungen und Versprechen zu erfüllen, blieb zunächst keine Zeit für grundlegende städtebauliche Überlegungen. Erst das »Planwerk Innenstadt« des Senats bot perspektivische Überlegungen an, die allerdings in endlosen Diskussionen zu verschwimmen drohen.

Die Öffnung der Mauer leitete eine weitere städtebauliche Entwicklung ein, die andere Großstädte bereits schmerzlich erfahren hatten: die Suburbanisierung. Erstmals nach dem Mauerbau muß Berlin Ende der neunziger Jahre Bevölkerungsverluste hinnehmen. Der Wunsch nach dem Häuschen im Grünen, im preiswerte-

In spite of the division of the city and its island-like position, Berlin was an experimental centre and a source of ideas on new architecture and progressive urban development for many years after the war. For over 40 years, projects were developed in both West and East which would probably not have been possible elsewhere, but which gave decisive impulses to urban development and architecture throughout the divided country.

It was clear to all the experts that conditions would change particularly drastically in Berlin after the fall of the Berlin Wall in 1989. Two halves must now be joined to make a whole, a single metropolis on a European scale, which was declared as the future parliamentarian capital by the German Bundestag on 20th June 1991 – in spite of a number of rather embarrassing discussions and arguments for the provisional capital in Bonn. Berlin will develop to become the intellectual, cultural and political centre of Germany and will have a special position between East and West in Europe.

Whether Berlin will succeed in becoming the capital city of Germany, a real metropolitan city that is comparable with other European capitals, will depend not so much on its buildings and its architecture, but rather on the spirit and atmosphere that develop in Berlin, on the tolerance and strength to break out of the omnipresent provincial cultural and political mentality, on experimental boldness, multi-cultural openness and constant adaptability. The spirit strives to express itself in material ways and clothe itself in form – including the forms represented by urban development and architecture. The involvement of all those who invest and build in Berlin not only shows confidence in the future economic virility of the city, it also reflects the conviction that here is a unique opportunity to be part of the development of an urban quality that will be completely different from other cities in Germany. Initially, however, the urban development and political conditions did not always match up to these expectations. Under the immense pressure to act quickly to meet urgent needs and fulfil political expectations and promises, there was no time for fundamental reflection on urban development. It was only the »inner city plan« of the Senate that offered a conceptual perspective, although it is in danger of getting bogged down in endless discussions.

The fall of the Berlin Wall was the start of another development in urban planning which other major cities have already painfully experienced: suburbanisation. For the first time since the Berlin Wall was built, the population of Berlin is decreasing at the end of the 1990s. The desire for a house in the countryside, in lower-priced peripheral areas, is draining the city and running counter to the Senate's inner city plan, which aimed to increase the density of the inner city areas through an increased use for

ren Umland, fordert seinen Tribut – kontraproduktiv gegenüber dem »Planwerk Innenstadt«, das eine Nachverdichtung der Innenstadtbereiche vor allem durch Wohnnutzung anstrebt. Wenn es nicht gelingt, die Bewohner in der Stadt zu halten, ja sogar Wohnnutzung in großem Maßstab wieder in die Innenstadt zurückzuführen, werden alle anderen urbanen Überlegungen obsolet. Suburbane Kultur ist virtuell und findet rezeptiv über die Medien statt. Ganz abgesehen von den infrastrukturellen Problemen, die gesamtgesellschaftlich und ökologisch zu Buche schlagen.

Die neue Architektur der Hauptstadt wird also von strukturellen städteplanerischen Überlegungen und Lösungen abhängig sein. Dafür sind politische, planungspolitische Entscheidungen erforderlich, die weit über die bisherigen Denkmuster und Leitbilder hinausgehen müssen. Es wird vom politischen Engagement auch der Architekten und Planer abhängen, inwieweit der Quantensprung zur Hauptstadt gelingt.

Bei der Herausgabe der ersten Auflage dieses Buches hatten wir nicht erwartet, daß es bereits nach kürzester Zeit vergriffen sein würde. Die Neuauflage bietet jetzt die Gelegenheit, die Auswahl der Projekte zu überprüfen und im Sinne der vorher genannten Überlegungen zu ergänzen. Die kommenden Veranstaltungen zur Architektur in Berlin – Urban 2000 als Fortsetzung der Konferenz Habitat II und des Weltkongresses der Union Internationale des Architectes UIA 2002 – machen es notwendig, auch den Besuchern aus anderen Ländern die neuen Bauten der Hauptstadt kritisch zu dokumentieren und vorzustellen.

»Anteil zu nehmen an den Dingen der Stadt« (Perikles), sich der res publica der Architektur mitverantwortlich anzunehmen, ist Ziel und Aufgabe des Bundes Deutscher Architekten BDA und des auf seine Initiative entstandenen Deutschen Architektur Zentrums DAZ als Forum der am Planen und Bauen Beteiligten in Deutschland. Aus dieser Verpflichtung ist das Gemeinschaftsprojekt dieses Buches entstanden.

Die Auswahl der Bauten und Projekte bereitete in Anbetracht der großen Anzahl geplanter und bereits fertiggestellter Bauten große Probleme. Ein Anspruch auf Vollständigkeit ließ sich nicht realisieren und war auch nicht beabsichtigt. Vielmehr wurde Wert auf die kritische Würdigung beispielhafter Bauten und die Darstellung von architektonischen Tendenzen gelegt. Das Urteil über unsere subjektive Auslese bleibt den Lesern überlassen. Die Publikation soll sie vor allem zum Aufsuchen der dargestellten Bauten ermuntern und zum Nachdenken darüber anregen, wie Berlin den neuerlichen Versuch, wieder Hauptstadt zu sein, bewältigt.

Andreas Gottlieb Hempel

residential purposes. If it is not possible to keep the inhabitants in the city and re-establish residential use in inner city areas again, all other urban planning concepts will become obsolete. Suburban culture is a virtual culture which largely occurs receptively through the media quite apart from the infrastructure problems which affect the wider social context and the environment.

The new architecture of the capital city will therefore depend on structural urban planning concepts and solutions. That requires political and planning decisions which must go far beyond the thought patterns and principles that have been applied so far. The political involvement of architects and planners will be a significant factor which will influence the ability of the city to achieve the quantum leap to becoming a capital city.

When we published the first edition of this book, we did not expect that it would be sold out after a very short time. This new edition offers us the opportunity to check the selection of projects and to supplement it in accordance with the above considerations. The coming events on architecture in Berlin – »Urban 2000« as a continuation of the conference »Habitat II« and the world congress of the Union Internationale des Architectes UIA 2002 – make it necessary to produce a critical documentation and presentation of the new buildings in the German capital which is also accessible to visitors from other countries.

»Participating in the affairs of the city« (Pericles), sharing in the responsibility for the res publica of architecture, is the goal and task of the Association of German Architects (BDA) and the German Architecture Centre (DAZ) which was founded at the initiative of the BDA as a forum for those participating in the planning and construction process in Germany. The joint project expressed in this book is a product of this sense of obligation.

In view of the large number of new building projects planned and completed, the selection of the buildings and projects to be published caused major problems. It was not possible to make any claim to completeness, and this was not the goal of those involved in the project. Instead, the emphasis was placed on a critical appraisal of exemplary buildings and a presentation of architectural trends. A final judgement on our subjective selection must be made by the readers of this book. The publication especially aims to encourage readers to visit the buildings shown and to reflect on how Berlin is dealing with the current goal of being a capital city again.

Andreas Gottlieb Hempel

Info-Box

Leipziger Platz 21 (temporär) | U2, S1, 2, 25, 26 Potsdamer Platz | 10117 Mitte

Der weithin sichtbare Pavillon dient der Information von Besuchern, die sich einen Überblick über das Baugeschehen rund um den Potsdamer und den Leipziger Platz verschaffen wollen. Das temporäre Gebäude, es soll etwa bis zum Jahre 2005 stehenbleiben, erhebt sich auf ausbetonierten, 40 Zentimeter starken Stahlrohren und beginnt erst in acht Metern Höhe. Auf diese Ebene führen Stahltreppen, die zwischen den Diagonalverstrebungen liegen oder aber an zwei Außenseiten hochführen und durch Stege mit dem Baukörper verbunden sind. Von diesen balkonartigen Stegen aus kann man sich einen ersten Überblick über die verschiedenen Baustellen und fast fertiggestellten Bauten verschaffen. Die Unterkonstruktion erlaubt ein Auskragen der großen roten ›Stahlkiste‹, in der auf drei Etagen verschiedene Nutzungen untergebracht sind. Das auf einem Stahl-Beton-Verbundtragwerk basierende Gebäude hat ein Raster von 7,5 mal 9 Metern. Die Abmessungen betragen 23 Meter in der Höhe, 62,5 Meter in der Länge und 15 Meter in der Breite. Der zur Baustelle gelegene Teil beherbergt die allgemeinen Räume, im ersten Obergeschoß einen Laden, darüber einen Veranstaltungsraum und im dritten Obergeschoß ein Café mit Ausblick auf die Baustellen. Im anderen Teil befinden sich die drei Ausstellungsebenen. Die Wände in Riegel-Pfosten-Konstruktion sind außen mit roten Stahlblechen verkleidet. Die verschieden großen Fensteröffnungen legen die offene Struktur des Gebäudes frei. Die übereck liegenden Fenster, die abstrakte Behandlung der Fassadenhaut und die aufgestelzte Konstruktion lassen eine dem Ort angemessene futuristische, frische und architektonisch anregende Atmosphäre aufkommen.

This red pavilion, which can be seen from a distance, was designed to provide information for visitors who want to gain an impression of the progress of the building work around Potsdamer Platz and Leipziger Platz. The temporary structure, which is planned to remain in place until about the year 2005, stands on concrete-filled steel tubes of 40 cm diameter, and the building itself only begins at a height of eight metres. The visitor reaches this level via perforated steel stairs which lie between the diagonal girders, or via two staircases which lead up the outside of the building and are linked with the building by walkways. From these walkways, which are like balconies in their structure, the visitor can gain an overview of the various building sites and nearly finished buildings. The sub-structure permits the large red ›steel box‹, which has different uses on three storeys, to overhang. The building, which is based on a steel and concrete composite sub-structure, has a module size of 7.5 by 9 metres. Its overall size is 23 metres in height, 62.5 metres in length and 15 metres in width. The part facing the building site contains the general rooms, i.e. a shop on the first upper storey, over that a room for meetings, and above that a café which gives a view of the building sites. The other part contains the three exhibition storeys. The walls are a beam and post construction which is clad on the outside with red steel sheeting. The windows of various sizes reveal the open structure of the building. The window corners, the abstract treatment of the façade and the construction on stilts create a futuristic, fresh and architecturally stimulating atmosphere which is in keeping with the site.

Schneider + Schuhmacher, Frankfurt/Main ◆ Baustellenlogistik Potsdamer Platz ☞ Informationspavillon ⊞ 2.230 m² ♠ 1995

Park Kolonnaden (A+T Projekt) / Parc Colonnades, Potsdamer Platz

Köthener Straße | U2, S1, 2, 25, 26 Potsdamer Platz | 10936 Tiergarten

Der fünf Gebäude umfassende Komplex erstreckt sich vom Potsdamer Platz bis zur Bernburger Straße zwischen Link- und Köthener Straße. Nach einem städtebaulichen Entwurf des Architekten Giorgio Grassi interpretieren die einzelnen Baublöcke die tradierte geschlossene Blockbebauung Berlins. Der Kopfbau Schweger & Partner am Potsdamer Platz (Haus 1) soll mit seiner gerundeten Eckform und der über alle Geschosse reichenden Glasfassade an die Form der Vorkriegsbebauung erinnern: an das ›Haus Vaterland‹. Hinter der neungeschossigen Klimafassade sind ausschließlich Büroeinheiten untergebracht. Mit den Häusern 2 und 3 interpretiert Giorgio Grassi sein eigenes städtebauliches Konzept. Auf einem jeweils H-förmigen Grundriß erheben sich große geschlossene Baukörper mit Lochfassaden, die aus roten Ziegeln, gelbem Sandstein und dunkelgrünen Fensterelementen bestehen. Im Erdgeschoß verbindet ein Arkadengang die Häuser mit dem folgenden Haus 4 von Jürgen Sawade. In allen drei Gebäuden sind in den Normalgeschossen nur Büroeinheiten untergebracht, mit unterschiedlich zueinander schaltbaren Räumen. Der geforderte Anteil von 20% Wohnungen befindet sich ausschließlich im Haus 5 der Architekten Diener & Diener. Bei diesem Gebäude wird die Lochfassadensystematik von Grassi und Sawade unterbrochen: Große Loggien bilden gleichsam die gitterartig erscheinende Fassade, die ebenfalls aus roten Ziegeln gemauert ist. Rhythmus und Stellung der Häuser zueinander und das einheitlich verwendete Fassadenmaterial binden den Komplex an eine gemeinsame, ursprünglich städtebauliche und architektonische Idee eines großstädtischen dichten Komplexes.

This complex consists of five buildings and stretches from Potsdamer Platz to Bernburger Strasse between Linkstrasse and Köthener Strasse. Following an urban planning design by the architect Giorgio Grassi, the individual blocks are an interpretation of the traditional closed block structure of Berlin. The building at the Potsdamer Platz end (building 1) is by Schweger & Partner, and with its rounded corner shape and the glass facade spanning all storeys it is intended to recall the form of the pre-war building, »Haus Vaterland«. Behind the air-conditioned nine-storey facade, the building contains purely office accommodation. In buildings 2 and 3, Giorgio Grassi interprets his own urban planning concept. Each building is set on an H-shaped ground layout and has a large wall area with a perforated façade structure consisting of red brick, yellow sandstone and dark green window elements. On the ground floor, an arcade-style passage links the buildings with the next building (building 4) designed by Jürgen Sawade. All three buildings contain only office space on the normal storeys, with rooms which can be connected in various ways. The required 20% of residential space is contained entirely in building 5 by the architects Diener & Diener. In this building, the perforated facade system by Grassi and Sawade is interrupted: large balconies dominate the lattice-type facade, which also consists of red bricks. The rhythm of the buildings, their spatial interaction and the uniform facade material combine the complex into a shared architectural identity as a compact inner city complex.

⌲ Gesamtkonzept: Giorgio Grassi, Mailand/Schweger + Partner, Hamburg/Giorgio Grassi, Mailand/Jürgen Sawade, Berlin/ Diener & Diener Architekten, Basel ↔ A + T Projektentwicklungsgesellschaft & Co. Potsdamer Platz Berlin KG, Heidelberg (Beteiligungsgesellschaft von ABB und Terreno) ☞ Läden, Büros, Wohnungen ⊞ ca. 20.000 m² ⚒ 1998-2000

Büro- und Geschäftshaus / Office and shopping building, Potsdamer Platz

Alte Potsdamer Straße/Potsdamer Straße | U2, S1, 2, 25, 26 Potsdamer Platz | 10785 Tiergarten

Das Gebäude besetzt die nördliche Spitze des Daimler-Chrysler-Areals. Gemeinsam mit dem von Renzo Piano entworfenen Bürohaus bildet es eine Art Torsituation zur Alten Potsdamer Straße, die durch das Areal hindurchführt. Eine weitere Torsituation läßt es, gemeinsam mit dem Sony-Turm von Helmut Jahn, zur Potsdamer Straße hin entstehen. Das Gebäude ist Teil des Hochhausensembles, das den Potsdamer Platz auf der Westseite einfaßt. Sammelt sich die Baumasse zum Potsdamer Platz hin zu einem hoch aufragenden Turmhaus mit einer sich verjüngenden Spitze, so ist es auf das ganze Grundstück bezogen eine Dreiecksfigur mit abtreppenden Gebäudeteilen. In den Seitenstraßen (Alte und Potsdamer Straße) paßt sich das Gebäude somit den Traufhöhen der niedrigeren Bebauung an. Zwischen diesen Gebäudeflügeln liegt ein glasüberdachtes Atrium, das zugleich Verteilerfunktionen für die Innenerschließung übernimmt. In den unteren Geschossen sind Läden, in den darüber befindlichen Büroräume untergebracht. Die Stahlbetonkonstruktion ist mit rotbraunen Klinkern verkleidet, im Sockelbereich mit graugrünem Granit. Bei der Fassadengestaltung wird auf eine tektonische Gliederung Wert gelegt, die sich in differenzierten Abstufungen, Gesimsbändern und sich abwechselnden horizontalen und vertikalen Zonen zeigt. Mit der Figur, der ästhetischen Erscheinung und urbanen Präsenz versucht das Haus, an Traditionen städtischer Hochhausarchitektur der ersten Jahrhunderthälfte, vor allem in den USA, anzuknüpfen.

This building occupies the northern tip of the Daimler-Chrysler development area. In conjunction with the office building designed by Renzo Piano, it forms a sort of gateway into the Alte Potsdamer Strasse, which passes through the development area. Together with the Sony Tower by Helmut Jahn, it also forms a gateway into the Potsdamer Strasse. The building is part of a tower block ensemble surrounding Potsdamer Platz on the western side. The volume of the building culminates at Potsdamer Platz in a high tower block which narrows at its top, but in relation to the plot as a whole, it is a triangular structure which moves down in steps. In the side streets (Alte Potsdamer Strasse and Potsdamer Strasse), the building thus adapts to the eaves heights of the lower buildings. Between these wings of the building is a glass-roofed atrium, which at the same time has a distribution function for internal access within the building. The lower storeys contain shops, above which there are offices. The reinforced concrete structure is faced with red-brown bricks, and around the base with grey-green granite. The design of the façade has a tectonic structure which shows itself in differentiated step structures, ledge bands and alternating horizontal and vertical zones. With its structure, its aesthetic appearance and its urban presence, the building attempts to follow on from traditions of urban skyscraper architecture of the first half of the century, particularly in the USA.

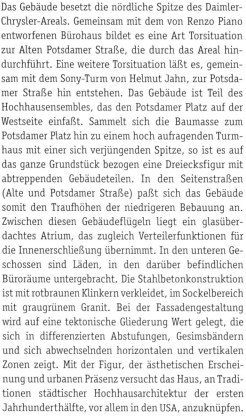

⊿ Kollhoff & Timmermann, Berlin ◆ Daimler-Chrysler Gesellschaft für Potsdamer Platz Projekt und Immobilienmanagement mbH ☞ Café, Büro, Einzelhandel ⊞ Einzelhandel: 1.200 m², Büro: 28.500 m² ⚒ 1994–1999

Büro- und Geschäftshaus / Office and shopping building, Potsdamer Platz

Potsdamer Platz | U2, S1, 2, 25, 26 Potsdamer Platz | 10785 Tiergarten

Torsituation am Potsdamer Platz

Das Bürohaus von Renzo Piano bildet gemeinsam mit dem von Kollhoff und Timmermann eine Torsituation am Potsdamer Platz in dem Areal von Daimler-Chrysler. Im rückwärtigen Bereich befindet sich das einzig noch erhaltene Haus der alten Bebauung der Alten Potsdamer Straße, das »Weinhaus Huth«. Mit seinen beiden Schenkeln steht das neue Bürohochhaus zum einen an der Linkstraße bzw. dem Grünzug des ehemaligen Potsdamer Bahnhofsgeländes und zum anderen an der Alten Potsdamer Straße. Die Konzeption des Hochhauses nimmt Rücksicht auf seinen speziellen Standort innerhalb der Bebauungsstruktur: Zum Potsdamer Platz hin steht die hoch aufragende und im Grundriß spitz zulaufende Figur, die aus Ziegeln, vor allem aber aus Glaselementen besteht, wodurch ein sehr expressiver, dynamischer Eindruck entsteht, gleich einem Schiffsbug. Zu den Seiten hin wird das Gebäude abgestaffelt, so daß es sich hier der Traufhöhe der benachbarten Gebäude anpassen kann. Im Erdgeschoß ist eine Nutzung durch Einzelhandelsgeschäfte vorgesehen, die Geschosse eins bis 17 im Hochhaus hingegen weisen ausschließlich Büronutzung auf. Diese Büroräume sind alle zu den Straßen hin orientiert, da die dreieckige Fläche im Binnenbereich fast komplett durch die Erschließungskerne eingenommen wird. Die Bürofassade ist mit speziellen Lamellen und Bewegungsmechanismen versehen, so daß sie auf veränderte Witterungsumstände reagieren kann.

The office building designed by Renzo Piano, in conjunction with the building designed by Kollhoff and Timmermann, forms a gateway at Potsdamer Platz within the Daimler-Chrysler development area. Behind the building is the only remaining building from the former Alte Potsdamer Strasse, »Weinhaus Huth«. The new office tower, with its two wings, faces onto Linkstrasse and the green belt of the former Potsdam Station area on the one side and Alte Potsdamer Strasse on the other side. The design of the tower block takes account of its setting within the urban development structure. Facing Potsdamer Platz is the skyscraper structure which runs to a point and consists of bricks and, especially, glass elements, thus creating a very expressive and dynamic impression like the bow of a ship. At the sides, the building moves down by stages to fit in with the eaves height of the adjacent buildings. The ground floor is designed for retail stores, but floors 1 to 17 in the skyscraper are planned exclusively for office use. These office rooms all face the streets because the triangular interior space is almost completely taken up by the access and service core. The office façade is also fitted with special lamella and moving mechanisms to enable it to react to changes in the weather conditions.

⊿ Renzo Piano, Paris ⬥ Daimler-Chrysler Gesellschaft für Potsdamer Platz Projekt und Immobilienmanagement mbH ☞ Büro, Einzelhandel ⊞ ca. 19.800 m² ⚒ Fertigstellung 1999

Bauten von Renzo Piano am Potsdamer Platz / Buildings on Potsdamer Platz by Renzo Piano

Alte Potsdamer Straße | Marlene-Dietrich-Platz | Eichhornstraße | Reichpietschufer |

U2, S1, 2, 25, 26 Potsdamer Platz | 10785 Tiergarten

debis-Zentrale an der Eichhornstraße

Wasserfläche, im Hintergrund IMAX-Kino

Musicaltheater und Spielbank Berlin am Marlene-Dietrich-Platz

Neben dem Hochhaus direkt am Potsdamer Platz stammen noch einige andere Entwürfe in diesem neuen Quartier von Renzo Piano. Das Bürogebäude zwischen Eichhornstraße und Reichpietschufer besteht aus einem Hochhaus am Landwehrkanal und einem Gebäudekomplex, der ein Atrium einschließt. Hier ist die debis-Hauptverwaltung untergebracht. Die Fassaden bestehen aus einem speziell für diese Gebäude entwickelten System von Glas- und Keramikelementen. An der zentralen Piazza, wo sich Alte Potsdamer Straße und Eichhornstraße kreuzen, stehen die Spielbank und das Musicaltheater, beide Rücken an Rücken zur Staatsbibliothek von Hans Scharoun. Ihre unregelmässig bis amorphe Grundrißkonfiguration wird leider auch auf den der Straße zugekehrten Fassaden weitergeführt: Eine funktional, konstruktiv und gestalterisch nicht nachvollziehbare Verschränkung und Überinszenierung von trapezoid verformten und schräg angebrachten Dachflächen verdeckt zum Teil die gebäudehohen Glasfassaden, hinter denen die verschiedenen Nutzungsebenen der Gebäude zu erkennen sind. Das Gebäude für das »IMAX« ist in den beiden unteren Geschossen aufgeständert und zum Platz hin als Rotunde ausgebildet. Fast alle Gebäudeteile sind mit einer netzartig erscheinenden Glas-Stahl-Konstruktion eingehüllt, die aber innerhalb der Fassadenfläche wechselt. Nicht die Architektur bzw. eine Idee zur Gebäudekonfiguration und zur tektonischen Gliederung der Gebäudevolumen stand im Vordergrund, sondern die Inszenierung der Konstruktion und ihrer technischen Details und die Dramatisierung des Geschehens im Gebäudeinneren. Die Gebäude für Wohnen, Gastronomie und Einzelhandel entlang der Alten Potsdamer Straße sind ähnlich ambivalent in ihrer architektonischen Durcharbeitung: Turmartige, geschlossene Flächen bergen die Treppenhäuser, zwischen denen die einzelnen Hauseinheiten liegen. Diese sind im Erdgeschoß mit Schaufenstern, in den beiden folgenden Geschossen – für den kaufhausähnlich organisierten Einzelhandel – mit geschlossenen Fassadenflächen versehen; erst darüber beginnt die Lochfassadenstruktur. Die Dachgeschosse sind mit Terrassen und pultdachähnlichen, schrägen Elementen konzipiert.

Besides the tower block directly on Potsdamer Platz, a number of other designs in this new development are also by Renzo Piano. The office building between Eichhornstrasse and Reichpietschufer consists of a tower block by the Landwehrkanal and a complex of buildings which encloses an Atrium. This is where the main debis administration is housed. The façades consist of a system of glass and ceramic elements which was specially developed for these buildings. On the central plaza, where Alte Potsdamer Strasse and Eichhornstrasse meet, are the casino and the musical theatre, both of which are back-to-back with the state library designed by Hans Scharoun. The irregular, and even amorphous floor plan configuration of these buildings is unfortunately continued in the façades facing the street. An interlinking and exaggerated complex of distorted and oblique trapezoidal roof areas, which has no apparent functional, structural or aesthetic significance, partly conceals the glass façades spanning the height of the buildings, behind which the various utilisation levels of the buildings can be seen. The building for the »IMAX« is mounted on stilts in the lower two storeys, and towards the plaza it is designed as a rotund. Almost all parts of the buildings are shrouded in a net-like glass and steel structure, but this structure varies within the façade; the main concern in the design was not the architecture or a concept of the configuration of the buildings or the tectonic structuring of their volume, but rather the presentation of the structure and its technical details and the dramatisation of the events inside the buildings. The three buildings for residential, catering and retail purposes along Alte Potsdamer Strasse are similarly ambivalent in their architectural execution: tower-like solid wall areas conceal the staircases, between which the individual building units are placed. These units have display windows on the ground floor, and in the next two storeys – for retail outlets of the department store type – unbroken façade areas. It is only above this level that the perforated façade structure begins. The roof storeys are designed with terraces and penthouse-type, oblique elements.

⊿ Renzo Piano ✆ Daimler-Chrysler Gesellschaft für Potsdamer Platz Projekt und Immobilienmanagement mbH ☞ Einzelhandel, Wohnen ⊞ 11.200 m² 🎿 1996–1998 | ☞ Einzelhandel, Wohnen ⊞ 21.700 m² 🎿 1996–1998 | ☞ Kino, Einzelhandel ⊞ 14.900 m² 🎿 1996–1998 | ☞ Büro, Gastronomie, Ausstellungsflächen ⊞ ca. 46.000 m² 🎿 1995–1997 | ☞ Spielbank, Erlebnisgastronomie ⊞ ca. 5.200 m² 🎿 1996–1998 | ☞ Musicaltheater, Varieté ⊞ ca. 13.100 m² 🎿 1996–1998

Büro- und Geschäftshäuser / Office and shopping buildings, Potsdamer Platz

Eichhornstraße/Linkstraße/Reichpietschufer | U2, S1, 2, 25, 26 Potsdamer Platz | 10785 Tiergarten

Die beiden Gebäudeblöcke werden im Süden durch den Landwehrkanal bzw. das Reichpietschufer, im Osten durch den Grünzug an der Linkstraße und im Norden durch die Eichhornstraße begrenzt. Im Westen steht ihnen das Hochhaus der debis-Zentrale von Renzo Piano gegenüber. Die Blöcke bestehen jeweils aus zwei parallel zueinander angeordneten Baukörpern in Nord-Süd-Richtung. Im siebten Obergeschoß sind diese durch brückenartige Stege miteinander verbunden, um eine potentielle Gesamtnutzung für einen einzigen Mieter zu ermöglichen. Zwischen den Baukörpern befindet sich ein als Stadtgarten gestalteter Zwischenraum. Es ist ausschließlich Büronutzung vorgesehen, bis auf eine Ladenzone an der Eichhornstraße, die der Einkaufsstraße der nördlichen Blöcke zuzuordnen ist. Die Erschließungskerne dieser Blöcke sind von den Straßenseiten aus zu erreichen: Treppenhäuser, von denen in den einzelnen Etagen Stichflure abgehen, an denen wiederum beidseitig die Büros liegen. Aufgrund der besonderen Lage wird mit verschiedenen Fassadenverblendungen vor der Stahlbetonstruktur gearbeitet. Sind an der Gartenseite die Fassaden mit Schiebefenstern innerhalb einer vorgehängten, elementierten Struktur versehen, so weisen die straßenseitigen Fassaden Senkklappfenster innerhalb einer Lochfassade auf. Etwas befremdlich und ästhetisch eher unbefriedigend wirken die extrem glatte, braunrosafarbene Oberfläche, die ohne jedes Relief auskommt, und die unruhig wirkenden trapezförmigen Fenster- und Verkleidungselemente der Fassaden.

The two building blocks are limited to the south by the Landwehrkanal waterway and the street Reichpietschufer, to the east by the green belt along Linkstrasse and to the north by Eichhornstrasse. To the west they face the skyscraper of the debis headquarters designed by Renzo Piano. Each block consists of two parallel building structures running in a north-south direction. On the seventh storey, the blocks are linked by bridge-like passages to permit the possibility of overall use for a single tenant. The area between the parallel structures is designed as a town garden. The complex is exclusively designed for office use except for a loading zone on Eichhornstrasse which belongs to the ›mall‹ of the blocks to the north. The access and service cores of these blocks can be reached from the street sides: staircases giving access to long corridors on the individual storeys which have offices on both sides. Because of the special site, different façade facings are used on the reinforced concrete structure. On the garden side, the façades have sliding windows behind an element structure, whereas the façades on the street side have recessed swing windows in a perforated façade. A rather strange and aesthetically unsatisfying effect is created by the extremely smooth, brown-pink wall surfaces without any texture and the trapezoidal window and facing elements of the façade which create a crowded, unrestful impression.

◢ Arata Isozaki & Associates Architects, Tokio und Steffen Lehmann & Partner Architekten, Berlin ◕ Daimler-Chrysler Gesellschaft für Potsdamer Platz Projekt und Immobilienmanagement mbH ☞ Büro, Einzelhandel ⊞ ca. 36.600 m² ⚒ 1994–1997

Kinocenter und Wohnhaus / Cinema centre and residential building, Potsdamer Platz

Alte Potsdamer Straße | U2, S1, 2, 25, 26 Potsdamer Platz | 10785 Tiergarten

Der Gebäudekomplex, bestehend aus Wohnungen und einem Kinocenter mit über 3.000 Plätzen, befindet sich an der Potsdamer Straße hinter den niedrigeren Gebäudeteilen des Hochhauses von Kollhoff und Timmermann. Er besetzt einen Teil der Stadtstruktur, wie sie dem Masterplan von Hilmer und Sattler und dem Folgeplan von Renzo Piano zugrunde liegt: ein homogenes Bebauungsmuster mit gleichen Traufhöhen und regelmäßigen Baufluchten. Die Straßenräume werden definiert durch die an diesen Baufluchten stehenden Gebäudekörper. Der Eingangsbereich des Kinocenters wird durch eine über fünf Geschosse reichende Lobby gebildet. Hier befinden sich Rampen, Treppen und Aufzüge zur Erschließung der unterschiedlichen Ebenen und der verschieden großen Kinosäle. Darüber sind ca. 200 2-Zimmer-Appartements mit durchschnittlich 50 qm Wohnfläche untergebracht. Die Erschließung dieser Wohnungen erfolgt über drei unabhängige Treppenhauskerne, an denen die Flure liegen. Die Wohnungen sind entweder zur Straße oder zum begrünten Innenhof orientiert. In den oberen Staffelgeschossen befinden sich zum Teil größere Wohnungen, die jeweils über zwei Geschosse reichen. Jede Wohnung weist eine Loggia auf, die von den großzügig verglasten Wohnräumen aus zugänglich ist. Die Stahlbetonkonstruktion ist mit metallgefaßten Terrakottaplatten verkleidet. Die Schichtung von unterschiedlichen architektonischen Elementen, wie Rahmenkonstruktion, Brüstungs- und Sonnenschutzelemente, Jalousien und dahinter liegende Holzfenster, läßt den Eindruck einer bewegten, stark strukturierten Fassadenkomposition aufkommen.

The building complex, consisting of apartments and a cinema centre with over 3,000 seats, is situated on the Potsdamer Strasse behind the lower parts of the tower block by Kollhoff and Timmermann. It represents part of the urban structure on which the master plan by Hilmer and Sattler and the follow-on plan by Renzo Piano are based; a homogeneous building pattern with equal eaves heights and regular building alignment lines, with the street areas defined by the buildings erected along these alignment lines. The entrance zone for the cinema centre is formed by a lobby which occupies five storeys. Here there are ramps, stairs and lifts to provide access to the different levels and the difference size cinema rooms. Above that there are about 200 2-room apartments with an average living space of 50 m². Access to these apartments is via three separate staircases, which lead to the corridors. The apartments face either the street or the vegetated internal courtyard. In the upper, staggered storeys there are some larger apartments, which span two storeys. Each apartment has a loggia, which is reached from the generously glazed living rooms. The reinforced concrete structure is faced with metal-framed terracotta bricks. The interplay of different architectural elements such as frame structures, parapet and sunshade elements, blinds in front of wood-frame windows give the impression of a lively, strongly structured façade composition.

⬥ Lauber & Wöhr, München ⬥ Daimler-Chrysler Gesellschaft für Potsdamer Platz Projekt und Immobilienmanagement mbH
☞ 19 Kinos ⊞ ca. 24.300 m² ⚮ 1996–1998 | ☞ Einzelhandel, Wohnen ⊞ 5.900 m² ⚮ 1996–1998

Wohnhaus / Residential building, Potsdamer Platz

Linkstraße/Eichhornstraße | U2, S1, 2, 25, 26 Potsdamer Platz | 10785 Tiergarten

Das Wohnhaus steht parallel zur Linkstraße an dem begrünten Zug des Geländes des ehemaligen Potsdamer Bahnhofs. Im Süden grenzt es an die dichtbepflanzte Eichhornstraße. Die Grundstruktur besteht aus zwei in Nord-Süd-Richtung ausgerichteten Längsriegeln und einem Querriegel in Ost-West-Richtung. In den unteren Geschossen sind Sondernutzungen untergebracht, unter anderem Läden und eine zweigeschossige Kindertagesstätte. Die darüber liegenden Wohnungen werden von drei Treppenhauskernen erschlossen, wobei bis zu vier Wohnungen von einem Kern aus erreichbar sind. Die über zwei Geschosse reichenden Wohnungen in den ersten Etagen führen ein großmaßstäbliches Element in die Fassaden ein. Die größeren Wohnungen sind als durchgesteckte Ost-West-Typen organisiert, die kleineren liegen übereck, so daß alle Wohnungen eine großzügige Belichtung von zwei Seiten aufweisen. Wie bei fast allen anderen Bauten in der Innenstadt sind die oberen Geschosse zurückgestaffelt. Die unterschiedliche Orientierung der Wohnungen bedingt auch eine unterschiedliche Behandlung der Fassaden. Zu den Seitenstraßen mit einer Lochfassade eher konventionell und geschlossen gehalten, sind sie zum Grünzug Linkstraße hin großzügig verglast und im Bereich der Balkone bzw. Loggien mit Schiebetürelementen versehen. Dadurch entsteht eine lebhaft bis unruhig gestaltete Fassadenstruktur, deren Wirkung durch die unterschiedlichen Materialien, wie Aluminium, Holz und Terrakottaplatten, noch unterstrichen wird.

The residential building is parallel to Linkstrasse next to the green belt along the land of the former Potsdam Station. To the south it borders on the thickly planted Eichhornstrasse. The basic structure consists of two long blocks stretching in a north-south direction and a cross-block in an east-west direction. Special usage is planned for the lower floors, such as shops and a two-storey kindergarten. The apartments on the higher storeys are reached by three staircase cores, with up to four apartments being reached from one core. The maisonette apartments spanning two storeys give a generous dimension to the façades. The larger apartments are arranged from east to west through the building, the smaller apartments are set across the corners, so that all apartments have generous lighting from two sides. As in almost all other inner city buildings, the upper floors are staggered back. The different directions in which the apartments face also lead to different treatment of the façades. Facing the side streets, the façades are rather conventional and closed with a perforated façade, but on the side facing Linkstrasse and the green belt, the façades are generously glazed, and have sliding door elements to the balconies and loggias. That creates a lively, or even restless façade structure, and this effect is underlined still further by the different materials used, such as aluminium, wood and terracotta bricks.

◢ Lauber & Wöhr, München ◆ Daimler-Chrysler Gesellschaft für Potsdamer Platz Projekt und Immobilienmanagement mbH ☞ Wohnen, Kindertagesstätte, Einzelhandel ⊞ ca. 11.000 m² ⚒ 1995–1998

Hotel Grand Hyatt Berlin, Potsdamer Platz

Eichhornstraße/Alte Potsdamer Straße | U2, S1, 2, 25, 26 Potsdamer Platz | 10785 Tiergarten

Das »Hyatt«, ein Hotel der gehobenen Luxuskategorie, steht am Ende der Alten Potsdamer Straße gegenüber der Spielbank von Renzo Piano und bildet somit einen Kopfbau an dem hier neu entstehenden Platz. Die Grundstruktur auf dem trapezförmigen Grundstück besteht aus zwei Ringen von Hotelzimmern. Der eine ist an den Straßen entlang organisiert, der andere zum Innenhof; zwischen beiden liegen die Flure, die über die an den jeweiligen Ecken liegenden Treppenhäuser erschlossen werden. Das Grundmodul für die Hotelzimmereinheiten beträgt 4,5 mal 9 Meter und liegt auch der tragenden Konstruktion in diesen Geschossen zugrunde. In den unteren Ebenen liegen die Bereiche Empfang, Service, Restaurants, Bars, Cafés, Businesscenter etc.; hier wurde ein Stahlbetonraster gewählt, um die nötige Flexibilität zu ermöglichen. Die beiden Hauptzugänge befinden sich an der Alten Potsdamer Straße und gegenüber dem Spielkasino. Das Erdgeschoß ist weiträumig und durchlässig organisiert; von hier aus sind sowohl der Restaurationsbereich als auch das Businesscenter zugänglich. Die steinverkleideten Fassaden mit ihrer gleichmäßig rhythmisierten Fensteranordnung spiegeln die gleiche Nutzung aller Räume bzw. Zimmer wider. Nur im Dachgeschoß werden die Sporthalle und das Schwimmbad durch großzügige Verglasungen extra kenntlich gemacht.

The »Hyatt«, a hotel of the extra-luxury category, is situated at the end of Alte Potsdamer Strasse opposite the casino designed by Renzo Piano, and is thus an end-of-block building on the new square which is being created here. The basic structure on the trapezoidal plot consists of two rings of hotel rooms. One ring is arranged along the street fronts, the other ring faces the inner courtyard. Between the two rings of rooms are the corridors, which are reached via staircases at each corner. The basic module for the Hotel room units is 4.5 by 9 metres, and the load-bearing structure on these storeys is also based on this module. On the lower storeys are the reception and service areas, restaurants, bars, cafés, business centre etc.; here, a reinforced concrete grid has been selected to provide the necessary flexibility. The two main entrances are on Alte Potsdamer Strasse and opposite the casino. The ground floor is spacious and open in its structure and provides access to both the restaurant area and the business centre. The stone-faced façades with their even, regular window arrangement reflect the similar use of all rooms. Only the sports hall and swimming bath on the top storey are marked out with more generous glazing.

José Rafael Moneo, Madrid   Daimler-Chrysler Gesellschaft für Potsdamer Platz Projekt und Immobilienmanagement mbH
Hotel ⊞ ca. 29.900 m² 1996–1998

Bürohaus / Office building, Potsdamer Platz

Potsdamer Straße | U2, S1, 2, 25, 26 Potsdamer Platz | 10785 Tiergarten

Das Bürogebäude an der Ecke Potsdamer- und Eichhornstraße hat eine trapezförmige Grundfläche. Der Figur ist im Grundriß, und zwar zur Potsdamer Straße hin, direkt hinter der Fassade, ein gebäudehoher, atriumartiger Hofraum eingeschrieben, so daß im Grunde eine U-förmige Figur entsteht. Diese ist jedoch durch eine halbtransparente Fassadenschicht aus einer Stahl-Glas-Konstruktion im Straßenraum kaschiert. An jener Straßenseite wird die ansonsten blockhafte Erscheinung des Gebäudes – hervorgerufen durch die horizontale Gliederung mit durchlaufenden, natursteinverkleideten Brüstungsbereichen und Bandfenstern – aufgelöst zugunsten einer ambivalenten Erscheinung des Volumens: Ein Wechsel des Materials in den Brüstungsbereichen, eine auffällig andere Linienführung bei der Teilung der Fenster, ein das Gebäude oben abschließendes Gesimsband – das im Bereich des atriumartigen Hofes als Luftbalken erscheint – und das formal unbefriedigend wirkende Aufschneiden in den beiden unteren Geschossen zur Kenntlichmachung der Eingangssituation lassen die einzelnen Teile formal und rhythmisch auseinanderfallen. An der Potsdamer Straße erscheint das Bürohaus, das im Erdgeschoß Läden für Einzelhandel aufweist, als neungeschossiger, an den anderen Straßenseiten als siebengeschossiger Baukörper, wobei dort die zwei Staffelgeschosse vom Straßenraum aus nicht sichtbar sind.

The office building at the corner of Potsdamer Strasse and Eichhornstrasse has a trapezoidal ground plan. Directly behind the façade on the side facing Potsdamer Strasse, the building contains an atrium-type inner courtyard over the full height of the building, which means that the building is basically designed on a U-shaped floor plan. However, this U shape is concealed by a semi-transparent steel and glass façade towards the street. On each street side, the block-type appearance of the building – caused by the horizontal sub-division with continuous natural stone breastwork facing and band-type windows – is broken up in favour of an ambivalent appearance of the building's volume. The change of materials in the breastwork, the different structure in the sub-division of the windows, the breastwork band around the top of the building – which appears as a suspended beam in the atrium-type courtyard – and the formally unsatisfying cutaway in the lower two storeys to indicate the entrance area make the individual elements fall apart in their form and rhythm. On Potsdamer Strasse, the office building with retail shops on the ground floor appears as a nine-storey building, on the other street sides as a seven-storey structure because the two staggered roof storeys are not visible from the street there.

⬢ José Rafael Moneo, Madrid ⬢ Daimler-Chrysler Gesellschaft für Potsdamer Platz Projekt und Immobilienmanagement mbH
⬢ Büro, Einzelhandel ⊞ ca. 13.100 m² ⬢ 1996–1998

Büro-, Wohn- und Geschäftshäuser / Office, residential and shopping buildings, Potsdamer Platz

Linkstraße | U2, S1, 2, 25, 26 Potsdamer Platz | 10785 Tiergarten

Die drei Gebäude stehen entlang der Linkstraße, also gegenüber dem ehemaligen Gelände des Potsdamer Bahnhofs. Auf der rückwärtigen Seite liegen sie an der durch das Areal führenden überdachten Einkaufsstraße. Die drei Gebäude sind in der Struktur und Durcharbeitung bis hin zum Erscheinungsbild gleich, obwohl es sich bei den beiden nördlichen um Büro- und Geschäftshäuser und bei dem südlichen um ein reines Wohnhaus handelt. Alle drei Gebäude haben eine Grundfläche von 55 mal 53 Metern, weisen sieben Geschosse auf und haben eine Traufhöhe von 27 bzw. 29 Metern und mit den zurückgesetzten Dachgeschossen eine Gebäudehöhe von 37 Metern. Das Grundkonzept basiert auf der Idee, Innenhöfe mit einem Blickbezug zur Linkstraße zu schaffen und alle Büro- bzw. Wohneinheiten optimal zu belichten. Da in den ersten beiden Geschossen jeweils Läden untergebracht werden sollen, beginnt die Erschließung für die Büros und Wohnungen erst ab dem dritten Geschoß, was zu sichtbar weitläufigen und den Straßenraum störenden Treppensystemen und Terrassierungen führt. Die fremd wirkenden zylinderartigen Bauelemente sollen dabei die vertikale Erschließung visualisieren. Das Achsmaß von 2,7 Metern erlaubt auf allen Ebenen eine variable Nutzung der Räume. Die ineinander verschachtelten und in sich verschnittenen Gebäudeteile, die Terrassierungen der Ebenen, das sichtbare Konstruktionssystem, die freischwebenden Dächer und die großzügigen Verglasungen geben den drei Gebäuden ein etwas futuristisches Flair, was dem Ort und seiner Geschichte eher fremd ist.

These three buildings are situated along Linkstrasse, i.e. opposite the former Potsdam Station area. To the rear they face the covered shopping ›mall‹ which passes through the development. The three buildings are the same in their structure and arrangement, and even their appearance, although the two buildings to the north are office and shopping buildings and the building to the south is a purely residential building. All three buildings have a ground area of 55 by 53 metres, seven storeys, an eaves height of 27 or 29 metres and a total building height with the staggered roof storeys of 37 metres. The basic concept involves creating inner courtyards with a view to Linkstrasse and of providing the best possible natural lighting for all office and residential units. As shops are situated in the first two storeys, access and services for the offices and apartments only begin from the third storey upwards, which leads to visibly extensive stair systems and terraces which disturb the street front. The strange cylindrical building elements are meant to underline the visual access principle in the buildings. The vertical axis width of 2.7 metres permits a variable use of the rooms on all levels. The interlocking and disjointed parts of the building, the terrace layer arrangements, the visible construction system, the overhanging roofs and the large glass areas give the three buildings a rather futuristic aura, which tends to be inconsistent with this site and its history.

⊿ Richard Rogers Partnership, London ↬ Daimler-Chrysler Gesellschaft für Potsdamer Platz Projekt und Immobilienmanagement mbH ☞ Büro, Einzelhandel ⊞ 17.400 m² 𝘼 1996–1998 | ☞ Büro, Einzelhandel ⊞ 17.300 m² 𝘼 1996–1998 | ☞ Wohnen, Einzelhandel ⊞ 17.300 m² 𝘼 1996–1998

Sony Center, Potsdamer Platz

Kemperplatz/Bellevuestraße/Potsdamer Straße | U2, S1, 2, 25, 26 Potsdamer Platz | 10785 Tiergarten

Der Gebäudekomplex umfaßt die Sony-Europazentrale, Büros, luxuriöse Penthouse-Wohnungen, das Filmhaus mit der Deutschen Mediathek, ein Multiplex-Kino und weitere Baulichkeiten für Unterhaltung, Einzelhandel und Gastronomie. Das Grundstück ist annähernd 27.000 qm groß. Die markantesten Gebäude sind der Büroturm am Potsdamer Platz, die »Esplanade Residenz« mit dem integrierten Kaisersaal des ehemaligen Hotels Esplanade, der Eckbau der Sony-Zentrale und das glasüberdeckte »Forum« in der Mitte der dreieckigen Grundstücksfigur. Für diese Überdachung wurde eine spezielle Konstruktion entwickelt, die mit ihren Stahlseilen und Speichen dem Prinzip des Speichenrades beim Fahrrad folgt. In der Spitze und im Anschluß an die umliegenden Gebäude bleibt dieses Dach offen, so daß eine natürliche Belichtung dieses großen Forums gewährleistet ist. Die Architektursprache der einzelnen Gebäude, sowohl nach außen als auch nach innen, ist dem Nutzungsmix, vor allem aber dem im Medienbereich operierenden Bauherrn entsprechend ausgerichtet bzw. angepaßt: Stahl und Glas als transparente und verschiedenartiges Licht reflektierende Materialien kommen hier bevorzugt zur Anwendung. Entsprechend der geplanten Nutzungsstruktur – Darbietungen, Ereignisse und ›Erlebnisse‹ – spricht man in Fachkreisen gern von Kommerzarchitektur, die mit High-Tech-Elementen und dynamischen Formen operiert. Umstritten aber ist vor allem die den öffentlichen Straßenraum negierende ›Mall‹, also der rein kommerzielle, nach innen orientierte Forencharakter, der der propagierten und ursprünglich avisierten urbanen Struktur mit ihrer klassischen Folge und Hierarchie der Bebauung, bestehend aus Straßenraum, Platz und Haus, in stadträumlicher und architektonischer Hinsicht wenig entgegenkommt.

The complex of buildings comprises the Sony European headquarters, offices, luxurious penthouse apartments, the Filmhaus with the German Mediathek, a multiplex cinema and other premises for entertainment, retail outlets and restaurants. The land plot is almost 27,000 m² in size. The most striking buildings are the office tower on Potsdamer Platz, the »Esplanade Residence« with the integrated Emperor's Room from the former Esplanade Hotel, the corner building of the Sony headquarters and the glass-covered »Forum « in the centre of the triangular land plot. For the roof of this area, a special construction was developed which consists of steel cables and spokes and has the same structure as a spoke bicycle wheel. At its tip and where it joins the surrounding buildings, this roof is open, thus providing natural lighting for this large forum. The architectural language of the individual buildings, both externally and internally, is a functional mix which is particularly adapted to the fact that the building's principal is involved in the media sector. In particular, steel and glass are used to create transparency and reflect different kinds of light. Corresponding with the planned utilisation structure – with presentations, cultural events and ›experience‹, the experts sometimes speak of commercial architecture which operates with high-tech elements and dynamic forms. Especially controversial is the ›mall‹, which conflicts with the public street structure. The forum is purely commercial and inward-oriented in character and does little to further the originally proposed and propagated architectural and urban planning concept, with its classic sequence and hierarchy of streets, open areas and building structures.

⬦ Murphy/Jahn Architects, Chicago ☜ Sony mit Tishman Speyer und Kajima (BE-ST Bellevue Development GmbH & Co First Real Estate KG) ☞ Sony Europazentrale, Büro, Einzelhandel, Wohnen, Kino etc. ⊞ ca. 132.500 m² 🔺 1996–2000

Delbrück-Haus / Delbrück building, Potsdamer Platz

Potsdamer Platz/Ebertstraße | U2, S1, 2, 25, 26 Potsdamer Platz, Bus 148, 348 | 10785 Tiergarten

 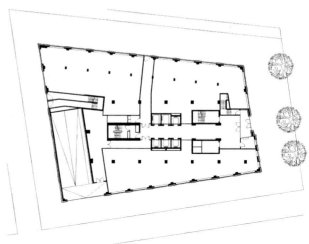

Die städtebaulichen Vorgaben sehen als nördliche Begrenzung für den Potsdamer Platz zwei Hoch- bzw. Turmhäuser vor: eines an der Bellevue-, das andere an der Ebertstraße. Letzteres korrespondiert auf verschiedenen Ebenen mit dem Hochhaus, das dieselben Architekten auf dem Debis-Gelände gegenüber entworfen haben. Die Grundrißfigur ergibt sich aus dem Zuschnitt des Grundstücks; auf ihm erhebt sich ein zehngeschossiges Gebäudevolumen als Sockel. Hier verjüngt sich die Hausfigur und wird mit neun Geschossen auf einer kleineren Grundfläche bis an die Spitze geführt, wo sich, noch einmal kleiner figuriert, ein zehntes, nämlich das Technikgeschoß befindet. Das Gebäudevolumen ist also stark rhythmisiert und gestaffelt und somit von allen Seiten unterschiedlich in seiner Masse lesbar. Auffällig ist die plastische Gliederung und Tiefenschichtung der aus Naturstein zusammengesetzten Fassaden mittels Vor- und Rücksprüngen und mittels einer Ausbildung von Gurtgesimsen, verschieden breiten Lisenen und zu Gruppen zusammengefaßten Fensterachsen. Diese sich über die ganze Haut legende tektonische Struktur, die auf einem Modul beruht, aber dem Prinzip Teilung und Spiegelung folgt, wird nach oben hin, also zur sich verjüngenden Spitze des Gebäudes, immer dichter, komprimierter. Auf diese Weise und mittels eines Rücksprungs innerhalb der Fassadenschicht entsteht am Potsdamer Platz unter anderem ein 17geschossiges Turmelement, das aus dem Sockelvolumen herauszuwachsen scheint. In den beiden unteren Geschossen sind Läden und ein Café, darüber frei variable Büroflächen und in den Obergeschossen des Turmelements unterschiedlich große Wohnungen untergebracht.

The urban development plan envisages two tower blocks at the northern side of Potsdamer Platz, one on Bellevuestrasse and the other on Ebertstrasse. The latter building corresponds on different levels with the tower block which the same architects designed opposite it as part of the Debis development. The floor plan results from the shape of the land, on which a ten-storey building volume rises as a base. The building then narrows to a nine-storey unit on a smaller plot, with an even smaller area for a tenth storey for technical installations. The volume of the building is thus staggered and has a marked rhythm which gives it a different volume when seen from different directions. A striking feature is the graphic sub-division and depth structure of the natural stone façades by means of projections and recesses and the use of strip cornices, pilasters of different widths and window axes combined into groups. This tectonic structure, which applies to the whole of the exterior and is based on a module but follows the principle of sub-division and mirroring, becomes more condensed upwards and towards the narrower point of the building. In this way, and with a recess within the façade layer, a 17-storey tower unit is created facing Potsdamer Platz, which seems to grow out of the volume of the base. The two lower storeys contain shops and a café, above them are freely variable offices. The upper storeys of the tower element contain apartments of various sizes.

⚏ Kollhoff & Timmermann, Berlin (Projektleitung: Hansjörg Held) ⚓ Bellevue Immobilien AG co. BEAC Immobilien GmbH
☞ Büro, Einzelhandel, Wohnen ⊞ ca. 18.300 m² ⚒ 1998–2000

Britische Botschaft / British Embassy

Wilhelmstraße 70–71 | S1, 2 Unter den Linden, Bus 100 | 10117 Mitte

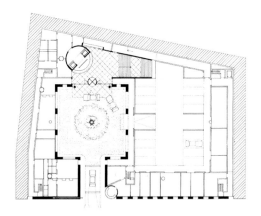

Die Britische Botschaft kommt an den Standort zurück, an dem sie schon vor dem Zweiten Weltkrieg stand. Das Gebäude wird auf zwei Seiten vom Neubau des Hotel Adlon begrenzt. Mit seiner auf den ersten Blick im traditionellen Fassade paßt es sich den umgebenden Bauten und zum Teil der Gestaltungssatzung für den Pariser Platz an. Das gilt vor allem für die steinerne Fassade, aber auch für das konventionell geneigte Dach. Im Sockelbereich des Gebäudes, im Erd- und im ersten Obergeschoß wird die Fassade allerdings skulptural aufgebrochen. So wird hier ein Teil der inneren Struktur mit ihren unterschiedlich hierarchisierten Räumen kenntlich. Hier befinden sich auch die Zufahrt und der Eingang zur Botschaft bzw. in einen Innenhof. Ein zweiter, kleinerer Hof ist seitlich vom ersten gelegen; beide trennt nur ein gläserner Körper, der die oberen beiden Geschosse des vorderen und des hinteren Gebäuderiegels miteinander verbindet. An dieser Stelle wird auch das Konzept verschieden ausgerichteter Baukörper deutlich, die in Beziehung zueinander gesetzt werden. Im rückwärtigen Gebäudeteil des Innenhofes gelangt man über eine große Treppe in das erste Obergeschoß zur Botschafterkanzlei. Die Verbindung einer klassisch-steinernen, ruhig rhythmisierten Lochfassade, allerdings modern transformiert und in den Untergeschossen der Nutzung angepaßt, mit einem zeitgemäßen Raum- und Architekturkonzept eignet sich sowohl für Repräsentationszwecke als auch dazu, den historischen Ort wieder kenntlich zu machen.

The British Embassy returns to the site it occupied before the Second World War. The building is bordered on two sides by the new Hotel Adlon building. Its apparently traditional façade fits in with the surrounding buildings and, to some extent, with the design principles for Pariser Platz. This applies particularly to the stone façade, and also for the conventional leaning roof. However, in the base section of the building, in the ground floor and the first floor, the façade is punctuated by sculptural elements. For example, a part of the inner structure is visible, with its differentiated room hierarchy. This is also where the drive and the entrance to the embassy and an inner courtyard are to be found. A second, smaller courtyard is situated to the side of the first one; the two are only separated by a glass structure which links the top two floors of the front and rear blocks of the building. Here we can see the concept of two building blocks with different alignment which are placed in relation to each other. Access to the rear building block of the inner courtyard is via a large staircase to the first floor, the ambassador's suite of offices. The combination of a classical stone perforated façade with a calm rhythm, albeit in a modern transformation and adapted to its usage on the lower storeys, with a modern spatial and architectural concept is a fitting way of implementing the representational function of the building and restoring the historical character of the site.

⬜ Michael Wilford, London ⬥ Projektentwicklung: Schal International, Berlin ☞ Britische Botschaft ⊞ 8.500 m² ⚒ 1997–1999

US-Botschaft / United States Embassy, Pariser Platz

Pariser Platz 2 | S1, 2 Unter den Linden, Bus 100 | 10117 Mitte

Die amerikanische Botschaft besetzt das größte der am Pariser Platz gelegenen Grundstücke. Sie steht südlich des Brandenburger Tores, reicht im Westen an die Ebert- und im Süden an die verlängerte Behrenstraße bzw. die sog. »Ministergärten«. Der große Komplex ist um einen innen liegenden Hof gebaut. Aufgrund der am Pariser Platz geltenden Gestaltungssatzung und der exponierten Lage am Tiergarten und an den »Ministergärten« erscheinen alle drei Fassadenseiten in einer anderen Architektursprache. Die mit hellen Kalksteinplatten verkleidete Fassade mit traditionellen, stehenden Fensterformaten und das Material Kupfer sollen der Platzwand zu Würde verhelfen und vornehm wirken. Die sehr lange und repräsentative Tiergartenseite birgt klassizistisch-postmoderne Versatzstücke und erhält ein vorspringendes Mittelteil. Die Südfassade wiederum ist horizontal in einen Sockel aus Kalkstein und in eine mittlere Zone mit einer verputzten Wandfläche geteilt. Arkaden und Pergolen und Gitterwerk im Dachgeschoß sollen diese Fassadenseite auflockern und weniger streng erscheinen lassen. In den oberen Geschossen werden die Baumassen zum Tiergarten hin besonders arrangiert, das Ganze bekrönt eine Tag und Nacht beleuchtete Rotunde mit Krempe. Das Haus macht insgesamt den Eindruck eines gigantischen amerikanischen Landhauses und nicht den einer Botschaft im Zentrum einer Großstadt.

The American Embassy occupies the largest of the building plots on Pariser Platz. It is situated to the south of the Brandenburg Gate, facing onto Ebertstrasse to the west and the extended Behrenstrasse and the so-called »ministerial gardens« on the south. The large complex is constructed around an inner courtyard. Because of the design principles which apply on Pariser Platz and the building's exposed site adjoining Tiergarten and the »ministerial gardens«, the façade has a different architectural language on all three sides. The façade with light-coloured limestone blocks, traditional, upright windows and the use of copper is designed to create an elegant and noble front onto Pariser Platz. The extremely long and distinctive Tiergarten side contains classical and post-modern elements and a projecting central section. The south façade is horizontally sub-divided into a limestone base and a central zone with a rendered wall surface. Arcades, pergolas and trellis work on the roof storey are designed to make this façade side appear less formal and strict. The upper floors have a marked arrangement of the structure on the Tiergarten side, and the building has a striking rotunda with a rim, which is illuminated day and night. The general impression given by the building is that of a gigantic American country house, not an embassy building in a metropolitan city.

⊿ Moore Ruble Yudell, Santa Monica/Gruen Associates, Los Angeles ⟋ Vereinigte Staaten von Amerika ☞ US-Botschaft
⊞ 18.900 m² ⚒ Auftragsvergabe 1997

Haus Liebermann, Haus Sommer / Liebermann Building, Sommer Building, Pariser Platz

Haus Liebermann: Pariser Platz 7, Haus Sommer: Pariser Platz 1 | S1, 2 Unter den Linden, Bus 100 | 10117 Mitte

Das »Haus Liebermann«, nördlich an das Brandenburger Tor anschließend und benannt nach dem ursprünglichen Besitzer, dem Maler Max Liebermann, dient als Veranstaltungs- und Tagungszentrum. Die architektonische Durcharbeitung erfolgte nach einer genauen Analyse des Vorgängerbaues, einer formalen Überarbeitung eines noch älteren Gebäudes durch August Stüler von 1844 bis 1846. Wie das südlich des Tores gelegene »Haus Sommer« orientiert es sich am Volumen, an der Traufhöhe und der Gliederung des Stüler-Baues, ohne eine Rekonstruktion des Originals darstellen zu wollen. Das Gebäude weist ein hohes Erdgeschoß und drei Vollgeschosse auf. Über eine Rampe und eine Treppe betritt man es vom Pariser Platz. Hier befinden sich Foyer, Garderobe und Ausstellungsräume. Im ersten Obergeschoß sind ebenfalls öffentlich nutzbare Ausstellungs- oder Veranstaltungsräume, in den darüber liegenden Geschossen Büros untergebracht. Die Grundrißdisposition basiert auf einer rationalen modularen Ordnung, die eine große Nutzungsvielfalt zuläßt. In seiner äußeren Erscheinung spricht es eine rational-klassizistische Architektursprache. Der Sockel der Erdgeschoßzone ist eine horizontal profilierte Wandfläche, über der sich eine rauhe Steinfassade erhebt. Die fünf mittleren von elf Fensterachsen sind als Mittelrisalit leicht hervorgezogen, alle Fenster haben zur plastischen Gliederung der Fassade Sohlbänke oder Fensterverdachungen. Im zweiten Obergeschoß sind torseits drei Fenster nach historischem Vorbild zu einem Drillingsfenster zusammengefaßt. Alle Architekturelemente und die sie einbindende Sprache rücken das Gebäude bedenklich nahe an das Bild des im Krieg zerstörten Vorgängerbaues.

The »Haus Liebermann«, which adjoins the Brandenburg Gate to the north and is named after its original owner, the painter Max Liebermann, serves as a venue for conferences and other events. The architectural planning was carried out after a thorough analysis of the building's predecessor, which was a formal revision of an even older building by August Stüler from 1844 to 1846. Like »Haus Sommer« to the south of the Brandenburg Gate, the new building is based on the volume, eaves height and sub-divisions of the Stüler building without attempting to be a reconstruction of the original. The building has a raised ground floor and three full upper storeys. Access from Pariser Platz is via a ramp and steps. Here are the foyer, the wardrobe and exhibition rooms. The first floor also contains exhibition and meeting rooms for public use, and the higher floors contain offices. The ground layout is based on a rational modular structure which permits a wide range of uses. In its outer appearance, the building speaks a rational, classical architectural language. The outer wall of the ground floor is a horizontal, profiled wall surface, above which there is a rough stone façade. Of the eleven window axes, the five central axes are slightly highlighted as a central projection, all windows have projecting ledges or dripstones to give structure to the façade. At the end by the Gate, three windows on the second floor are combined into a triple window, following the historical example. All architectural elements and the style which integrates them place the building suspiciously close to the image of the predecessor which was destroyed in the war.

⌗ Josef Paul Kleihues, Berlin | Haus Sommer: ✆ Rheinische Hypothekenbank, Frankfurt/Main ☞ Büro ⊞ 1.975 m² | Haus Liebermann: ✆ Harald Quandt Grundbesitz KG, Bad Homburg ☞ Büro ⊞ 2.030 m² 𝄂 1996–1998

Wohn- und Geschäftshaus / Residential and shopping building, Pariser Platz

Pariser Platz 6a/Ebertstraße 24 | S1, 2 Unter den Linden, Bus 100 | 10117 Mitte

Fassade an der Ebertstraße

Fassade am Pariser Platz

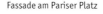

Fassade am Pariser Platz

Das Gebäude besetzt das Grundstück an der nordwestlichen Ecke des Pariser Platzes, direkt neben dem »Haus Liebermann«. Die kleinere bzw. schmalere Fassadenseite liegt am Platz, die größere zur Ebertstraße. Durchquert wird das Gebäude von einer großzügigen Passage, deren Mitte durch ein großes, nach oben offenes Atrium gebildet wird. Die Gebäudekubatur folgt den alten Volumen von Block und Turm, wobei der Turmbau die Wohnungen aufnimmt und der Block die Gewerbe- und Büroräume; vom ersten Untergeschoß bis zum ersten Obergeschoß sind in beiden Gebäudeteilen Läden und Cafés untergebracht. An der Ebertstraße ist das Haus durch Zusammenfassung verschiedener Fensterachsen rhythmisch gegliedert. Mittig liegt der zentrale Eingangsbereich, wobei die untersten beiden Geschosse gestalterisch zusammengefaßt sind, und ein Autoaufzug zu den Tiefgaragenplätzen. Es folgen drei Vollgeschosse mit stehenden Fensterformaten und darüber, über neun Fensterachsen, ein Mezzaningeschoß. Der turmartige Bauteil weist im letzten Geschoß an zwei Seiten ein Balkonband über drei Fensterachsen auf. Am Pariser Platz sind die beiden unteren Geschosse ebenfalls durch arkadenartige Öffnungen und Schaufenster zusammengefaßt, darüber folgen drei Normalgeschosse und ein Staffelgeschoß. Das turmartige Wohnhaus wird separat, der Gewerbeteil durch zwei Treppen- und Aufzugskerne erschlossen. Die vorgeblendete helle Sandsteinfassade sucht ebenso wie die gesamte Erscheinung des Gebäudes als zeitgemäße Rekonstruktion des Vorgängerbaues zu erscheinen.

The building occupies the plot at the north-west corner of Pariser Platz, directly next to the »Haus Liebermann«. The smaller and narrower façade side faces the square itself, the larger façade faces Ebertstrasse. The building is traversed by a generously proportioned passage, the middle of which is formed by a large atrium which is open to the sky. The cubic structure of the building follows the old volume of the block and tower, with the tower section accommodating the apartments and the block section housing the commercial and office rooms; from the first basement floor to the first overground storey, both parts of the buildings contain shops and cafés. On Ebertstrasse, the building is rhythmically structured by the combination of different window axes. In the middle is the central entrance area in which the lowest two storeys are combined in their design and a car lift provides access to the underground car parking facilities. Above this entrance area are three full storeys, with upright window formats and above that, across nine window axes, a mezzanine storey. The top storey of the tower section has a balcony rail on two sides spanning three window axes. On the side facing Pariser Platz, the two lower floors are also combined by arcade-style openings and display windows, and above that are three normal storeys and one staggered storey. The tower residential building has separate access; access to the commercial parts of the building is by two staircase and lift shafts. The light-coloured sandstone facing brick façade and the whole appearance of the building aim to represent a contemporary reconstruction of the former building.

Bernhard Winking, Hamburg (mit Martin Froh) ✎ TASCON, Zwölfte Beteiligungsgesellschaft mbH, Hamburg ☞ Gewerbe, Gastronomie, Büro, Wohnen ⊞ 10.504 m² 👥 1996–1997

Dresdner Bank, Pariser Platz

Pariser Platz 5a/6 | S1, 2 Unter den Linden, Bus 100 | 10117 Mitte

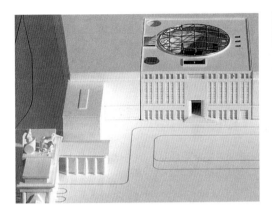

Dieses Bürogebäude ist die noble Adresse der Dresdner Bank in der Bundeshauptstadt. Die Grundstruktur des Hauses wird durch einen Block von 45 mal 55 Metern gebildet. Dieser ist 22 Meter hoch, der traditionellen Traufhöhe entsprechend. In seiner Mitte ist ein kreisrundes, glasgedecktes Atrium eingelassen. An diesem liegt, segmentförmig angeordnet, der Großteil der Büros. Man betritt das Gebäude mittig über eine vorgelagerte asymmetrische Freitreppe durch ein zweigeschossiges Portal mit seitlich abgerundeten Ecken, die zusätzlich eine horizontale Struktur aufweisen. In den fünf Vollgeschossen liegen, zum Pariser Platz hin orientiert, ebenfalls Büroräume. Über eine seitliche Erschließung betritt man auf den Etagen jeweils eine große Lobby, die zu dem Erschließungsflur führt und wo eine großzügig verglaste Wand den Blick auf das Atrium freigibt. In den Gebäudeecken liegen die Versorgungs-, Service- und WC-Bereiche. Die Fassade ist mehrachsig-symmetrisch aufgebaut, wobei jeweils zwei Fenster ein zusammenliegendes Paar bilden. Das letzte Geschoß wird als Staffelgeschoß ausgebildet. Die Verkleidung aus hellem Kalkstein und Bronzeintarsien und die horizontal gegliederten Fensterbrüstungen sind zwar nicht aufdringlich, was dem historisch bedeutsamen Ort und der Nachbarschaft zum Brandenburger Tor auch nicht angemessen wäre, geben dem Bauwerk allerdings die etwas falsch gespielte Eleganz eines Gebäudes, das auch aus der Zeit der Hochblüte des Art déco stammen könnte.

This office building is the illustrious headquarters of the Dresdner Bank in the German capital. The basic structure of the building is formed by a block of 45 by 55 metres. This block is 22 metres, high, corresponding to the traditional eaves height. At its centre there is a circular atrium with a glass roof. Around this atrium, arranged on a segment principle, are the majority of the offices. The entrance to the building is in the centre of the frontage via an external asymmetric flight of steps to a portal spanning two storeys, with rounded corners at the sides which also have a horizontal structure. On the five full storeys facing Pariser Platz there are also offices. Side access stairs lead to a large lobby on each floor and an access corridor with a generously glazed wall giving a view of the atrium. In the corners of the building are the supply, service and WC areas. The façade is structured symmetrically with several axes, made up of adjacent pairs of windows. The top floor is designed as a staggered storey. The facing of light-coloured limestone with bronze inlaid work and the horizontally underlined window ledges are not overpowering – which would not be fitting for this historically significant site and the proximity to the Brandenburg Gate – but they tend to give the building the false elegance of a building which could date from the height of the Art Déco period.

gmp von Gerkan, Marg & Partner, Hamburg (Projektleitung: V. Sievers) Dresdner Bank, Frankfurt/Main Zentrale der Dresdner Bank ⊞ 11.600 m² 1996–1997

Französische Botschaft / French Embassy, Pariser Platz

Pariser Platz 5 | S1, 2 Unter den Linden, Bus 100 | 10117 Mitte

Das Grundstück erstreckt sich von der nordöstlichen Ecke des Pariser Platzes in den hinteren Grundstücksbereich und von dort weiter in den Straßenraum der Wilhelmstraße. Das Gebäudeensemble besteht aus einem Kopfbau am Platz, einem weiteren an der Wilhelmstraße und zwei Gebäuden im Blockinnenbereich, wobei eines an die Brandwand der benachbarten Dresdner Bank, das andere in die Grundstücksmitte plaziert ist, wodurch dort jetzt zwei Innenhöfe liegen. Entlang der Brandwand der Dorotheenblöcke erstreckt sich eine weitere dreigeschossige bauliche Struktur, deren Dach begrünt ist. Am auffälligsten gerieren sich die Kopfbauten. Am Pariser Platz wird die Schauseite durch eine monumental wirkende steinerne Fassade gebildet, die mit den Vorgaben der Gestaltungssatzung zu spielen scheint: Das Erdgeschoß erscheint als hoher Gebäudesockel mit einem mittig gelegenen Eingang und einer seitlichen Tiefgarageneinfahrt. Über diesem Sockel sind die beiden folgenden Geschosse – gleich einer Kolossalordnung – durch sieben hohe Fensteröffnungen zusammengefaßt, wobei die zum Brandenburger Tor liegenden Fensterlaibungen derart abgeschrägt sind, daß sie von innen heraus den Blick auf das Tor nicht verstellen. Dieser skulptural und plastisch wirkenden Gliederung folgt eine kräftige horizontale Gesimsausbildung mit einem zurückgesetzten Dachgeschoß. Das Gebäude in der Wilhelmstraße wird als axialer Turmbau ausgebildet, der von zwei niedrigeren Bauteilen flankiert wird. Die über diesen beiden Bauteilen befindlichen Geschosse, die aus der Tiefe des Grundstücks heraus entwickelt sind, verschwinden mit ihren im Grundriß schrägen Außenfassaden hinter einem kräftigen Kranzgesims.

The land plot extends from the north-eastern corner of Pariser Platz to the rear part of the plot, and from there towards Wilhelmstrasse. The complex consists of an end building on Pariser Platz, another end building on Wilhelmstrasse and two buildings in the inside of the block, one of which borders on the fire wall of the neighbouring Dresdner Bank building, the other being situated in the centre of the plot, which therefore contains two inner courtyards. Along the fire wall of the Dorotheenblock buildings on Dorotheenstrasse there is a further three-storey structure with a vegetated roof. The most striking parts of the complex are the end buildings. The side facing Pariser Platz is formed by a stone façade which is monumental in its effect and seems to be playful in its treatment of the design principles: the ground floor appears as a high base of the building, with a central entrance and a side drive into the underground car park. Above this base, the next two storeys are linked – in an almost majestic style – by seven high window openings, with the embrasures facing the Brandenburg Gate arranged at an angle so that they do not obstruct the view of the Gate from the inside. Above this sculptural, textured structure is a distinct horizontal ledge structure with a roof storey that is set back. The building facing Wilhelmstrasse is constructed as a central tower structure with two lower building sections on each side. The storeys above these two sections, which are developed out of the depth of the building, are designed in a ground plan with angled external façades which are concealed behind a heavy cornice.

◿ Christian de Portzamparc, Paris; Innenarchitektur: Elisabeth de Portzamparc, Paris ◢ Ministère des Affaires Étrangères
☞ Französische Botschaft ⊞ 8.360 m² ♞ voraussichtlich 1998–2000

Büro-, Wohn- und Geschäftshaus / Residential, office and shopping building, Pariser Platz

Pariser Platz/Unter den Linden 80 | S1, 2 Unter den Linden, Bus 100 | 10117 Mitte

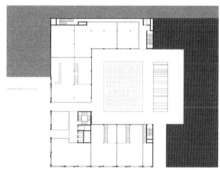

Das Gebäude besetzt eines der markantesten Grundstücke am Pariser Platz: Es steht dem Brandenburger Tor und dem Hotel Adlon gegenüber; Nachbargebäude ist die Französische Botschaft. Das Entwurfskonzept reagiert angemessen auf die Situation. Ein ruhiges, in sich ruhendes Hausvolumen – ganz wie die traditionellen Stadtpalais an diesem Ort – wird sowohl zur Platzseite als auch zur Straße Unter den Linden mit dem gleichen Öffnungsrhythmus versehen. Die Fassaden sind nach einem klassischen Ordnungsmuster aufgebaut bzw. komponiert; sie weisen ein höheres Erd- bzw. Sockelgeschoß für Läden, ein Restaurant und eine Bar auf. Es folgen eine Art Mezzaningeschoß, das formal in das Erdgeschoß eingebunden ist, vier Obergeschosse und zwei zurückgesetzte Dachgeschosse, wobei das letzte Geschoß eine Art Mansarddach mit Gauben ist. Die einzelnen Geschosse sind durch die Fügung der rötlichen Sandsteinverkleidung in unterschiedlicher Tiefenschichtung zu einem Reliefsystem zusammengefaßt, was die Körperhaftigkeit des Gebäudevolumens unterstützt. An der Platzseite und Unter den Linden führt jeweils ein Durchgang in den Innenhof sowie ein weiterer Eingang an der Platzseite zu dem zentralen Treppenhaus. Die Bürogeschosse sind zwei- bzw. im hinteren Grundstücksbereich einbündig um den Hof herum organisiert, in den ein Glaskörper eingestellt ist, der die im ersten Untergeschoß liegenden Räume belichtet. In den beiden Obergeschossen befinden sich zahlreiche Appartement- und Maisonettewohnungen.

The building occupies one of the most prominent plots on Pariser Platz, opposite the Brandenburg Gate and Hotel Adlon and next to the French Embassy. The design concept is appropriate for the situation. A calm, self-contained building volume – similar to the traditional city palace on this site – has the same pattern of openings on the Pariser Platz side as it has facing Unter den Linden. The façades are arranged and composed to a classical pattern; they have a higher ground floor base for shops, a restaurant and a bar. There follows a sort of mezzanine floor, which is formally integrated with the ground floor, four upper storeys and two receding roof storeys, of which the last storey is a sort of attic storey with dormer windows. By the arrangement of the reddish sandstone facing bricks into different depths, the individual storeys are combined into a relief system which underlines the texture of the building's volume. There is a passage into the central courtyard from Pariser Platz and another from Unter den Linden, and there is a further entrance from Pariser Platz which provides access to the central staircase. The offices on the upper storeys are arranged around the courtyard on two sides of the corridor – or in the rear part of the building on one side of the corridor, and a glass structure is enclosed in the courtyard and gives light to the rooms on the first basement storey. The two upper floors contain numerous apartments and maisonettes.

⚄ Ortner & Ortner, Berlin ➛ ABG Allgemeine Beteiligungs-Gewerbeimmobilienverwaltungs GmbH und Co. Objekt Pariser Platz KG
☞ Büro, Wohnen, Einzelhandel ⊞ ca. 13.400 m² ⚒ 1997–1999

Wohn- und Geschäftshaus / Residential and commercial building, Pariser Platz

Unter den Linden 78/Wilhelmstraße | S1, 2 Unter den Linden, Bus 100 | 10117 Mitte

Bei der Eckbebauung handelt es sich um ein Büro- und Geschäftshaus und um ein Wohnhaus, die beide eine U-förmige Figur bilden; mit dem Büro- und Geschäftshaus von Ortner und Ortner an der Ecke Pariser Platz und Unter den Linden umfaßt diese zusammengesetzte Figur einen Innenhof. In der Wilhelmstraße stößt das Wohnhaus, das im Erdgeschoß eine Ladenzone aufweist, an die Französische Botschaft. Im Gelenk der beiden kurzen Flügel ist an der Hofseite das Treppenhaus angeordnet; eine große Wohnlobby erschließt jeweils auf den Geschoßebenen die beiden Wohnungen, wobei die zum Hof orientierten an dieser Stelle eine breite Wintergartenfront aufweisen. Das Büro- und Geschäftshaus wird von der Straße Unter den Linden aus erschlossen; das Treppenhaus liegt hier ebenfalls im Gelenk der beiden Flügel. Die Normalgeschosse sind als Mittelgangsystem mit der Möglichkeit zur Bildung verschieden großer Büroeinheiten organisiert. Fassadenstruktur und -gliederung folgen der traditionellen Typologie der Geschäftshäuser in der Friedrichstadt: Die beiden unteren Geschosse bilden innerhalb einer vertikal betonten Reliefstruktur eine Einheit mit ihren in der Fläche liegenden großen Schau- bzw. Ladenfenstern. Die vier folgenden Geschosse sind als gleichmäßig proportionierte und repetitiv gesetzte Reliefstruktur mit Lochfenstern ausgebildet. In der Fassade des Wohnhauses fehlt die Vertikalstruktur des Reliefsystems des Bürohauses, so daß hier die Lochfassadensystematik – mit angedeuteten Gurtgesimsen zwischen den Geschossen – formal zur Geltung kommt. Das Fassadenmaterial besteht aus geflammtem Mucharz-Sandstein. Dem zurückversetzten Dachgeschoß ist eine Balustrade als Terrassengeländer vorgesetzt; bekrönt wird das Gebäude durch ein hohes vorbewittertes Kupferdach.

This corner development consists of an office and shop building and a residential building, which combine to form a U-shaped structure. With the office and shop building by Ortner and Ortner on the corner of Pariser Platz and Unter den Linden, this combined structure encloses an inner courtyard. In Wilhelmstrasse the residential building, which has a shopping zone on the ground floor, adjoins the French Embassy. The staircase is situated on the courtyard side at the joint of the two short wings; on each storey, a large residential lobby provides access to the two apartments; the apartments facing the courtyard have wide winter garden fronts at this point. The entrance to the office and shop building is from the street Unter den Linden. The staircase here is also in the joint of the two wings. The normal storeys are organised on the central corridor principle, with the option of forming office units of various sizes. The façade structure and sub-division follow the traditional typology of commercial buildings in Friedrichstadt; the two lower forms form a unit within a vertically emphasised relief structure, with their flush, large display and shop windows. The next four storeys are designed as an evenly proportioned and repetitive relief structure with window perforations. The façade of the residential building does not have the vertical structure of the relief system in the office building, which means that the perforated façade system – with hinted band-type ledges between the storeys – is formally more noticeable. The façade material consists of flamed Mucharz sandstone. The staggered roof storey has a balustrade as a terrace railing; the building is crowned by a high, pre-weathered copper roof.

◢ Kollhoff & Timmermann, Berlin ◕ Merkur Grundstücksgesellschaft mbH, Berlin ☞ Wohnen, Einzelhandel ⊞ 6.046 m²
⚥ 1997–1998

Hotel Adlon, Pariser Platz

Unter den Linden 75–77 | S1, 2 Unter den Linden, Bus 100 | 10117 Mitte

Das 6.170 qm große Grundstück des Hotel Adlon liegt gegenüber dem Brandenburger Tor an der Ecke Unter den Linden, Wilhelmstraße und Pariser Platz und reicht, Rücken an Rücken mit der Britischen Botschaft, bis zur Behrenstraße. 1907 mußte das ursprünglich barocke Palais Redern, später von Karl Friedrich Schinkel umgestaltet, dem Hotel Adlon weichen, das bis zu seiner Zerstörung im Krieg zu einem der besten Hotels des Kontinents zählte. An diese Tradition will das neue Hotel anknüpfen. 43.000 qm Nutzfläche und 346 Zimmer, von 40 qm Normalgröße bis zu 200-qm-Luxussuiten, exklusive Läden, Bars, Restaurants, Bankett- und Konferenzsäle stehen dafür zur Verfügung. Sehr problematisch allerdings sind die äußere Erscheinung und auch die Innenausstattung und -dekoration des Hotels, die nicht nur nicht zeitgemäß, sondern geradezu konservativ, gestrig und verstaubt sind. Es wird keine eigene Architektursprache entwickelt, die eigentlich aus der Aufgabe selbst erwächst, ein großstädtisches, modernes Haus zu bauen, das dem Ort und der Nutzung gerecht würde. Es ist eher eine Melange aus postmodernen Versatzstücken und traditionellen, historistischen Architekturornamenten. Gliederung und Rhythmisierung der Fassaden operieren mit Konsolen, Kranzgesimsen, Balustraden, Dachgauben und Eisengitterwerk, ganz so, als ließe sich das 19. Jahrhundert architektonisch und geistig-kulturell rekonstruieren. Die Gefahr besteht darin, daß schon die nächste Generation nicht mehr wird erkennen können, ob das Haus vor dem Krieg oder in den 90er Jahren des 20. Jahrhunderts gebaut worden ist.

The plot for the Hotel Adlon, which is 6,170 m² in size, is opposite Brandenburg Gate at the corner of Unter den Linden, Wilhelmstrasse and Pariser Platz, and with the adjoining British Embassy it stretches through to Behrenstrasse. In 1907 the Baroque Redern Palace, which had been later recast by Karl Friedrich Schinkel, had to give way to the Hotel Adlon, which was one of the best hotels on the continent until its destruction in the Second World War. The new hotel aims to follow this tradition. It has an effective floor area of 43,000 m² and 346 rooms, ranging from normal-sized rooms of 40 m² to 200 m² luxury suites, with exclusive shops, bars, restaurants, banqueting and conference rooms. However, the external appearance and the internal fittings and decoration of the hotel are problematical. They are not only not modern – they are conservative, antiquated and old-fashioned. No independent architectural language is developed, although this should have been a natural part of the task of building a metropolitan, modern building in keeping with the situation and the planned use. Instead, it mixes post-modern patchwork with traditional, historical architectural ornamentation. The structure and rhythm of the façades operates with consoles, cornices, balustrades, dormer roof windows and iron railings, as if it were possible to recreate the architectural, intellectual and cultural atmosphere of the 19th century. There is a danger that the next generation will already be unable to tell whether the building was built before the war or in the final decade of the 20th century.

⌂ Patzschke, Klotz + Partner, Berlin ↝ Fundus Fonds-Verwaltungen GmbH, Köln ☞ Hotel ⊞ 32.540 m² ⚒ 1995–1997

Akademie der Künste / Academy of the Arts, Pariser Platz

Pariser Platz 4 | S1, 2 Unter den Linden, Bus 100 | 10117 Mitte

Das Gebäude steht dort, wo auch das im Krieg zerstörte Stammhaus der Akademie gestanden hat: auf der südlichen Platzseite, angebaut an das Hotel Adlon. Das 100 Meter tiefe Grundstück reicht im Süden bis an die Behrenstraße. Im Kopfbau am Pariser Platz sind die repräsentativen Bereiche untergebracht: das Foyer, in dessen Verlängerung in der Grundstücksmitte die historischen, nunmehr integrierten Ausstellungsräume liegen, die durch Oberlichter mit Tageslicht und zusätzlich mit künstlichem Licht versorgt werden. Im ersten Obergeschoß sind der Plenarsaal und Ausstellungsbereiche, darüber die Konferenzbereiche und in der dritten Ebene die Einrichtungen des Akademiepräsidenten angeordnet. Im südlichen Kopfbau sind die Archivräume und Magazine, ein Planlesesaal, Bibliotheks- und Archivarbeitsplätze, die Restaurierungswerkstatt und ein weiterer Ausstellungsbereich untergebracht. An der Brandwand des benachbarten Bankgebäudes entlang liegen in einem Büroriegel – in der Manier eines traditionellen Berliner Seitenflügels – einhüftig organisiert die Mitarbeiterräume der Akademieabteilungen. Die von Beginn an umstrittene, vieldiskutierte und leider vom Architekten auch etwas »moralisch-pädagogisch« gedachte transparente Fassade besteht aus einer äußeren und einer inneren Fassadenschicht; die äußere Gitter-Glas-Schicht verweist durch vertikale und horizontale Gliederungselemente auf die Proportionen des Vorgängerbaus, die innere wiederum thematisiert dessen architektonische Motive: Das geschäftige kulturelle Treiben innerhalb der Institution soll durch diese Transparenz in den Platzraum wirken.

The building is on the site where the former main building of the Academy stood, which was destroyed in the war and then demolished – on the southern side of Pariser Platz, next to the Hotel Adlon. The plot is one hundred metres in depth, reaching to Behrenstrasse in the south. The building at the Pariser Platz end contains the presentation areas: the foyer, which is extended into the centre of the plot to integrate the historical exhibition rooms which have skylights for daylight and additional artificial light. The first floor contains the main lecture hall and the exhibition areas, above that are the conference facilities, and the third floor contains the accommodation of the President of the Academy. The building at the south end of the plot contains archive rooms and store rooms, a reading rooms, library and archive working spaces, the restoration workshop and a further exhibition area. Along the fire wall of the neighbouring bank building is an office tract – in the style of a traditional Berlin side wing – with the offices of the staff of the various departments of the Academy arranged along one side of the corridor. The transparent façade, which was controversial and much discussed from the outside, consists of an outer layer and an inner layer. The outer layer, with its framework glass pattern, has vertical and horizontal structural elements which refer back to the proportions of its predecessor. The inner façade layer underlines the architectural motifs of the building: the busy cultural activities inside the institution are meant to have an effect on Pariser Platz itself because of this transparency.

◢ Behnisch Günter, Sabatke Manfred mit Durth Werner, Stuttgart ◅ Land Berlin für die Akademie der Künste ☞ Verwaltung, Archiv (mit Magazin), Ausstellungsbereich ⊞ 17.000 m²

DG Bank, Pariser Platz

Pariser Platz 3 | S1, 2 Unter den Linden, Bus 100 | 10117 Mitte

Fassade
Behrenstraße

Fassade Pariser Platz

Das Grundstück zwischen der Akademie der Künste und der Amerikanischen Botschaft erstreckt sich vom Pariser Platz bis zur Behrenstraße, ist 42 Meter breit und 102 Meter tief. Über vier Untergeschossen orientiert es sich an der Platzseite mit fünf Bürogeschossen an der traditionellen Traufhöhe. Das Gebäude ist gleichsam um ein langgestrecktes Atrium herum gebaut, an dem ebenfalls zu beiden Seiten eine große Anzahl von Standardbüros liegen, die fast alle künstlich belichtet und belüftet werden müssen. Dieses Atrium ist mit einer mächtigen, asymmetrischen, anorganische Formen nachzeichnenden Glaskonstruktion überdacht. Darunter liegen eine Bankfiliale, ein Konferenzzentrum und ein kleiner Garten mit einer ›deutschen Eiche‹. An der Behrenstraße wächst das Hausvolumen auf zehn Geschosse mit Wohnungen an, die zur Straße hin Loggien oder raumhohe Fenster haben. Problematisch ist allerdings die Fassade am Pariser Platz. Hier liegen die Fenster sehr tief in der Fläche und sind hart eingeschnitten, so daß die Wandabschnitte in ihrer Tiefe erscheinen und somit recht monumental wirken. Auch ist der vertikale Rhythmus gegenüber der horizontalen Gliederung sehr dominant. Im Erd- und im dritten Obergeschoß sind zudem einige Fenster in eine schräge Position gebracht, was zusätzlich das Motiv einer unnötigen Dynamik und Expressivität in die Platzwand einführt.

The plot between the Academy of the Arts and the American Embassy extends from Pariser Platz to Behrenstrasse and is 42 metres wide and 102 metres in depth. Above four basement storeys, the side facing Pariser Platz, with five storeys of office space, keeps to the traditional eaves height. The building is practically built around an elongated atrium with a large number of standard offices on each side, almost all of which must be artificially lit and ventilated. The roof of this atrium is a solid, asymmetric glass construction based on inorganic forms. Below this roof are a bank branch, a conference centre and a small garden with a ›German oak tree‹. At the Behrenstrasse end, the building rises to ten storeys with apartments which have loggias or floor-to-ceiling windows overlooking the street. However, the façade facing Pariser Platz has to be regarded as problematic. Here, the windows are strongly recessed within the wall surface, so that the wall sections are seen in their depth and have a monumental effect. The vertical rhythm dominates over the horizontal structure. On the ground floor and the third floor, some windows are arranged in an oblique position, which adds the motif of an unnecessary dynamism and expressiveness to the Pariser Platz façade.

⬭ Frank O. Gehry, Santa Monica (USA) ☚ »Pariser Platz 3« Grundbesitzgesellschaft mbH & Co. Verwaltungs KG (Investor: DG Bank) ☞ Büro (Finanz- und Dienstleistungszentrum), Wohnen ⊞ ca. 20.000 m² ⚒ 1996–1998

Abgeordnetenhaus von Berlin/Umbau Preußischer Landtag / City parliament of Berlin/ Alteration work on the old Prussian parliament building

Niederkirchnerstraße 5 | S1, 2, 25 Potsdamer Platz/Anhalter Bahnhof, U2 Potsdamer Platz | 10117 Mitte

Plenarsaal

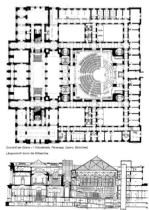

Grundriß der Ebene +1 (Wandelhalle, Plenarsaal, Casino, Bibliothek)
Längsschnitt durch die Mittelachse

Das Gebäude steht gegenüber vom Martin-Gropius-Bau, von dem es bis 1990 durch die Berliner Mauer getrennt war; es bildet mit dem Ehemaligen Preußischen Herrenhaus in der Leipziger Straße eine bauliche Einheit. Kennzeichnend für die Bauten, die 1892 bis 1904 nach einem Entwurf von Friedrich Schulze errichtet wurden, ist ihr Ausdruck als monumentale feudale Palastanlage: an der Leipziger Straße ein Cour d'honneur, ein alle Bauteile zusammenfassender, mächtiger, eineinhalbgeschossiger, rustizierter Sockel, Sandsteinfassaden, die Zusammenfassung der zwei Hauptgeschosse durch eine Kolossalordnung und als Dachabschluß eine Balustrade. Das Gebäude des Preußischen Landtags, in dem heute das Abgeordnetenhaus von Berlin untergebracht ist, steht auf quadratischem Grundriß. Der 1991 bis 1993 erfolgte Um- und Rückbau erfolgte unter Wahrung der verschiedenen Überformungen, die das Gebäude im Laufe der Geschichte erfahren hat. Dabei wurde die alte Grundrißcharakteristik wiederhergestellt, wobei die Räumlichkeiten den gegenwärtigen Erfordernissen – vor allem in technischer Hinsicht – angepaßt wurden. Den Kern bilden nach wie vor der ebenfalls quadratische Plenarsaal und eine davor geschaltete Wandelhalle, die die Funktion einer parlamentarischen Lobby übernommen hat. Dabei erhielt der Plenarsaal eine neue Glas-Decken-Konstruktion und neue Wandverkleidungen.

The building is opposite the Martin Gropius building, from which it was separated by the Berlin Wall until 1990. It forms a structural unit with the former Prussian Herrenhaus (House of Lords) in Leipziger Strasse. A characteristic feature of these buildings, which were built from 1892 to 1904 to a design by Friedrich Schulze, is their expression as a monumental, feudal palace complex, with a court of honour on Leipziger Strasse, a massive, rustic base façade spanning one and a half storeys, sandstone façades, the combination of the two main storeys by a monumental vertical structure and a balustrade to mark the edge of the roof. The building of the Prussian parliament, which now houses the city parliament of Berlin, has a square ground plan. The alteration and restoration work carried out from 1991 to 1993 preserved the various modifications which the building had been through in the course of history. The old, characteristic floor plan was restored, but the rooms were adapted to modern requirements – especially in their technical fittings. The core is still the main assembly room, which is also square, and a promenade hall in front of it, which has taken on the function of a parliamentary lobby. The main assembly hall was provided with a new glass ceiling construction and new wall facings.

🖉 Rolf Rave/Marina Stankovic/Jan Rave/Walter Krüger, Berlin 🖎 Abgeordnetenhaus von Berlin 🖅 Parlamentsgebäude
⊞ 37.000 m² 🏃 1991–1993

Anbau Schweizerische Botschaft / Extension building for the Swiss Embassy

Nordallee (ehemalige Fürst-Bismarck-Straße 4) | S1, 2 Unter den Linden, Bus 100, 248 | 10557 Tiergarten

Das Projekt ist die Erweiterung eines aus dem 19. Jahrhundert stammenden Stadtpalais. Dieses ist, nördlich vom Standort des neuen Kanzleramtes gelegen, das letzte noch bestehende Gebäude des ehemaligen Alsenviertels im Spreebogen. Es wurde 1910/11 von Paul Baumgarten umgebaut und 1919 von der Schweizerischen Eidgenossenschaft erworben. In den 30er Jahren sollte es der »Großen Halle« Speers zum Opfer fallen, überlebte aber den Krieg unbeschadet. Der Entwurf für die Erweiterung überrascht zunächst durch seine architektonische Abstraktion: Eine über alle Geschosse reichende Fassade aus eingefärbtem Beton wird an der Straßenseite nur im Erdgeschoß und an zwei anderen Stellen mit Öffnungen versehen. Diese Gliederung spiegelt auf abstrakt-ästhetischer Ebene die architektonische Ordnung des alten Palais wieder. An den anderen Fassadenseiten zeigt sich das Haus aber als normales Bürogebäude mit normaler Befensterung. Der Grundriß zeigt eine klare Ordnung und eine übersichtliche Organisation der Raumeinheiten. Auch auf dieser Ebene sucht das Gebäude keinen Schulterschluß mit dem Altbau, sondern gibt sich als neues, selbständig funktionierendes Haus mit einem eigenständig codierten architektonischen Programm zu erkennen. So radikal sich die Lösung auf den ersten Blick gibt, so selbstverständlich und unaufgeregt handhaben die Architekten den Umbau des alten Palais, das in seiner baulichen und ästhetischen Substanz belassen und weiterhin als Repräsentationsbereich und Sitz des Missionschefs genutzt wird. Die Brandwand dieses Altbaus hat der Schweizer Künstler Helmut Federle gestaltet.

The project is the extension of a town palace dating from the 19th century. It is situated to the north of the new building for the German Chancellor, and it is the last building remaining from the former Alsenviertel district in the bend of the River Spree. It was altered in 1910/11 by Paul Baumgarten and acquired by the Swiss Confederacy in 1919. In the 1930s there were plans to demolish it to make way for Speer's »Great Hall«, but it survived the war undamaged. The design for the extension is surprising first of all in its architectural abstraction. A façade of coloured concrete spanning all storeys is only interrupted on the ground floor and at two other places on the street side. This sub-division reflects the architectural structure of the old palace on an abstract aesthetic level. The other sides of the façade, on the other hand, show the building as a normal office building with normal windows. The ground layout has a clear structure and a simple arrangement of the room units. On this level, the building also does not seek to imitate the old building; instead, it shows itself to be a new, independently functioning building with its own architectural coding. Although this solution seems radical at first sight, the architects set about the restructuring of the old palace in a natural and unexcited way, leaving its old structural and aesthetic substance and continuing to use it as the representational area and headquarters of the head of the mission. The fire wall of this old building was designed by the Swiss artist Helmut Federle.

Diener & Diener Architekten, Basel Schweizerische Eidgenossenschaft Schweizerische Botschaft Neubau: 2.900 m², Altbau: 2.800 m² 1998–2000

Regierungsviertel / Government area, Spreebogen

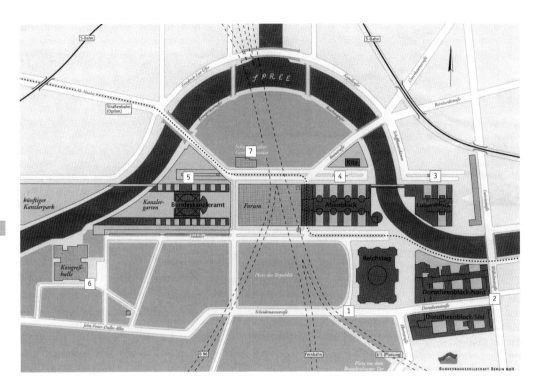

ZENTRALER BEREICH/CENTRAL AREA

1	Reichstag	5	Bundeskanzleramt/Federal Chancellery
2	Jakob-Kaiser-Haus	6	Kongreßhalle
3	Marie-Elisabeth-Lüders-Haus	7	Schweizer Botschaft/Swiss embassy
4	Paul-Löbe-Haus		

Bundeskanzleramt / Federal Chancellery

Fürst-Bismarck-Straße | S3, 5, 7, 9, 75 Lehrter Stadtbahnhof, Bus 248 | 10557 Tiergarten

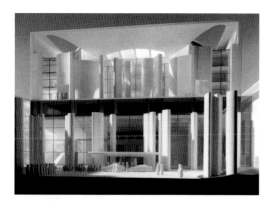

Das Bundeskanzleramt ist der westlichste Teil der Bebauungsstruktur vom sogenannten »Band des Bundes«, das von denselben Architekten in einem städtebaulichen Wettbewerb entwickelt wurde. Das Hauptgebäude steht, nur durch einen Garten getrennt, direkt an der Spree, schräg gegenüber dem Reichstagsgebäude, und wird sowohl an der Nord- als auch der Südseite flankiert von fünfgeschossigen Verwaltungsbauten mit insgesamt 310 Büroräumen. Große Wintergärten, die energetische bzw. ökologische Funktionen übernehmen, wechseln sich hier mit geschlossenen Fassadenfronten ab. Im Zentrum der Bauanlage steht der eigentliche Kanzlerbau, ein vielfältig ineinander verschachtelter Baukörper, der, mit großen vorgestellten Wandscheiben, als gigantischer Kubus erscheinen soll. In diese 36 Meter hohen Wände sind verschieden große und unterschiedlich geformte Öffnungen geschnitten, durch die hindurch man das Kerngebäude sieht, in dem neben den Büros des Kanzlers unter anderem der Kabinettssaal und ein internationaler Konferenzsaal angeordnet sind. Auf der Nordseite liegt der Haupteingang, ebenso das Pressezentrum im ersten Obergeschoß. Ab dem fünften Obergeschoß beginnen die Büroräume für die leitenden Funktionen, zum Beispiel die der Staatsminister. Im sechsten Geschoß wiederum liegen die Räume für größere und kleinere Sitzungen, in den beiden letzten Geschossen die Räume für den Chef des Kanzleramtes und die persönlichen Arbeitszimmer des Bundeskanzlers. Dem Gebäude vorgelagert ist ein Ehrenhof, von dem aus eine Vielzahl von nichtrunden Säulen bzw. Stützen innerhalb der Baustruktur des Hauptbaues erkennbar sind, die eine räumliche Tiefe und Transparenz evozieren sollen.

The Federal Chancellery is the western part of the building complex of the so-called »government ribbon«, which was developed by the same architects in an urban planning competition. The main building is obliquely opposite the Reichstag building and directly on the river Spree, separated only by a garden, and it is flanked on the north and south side by five-storey administrative buildings with a total of 310 office rooms. Large winter gardens which serve for energy and ecology purposes, alternate with closed façade sections. At the centre of the complex is the Chancellery building itself, a structure with many interlocking elements surrounded by large wall blocks, which is designed to appear as a gigantic cube. These 36 metre high walls contain openings of different shapes and sizes which enable the beholder to look at the central building, which houses the offices of the Chancellor, the cabinet room, an international conference room and other rooms. The north side contains the main entrance and the press centre on the first floor. From the fifth floor upwards, the offices for leading functions begin, such as the ministers of state. The sixth floor contains the rooms for large and small meetings, and the last two floors contain the rooms for the Head of the Chancellery and the personal working room of the Chancellor. In front of the building is a court of honour, from which a large number of non-round pillars and supports can be seen within the building structure of the main building; these elements are designed to evoke a spatial depth and transparency.

Axel Schultes Architekten, Frank, Schultes, Witt (Axel Schultes mit Charlotte Frank), Berlin ❧ Bundesbaugesellschaft Berlin mbH (im Auftrag der Bundesrepublik Deutschland) ☞ Leitungs- und Verwaltungsgebäude für das Bundeskanzleramt ⊞ 66.000 m² ⚐ 1997–1999

Umbau Reichstagsgebäude / Alterations to the Reichstag

Scheidemannstraße/Ebertstraße | S1, S2 Unter den Linden, Bus 100, 248 | 10557/10117 Tiergarten/Mitte

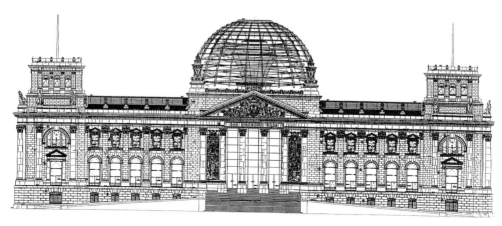

Während der Abriß- und Umbauarbeiten war deutlich zu sehen, daß von dem 1884 bis 1894 erbauten Gebäude von Paul Wallot nur noch die Außenmauern stehengeblieben und somit von originaler Substanz sind. Alles andere wurde rigoros dem Neuerungswillen, der neuen Zeit und der veränderten Nutzungskonzeption geopfert. Das Haus ist nunmehr in horizontal klar unterschiedliche Nutzungsbereiche gegliedert. Zentrales Element ist der Plenarsaal für den Bundestag, der über die große, im Durchmesser 36 Meter messende Kuppel natürlich belüftet und belichtet wird. Für ausreichende Belichtung sorgt zusätzlich ein variables Spiegelsystem, das das Licht über die Kuppel bis zu zehn Meter tief ins Innere lenkt. Im Keller sowie im Erdgeschoß befinden sich die Technik, der Empfang und andere Räume. Der Plenarbereich und andere repräsentative Räume sind im ersten Obergeschoß untergebracht, ein neues Zwischengeschoß ist ausschließlich Besuchern vorbehalten. Darüber wiederum ist der Präsidialbereich und im dritten Obergeschoß sind Fraktionssäle und weitere Büros untergebracht. Das Gebäude wird bekrönt von einer jedermann zugänglichen Dachterrasse, von der man auch in ein Restaurant gelangt. Ein eigenes, mit Rapsöl betriebenes Blockheizkraftwerk im Gebäude dient der Erzeugung von Strom und Wärme, wobei letztere mittels Aquifer und Erdsonden im Erdreich gespeichert wird. So kann im Winter die Abwärmeenergie entnommen und im Sommer als Antriebsenergie mittels Absorptionswärmepumpen für die Kälteversorgung genutzt werden.

During the demolition and reconstruction work it could be clearly seen that only the outer walls remained standing, and were thus part of the original substance of the building constructed from 1884 to 1894 by Paul Wallot. Everything else was mercilessly sacrificed to the will for renewal, the new era and the changed usage concept. The building is now horizontally sub-divided into clearly distinguished usage zones. The central element is the parliamentary chamber for plenary sessions of the German parliament, which is naturally ventilated and lit by the large dome with a diameter of 36 metres. An additional feature to ensure sufficient lighting is a variable system of mirrors, which reflects the light from the dome up to 10 metres into the building. The basement and the ground floor contain the technical utilities, the reception area and other rooms. The plenary parliamentary chamber and other official rooms are housed on the first floor, with a new intermediate floor reserved exclusively for visitors. Above that is the presidential area, and on the third floor there are rooms for the parliamentary parties and other offices. The building is crowned by a roof terrace which is open to the public and gives access to a restaurant. The building has its own block-type thermal power station fuelled with rapeseed oil to generate electricity and heat; the heat is then stored in the subsoil by means of aquifer and earth probes. Thus, it is possible to store waste heat in winter and to use it in summer as an energy source for refrigeration by means of absorption heat pumps.

Sir Norman Foster & Partners, London ✏ Bundesbaugesellschaft Berlin mbH (im Auftrag der Bundesrepublik Deutschland) ✏ Deutscher Bundestag ⊞ ca. 61.000 m² ✏ 1994–1999

Bundespräsidialamt / Federal President's office

Spreeweg 1 | S3, 5, 7, 9, 75 Bellevue, Bus 100 | 10557 Tiergarten

Der Neubau des Bundespräsidialamtes steht in unmittelbarer Nachbarschaft zum Schloß Bellevue (1785/1786, Architekt: Ph. D. Boumann d. J.), mit dem er eine Nutzungseinheit bildet, die architektonisch durch eine Pergola und darüber hinaus durch landschaftsgärtnerische Maßnahmen hergestellt wird. Er liegt etwas abseits der Straße, umgeben von altem Baumbestand des Tiergartens; auf diese Situation innerhalb eines ›Englischen Gartens‹ reagiert die radikale elliptische Form des Baukörpers. Die Proportionen und Dimensionen des Gebäudevolumens beziehen sich auf die Maßstäblichkeit des Schlosses. Seine Außenhaut ist ohne jegliche Hierarchie, wenn man einmal von dem minimalen Einschnitt für die Eingangssituation absieht. In das Atrium des ringförmigen, viergeschossigen Baukörpers, der mit Naturstein verkleidet ist und eine serielle Befensterung aufweist, ist ein weiterer Baukörper eingestellt. Dieser orthogonale, langgestreckte Bau nimmt die Neben- und Serviceräume sowie die Sanitäranlagen auf. Mit dem Hauptbau ist er durch brückenartige Verbindungen auf allen Ebenen verbunden. Im Hauptbau sind auf allen Geschoßebenen die Büroräume einhüftig organisiert, der Erschließungsgang ist durch eine befensterte Wand vom glasgedeckten Innenhof bzw. Atrium getrennt. Zur spätbarocken ›erzählenden‹ Architektur des Schlosses Bellevue bildet der Neubau einen zurückhaltend formulierten Kontrast; zur Geltung kommen einzig die objekthafte, skulpturale Gestaltung und die sich in den Naturraum einschmiegende und zugleich in sich ruhende Form.

The new building of the Federal President's Office is in the direct vicinity of Bellevue Palace (1785/1786, architect: Ph. D. Boumann the younger), with which it forms a single functional unit which is created architecturally by a pergola and by landscape gardening measures. The building is set back from the road and surrounded by old trees which form part of the Tiergarten park. The radical elliptical shape of the building is a reaction to this setting within a landscape garden. The proportions and dimensions of the building are related to the size of the palace itself. The outer surface is without any hierarchy apart from the minor recess for the entrance. The atrium of the four-storey rounded building, which is faced with natural stone and has serial windows, contains a further building. This elongated orthogonal structure contains the ancillary and service rooms and the sanitary facilities. It is connected with the main structure by bridge-like connections on all floors. The offices on all storeys are arranged on one side of the corridor, and the access corridor is separated by a wall with windows from the glass-covered inner courtyard or atrium. The new building forms a restrained contrast to the late Baroque ›narrative‹ architecture of Bellevue Palace itself, and it merely displays its sculptural object character and its form, which merges into the natural surroundings and at the same time is self-contained.

⊿ Architekten Gruber, Kleine-Kraneburg, Frankfurt/Main ➦ Bundesrepublik Deutschland (vertreten durch Bundesamt für Bauwesen + Raumordnung) ☞ Verwaltung des Bundespräsidialamtes ⊞ 18.000 m² 🏃 1996–1998

Parlamentsbauten / Parliament buildings (Paul-Löbe-Haus/Marie-Elisabeth-Lüders-Haus)

Östlicher Spreebogen | S1, 2 Unter den Linden, S3, 5, 7, 9, 75 Lehrter Stadtbahnhof | Mitte/Tiergarten

Die kammartige Bebauung westlich (Paul-Löbe-Haus) und östlich (M.-E.-Lüders-Haus) der Spree sowie nördlich des Reichstages bildet einen zusammengehörigen Baukomplex und ist Teil der Bebauungsstruktur »Band des Bundes«. Die Gebäudestruktur wird rhythmisiert durch sich abwechselnde Hauskörper und gebäudehohe, verglaste und begrünte Innenhöfe. Die Gebäudehöhe und der Rhythmus von Haus und Hof sowie die Maße der Blöcke lehnen sich an die alte, im Krieg zerstörte Bebauungsstruktur an. Zentrale Erschließungsachse ist jeweils ein mittig gelegener, ebenfalls gebäudehoher und glasgedeckter Mittelteil, den man von den Schmalseiten aus betritt. Im Alsenblock befinden sich an den beiden Längsseiten dieses zentralen Erschließungssystems die Ausschußsitzungssäle mit Besuchertribünen. Im Norden und Süden liegen U-förmig die Gebäudekörper mit den Innenhöfen; hier sind die Abgeordnetenbüros untergebracht. Der Luisenblock setzt diese Struktur auf der anderen Spreeseite fort, wobei beide durch eine Fußgängerbrücke miteinander verbunden sind. Hier sind der Wissenschaftliche Dienst, die Pressedokumentation und das Archiv des Bundestages untergebracht, außerdem weitere Büros und Nebenräume. Ein zylinderförmiger Bau, direkt an der Spree gelegen, mit einem Foyer, einem Katalograum und einem großen Lesesaal, fungiert zugleich als zentraler Eingang für die Bibliothek des Bundestages. Die Architektursprache fühlt sich der von Axel Schultes und Charlotte Frank vorgegebenen verpflichtet, ist insgesamt aber wesentlich ruhiger und konsequenter in bezug auf die Ausbildung und Rhythmisierung der einzelnen Baukörper.

The comb-like buildings to the west (Paul-Löbe-Haus) and east (M.-E.-Lüders-Haus) of the river Spree and to the north of the Reichstag form a single building complex which is part of the »government ribbon« building project. The rhythm of the building structure is characterised by the alternation of building blocks and vegetated inner courtyards with glass roofs, which are as high as the buildings. The height of the buildings, the rhythm of building and courtyard and the size of the building blocks are based on the old building structure which was destroyed in the war. The central access for each block is from a central section, which is also as high as the buildings themselves and covered by a glass roof, and which is entered from the narrow sides. In the Alsenblock, the committee rooms with visitors' galleries are situated along the sides of this central access area. At the north and south are the U-shaped building blocks with the inner courtyards, which contain the offices of the members of parliament. The Luisenblock continues this structure on the other side of the river Spree, and the two blocks are linked by a pedestrian bridge. The Luisenblock contains the Scientific Service, the press documentation centre, the parliamentary archive and more offices and auxiliary rooms. A cylindrical building directly on the bank of the Spree containing a foyer, a catalogue room and a large reading room also serves as the central entrance to the parliamentary library. The architectural language is faithful to that proposed by Axel Schultes and Charlotte Frank, but it is less tranquil and more consistent with regard to the design and rhythm of the individual buildings.

⊿ Stephan Braunfels, München/Berlin ⌦ Bundesbaugesellschaft Berlin mbH (im Auftrag der Bundesrepublik Deutschland)
☞ Deutscher Bundestag (Parlamentsneubauten) ⊞ 139.000 m² (Paul-Löbe-Haus und M.-E.-Lüders-Haus) ♣ 1997–1999

Regierungs- und Parlamentsbauten / Government and parliament buildings (Jakob-Kaiser-Haus)

Nördlich und südlich der Dorotheenstraße | S 1, 2 Unter den Linden, S1, 2, 3, 5, 7, 9, 75, U6 Friedrichstraße | 10117 Mitte

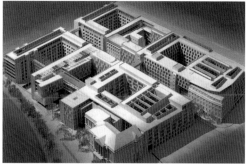

Die ca. 53.000 qm Nutzfläche der Dorotheenblöcke östlich des Reichstages dienen der Unterbringung der Abgeordnetenbüros und der Fraktionsstäbe. Darüber hinaus beherbergen sie Arbeitsräume der Vizepräsidenten des Bundestages und Einrichtungen des Bundesrates und der Bundesregierung sowie Mediendienste und Infrastruktureinrichtungen. Die Bebauungsstruktur folgt den Prinzipien der »Kritischen Rekonstruktion«, das heißt, daß eine parzelläre Aufteilung des Grundstückes vorgenommen wurde, auf dem acht zusammenhängende Einzelhäuser von verschiedenen Architekturbüros realisiert werden. Diese Einzelhäuser haben somit trotz der inneren Zusammengehörigkeit individuellen Charakter. Alle Gebäude haben sechs Vollgeschosse und ein Staffelgeschoß. Die denkmalgeschützten Gebäude Reichspräsidentenpalais, Kammer der Technik und das Haus Dorotheenstraße 105 werden instandgesetzt, umgebaut und in das Ensemble integriert. Am westlichen Ende, links und rechts der Dorotheenstraße, befinden sich die Hauptzugänge, von denen man jeweils eine große, nach oben offene bzw. glasgedeckte Halle betritt. Der Großteil der Vollgeschosse wird durch jeweils 18 qm große Abgeordnetenbüros eingenommen. Diese werden über gebäudehohe, tagesbelichtete Lufträume erschlossen, in denen sich Treppen und Fahrstühle befinden. Unterirdisch sind die Dorotheenblöcke untereinander und mit dem Reichstagsgebäude verbunden. Wie bei allen anderen Regierungs- und Parlamentsbauten sind hier zukunftsweisende ökologische Konzepte umgesetzt, so unter anderem Energieverteilungs- und Tageslichtlenksysteme.

The floor space of about 53.000 m² in the »Dorotheenblöcke« buildings to the east of the Reichstag provides office accommodation for the members of parliament and rooms for the parliamentary party organisations. They also contain the working rooms for the parliamentary vice presidents, institutions of the Federal Council and the federal government, media services and infrastructural facilities. The architectural structure follows the principles of »critical reconstruction«, which means that the land has been split up into separate land parcels on which eight individual interlinked buildings have been implemented by different architectural offices. Thus, in spite of their inner coherence, each of these individual buildings has its own separate identity. All of the buildings have six full storeys and one staggered storey. The buildings which are protected monuments, i.e. the Reich Presidential Palace, the Chamber of Technology and the building at Dorotheenstrasse 105, are being renovated, altered and integrated into the ensemble. At the western end, to the left and right of Dorotheenstrasse, are the main entrances, each of which provides access to a large hall which is open to the sky or covered with a glass roof. The major share of the floor space on the full storeys is taken up with offices measuring 18 m² for the members of parliament. They are reached via air wells, which are lit by daylight, as high as the buildings and contain stairs and lifts. Below ground, the Dorotheenblöcke buildings are connected with each other and with the Reichstag building. As in all other government and parliamentary buildings, progressive ecological concepts are also implemented here, such as energy distribution and daylight reflection systems.

🖊 Busmann und Haberer, Köln/De Architekten Cie, Amsterdam/gmp von Gerkan, Marg & Partner, Hamburg/Schweger+Partner, Hamburg/Berlin/Thomas van den Valentyn, Köln ➡ Bundesbaugesellschaft Berlin mbH (im Auftrag der Bundesrepublik Deutschland) ☞ Parlamentsneubauten ⊞ ca. 53.000 m² 🏃 1996–1999

Wohnungen im Moabiter Werder / Apartments in the Werder area of Moabit

Östlich der Paulstraße (Hamacher-Gelände) | S 3, 5, 7, 9, 75 Lehrter Stadtbahnhof | 10557 Tiergarten

Das schlangenförmige und dominant-monumentale Gebäude steht auf dem Gelände des ehemaligen Hamburg-Lehrter Güterbahnhofs. Im Süden grenzt es an den nördlich der Spree geplanten Spreepark und im Norden an die neugeschaffene Südallee. Der in der Höhe gestaffelte, fünf- bis achtgeschossige Baukörper bildet durch seine Schlangenform sowohl zum Spreepark als auch zur Südallee große Höfe aus; durch diese Form konnten alle Wohnungen nach Südwesten bzw. Südosten ausgerichtet werden. Erschlossen wird das Gebäude, in dem sich 437 1- bis 4-Zimmer-Wohnungen befinden, über insgesamt 22 Treppenhäuser; sie sind als Zwei- oder Dreispänner organisiert. In den Bögen befinden sich jeweils über zwei Geschosse reichende Durchgänge in den jeweils dahinterliegenden Hof. In der Spitze am östlichen Ende liegt ein Café mit Außenbereich, in den beiden mittleren Bögen befinden sich im Erd- und im ersten Obergeschoß zusätzlich Gewerbeflächen für unterschiedliche Nutzungen. Der Gebäudekörper ist in Massivbauweise errichtet, wobei die Nordfassade mit einer Ziegelaußenschale versehen wurde. Hier sind die Fassadenperforationen für die Fenster in einem unregelmäßigen Muster eingeschnitten; es gibt quadratische horizontale und vertikale Öffnungen, die eine eindeutige Ablesbarkeit der Geschosse und eine typologische Zuordnung verhindern. Die Südfassade dagegen ist durch Fenster- und Vorsatzschalenbänder in Ziegel- und Klinkerausführung gegliedert.

This snake-like and dominantly monumental building is situated on the land of the former Hamburg-Lehrter goods station. To the south it borders on the Spree Park which is planned to the north of the river Spree, and to the south it borders on the newly created street of Südallee. The staggered-height building with five to eight storeys forms large courtyards both on the Spree side and towards Südallee as a result of its snake-like ground plan. Because of this shape, it is possible to design all apartments to face south-west or south-east. The entrance to the 437 1 to 4 room apartments is via a total of 22 staircases, which each provide access to two to three apartments on each floor. The curves contain passages spanning two storeys which provide access to the courtyard beyond. The eastern end of the building contains a café with outdoor seating, the two central curves also contain commercial areas for various purposes on the ground floor and the first floor. The building is a solid construction; the north façade has an outer brick facing. The façade perforations for the windows are arranged in an irregular pattern here; there are square, horizontal and vertical openings which do not give a clear impression of the storeys or a typological classification. The southern façade, on the other hand, is structured by band-type windows and attached facing bands of tile and brick.

⊿ Georg Bumiller, Berlin/Müller, Rode, Wandert, Berlin/Pampe, Berlin ☜ Frankfurter Siedlungsgesellschaft (FSG)/Gemeinnützige Deutsche Wohnungsbaugesellschaft (Deutschbau) ☞ Wohnen ⊞ 57.677 m² ⚹ 1996–1999

Bundespresseamt / Federal Press Office

Dorotheenstraße, Reichstagsufer, Neustädtische Kirchstraße | S1, 2, 3, 5, 7, 9, 75, U6 Friedrichstraße | 10117 Mitte

Das Gebäudeensemble, das ab 1999 der Unterbringung von 550 Mitarbeitern der Bundesbehörde dient, befindet sich auf mehreren, zu einer Einheit zusammengefaßten Liegenschaften zwischen dem Reichstagsufer, der Dorotheenstraße und der Neustädtischen Kirchstraße. Dort wurden verschiedene, zum Teil unter Denkmalschutz stehende Gebäude aus unterschiedlichen Epochen umgebaut und integriert. Neu sind ein das Grundstück und die einzelnen Nutzungseinheiten ordnendes langgestrecktes Haus parallel zur Neustädtischen Kirchstraße und das Pressezentrum auf dem neugeschaffenen Vorplatz an der Spree. Beide Gebäude sind einfach geschnittene, prismatische Baukörper. Das siebengeschossige Langhaus stellt eine Erweiterung des vorhandenen Altbaus dar und hat in den Normalgeschossen aneinandergereihte Büroeinheiten, die sämtlich dem Vorplatz zugewandt sind. Die Fassade dieses Hauses ist, wegen der Offenheit zur Spree, mit großen Glaselementen versehen, die sich als filigrane Fläche bzw. transparente Glashaut vor die Büros spannt. In der Mitte des neuen Vorplatzes steht das zweigeschossige Presse- und Besucherzentrum. Man betritt es über eine auf den Platz reichende Fußgängerrampe. Hinter der zweigeschossigen Glasfassade befindet sich – es wirkt wie ein eingestellter Baukörper – der zentrale Konferenzraum; zwischen diesem und dem Altbau liegt das Pressecafé. Die anderen Bauteile sind von den Straßen aus erschlossen, so auch das ehemalige Postscheckamt an der Dorotheenstraße. Diese Bauten, die sich weit in die Tiefe des Blockes erstrecken und dort große Innenhöfe aufweisen, werden den neuen Nutzungsanforderungen entsprechend umgebaut und modernisiert.

This group of buildings, which will accommodate 550 staff of this federal office from 1999, is situated on several plots which are now combined into one unit between Reichstagsufer, Dorotheenstrasse and Neustädtische Kirchstrasse. Here, a number of buildings from various eras, some of them protected architectural monuments, have been converted and integrated. New elements are an elongated building parallel to Neustädtische Kirchstrasse which creates a structure for the land and the individual utilisation units and the press centre on the newly created plaza by the Spree. Both buildings are simply styled, prismatic structures. The seven-storey elongated building represents an extension of the existing old building, and on the normal storeys it has rows of adjacent office units, each of which faces onto the plaza. To open this long building to the Spree, its façade has large glass elements which are mounted in front of the offices as a filigree and transparent outer glass surface. In the centre of the new plaza is the two-storey press and visitor centre. It is entered via a wide pedestrian ramp which extends far out onto the plaza. Behind the two-storey glass façade – as an apparent inserted element – is the central conference room; between this room and the old building is the press café. The other parts of the building complex are entered from the street, including the former postal cheque office on Dorotheenstrasse, a building which dates from the Wilhelmine era. These buildings, which extend far back into the depths of the block and have large inner courtyards, are being converted and modernised in keeping with the new demands on their use.

⬔ KSP Engel Kraemer Schmiedecke Zimmermann, Berlin ☞ Bundesrepublik Deutschland (vertreten durch das Bundesministerium für Raumordnung, Bauwesen und Städtebau, vertreten durch die Bundesbaudirektion) ☞ Presse- und Informationsamt der Bundesregierung in Berlin ⊞ 40.512 m² ⚒ 1996–1999

Lehrter Bahnhof / Railway station

Invalidenstraße, Alt-Moabit | S3, 5, 7, 9, 75 Lehrter Stadtbahnhof, Fernbahn | 10557 Tiergarten

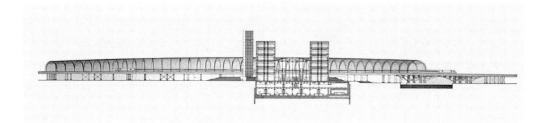

An der historischen Stelle des im Zweiten Weltkrieg zerstörten Lehrter Bahnhofs und in unmittelbarer Nachbarschaft zum Regierungsviertel im Spreebogen entsteht dieser neue Kreuzungsbahnhof. Zwei ICE-Strecken (Nord-Süd und Ost-West), zwei parallel geführte S-Bahn-Strecken und eine U-Bahn-Linie werden sich hier auf verschiedenen Ebenen kreuzen. Einzig die Ost-West-Trasse wird dann den jetzigen Verlauf der Bahn auf dem Berlin-typischen Backstein-Viadukt nachzeichnen. Eine 430 Meter lange, Ost-West-orientierte Bahnsteighalle wird von einer im Querschnitt ellipsoiden Glashalle überspannt. Die gläserne Konstruktion besteht aus einem Gitterschalennetz und durchstößt zwei große, diagonal bzw. parallel zueinander stehende Gebäudescheiben, die mit ihrer Stahl-Glas-Konstruktion die Nord-Süd-Trasse im Stadtraum markieren. Eingespannt zwischen diesen beiden Hochhausfiguren liegt die 170 mal 50 Meter messende, glasgedeckte Bahnhofshalle. Die Tragstruktur der Halle erlaubt eine tiefreichende Tageslichtführung. Das Gelände der Hochhausscheiben wird als gigantischer Sockel markiert und mehr als vier Meter über Straßenniveau angelegt. Die dreibündig organisierten Gebäude können unterschiedlich genutzt werden; in der dazwischen liegenden Halle wird die mittlerweile obligatorische Kaufhauskultur mit vielfältigem Angebot untergebracht. Die traditionelle, aus dem 19. und beginnenden 20. Jahrhundert stammende historistisch-klassische Architektursprache der Großstadt-Bahnhöfe wird ersetzt durch eine moderne, mächtige Stahl-Glas-Konstruktion, wobei die das Gebäude strukturierenden Stahlteile sichtbar vor die Fassade gelegt werden.

On the historical site of the Lehrter Bahnhof station, which was destroyed during the Second World War, and in direct proximity to the government district in the bend of the river Spree, this new junction station is being built. Two ICE routes (north-south and east-west), two parallel urban railway (S-Bahn) routes and one underground route will cross here on different levels. Only the east-west route will then follow the present line of the railway on the bridge viaduct which is typical for Berlin. A 430 metre long station hall from east to west is spanned by an elliptical shaped glass hall. The glass structure consists of a shell-type frame network and passes through two large diagonal elongated tower blocks placed parallel to each other, which mark the north-south route in the urban setting with their steel and glass structure. Between these two tower blocks is the glass-covered station hall measuring 170 by 50 metres. The load-bearing structure of this hall permits daylight to penetrate down into the building. The land on which the tower blocks are erected is marked out as a gigantic pedestal which is more than four metres above street level. The buildings, which are arranged in a triple structure, can be used in different ways; in the intermediate hall, a wide range of shopping culture is accommodated – which is now an obligatory element in major stations. The traditional historical and classical architectural language of big city stations, which dates from the 19th and early 20th century, is replaced by a modern, gigantic steel and glass structure, with the steel parts that lend structure to the building visibly placed in front of the façade.

gmp von Gerkan, Marg & Partner, Hamburg (Projektpartner: Jürgen Hillmer) Deutsche Bahn AG Berliner Bahnhof, Nahverkehr, Einzelhandel, Büro 61.000 m² 1996–2002

Umbau / Alterations to Hamburger Bahnhof

Invalidenstraße 50–51 | S3, 5, 7, 9, 75 Lehrter Stadtbahnhof, Bus 245 | 10557 Tiergarten

Das Bahnhofsgebäude, im spätklassizistischen Stil zwischen 1845 und 1847 gebaut, gehört zur ersten Generation dieses Typus in Berlin. 1884 stillgelegt, danach als Wohn- und Verwaltungsbau genutzt, wurde es ab 1904 zu einem Verkehrs- und Baumuseum umgebaut; zu diesem Zweck wurde die alte Perronhalle durch eine moderne Eisenbinderkonstruktion ersetzt, die noch jetzt vorhanden ist. 1912 bis 1915 erfolgte der Anbau der beiden Flügelbauten. Im Zuge des Umbaus zu einem Museum für zeitgenössische Kunst sind die zentrale Halle und die anderen Gebäude vollständig umstrukturiert und umgebaut worden. Die architektonisch weitreichendste Intervention besteht jedoch im seitlichen Anbau von zwei Hallen, die die große zentrale Ausstellungshalle rahmen. Im ersten Bauabschnitt wurde 1996 die östliche dieser Hallen fertiggestellt. Sie kann von einer Schmal- und der alten Halle aus betreten werden. Der Hallenquerschnitt beschreibt ein Quadrat und einen darüber eingeschriebenen Halbkreis als Dach; dieses ist über die ganze Länge mit einem Oberlicht versehen. Diese tonnengewölbte, fensterlose Halle mit fugenlosen weißen Innenwänden tritt im Außenraum mit einer feingliedrigen Fassadenstruktur in Erscheinung: Eine Reihe von monotaktisch gesetzten ship-shape-förmigen Stahlstützen auf einem natursteinverkleideten Sockel bilden die Primärstruktur. Zwischen ihnen befindet sich die Außenhaut aus unbehandelten Gußaluminiumplatten, die aus recyceltem Rohmaterial hergestellt sind.

The station building, which was built in the late classical style between 1845 and 1847, belongs to the first generation of this type in Berlin. It was taken out of service in 1884 and used as a residential and administrative building, and from 1904 it was converted to a transport and construction museum; for this purpose, the old Perron hall was replaced by a modern iron binder framework which is still present today. The two wing structures were added from 1912 to 1915. In the course of the conversion to a museum of contemporary art, the central hall and the other buildings have been completely restructured and altered. But the most drastic architectural intervention consists of the addition of two halls in the side wing, which enclose the large central exhibition hall. In the first building phase, the eastern hall was completed in 1996. It can be entered from a narrow hall and from the old hall. The cross-section of the hall is square, with an inscribed semi-circle as the roof, which has a skylight over the whole length. This barrel-like hall without any windows and with seamless white interior walls appears from the outside with a finely divided façade structure. A series of regular boat-shaped steel columns on a pedestal with natural stone facing forms the primary structure. Between these columns is the outer surface, which consists of untreated cast aluminium panels made of recycled raw material.

Josef Paul Kleihues, Berlin ⟿ Senatsverwaltung für Bauen, Wohnen und Verkehr ☞ Museum für Gegenwart ⊞ 20.000 m² ⟁ 1993–1996

Bundesministerium für Verkehr, Bau- und Wohnungswesen / Federal Ministry of Transport, Construction and Residential Development

Invalidenstraße 44 | U6 Zinnowitzer Straße, S3, 5, 7, 9, 75 Lehrter Stadtbahnhof | 10115 Mitte

Das Gebäude besteht aus einem Altbau, einem damit verbundenen Neubau und einem Erweiterungsbau als Solitär. Der dreigeschossige Altbau mit einem Dachgeschoß aus den Jahren 1875/78 – Architekt war August Tiede – erfährt gegenwärtig im Inneren einen weitgehenden Rückbau in den alten Zustand und wird vollständig saniert und instandgesetzt; das geschieht, um die originale Grundrißcharakteristik wiederherzustellen. Zentrales Element ist ein großer atriumähnlicher, glasgedeckter, zweigeschossiger Hofraum, an dem entlang die Flure wie offene Laubengänge organisiert sind, die die außenliegenden Büroeinheiten erschließen. Ein viergeschossiger Anbau – 1890/92 von Fritz Laske – verbindet diesen Altbau mit dem Neubau von Max Dudler. Auch dieser ist als zweibündige Anlage um einen Hof herumgebaut, der nach oben offen ist. Anders als der Altbau, der leicht zurückversetzt und verdreht von der Straße steht, ist der Neubau an die Baufluchtlinie gerückt und definiert somit klar den Straßenraum. Dadurch ensteht gleichzeitig ein kleiner Vorplatz zwischen Alt- und Neubau, von dem aus das neue Gebäude erschlossen wird. Es ist ein kubischer, prismatisch geschnittener Baukörper mit einer klar definierten eingeschossigen Sockelzone. Alle Fassaden sind als Lochfassaden mit einer monotaktischen Befensterung ausgebildet, wobei Wand und Öffnung in einem ausgewogenen Verhältnis stehen. Die Kastenfenster mit dem Luftraum zwischen zwei Glasscheiben dienen durch eine Abluftanlage der Wärmegewinnung für das ganze Gebäude. Die Vorblendschale ist aus gleich großen Natursteinen nach tektonischen Regeln aufgebaut und gibt dem Gebäude ein abstrakt-rationales Aussehen, das von der Reduktion der Elemente und Formen lebt.

The building complex consists of an old building, a linked new building and an extension building as a solitary block. The three-storey old building with a roof storey dating from 1875/78 – designed by the architect August Tiede – is largely being restored to its old condition in the interior, and is being completely renovated and repaired. This is being done in order to restore the original floor plan characteristics. The central element is a large, atrium-type, glass covered two-storey courtyard along which the corridors are arranged like open arbours. which provide access to the office units, which face outwards. A four-storey extension – designed in 1890/92 by Fritz Laske – links this old building with the new building by Max Dudler. This building is also built around a courtyard which is open to the sky, with offices arranged on both sides of a central corridor. By contrast with the old building, which is slightly set back and at an angle to the road, the new building is brought forward to the building alignment line, thus clearly defining the street setting. At the same time, this creates a small open space between the old and new buildings, and the entrance to the new building is situated on this space. The new building is a cubit, prismatically formed building with a clearly defined single-storey base zone. All façades are designed as perforated façades with a regular window patter, with the wall surface and the openings in a balanced relationship. The box-type windows, with an air lock between two panes of glass, have an exhaust air system, which enables them to serve for heat generation for the whole building. The facing wall surface is made of regular size natural stones arranged on tectonic principles, and it gives the building an abstract and functional appearance which lives from the reduction of elements and forms.

Max Dudler, Zürich/Berlin/Gerber und Partner, Dortmund ⮞ Bundesbaudirektion ☞ Verwaltung (Bundesministerium für Verkehr) ⊞ ca. 8.500 m² (Dudler) 20.750 m² (Gerber) 🏃 1997–1999 (Dudler) 1996–1998 (Gerber)

ZENTRALER BEREICH/CENTRAL AREA

Konrad-Adenauer-Stiftung / Konrad Adenauer Trust

Klingelhöferstraße/Tiergartenstraße | Bus 100, 341 | 10785 Tiergarten

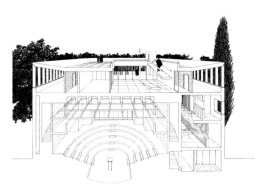 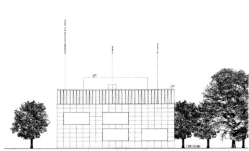

Das Grundstück befindet sich am Rande des ehemaligen Diplomatenviertels an der Ecke Klingelhöfer- und Tiergartenstraße. Das Gebäude nimmt die kontextuellen Bezüge des Stadtraumes auf: Aufriß und Traufhöhe thematisieren die noch bestehende Nachbarbebauung. Die Grundidee basiert auf einem großen, rechteckigen, geschlossenen Gebäudekörper, in den verschiedene Raummodule für die unterschiedlichen Nutzungen quasi eingelagert sind. Hauptelement bzw. größtes räumliches Modul ist ein über zweieinhalb Geschosse reichender kreisrunder Veranstaltungssaal, der asymmetrisch in die Grundrißfläche eingeschrieben ist. Man betritt diesen über ein zweigeschossiges, zum Eingangsbereich hin verglastes Foyer. Eine Cafeteria, die Küche und ein Speiseraum ergänzen das Erdgeschoß. Im zweiten Obergeschoß liegen eine Galerie, der Ausstellungsbereich und Gruppenräume, im dritten – an den Außenfassaden entlang – verschieden große Büroeinheiten und in der Gebäudemitte ein Atrium, die Sanitäranlagen, die Vertikalerschließung und diverse Nebenräume. Das Dachgeschoß ist als Terrasse ausgebildet. Die hermetisch geschlossene Form des kubischen und abstrakt erscheinenden Baukörpers, dessen Fassadenfläche nur durch das Vordach des Eingangsbereiches unterbrochen ist, wird durch die großflächige Natursteinverkleidung in den beiden unteren Geschossen unterstrichen. Hier sind verschieden große Fensteröffnungen, den Anforderungen der dahinter liegenden Räume entsprechend, eingeschnitten. Das Bürogeschoß besteht aus einer Vollverglasung und bildet durch seine vertikale Struktur aus Stahl-Glas-Elementen zugleich eine Art Attika.

The land plot is at the edge of the former diplomatic district on the corner of Klingelhöferstrasse and Tiergartenstrasse. The building takes up the context of the urban surroundings: the layout and eaves height follow the pattern of the buildings which still exist in the vicinity. The fundamental idea is based on a large, rectangular, closed building structure into which various spatial modules for different uses are more or less inserted. The main element and largest spatial module is a circular hall spanning two storeys, which is asymmetrically integrated into the ground layout. This hall is entered through a two-storey foyer, which is separated from the foyer by a glass partition. The ground floor also contains a cafeteria, the kitchen and a dining room. The second floor contains a gallery, the exhibition area and group rooms, and the third floor contains office units of various sides along the outer sides of the building, with an atrium, the sanitary facilities, the vertical access and various ancillary rooms in the middle of the building. The uppermost storey is designed as a terrace. The hermetically closed form of the building, which appears cubic and abstract with a façade which is only broken by the canopy over the entrance, is underlined by the large area of natural stone facing on the outer wall of the lower two storeys. Window openings of different sizes are set into this wall area in accordance with the requirements of the various rooms. The office storey is fully glazed, and its vertical structure of steel and glass elements forms a sort of attic.

✐ Thomas van den Valentyn (mit Anja Zeisner), Köln ✎ Konrad-Adenauer-Stiftung e.V., St. Augustin ☞ Büro, Veranstaltungs- und Seminarräume ⊞ 4.000 m² ♠ 1996–1998

Gemäldegalerie / Paintings Gallery

Matthäikirchstraße/Sigismundstraße | U2, S1, 2, 25, 26 Potsdamer Platz | 10785 Tiergarten

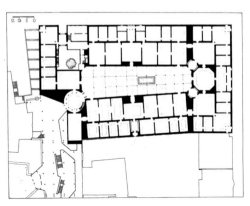

Der Museumsbau ist Bestandteil des ›Kulturforums‹. Im Gegensatz zu der an diesem Ort in den 60er Jahren geplanten und teilweise realisierten ›Stadtlandschaft‹ mit fließenden Räumen und organischen bzw. prismatisch modellierten Gebäudeformen orientiert sich die Gemäldegalerie an den alten Straßenfluchten. Die Figur folgt dem bewährten, traditionellen Museumstypus: Architektur, Struktur und Konstruktion, aber auch die innere Organisation und die Raumenfiladen erfüllen in ihrer inneren Logik die Aufgabe, einen ruhigen und möglichst neutralen Ort und Rahmen für die Betrachtung der Bilder zu schaffen. Zentrales und das Museum organisierende Element ist eine tageslichtdurchflutete, nach oben transparent verglaste, trapezförmig gestreckte Säulenhalle, die man durch eine Rotunde erreicht, nachdem man die zentrale Eingangshalle der Museen (Vorgängerplanung durch Rolf Gutbrod) betreten hat. Parallel zu dieser Halle, und mit dieser durch Durchgänge zum Teil verbunden, liegen die Raumfolgen der großen Säle, begleitet wiederum von einer Folge kleinerer Kabinette entlang der Außenseite des Gebäudes. An den Gebäudeecken sind über die Diagonale, von der Halle aus, Ausblicke ins Freie gegeben, die der Orientierung, Öffnung und partiellen Transparenz der ansonsten eher geschlossenen und unaufgeregten Raumstruktur dienen. Im Stadtraum erscheint das Museum mit seiner hellen Steinverkleidung und rhythmischen Anordnung der wenigen Fensteröffnungen als geschlossener, ruhig gelagerter Baukörper, der mit der Typologie des traditionellen Museumsbaus spielt, ohne seine Zeitbedingtheit zu leugnen.

This museum building is part of the »Kulturforum«. By contrast with the ›urban landscape‹ which was planned for this location in the 1960s and partly implemented, with its flowing use of space and the organically or prismatically modelled building shapes, the Paintings Gallery adheres to the old building alignment lines. The building is of the established traditional museum type: the architecture, structure and design and the inner organisation and sequence of rooms in their intrinsic logic serve to create a tranquil and neutral site and setting for the contemplation of the paintings. The central feature, which lends an organisational structure to the museum, is a hall of pillars illuminated by daylight, with a transparent glazed roof and a trapezoidal form, which is entered via a rotund after the visitor has come into the central entrance hall of the museums (previously planned by Rolf Gutbrod). Parallel to this hall, and partly connected to it by passages, are the suites of large rooms, which in turn are supplemented by a series of smaller cabinets along the outer side of the building. At the corners of the building, the visitor can look out into the open air from the hall, a view which serves for orientation, opening and partial transparency in a room structure which is otherwise closed and plain. The cumulative sequence of this structure is interrupted at several points by rooms which provide outward and inward views. In the urban setting, the museum building with its light-coloured brick façade and the rhythmic arrangement of the few window openings has the appearance of a closed, calmly structured building which plays on the typology of museum design that has developed since the 19th century, but without denying its contemporary identity.

⊿ Hilmer & Sattler (mit Thomas Albrecht), München/Berlin ☜ Staatliche Museen Berlin/Stiftung Preußischer Kulturbesitz, vertreten durch die Bundesbaudirektion ☞ Ausstellungsfläche, Studiengalerie, Werkstätten ⊞ 28.000 m² 🏃 1992–1998

Österreichische Botschaft / Austrian Embassy

Tiergartenstraße 12–13/Stauffenbergstraße 1 | Bus 129, 142, 148 | 10785 Tiergarten

Das Gebäudeensemble ist die objekthafte Inszenierung von unterschiedlich ausformulierten und gestalteten Baukörpern an der Ecke Stauffenberg- und Tiergartenstraße gegenüber dem dichten Grünraum des Tiergartens. Entlang der Stauffenbergstraße steht ein viergeschossiger Gebäuderiegel mit einer dreigeschossigen, monotaktisch rhythmisierten Lochfassade und zurückversetztem Dachgeschoß mit einem Flachdach, das das stereometrische Gebäudevolumen vervollständigt und formal betont. Mit einem im hinteren Grundstücksbereich gelegenen kleineren Gebäude bildet es eine ungleichschenklige U-förmige Anlage, die den Garten umschließt. Dieses kleinere Gebäude erscheint wie eine Stadtvilla in einer Architektursprache, die an die Klassische Moderne erinnert: eine kubisch geringfügig manipulierte stereometrische Form, glatte Außenwände, unregelmäßige Fensteröffnungen. Im Gelenk dieser beiden Körper schließt ein markantes Gebäude an, das die Straßenecke auffällig besetzt: Es ist eine im Grundriß ellipsoid-tropfenförmige und formalästhetisch frei und ohne rhythmische Regeln geformte Hausfigur. Die Geschossigkeit und die Binnengliederung lassen sich sehr schwer ablesen, da die Öffnungen in der Wand mal als einfache Lochfenster, dann wieder als waagerechte Schlitze oder aber als hohe Fenster mit einer vertikalen Gliederung erscheinen. In diesem Gebäude befinden sich im Erdgeschoß die großzügige Empfangs- und die Eingangshalle sowie Nebenräume und Sanitäranlagen. Diese Bereiche sind in der Grundrißanordnung frei konfiguriert, bevor sie in die strenger geordneten Bereiche des Konsulats, der Verwaltung und der Residenz mit der Botschafterwohnung übergehen.

The ensemble of buildings is an object-like combination of differently formed and designed structures on the corner of Stauffenbergstrasse and Tiergartenstrasse opposite the dense greenery of the Tiergarten. Along Stauffenbergstrasse there is an elongated four-storey building with a three-storey regular perforated façade and a staggered roof storey with a flat roof which completes the stereometric volume of the building and underlines its form. Together with a smaller building on the rear part of the land, it forms a U-shaped complex with wings of different lengths which encloses the garden. This smaller building appears like a town villa in an architectural language which recalls the classical modern era: a slightly modified cubic, stereometric form, smooth outer walls, irregular window openings. At the junction of these two structures, a striking building is added which dominates the street corner. It is a building which is elliptical and droplet-shaped in its ground plan, free in its formal aesthetic character and does not follow any rhythmic rules. The individual storeys and the internal structure are difficult to decipher from the outside because the openings in the wall are sometimes simple window perforations, sometimes horizontal slits and sometimes high windows with a horizontal sub-division. The ground floor of this building contains the generously proportioned reception and entrance hall and auxiliary and sanitary facilities. These areas are freely arranged in the floor plan before it passes into the more strictly organised areas of the consulate, the administration and the residential section with the ambassador's residence.

⌀ Hans Hollein, Wien ✎ Republik Österreich (vertreten durch das Bundesministerium für Auswärtige Angelegenheiten)
☞ Botschafts- und Residenzgebäude ⊞ 6.037 m² ♣ 1998 – voraussichtlich 2000

Mexikanische Botschaft / Mexican Embassy

Klingelhöferstraße 3 | Bus 100, 187, 341 | 10787 Tiergarten

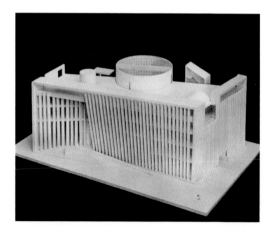 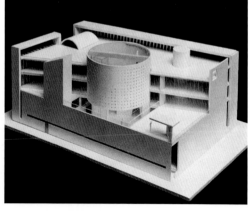

Die mexikanische Botschaft entsteht auf dem Grundstück gegenüber vom ›Kupferband‹, das die nordischen Botschaften auf der südlichen Spitze des Klingelhöfer Dreiecks birgt. Das Gebäude folgt einer obsessiven Inszenierungsmentalität und wirkt im Kontext der Nachbarbebauung ausgesprochen dominant: Die äußeren Fassadenschichten an der Klingelhöfer- und an der Rauchstraße werden durch gebäudehohe, also viergeschossige, vertikale Betonelemente gebildet, die wie ein gigantischer Lamellenvorhang erscheinen. Das Material ist ein für die Architekten typischer ›Marmorbeton‹, dem spezielle Zusätze beigemischt werden und der anschließend eine spezielle Oberflächenbehandlung erfährt. Diese in ihrer Expressivität gesteigerte Formenakrobatik, unterstützt durch eine nicht aus einer Funktion abgeleitete Schrägstellung ganzer Fassadenseiten, läuft an der Klingelhöfer Straße auf eine verborgene Eingangssituation zu. Hinter dieser Vertikalstruktur befinden sich eine Reihe von Gebäudekubaturen bzw. -teilen, die sich um ein zylinderförmiges Volumen sammeln und von diesem dominiert und räumlich zusammengehalten werden. Dieser Zylinder ist zum Teil nach oben offen und dient zugleich der Vertikalerschließung. In den verschiedenen Gebäudeteilen, die durch die wirkungsvolle Fassade wie einkorsettiert wirken, sind die für ein Botschaftsgebäude üblichen öffentlichen Funktionseinheiten und die innerbetrieblichen Räume für das Konsulat, Besprechungsräume und Büroeinheiten untergebracht. Die architektonisch-rhetorische Geste erscheint allerdings städtebaulich etwas überinszeniert und fremd, der innere bauliche Organismus – Raumeinheiten, Struktur und Konstruktion – kommt im Stadtbild nicht zum Ausdruck.

The Mexican Embassy on Rauchstrasse is being built on the plot opposite the »copper band« surrounding the Nordic embassies at the southern corner of the »Klingelhöfer Triangle«. The building is obsessively dramatic, and alongside the neighbouring buildings it appears dominant. The outer layers of the facade facing Klingelhöferstrasse and Rauchstrasse are formed by vertical concrete elements spanning the full four storey height of the building, which look like an enormous louvered curtain. The material is a »marble concrete« with special additives, which is typical of the architects, and it is subjected to a special surface finish. The exaggeratedly expressive acrobatic forms, underlined by an inclined orientation of whole sides of the facade that does not reflect the inner function, leads to a concealed entrance on Klingelhöfer Strasse. Behind this vertical structure there are a number of cubic buildings or parts of buildings which are collected around a cylindrical volume, which dominates them and holds them together. This cylinder is partly open at the top, and it also serves for vertical access within the complex. The various parts of the building, which seem squeezed by the corset of the dramatic facade, contain the public functional areas that are normal for embassies and the rooms for internal use for the consulate, conference rooms and offices. However, the architectural and rhetorical expression appears over-dramatised for the urban setting, and the interior character – with its rooms, structure and design – is not reflected in the external appearance.

⊿ Gonzales de Leon und Francisco Serrano, Mexico City ❧ Bundesregierung Mexiko ☞ Botschafts- und Residenzgebäude
⊞ 3.821 m² ⋀ 1998 – 1999

Botschaften der Nordischen Länder / Embassies of the Nordic Countries

Stülerstraße 1, 3/5, Rauchstraße 1, Klingelhöferstraße 1–2 | Bus 100, 187, 341 | 10787 Tiergarten

Die fünf Länder Skandinaviens (Norwegen, Schweden, Finnland, Dänemark und Island) haben sich zu einem ganz ungewöhnlichen Vorgehen entschlossen: Gegen die Gewohnheit, ein jeweils abgeschottetes, eigenes Gelände mit einer Botschaft zu bebauen, wählten sie gemeinsam einen Standort südlich des Tiergartens und ließen hierfür ein städtebauliches Konzept erarbeiten. Dies ist so beschaffen, daß alle Botschaftsgebäude der beteiligten Länder sowohl erschließungstechnisch als auch architektonisch integrierbar sind. Das Büro Berger und Parkkinen aus Wien entwickelte für dieses als »Klingelhöfer-Dreieck« bekannte Grundstück zwischen Stüler-, Rauch- und Klingelhöferstraße ein mit unterschiedlich großen Öffnungen perforiertes, 16 Meter hohes, kupfernes Fassadenband mit einer amorphen Konfiguration, in die die fünf Botschafts- und ein Gemeinschaftsgebäude gleichsam eingelagert werden. Der Zugang führt über eine »Äußere Piazza« genannte Freifläche und liegt an der Rauchstraße, ebenso das Gemeinschaftshaus, das »Building for Mutual Use«. Ein quer zur Straße liegender Glasgang trennt diese Piazza und das öffentliche Haus von einer »Inneren Piazza«, um die sich die anderen Botschaftsgebäude gleichsam versammeln. Alle Botschaftsgebäude haben die gleiche Höhe, sind jedoch – was die Größe, die Grundrisse und die architektonische Durcharbeitung betrifft – völlig verschieden. Atrien, Höfe, Galerien und transluzente oder transparente Fassaden wechseln sich ab und lassen im Inneren des Geländes eine ganz eigene Quartiersatmosphäre entstehen. Diese wird geprägt durch eine bei jedem Gebäude eigenwillig interpretierte Architektur, deren Hauptmerkmale die Verwendung verschiedenster Materialien – bis hin zu modernen Kunststoffen – in Verbindung mit spannungsreichen Raumsequenzen sind.

The five countries of Scandinavia (Norway, Sweden, Finland, Denmark and Iceland) have decided on an unusual course of action. In a departure from the usual custom that each country should build its own embassy in its own sealed, self-contained grounds, they jointly chose a site to the south of the Tiergarten and commissioned an urban development concept for this site. This site is such that all the embassy buildings of the participating countries can be combined architecturally and in their access structure and services. The office of Berger and Parkkinen from Vienna developed a plan for this »Klingelhöfer Triangle« between Stülerstrasse, Rauchstrasse and Klingelhöferstrasse which involves a perforated, 16 metre high copper façade band with openings of various sizes, with an amorphous configuration into which the five embassy buildings and one mutual use building are more or less inserted. Access is via an open area known as the »Outer Piazza« which faces onto Rauchstrasse, like the »Building for Mutual Use«. A glass walkway at a tangent to the street separates this Piazza and the public building from an »Inner Piazza«, around which the other embassy buildings are grouped. All the embassy buildings are equal in height, but they are completely different in their size, their ground layout and their architectural details. Atriums, courtyards, galleries and translucent or transparent façades alternate, thus creating a district atmosphere inside the grounds. This atmosphere is marked by an architecture which is interpreted differently in each building; its main features are the use of widely differing materials – even including modern plastics – in conjunction with fascinating spatial sequences.

Das Gemeinschaftshaus der nordischen Botschaften

⚐ Berger + Parkkinen, Wien (Gesamtentwurf Gemeinschaftshaus/Faelleshus, Kupferband und Außenanlagen); Pysall Ruge Architekten, Berlin (Kontaktarchitekten und Bauleitung); Drees & Sommer, Berlin (Projektsteuerung) ⬥ Dänemark, Finnland, Island, Norwegen und Schweden/vertreten durch Statens Fastighets Verk, Stockholm ☞ Botschaftskomplex der fünf nordischen Staaten Dänemark, Finnland, Island, Norwegen, Finnland, Schweden und Island mit Gemeinschaftseinrichtungen ⊞ 10.770 m² 🏃 1997–1999

Dänische Botschaft/Danish Embassy
⚐ Nielsen, Nielsen & Nielsen A/S, Arhus ⬥ Danish Foreign Ministry, Copenhagen ☞ Dänische Botschaft 🏃 1997–1999
Finnische Botschaft/Finnish Embassy
⚐ VIIVA Arkkitehtuuri OY (Rauno Lehtinen, Pekka Mäki, Toni Peltola), Helsinki ⬥ Ministry for Foreign Affairs, Helsinki ☞ Finnische Botschaft ⊞ 1.740 m² 🏃 1997–1999
Isländische Botschaft/Icelandic Embassy
⚐ Palmar Kristmundson, Reykjavik ⬥ Ministry for Foreign Affairs, Reykjavik ☞ Isländische Botschaft 🏃 1997–1999
Norwegische Botschaft/Norwegian Embassy
⚐ Snøhetta a.s., Oslo ⬥ Norwegisches Liegenschaftsamt, Oslo ☞ Norwegische Botschaft ⊞ 1.223 m² 🏃 1997–1999
Schwedische Botschaft/Swedish Embassy
⚐ Wingårdh Arkitektkontor AB, Göteborg ⬥ Schwedisches Liegenschaftsamt, Stockholm ☞ Schwedische Botschaft ⊞ 1.810 m² 🏃 1997–1999

Bundesgeschäftsstelle der CDU / National headquarters of the CDU

Klingelhöferstraße (8)/Ecke Corneliussraße | U1/U2 Wittenbergplatz, Bus 100, 341, 129 | 10785 Tiergarten

Das Gebäude der künftigen CDU-Bundesgeschäftsstelle ist Bestandteil einer das ganze Areal ›Klingelhöfer‹- bzw. ›Tiergarten‹-Dreieck umfassenden Neustrukturierung. Ein in der Mitte des Areals gelegener Pocket-Park wird umbaut mit Botschaftsgebäuden, Büro-, Geschäfts- und Wohnhäusern. Das städtebauliche Konzept stammt von der Bürogemeinschaft ›Machleidt + Partner und Walther Stepp‹. Auf der südlichen Spitze entsteht ein Gebäude, dessen Hauptcharakteristikum darin besteht, daß das eigentliche Hausvolumen in einen gigantischen Wintergarten gestellt ist, der ökologische Funktionen übernehmen soll: Er bietet den notwendigen Schallschutz und ist gleichzeitig ein Klimapuffer, um sommerlichen Wärmeschutz und winterlichen Wärmegewinn zu gewährleisten. Über einem steinernen Sockel erwächst eine mehrgeschossige Glaswand, die die Blockkanten nachzeichnet. Das eingestellte, im Grundriß linsenförmig konfigurierte Gebäude ragt mit zwei Staffelgeschossen über diesen Wintergarten hinaus. Das Sockelgeschoß nimmt die öffentlichen Funktionen auf; hier liegen auch der Pressesaal, die Konferenzsäle und eine Cafeteria. In der Mitte des Gebäudes liegt ein über alle Geschosse reichendes Atrium mit der zentralen Aufzugsanlage. Die einzelnen Büroeinheiten der Normalgeschosse sind alle zum Wintergarten hin orientiert, wobei die oberen beiden Geschosse Büros für Leitungsfunktionen beherbergen.

The building of the future national headquarters of the CDU political party is part of a reorganisation project that affects the whole area known as the »Klingelhöfer« or »Tiergarten« Triangle. A pocket park situated in the centre of the area is being surrounded with embassy buildings, office, shopping and residential buildings. The urban planning concept was designed by the Machleidt + Partner and Walther Stepp planning group. At the southern corner, a building is being constructed which has its main characteristic in the fact that the structure of the building is set in a gigantic winter garden which is planned to fulfil ecological functions. It offers the necessary sound insulation, and at the same time it is a climatic buffer zone to protect the building from heat in the summer and to gain heat in the winter. Above a stone pedestal rises a glass wall several storeys high, which follows the edge of the block. Set inside this wall, the building has a lens-like ground layout, and it protrudes above the winter garden with two staggered storeys. The storey contained in the pedestal houses the public functions, with the press room, the conference rooms and a cafeteria. In the centre of the building is an atrium spanning the full height of the building and containing the central lift system. The individual offices in the normal storeys all face the winter gardens, and the top two storeys contain offices for management functions.

◢ Petzinka Pink & Partner, Düsseldorf ❧ Hausverein der Christlich Demokratischen Union Deutschlands e.V. ☞ Bundesgeschäftsstelle, Verwaltungsbau ⊞ 10.225 m² ♣ 1998 – 2000

Ländervertretungen, Ministergärten

Ebertstraße zwischen Voß- und Behrenstraße

S1, 2 Unter den Linden, Bus 100

Bezirk Mitte, PLZ 10117

Städtebauliches Konzept: Machleidt + Partner, Berlin (mit Alice Dostmann und Wolfgang Schäche); Landschaftsplanung: Cornelia Müller

Landesregierungen

Vertretungen einzelner Bundesländer, Gedenkstätte, Wohnen, Sporthalle

Wintergartenquartier 115 (»Centro«)

Friedrichstraße 143–149

S1, 2, 3, 5, 7, 9, 75, U6 Friedrichstraße

Bezirk Mitte, PLZ 10117

Nalbach + Nalbach, Berlin

Grundstücksgesellschaft Wintergarten 115 EbR

Einzelhandel, Büro, Wohnen, Gastronomie

ca. 40.000 m²

1997–1999

Kronprinzenbrücke

Zwischen Kronprinzenufer und Schiffbauerdamm

S1, 2, 3, 5, 7, 9, 75, U6 Friedrichstraße, S1, 2 Unter den Linden, Bus 100

Bezirk Mitte, PLZ 10117

Santiago Calatrava Valls, Zürich

Europäische Union, Bundesbaudirektion, Land Berlin

Spreebrücke

Länge: 73 m

1992–1997

Torhäuser Leipziger Platz

Leipziger Platz

S 1, 2, 25, 26, U2 Potsdamer Platz, Bus 142, 147, 348

Bezirk Mitte, PLZ 10117

Oswald Mathias Ungers, Köln/Berlin

Land Berlin, vertreten durch die Senatsverwaltung für Bauen, Wohnen und Verkehr

Überdachung Treppenanlage U-Bahnausgänge

1998

Mosse-Palais

Leipziger Straße 15/Voßstraße 22

S 1, 2, 25, 26, U2 Potsdamer Platz, Bus 142, 147, 348

Bezirk Mitte, PLZ 10117

HDS Hans D. Strauch & Gallagher, Boston

Hans Röder Verwaltungsgesellschaft mbH & Co. Mossepalais KG

Einzelhandel, Büro, Wohnen

1995–1997

Restaurant Kulturforum

Matthäikirchstraße

S 1, 2, 25, 26, U2 Potsdamer Platz, Bus 142, 147, 348

Bezirk Tiergarten, PLZ 10785

Hilmer & Sattler, München/Berlin mit Partner Thomas Albrecht

Staatliche Museen Berlin – Stiftung Preußischer Kulturbesitz

Restaurant

900 m²

Deutscher Industrie- und Handelstag

Mühlendammbrücke 2

U2 Klosterstraße

Bezirk Mitte, PLZ 10178

Schweger & Partner, Hamburg

Deutscher Industrie- u. Handelstag, BDI, BDA

Deutscher Industrie- u. Handelstag

35.000 m² (unter- u. oberirdisch)

voraussichtlich 1998–1999

Gymnasium Potsdamer Platz

Potsdamer Platz

Bezirk Mitte, PLZ 10117

S 1, 2, 25, 26, U2 Potsdamer Platz, Bus 142, 147, 348

Hilmer & Sattler, München/Berlin mit Partner Thomas Albrecht

Land Berlin

Gymnasium mit Doppelsporthalle, Kita, Jugendfreizeitheim

ca. 21.000 m²

Potsdamer Bahnhof

Potsdamer Platz/Neue Potsdamer Str.

S 1, 2, 25, 26, U2 Potsdamer Platz, Bus 142, 147, 348

Bezirk Mitte, PLZ 10117

BPA Hilmer & Sattler, München/Berlin, Hermann + Öttl, Modersohn Freiesleben Architektengemeinschaft, Berlin

Deutsche Bahn AG, Senatsverwaltung für Bauen, Wohnen und Verkehr

S-und U-Bahnhof, Regionalbahnhof, Einzelhandel

1997–2000

Potsdamer-/Leipziger Platz Masterplan

S 1, 2, 25, 26, U2 Potsdamer Platz, Bus 142, 147, 348

Bezirke Tiergarten, Mitte

Hilmer & Sattler, München/Berlin mit Partner Thomas Albrecht

Land Berlin, vertreten durch die Senatsverwaltung für Bauen, Wohnen und Verkehr

Wohnen, Einzelhandel, Hotel, Kino, Varieté, Spielbank etc.

ca. 340.000 m²

S-Bahnhof Bellevue

Stadtbahnbögen 6–20

S 3, 5, 7, 9, 75 Bellevue

Bezirk Tiergarten, 10557

Dörr-Ludolf-Wimmer, Berlin

Deutsche Bahn AG

S-Bahnhof

1995–1997

S-Bahnhof Tiergarten

Stadtbahnbogen 483–487

S 3, 5, 7, 9, 75 Tiergarten

Bezirk Tiergarten, PLZ 10623

Dörr-Ludolf-Wimmer, Berlin

Deutsche Bahn AG

S-Bahnhof

1995–1997

Ersatzbau Marschallbrücke

Wilhelmstraße

S1, 2, 3, 5, 7, 9, 75, U6 Friedrichstraße

Bezirk Mitte, PLZ 10117

Benedict Tonon, Berlin

Senatsverwaltung Bauen, Wohnen und Verkehr, Brückenbauamt

Straßenbrücke über die Spree

1997–1998

Haus Pietzsch / Pietzsch building

Unter den Linden 42/Neustädtische Kirchstraße 1–2 | S1, 2 Unter den Linden, Bus 100 | 10117 Mitte

Das Gebäude steht mit seiner schmalen Seite an der Straße Unter den Linden und mit seiner Längsseite an der Neustädtischen Kirchstraße. Seine Erscheinung ist von einer rationalistischen, etwas kühlen Haltung geprägt. Das liegt an dem architektonischen Konzept: eine klare Form, ein einheitlich durchgestaltetes Erdgeschoß mit Laden- bzw. Caféhausnutzung und eine steinverkleidete helle Fassade mit nur einem typisierten Fensterformat im gleichmäßigen Rhythmus. In den Normalgeschossen befinden sich, von zwei Treppenhauskernen erschlossen, die Büroeinheiten. Das auffallendste Element des Baukörpers aber ist ein etwas breiterer, haushoher gläserner Schlitz, der das Gebäude an dem prominenten Straßenzug vom Nachbargebäude trennt. An dieser schmalen Kopffassade liegt die Haupterschließung; betritt man das Haus, befindet man sich in einem länglichen und schmalen Atrium, das sich über die ganze Gebäudehöhe erstreckt. Dadurch erhalten auch die nicht zur Straße gelegenen Räume Tageslicht. Die große, hohe Brandwand, die sich durch diesen architektonischen Eingriff ergibt, wird vom Eigentümer als Hängefläche für seine private Kunstsammlung genutzt: eine singuläre, aber attraktive Raumsituation im Kontext der Bauten der Innenstadt. Das oberste Geschoß verbirgt sich, von der Straße aus gesehen, hinter einem stärker als üblich ausladenden Konsolgesims. Hier befinden sich ebenfalls Büroräume. Insgesamt macht das Gebäude einen dem Ort angemessen zurückhaltenden Eindruck.

The narrow side of the building faces Unter den Linden, and the long side faces Neustädtische Kirchstrasse. The building is rational and rather cold in its appearance, which is a result of the architectural concept – a clarity of form, a coherent design of the ground floor for shop and café use and a stone-faced, bright façade with a stylised regular window format. The normal storeys, which are reached via two staircases, contain the office units. But the most striking element of the building is a rather wide glass-covered vertical fissure over the whole height of the building which divides it from the next building on the prominent boulevard. The main entrance to the building is on this narrow end to the main road. When you enter the building, you are in a long, narrow atrium which is as high as the building, thus giving daylight even to rooms which do not face the road. The large and high fire wall which results from this architectural feature is used by the owner as a display wall for his private art collection: a unique but attractive use of interior space by comparison with other inner-city buildings. The top floor is barely visible from the road, hidden behind an unusually broad overhanging ledge. Here there are also office rooms. The building as a whole is restrained in its appearance, as befits its setting.

Jürgen Sawade, Berlin Unter den Linden 42 GbR, vertreten durch Wert-Konzept GmbH, Berlin Büro, Einzelhandel
⊞ 4.766 m² ⚒ 1992–1995

Bürohaus für Parlamentarier / Office building for Members of Parliament, Unter den Linden 50

Unter den Linden 50 | S1, 2 Unter den Linden, Bus 100 | 10117 Mitte

Das Bürohaus an der Ecke Unter den Linden und Neustädtische Kirchstraße ist ein kompletter Umbau des ehemaligen DDR-Ministeriums für Außer- und Innerdeutschen Handel. Dieses wurde bis auf die Tragstruktur vollständig entkernt. In den beiden ersten Geschossen befinden sich, entlang des Boulevards Unter den Linden, zum Teil Läden und darüber Bürogeschosse, wobei das ehemalige Dachgeschoß nunmehr ebenfalls als Vollgeschoß ausgebildet ist. Die Bürovollgeschosse sind umlaufend zweihüftig bzw. als Mittelgangtyp organisiert. Der große Innenhof, um den sich die Bürogeschosse lagern, wird durch ein weiteres, eingestelltes Gebäude in zwei kleinere Höfe geteilt; die Büros sind ausschließlich links und rechts eines Mittelganges untergebracht. Der Hauptzugang erfolgt über die Straße Unter den Linden und wird durch ein großes, zum Innenhof geöffnetes Foyer gebildet. Die Fassade ist ebenfalls einem veränderten Rhythmus unterworfen, jedoch mit einer traditionellen Gliederung in Sockel, Normalgeschosse und Dach. Die beiden unteren Geschosse sind allerdings gestalterisch zusammengefaßt, darüber folgen die ruhig befensterten Bürogeschosse und ein vollständig verglastes Attikageschoß mit einem ausladenden Dach. Die lange, mit hellem Natursteinmaterial verkleidete Fassadenfront wird durch eine wechselnde Anordnung der Fenster in einzelne Abschnitte gegliedert.

The office building on the corner of Unter den Linden and Neustädtische Kirchstrasse is a complete conversion of the former GDR Ministry of Foreign and German Trade. This building was totally demolished apart from the load-bearing structure. The first two storeys on the side facing the Unter den Linden boulevard contain some shops with office storeys above them, and the former attic is now also structured as a full storey. The full office storeys have rooms on both sides of the central corridor all around the building. The large inner courtyard around which the office storeys are arranged is sub-divided into two smaller courtyards by an extra inserted building; the offices are situated entirely to the left and right of the corridor. The main entrance is from Unter den Linden and is formed by a large foyer which opens up to the inner courtyard. The rhythm of the façade is also changed, but with the traditional sub-division into a pedestal, the normal storeys and the roof. However, the two lower storeys are combined in their appearance. Above them are the office floors with a calm window pattern and a completely glazed attic storey with a projecting roof. The long façade front faced with light-coloured natural stone is structured by an alternating arrangement of the windows in individual sections.

◿ Brands, Kolbe, Wernik, Berlin ⟳ Bundesrepublik Deutschland (vertreten durch das Bundesministerium für Raumordnung, Bauwesen und Städtebau, vertreten durch die Bundesbaudirektion Berlin) ☞ Büro (für Bundestagsabgeordnete und Bundestagsverwaltung) ⊞ 33.000 m² ⚒ 1994–1997

Umbau Deutsche Bank / Alterations to Deutsche Bank

Unter den Linden 13–15/Charlottenstraße | S1, 2 Unter den Linden, Bus 100 | 10117 Mitte

Das Gebäudeensemble besteht aus zwei Altbauten, die durch einen Neubauteil ergänzt wurden. Es handelt sich um das Gebäude Unter den Linden 13 mit seiner monumentalen, neobarocken roten Sandsteinfassade, das Eckgebäude an der Charlottenstraße, das auf dieser Seite eine U-förmige Figur bildet mit einer eingestellten, den Straßenraum begleitenden zweigeschossigen Querhalle, und um die Aufstockung in der Charlottenstraße. Zunächst wurden die bestehenden Bauten aus dem 19. und frühen 20. Jahrhundert im Inneren neu strukturiert und umgebaut, wobei die stilprägenden Merkmale und vor allem die repräsentativen Treppenhäuser erhalten geblieben sind. Der zwischen den beiden Gebäuden liegende Innenhof wurde mit einem Glasdach geschlossen und ist als halböffentlicher Raum mit seiner beeindruckenden Kulissenwirkung der alten Fassaden vielfältig nutzbar. Die Haupterschließung erfolgt von der Charlottenstraße über die neu verglaste Querhalle; von hier aus betritt man die erhöhte Foyerzone und anschließend den Hof. Vom Straßenraum aus gesehen ist diese rhythmische Folge von Räumen ablesbar. Die Aufstockung befindet sich in der Charlottenstraße: Über der Querhalle erhebt sich vor der alten Fassade eine Glaskonstruktion, die von innen aufgehängt und mithin fast fugenlos ist; dadurch erscheint sie als glatte Fassadenhaut. Dieser gläsern-prismatische Bauteil ist drei Geschosse höher als die Altbauten. Das additive System von Gebäuden bzw. Gebäudeteilen aus unterschiedlichen Epochen ist hier ästhetisch wirkungsvoll in Szene gesetzt.

The ensemble consists of two old buildings which have been supplemented by a new building section. The new building consists of Unter den Linden 13, with its monumental, neo-Baroque red sandstone façade, the building on the corner of Charlottenstrasse, which forms a U shape at this point in conjunction with an inserted two-storey traverse building along the street. First, the existing buildings dating from the 19th and the early 20th century were restructured and altered on the inside; in the process, the features which mark the style, and especially the magnificent staircases, were preserved. The inner courtyard between the two buildings was covered with a glass roof, and is now a multiple use, semi-public room with the old façades as an impressive background. The main entrance is from Charlottenstrasse and leads through the newly glazed hall, from where the visitor enters the raised foyer zone and then the inner courtyard. This rhythmic sequence of spaces can be seen from the street. The upward building extension is in Charlottenstrasse: above the traverse hall, a glass structure rises in front of the old façade which is mounted from the inside and seems almost without any joints, giving it the appearance of a smooth outer façade skin. This glass, prismatic section of the building is three storeys higher than the old buildings. The cumulative system of buildings and parts of buildings dating from different epochs is aesthetically effective in the atmosphere it portrays.

⊿ Entwurf: Benedict Tonon, Berlin; Ausführung: Novotny Mähner Assoziierte, Offenbach/Berlin ⮞ DEBEKO Immobilien GmbH & Co. Grundbesitz OHG, Eschborn ☞ Büro, Verwaltung, Filiale (Deutsche Bank), Ausstellungsräume (Guggenheim Museum) ⊞ 23.430 m² ⚒ 1994–1997

Haus Dussmann / Dussmann building

Friedrich-/Dorotheen-/Mittelstraße | S3, 5, 7, 9, 75, U6 Friedrichstraße | 10117 Mitte

Das Gebäude steht in Sichtbeziehung zum Bahnhof Friedrichstraße an der Blockecke Friedrich-, Mittel- und Dorotheenstraße. Es definiert mit seiner präsenten Figur das Profil und den Straßenraum der Friedrichstraße neu. Im Bereich der Dorotheenstraße wurden zwei bestehende Altbauten in das neue Gebäude integriert. Entlang der Friedrichstraße wird der Gebäudesockel durch eine zweigeschossige Arkade markiert, hinter der ein Laden- und ein Bürogeschoß liegen. Im Hauptbau an der Friedrichstraße sind vom zweiten bis sechsten Geschoß Büros, im siebten, zurückversetzten Obergeschoß Wohnungen, im Altbau im Erdgeschoß und im ersten Obergeschoß Läden und Büros und in den darüber liegenden Etagen Wohnungen untergebracht. Sowohl von der Friedrichstraße als auch von der Dorotheenstraße aus erreicht man jeweils durch eine Passage einen Innenhof, in dem sich kleine Läden und ein Bistro befinden. Der Hauptzugang zum Foyer des Verwaltungsgebäudes befindet sich unter den Arkaden in der Friedrichstraße. Hier liegt der Treppenhauskern, der in die Bürogeschosse führt, wo kleinere und größere variable Einheiten einhüftig organisiert sind, im Bereich der Friedrichstraße um einen Lichtschacht herum. Das Gebäude versucht an die Typologie des traditionellen Büro- und Geschäftshauses der Friedrichstadt anzuknüpfen: ein Fenstertyp, steinerne Fassade, Staffelgeschosse, ruhiger Rhythmus aller Fassadenelemente. Trotzdem wirkt das Haus, wohl bedingt durch die Enge der Friedrichstraße und die hohe Ausnutzung, etwas schwer auf den über zwei Geschosse reichenden Arkadenstützen.

The building is within sight of Friedrichstrasse Station and is built on the block facing onto Friedrichstrasse, Mittelstrasse and Dorotheenstrasse. With its striking nature, it redefines the profile and character of Friedrichstrasse. On Dorotheenstrasse, two existing old buildings have been integrated into the new building. Along Friedrichstrasse, the base of the building is taken up by a two-storey arcade in front of a row of shops and an office storey. In the main structure on Friedrichstrasse, the second to sixth storeys are taken up by offices and the seventh storey, which is set back, contains apartments. The old building has shops and offices in the ground floor and the first floor and apartments on the higher storeys. There are passages from both Friedrichstrasse and Dorotheenstrasse to the inner courtyard, which contains small shops and a Bistro. The main entrance to the foyer of the administrative building is under the arcades in Friedrichstrasse. Here is the central staircase leading to the office floors, where smaller and larger variable units are arranged asymmetrically, the units on the Friedrichstrasse side grouped around a light well. The building attempts to reflect the typology of a typical Friedrichstadt office and business building, with a single type of window, a stone façade, staggered storeys and a calm rhythm of all the elements of the façade. However, probably because Friedrichstrasse is narrow and the building is so high, the structure appears rather heavy on the arcade pillars which span two storeys.

◢ Miroslav Volf, Saarbrücken ◆ Peter Dussmann, München ☞ Büro, Einzelhandel, Wohnen ⊞ 9.460 m² ⋏ 1995–1997

Lindencorso

Unter den Linden/Friedrichstraße/Rosmarinstraße | S3, 5, 7, 9, 75, U6 Friedrichstraße, U6 Französische Straße, Bus 100 | 10117 Mitte

Der große Block des Lindencorso besetzt das Karree Unter den Linden, Friedrich-, Rosmarin- und Charlottenstraße. Es wird als Büro- und Geschäftszentrum genutzt. Die Ladeneinheiten befinden sich im ersten Unter-, im Erd- und im ersten Obergeschoß. Diesen Bereich betritt man entweder von der Friedrichstraße aus, wo das Gebäude von einer zweigeschossigen Arkade begleitet wird, oder von der Straße Unter den Linden. In der Gebäudemitte liegt ein sich über drei Geschosse erstreckendes Atrium, das mit Galerien umgeben ist, an denen wiederum die Läden liegen. In den Geschossen darüber befinden sich Büros, die entweder zum Atrium oder aber zu den Straßen orientiert sind. Es sind sehr kleine Standardbüros, die zu verschieden großen Einheiten zusammengefaßt werden können. Im siebten Obergeschoß liegen unterschiedlich große Wohnungen der gehobenen Kategorie, um die Forderung nach einem 20prozentigen Wohnanteil zu erfüllen. Architektonisch fallen die seriell gereihten Büroetagen auf, die einheitlich mit einem Fensterformat gegliedert sind, wobei die Fensterrahmungen aus dem Baukörper hervorspringen. Die abgeböschten Gebäudesockel, mal als Arkadenfront und mal als Schaufensterfront-Stützen ausgeführt, lassen das Gebäude wie aufgestelzt wirken; die horizontale Gliederung unterstützt diesen Effekt. Das Gebäude wirkt durch seine Größe von 5.000 qm überbauter Fläche, durch den kurzatmigen Takt der hervorspringenden Fensterverrahmungen und durch die steinerne Verkleidung mit plastischer Durchbildung auf der Oberfläche etwas überdimensioniert, voluminös und schwer.

The large Lindencorso building occupies the block bounded by Unter den Linden, Friedrichstrasse, Rosmarinstrasse and Charlottenstrasse. It is used as an office and shopping centre. The shop units are in the first basement and on the ground floor and first floor. Access to this area is either from Friedrichstrasse, where the building has an arcade that is two storeys in height, or from Unter den Linden. In the middle of the building is an atrium which takes up three storeys and is surrounded by galleries which, in turn, are adjacent to the shops. The higher floors are taken up by offices which face either the street or the atrium. They are very small standard offices which can be combined to create office units of various sizes. The seventh floor contains high quality apartments of various sizes to meet the requirement of using 20 per cent of the building for residential purposes. Architecturally, the regular office floors are prominent, with the regular identical windows, with window frames projecting out of the façade. The scarped base of the building, which is partly designed as an arcade frontage and partly as shop window pillars, makes the building appear to be on stilts, and the horizontal sub-division reinforces this impression. With its total ground area of 5,000 m², the close-knit pattern of projecting window frames and the stone façade with its brickwork structure on the surface, the building appears rather over-sized, intense and heavy.

⌖ Christoph Mäckler, Frankfurt a.M./Berlin ⌖ Lindencorso Grundstücksgesellschaft mbH, Berlin ⌖ Deutsch-französisches Kultur-, Büro- und Geschäftszentrum, Wohnen ⊞ ca. 47.000 m² ⚒ 1993–1996

Rosmarin Karree (Quartier 209 A)

Friedrichstraße 83/Behrenstraße | U6, S3, 5, 7, 9, 75 Friedrichstraße, U6 Französische Straße | 10117 Mitte

Behrenstraße 47/Rosmarinstraße | U6 Französische Straße | 10117 Mitte

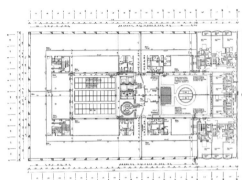

Der Gebäudeblock befindet sich zwischen dem großmaßstäblichen Lindencorso und dem Hofgarten-Projekt; östlich stößt es an das denkmalgeschützte Gebäude der ehemaligen Commerz- und Privatbank. Er besteht aus einem Büro- und Geschäftshaus mit einem Innenhof und aus einem schmalen, U-förmigen reinen Wohnhaus, das mit zwei kurzen Flügeln des Bürohauses ebenfalls einen Innenhof umschließt. In dem großen Gebäude befinden sich in den ersten beiden Geschossen Ladeneinheiten und zum Teil Büroräume; in den folgenden sechs liegen ausschließlich Büroräume, die nach dem Mittelgangsystem erschlossen sind. Die beiden Dachgeschosse sind zurückversetzt angeordnet. Auf der Erdgeschoßebene wird der Block durch zwei Ladenpassagen geteilt. Die Fassadengliederung folgt dem traditionellen Schema: Das Sockelgeschoß weist im Straßenraum Arkaden auf, darüber liegt eine Art Mezzaningeschoß mit einer Bandfensterstruktur. Die Vollgeschosse haben eine Lochfassade mit liegenden Fensterformaten, was das Gebäudevolumen schwer erscheinen läßt; die geschlossenen Flächen weisen eine steinerne Verkleidung mit einer ebenfalls horizontalen Strukturierung auf. Das Wohnhaus mit seinen 70 Wohnungen, die in der Regel als Maisonetten organisiert sind, ist entsprechend der Raummodule bzw. der kastenartig aus der Fassadenfläche heraustretenden Wintergärten als rational-plastisch modulierte dreiachsige Gebäudefigur ausgebildet. Diese Gliederung wird an den Seiten durch kleine quadratische Fenster begleitet, deren Formate dem Modulraster der steinernen Fassadenverkleidung folgen. Erschlossen wird das Gebäude sowohl von der Rosmarin- als auch der Behrenstraße; die Treppenhäuser liegen zum Innenhof orientiert.

The building is situated between the large structures of the Lindencorso and the Hofgarten project; to the east, it borders on the protected architectural monument of the former Commerzbank and private bank. It consists of an office and shopping building with an inner courtyard and a narrow, U-shaped purely residential building, which is connected to two short wings of the office building and also encloses an inner courtyard. On the first two storeys, the large building contains shop units and some offices; the next six storeys are exclusively reserved for offices, which are arranged around a central corridor. The two roof storeys are set back. At ground level, the block is divided by two shopping arcades. The façade is structured on the traditional principle: the ground floor has arcades alongside the street, above which there is a sort of mezzanine storey with a band-type window structure. The full storeys have a perforated façade with horizontal window formats, which makes the building appear heavy. The wall surfaces have facing stone, which is also horizontal in structure. The residential building contains 70 apartments, which are largely arranged as maisonettes. In accordance with the room modules and the winter gardens, which jut out of the façade in a box-like manner, this building is modelled on a rationally textured three-axis structure. This structure is picked up at the sides by small square windows, which follow the module pattern of the stone façade in their formats. The building is entered from both Rosmarinstrasse and Behrenstrasse. The staircases are situated by the inner courtyard.

◢ Bürohaus mit Einzelhandelsflächen: Jürgen Böge und Ingeborg Lindner-Böge, Hamburg; City-Apartments: Kahlfeldt Architekten, Berlin; Projekt: HINES, Germany und Büll & Dr. Liedtke, Hamburg ◈ Rosmarin Karree Grundstücks GmbH & Co. ☞ Bürohaus mit Einzelhandelsflächen und City-Apartments ⊞ 23.240 m² ⚒ 1995–1998

Friedrichstadt-Passagen, »Galeries Lafayette« (Quartier 207)

Französische Straße/Friedrichstraße/Jägerstraße | U2, 6 Stadtmitte | 10117 Mitte

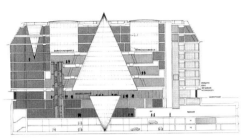

Der nördliche Block der Friedrichstadt-Passagen zeugt von den Ambitionen, eine modernistisch-zeitgenössische Variante des großstädtischen Büro- und Geschäftshauses an diesem Ort zu bauen. Die Architekten arbeiten sowohl auf der Außenhaut, der Glasfassade, als auch im Inneren mit einem beinahe verschwenderischen Einsatz von Glas bzw. glasähnlichen transparenten Baustoffen. Die Grundidee teilt sich schon auf der Glasfassade mit: ein Gebäude mit einer Stahlbetonstruktur, durch das unterschiedlich dimensionierte gläserne Raumkegel quasi durchgesteckt sind – mal mit der Spitze nach unten, mal nach oben, mal durch mehrere Geschosse, mal durch wenigere. Auf der Fassade wird dieses System der Durchdringung mittels Kegel durch ein Siebdruckverfahren kenntlich gemacht, das die inneren Kegel gleichsam nachzeichnet. Durch die Transparenz der kegelförmigen Einschnitte entstehen im Inneren des Gebäudes, das auf allen Ebenen als klassisches Kaufhaus genutzt wird, in ihrer Wirkung neuartige Raumsituationen. Andererseits nehmen diese Kegel viel Fläche in Anspruch, weshalb die Deckenhöhe auf allen Ebenen gering ist und wenig Großzügigkeit vermittelt. Auf funktionaler Ebene ergeben sich keine neuartigen oder wegweisenden Systeme. Das trifft besonders auf die winzigen und schlecht geschnittenen Wohnungen zu, die hier untergebracht werden mußten. Die um die Ecke geschwungene Glashaut dagegen führt ein neues formales Motiv in die Friedrichstadt ein. Zu bedauern ist die – gemessen an dem inszenatorischen und konstruktiven Aufwand – fehlende Durcharbeitung eines der Friedrichstraße entsprechend großzügigen Eingangsbereiches.

The northern block of the Friedrichstadt-Passagen shows the ambition to create a modernist and contemporary variation on the big city office and shopping building in this location. Both on the outer glass façade of the building and on the inside, the architects work with an almost excessive use of glass and glass-like, transparent materials. The basic idea can already be seen on the glass façade – a building with a reinforced concrete structure into which different sized glass spatial cones are virtually inserted, sometimes with the point facing downwards, sometimes facing upwards, sometimes spanning several storeys, sometimes only a few. On the façade, this system of penetrating cones is marked by a screen-printing process which seems to imitate the internal cones. Due to the transparency of the cone-like inserts, the interior of the building, which is used on all floors as a classical department store, creates an effect of innovative spatial situations. On the other hand, these cones take away a great deal of floor space, which means that the ceiling height is low on all floors and fails to convey an impression of generosity. On a functional level there are no innovative or progressive systems. This particularly applies to the small and poorly laid out apartments which had to be included here. But the glass façade that stretches around the corner of the building introduces a new formal motif to the Friedrichstadt area. It is regrettable – by comparison with the efforts made in the design and construction – that the building does not have the sort of generous entrance area which would be appropriate for the Friedrichstrasse location.

◿ Jean Nouvel, Paris ◆ Euro-Projektentwicklungs GmbH ☞ Büro, Einzelhandel, Modehaus, Wohnen ⊞ 40.550 m² ☂ 1993–1996

Friedrichstadt-Passagen (Quartier 206)

Friedrichstraße 71–74 | U2, 6 Stadtmitte | 10117 Mitte

Der mittlere der drei Blöcke der Friedrichstadt-Passagen fällt im Kontext der eher traditionellen Bebauung durch eine ungewöhnliche Expressivität und Farbgebung auf. Ein bewegtes und an Unruhe grenzendes Spiel mit vor- und zurückspringenden Fassadenelementen, die Verschränkung von spitzwinkligen Baugliedern, die horizontal geschichteten Fensterbänder und eine intensive Beleuchtung in der Nacht zeugen von einer an diesem Ort unbekannten und unnötigen Dramatisierung großstädtischer Architektur. Eine strukturelle oder tektonische und womöglich nachvollziehbare Ordnung ist diesem Gebäude nicht anzusehen, obwohl die Architekten davon sprechen, daß die vertikalen, erkerähnlichen Bauglieder an den Rhythmus einzelner Häuser in einem traditionellen Block erinnern sollen. Insgesamt lebt das Gebäude aber von der unbändigen Lust an prismatischer Plastizität innerhalb einer expressiven Netzstruktur. Diese Verspieltheit wird im Inneren des Gebäudes weitergeführt: Ein linsenförmiges und im Grundriß mehrfach gebrochenes und gespiegeltes, vor allem bunt mit Steinplatten gemustertes Atrium bildet den Kern, von dem aus Rolltreppen und geschwungene Treppen auf die umliegenden Galerien führen. In den ersten beiden Geschossen sind Läden, ab dem ersten Obergeschoß aber auch schon Büros und Maisonettewohnungen untergebracht. Diese liegen, zur Taubenstraße orientiert, an der benachbarten Grundstücksgrenze.

The central block of the three blocks which comprise the Friedrichstadt-Passagen is conspicuous in the context of the rather traditional building environment because of its unusual expressiveness and colouring. A playful and almost restless pattern of protruding and receding façade elements, a combination of sharply angled structures, the horizontal window layers and an intensive night illumination create a dramatisation of big city architecture which is unprecedented and unnecessary in this location. This building has no apparent structural or tectonic order, let alone an order which the beholder can understand, although the architects claim that the vertical, bay-type elements are meant to recall the rhythm of individual buildings in a traditional block. The building as a whole shows an unrestricted joy in prismatic plasticity within an expressive network structure. This playfulness is continued inside the building – a lens-shaped atrium with multiple breaks and mirror images in its pattern, and above all with a colourful tiled mosaic floor, forms the core from which escalators and curved staircases lead up to the surrounding galleries. The first two floors contain shops, but there are also offices and maisonette apartments from the first floor upwards. They are arranged facing Taubenstrasse at the border to the adjacent plot.

⬧ Pei, Cobb, Freed & Partners, New York ⬧ Jagdfeld Friedrichstadt-Passagen Quartier 206 Vermögensverwaltungs KG, Berlin
⬧ Einzelhandel, Büro, Wohnen ⊞ 19.399 m² ⬧ 1992–1996

Friedrichstadt-Passagen (Quartier 205)

Friedrichstraße 66–70/Charlottenstraße 57–59/Mohrenstraße 46–50/Taubenstraße 14–15 | U2, 6 Stadtmitte | 10117 Mitte

Der Block von Ungers besetzt innerhalb der Friedrichstadt-Passagen das südliche Grundstück. Im Gegensatz zu den anderen Teilen des unterirdisch durch eine Fußgängerpassage zusammengeschlossenen Ensembles arbeitet Ungers mit dem Motiv des traditionellen Berliner Großstadtblocks und einer klar erkennbaren Ordnung. Dabei wird ein zentraler, großer, achtgeschossiger Block als Kern ausgebildet, massiv und mit zwei gleichsam eingelagerten Atrien zur Belichtung der Binnenbereiche; um diesen herum werden – symmetrisch und im gleichen Rhythmus – sechs Einzelgebäude gruppiert, so daß ein großes, einheitliches, aber in sich verformtes und differenziertes Volumen entsteht. Zugleich dienen diese Einzelhäuser dazu, die traditionelle Bauflucht und Traufhöhe aufzunehmen und somit zur Nachbarbebauung zu vermitteln. Auch die Fassadenverkleidung, Klinker und Elbsandstein, dient der Unterstützung der Wirkung eines zusammengehörigen großen Hauses und zugleich der Differenzierung und Kenntlichmachung von zentralem Block und Einzelgebäuden. Zwischen diesen wiederum liegen die Eingänge zur Passage und den im Erdgeschoß gelegenen Läden. In den darüber liegenden sechs Geschossen befinden sich Büroräume, im neunten Obergeschoß Appartements, die zum Teil um einen Patio, einen nach oben offenen Hof, angelegt sind. Die strenge Rationalität, das geometrische Ordnungsmodul und die Transformation eines traditionellen Themas, in diesem Falle des Großstadtblocks, weisen das Gebäude als ein originäres Werk des Architekten O. M. Ungers aus.

This block by Ungers occupies the southernmost plot within the Friedrichstadt-Passagen. By contrast with the other parts of the ensemble, which is linked below ground level by a pedestrian passage, Ungers works with the motif of the traditional Berlin major city block and a clearly recognisable structure. The core consists of a large, eight storey solid block with two more or less embedded atriums which provide light to the internal areas, and around which – symmetrically and in an equal rhythm – six individual buildings are grouped, so that a large, uniform structure is created, but with internal differentiation and variety of forms. At the same time, these individual buildings pick up the traditional building alignment line and eaves height and adapt the building to the adjacent buildings. The façade facing, consisting of facing bricks and Elbe sandstone, serves to underline the effect of a coherent large building and the differentiation and characterisation of the central block and the individual buildings. Between the individual buildings are the entrances to the passage and the shops on the ground floor. The six storeys above the ground floor contain offices, and the ninth floor contains apartments, some of which are grouped around a patio which is open to the sky. The strict rationality, the geometrical structural module and the transformation of a traditional subject, in this case the big city block, mark the building as an original work by the architect O. M. Ungers.

⊿ Oswald Mathias Ungers & Partner, Köln/Berlin ◆ Tishman Speyer Berlin GmbH & Co. Friedrichstraße KG, Berlin ☞ Büro, Einzelhandel, Wohnen ⊞ ca. 50.000 m² ⚒ 1992–1996

Atrium Friedrichstraße (Quartier 203)

Friedrichstraße/Leipziger Straße | U2, 6 Stadtmitte | 10117 Mitte

Das große Büro- und Geschäftshaus steht im Herzen der Friedrichstadt an der Ecke Friedrich- und Leipziger Strasse. Die Bebauung folgt, was die Bauflucht und die Trauf- und Firsthöhe betrifft, sowohl der traditionellen als auch der neu festgelegten städtebaulichen Vorgabe für die südliche Friedrichstadt. Das Gebäude transformiert die alte Struktur der Innenstadt Berlins mit einer Typologie aus Haus und Hof. Die Höfe sind hier allerdings als überdachte Atrien ausgebildet, zwei kleinere liegen im nördlichen Grundstücksbereich und ein großes erstreckt sich parallel zur Leipziger Straße. Dieses 700 qm große Atrium bildet das Herzstück der Anlage mit einer Reihe von exklusiven Einzelhandelsgeschäften und Cafés. In den unteren Geschossen aller Gebäudeteile liegen Läden und darüber Büros. In den beiden obersten Staffelgeschossen befinden sich zwölf repräsentative Wohnungen. Die Büros, von 10-qm-Einheiten bis hin zu komplexen Großraum-Arbeitsbereichen, sind entweder zu den Atrien oder zur Straße orientiert und werden von verschiedenen Treppenhäusern erschlossen. Im Straßenraum ist der offene Charakter des Gebäudekomplexes durch eine zweigeschossige Arkadenreihe erkennbar. Das Haus ist extrem großzügig verglast, die Wandflächen erscheinen fast nur mehr als tragendes, mit Stein verkleidetes Gerüst. Die Ecke selbst wird städtebaulich durch die Ausformung eines Eckturmes akzentuiert.

This large office and shopping building is situated in the heart of the Friedrichstadt area on the corner of Friedrichstrasse and Leipziger Strasse. In its frontage alignment and its eave and roof ridge height it conforms with both the traditional regulations and the newly defined urban planning regulations for the southern Friedrichstadt. The building transforms the old structure of the inner city of Berlin with its building and courtyard typology. However, the courtyards are built here as covered atriums; there are two smaller atriums in the northern part of the area and one large one extending parallel to Leipziger Strasse. This atrium, with an area of 700 m², forms the heart of the complex with a number of exclusive retailing outlets and cafés. In the lower floors of all parts of the building there are shops, with offices above them. On the two staggered storeys at the top of the building there are 12 exclusive apartments. The offices, ranging from 10 m² units to complex open-plan areas, open either on the atrium or on the street and are reached via different staircases. On the street front, the open character of the building complex can be seen by the two-storey arcade. The house is extremely generously glazed, the wall surfaces seem to be only a load-bearing framework faced with stone. The corner itself is accentuated in its urban planning identity by its design as a corner tower.

✎ gmp von Gerkan, Marg & Partner, Hamburg (Projektleitung: Ch. Hoffmann) ✆ Grundstücks-Kommanditgesellschaft Kullmann & Co. Quartier 203, Berlin ☞ Büro, Einzelhandel, Wohnen ⊞ 34.900 m² ⚒ 1995–1997

Kontorhaus Mitte / Counting house Mitte

Friedrichstraße 185–189, Mohrenstr. 13–16, Kronenstr. 60–65 (Haus A, C, D) | U2, 6 Stadtmitte | 10117 Mitte

Der Block ist nach einem von Josef Paul Kleihues entwickelten Baukastensystem errichtet worden; von ihm stammt auch die innere Struktur, die Fassadengestaltung des Hofes, das rückwärtige Wohnhaus zwischen Mohren- und Kronenstraße und das achsial in der Blockmitte der Friedrichstraße stehende Gebäude. Den Nukleus bildet ein 1000 qm großer, glasgedeckter Innenhof. Zwischen diesem Hof und dem Straßenraum liegen schmale Treppenhäuser. In die Leerfelder zwischen Straße, Hof und Treppenhaus haben drei weitere Architekten(-gruppen) ›ihre‹ Häuser gestellt, sofern man von einer eigenen Handschrift überhaupt sprechen kann. Denn Geschoßebenen, Erschließung, Grundrißorganisation, Rastermodul, Steinverkleidung und Trauf- und Firsthöhe waren vorgegeben, ebenso sieben Voll- und zwei Staffelgeschosse. Den Architekten oblag also einzig die Wahl der Fensterproportionen, die Durcharbeitung der Details und die Material- und Farbbestimmung der Fassadenbekleidung, also der Steine und der Fensterrahmen. Dieses Vorgehen soll an die alte Grundstücks- bzw. Parzellenstruktur erinnern. An der Ecke Kronen- und Friedrichstraße hat Klaus Theo Brenner einen dunkelgrünen Dolomit als Steinmaterial gewählt. Die Fläche ist durch schmale, hohe Fenstereinheiten mit eloxierten Aluminiumrahmen gegliedert und zusätzlich durch Aluminiumfensterleibungen und zwischen Fugen hervorstehende Lamellen strukturiert. Walter Stepp hat seine Fassade des Eckhauses an der Mohrenstraße mit einem rötlichen afrikanischen Granit im einheitlichen quadratischen Modul verkleidet; innerhalb dieser Fläche liegen die zum Teil quadratischen Alu-Fenster, was deren Teilung durch zinkgraue Profile allerdings visuell verbirgt. Dörrie und Lampugnani haben einen blaugrauen Oberkirchner Sandstein im Verband als äußere Fassadenschicht gemauert; die dreigeteilten Fensterformate liegen dabei auf schma-

The block is constructed on a modular system developed by Josef Paul Kleihues; he also designed the internal structure, the façade design of the courtyard, the rear residential building between Mohrenstrasse and Kronenstrasse and the building in the centre of the block facing Friedrichstrasse. The nucleus of the block is a glass-covered inner courtyard of 1000 m². Between this courtyard and the street are narrow staircases. Into the empty spaces between the street the courtyard and the staircase, three other architects (or groups of architects) have inserted ›their‹ buildings – if it is actually possible to say that they have their own style, because the storey levels, access structure, ground plan, module grid, stone facing and the height of the eaves and ridges were defined beforehand, as was the structure of seven full storeys and two staggered storeys. The architects were therefore only responsible for choosing the window proportions, the detail design and the material and colour of the façade, i.e. the stones and the window frames. This procedure is meant to recall the old land plot or parcel structure. At the corner of Kronenstrasse and Friedrichstrasse, Klaus Theo Brenner selected a dark green dolomite stone material. The surface is structured by narrow but high window units with anodised aluminium frames, and also by aluminium window soffits and lamellas protruding between joints. Walter Stepp faced his façade of building on the corner of Mohrenstrasse with a reddish African granite in a uniform square pattern; within this surface are the aluminium windows, some of which are also square, although this is visually masked by their sub-division by zinc-grey profile sections. Dörrie and Lampugnani used a blue-green Oberkirchen bonded sandstone as the outer façade surface; the three-part window formats are rested on narrow ledges, which lends additional lines to the façade; this building is the most

len Sohlbänken, was die Fassade zusätzlich liniert; es ist in der Summe das ›sachlichste Haus‹. J. P. Kleihues, der die zentrale Eingangssituation an der Friedrichstraße durch ein Ship-shape-Element und durch Bullaugenfenster betont, wählte einen weißlich-gelben römischen Travertin, der allerdings zwischen den horizontal dreigeteilten Fensterfeldern als zu dünn geschnittene Stäbchen eingesetzt wird.

›functionalist‹ in its overall appearance. J. P. Kleihues, who underlines the central entrance on Friedrichstrasse by using a boat-shaped element and bull's eye windows, selected a white-yellow Roman travertine stone, although this stone is inserted between the horizontal window panels in narrow slabs that are cut too thin.

🖉 Josef Paul Kleihues, Berlin (Haus A, C, D) Klaus Theo Brenner, Berlin (Haus B), Vittorio Magnago Lampugnani/Marlene Dörrie, Frankfurt a.M. (Haus E), Walther Stepp, Berlin (Haus F) ❧ Kontorhaus Friedrichstraße & Co. Investitionsgesellschaft/Argenta Internationale Anlagen GmbH, München/Hanseatica Consulting GmbH & Co. KG, Hamburg ☞ Büro, Einzelhandel, Gastronomie, Wohnen ⊞ Kontorhaus gesamt: 34.790 m² ⚒ 1994–1997

Büro-, Wohn- und Geschäftshaus / Office, residential and shopping building (Quartier 108)

Friedrichstraße/Leipziger Straße | U2, 6 Stadtmitte | 10117 Mitte

Das Gebäude besetzt als monolithischer und mit dunklem Steinmaterial verkleideter Großblock die Straßenecken Friedrich-, Kronen- und Leipziger Straße. Die Fluchtlinien des Gebäudes nehmen den alten Stadtgrundriß wieder auf und ergänzen und definieren nunmehr die Blockbebauung dieser zentralen Schnittstelle in der südlichen Friedrichstadt. Organisation und Struktur des Gebäudes folgen ebenfalls der traditionellen Typologie. Im Erdgeschoß befinden sich Läden, die entlang der Leipziger Straße hinter breiten Arkaden angelegt sind. In den fünf folgenden Normalgeschossen sind Büros und in den drei letzten Staffelgeschossen Wohnungen und nochmals Büros untergebracht. Zur notwendigen Belichtung und Belüftung des Großblocks befinden sich an der rückwärtigen Brandwand zwei Luftschächte und in der Gebäudemitte zwei Innenhöfe, in denen die einzelnen Geschosse zum Teil als Staffelgeschosse ausgebildet sind. Ab dem zweiten Geschoß sind diese Höfe mit Glas gedeckt, so daß im Erdgeschoß geschlossene Atrien entstehen. Die Büroetagen sind als Mittelgangtyp organisiert, so daß Büroräume sowohl zum Straßenraum als auch zu den Innenhöfen orientiert sind. In den Staffelgeschossen sind zwischen den Innenhöfen ebenfalls Büroräume, zu den Straßen hin aber auch Wohnungen untergebracht. Die Grundrisse bleiben allerdings durch die maximale Ausnutzung weit hinter dem Standard dieser Kategorie zurück: Sie weisen gefangene Zimmer und fast grundsätzlich künstlich belichtete und belüftete Küchen und Bäder auf und sind mit einigen Räumen zu den an der rückwärtigen Brandwand liegenden Luftschächten orientiert.

This building is a monolithic block structure faced with dark stone material which occupies the corners of Friedrichstrasse, Kronenstrasse and Leipziger Strasse. The building alignment lines follow the old urban structure, and they now supplement and define the block building plan of this central crossing point in the southern part of the Friedrichstadt. The organisation and structure of the building also follow the traditional typology. The ground floor contains shops, which are situated behind wide arcades along Leipziger Strasse. The next five normal storeys contain offices, and the last three staggered storeys contain apartments and more offices. To provide the necessary lighting and ventilation for this large block, there are two air wells along the rear fire wall, and in the centre of the building there are two inner courtyards within which some of the individual storeys are set back as staggered storeys. From the second floor upwards, these courtyards are covered with glass, which creates closed atriums on the ground floor. The office storeys are structured around a central corridor so that the offices face both the street and the inner courtyards. On the staggered upper storeys, there are also offices between the courtyards, but the sides facing the streets contain apartments. However, because of the maximum utilisation of the possible floor space, the apartment layouts are far below the normal standard for this category. They include enclosed rooms and almost in every case artificial lighting and ventilation in the kitchens and bathrooms, and some of the rooms face the air wells along the rear fire wall.

✏ Thomas van den Valentyn, Köln ✎ DIFA Deutsche Immobilienfonds AG, Hamburg ☞ Wohnen, Büro, Einzelhandel
⊞ 25.284 m² 🏛 1996–1998

Potsdamer Platz, Daimler-Benz C1, Renzo Piano (links) und C2, C3, Arata Isozaki (rechts) (S.14-16)

Potsdamer Straße, links Sony Center, rechts Bürohaus von José Rafael Moneo

Wohnhaus von Richard Rogers an der Linkstraße

Musicaltheater am Marlene-Dietrich-Platz

Hotel Grand Hyatt Berlin

Am Wasser: Musicaltheater, IMAX-Kino und debis-Zentrale

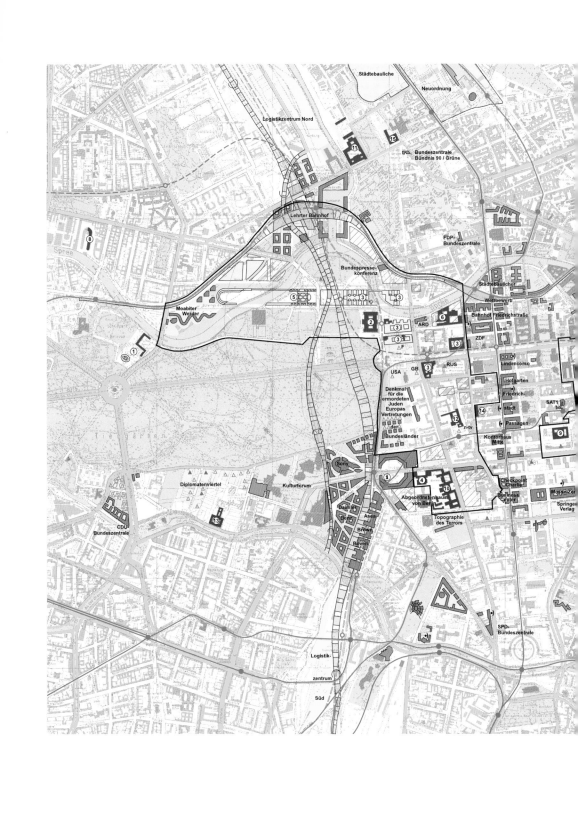

Städtebauliche

Neuordnung

Logistikzentrum Nord

⑪

⑮

Bundeszentrale
Bündnis 90 / Grüne

Lehrter Bahnhof

⑧

Spree

FDP-
Bundeszentrale

Bundespresse-
konferenz

Moabiter
Werder

⑤

③ ③

Städtebaulicher

Wettbewerb

Bahnhof Friedrichstraße

⑥

②

ARD

ZDF

③

△ F

③

Lindencorso

① ♨

USA GB

③ RUS

Hofgarten

Denkmal
für die
ermordeten
Juden
Europas

Friedrich

Vertretungen

⑫ n-tv

⑭

stadt

SAT 1

der
Bundesländer

Passagen

Kontorhaus
Mitte

⑨

Sony

Diplomatenviertel

Kulturforum

①

Abgeordnetenhaus
von Berlin

④

⑩

Checkpoint
Charlie

Mosse-Zei

⑬

Daimler

Benz

Asea

Topographie
des Terrors

Business
Center

Springer
Verlag

CDU
Bundeszentrale

Brown

Boveri

SPD-
Bundeszentrale

Logistik-

zentrum

Süd

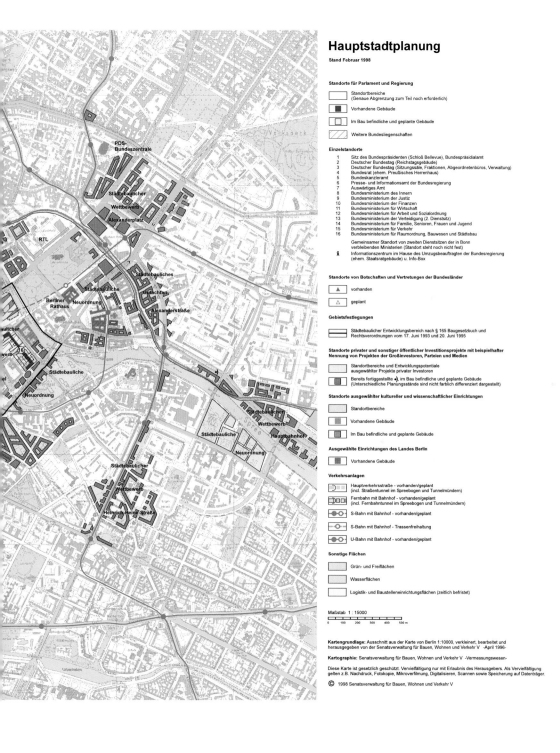

Hauptstadtplanung

Stand Februar 1998

Standorte für Parlament und Regierung

- Standortbereiche
  (Genaue Abgrenzung zum Teil noch erforderlich)
- Vorhandene Gebäude
- Im Bau befindliche und geplante Gebäude
- Weitere Bundesliegenschaften

Einzelstandorte

1	Sitz des Bundespräsidenten (Schloß Bellevue), Bundespräsidialamt
2	Deutscher Bundestag (Reichstagsgebäude)
3	Deutscher Bundestag (Sitzungssäle, Fraktionen, Abgeordnetenbüros, Verwaltung)
4	Bundesrat (ehem. Preußisches Herrenhaus)
5	Bundeskanzleramt
6	Presse- und Informationsamt der Bundesregierung
7	Auswärtiges Amt
8	Bundesministerium des Innern
9	Bundesministerium der Justiz
10	Bundesministerium der Finanzen
11	Bundesministerium für Wirtschaft
12	Bundesministerium für Arbeit und Sozialordnung
13	Bundesministerium der Verteidigung (2. Dienstsitz)
14	Bundesministerium für Familie, Senioren, Frauen und Jugend
15	Bundesministerium für Verkehr
16	Bundesministerium für Raumordnung, Bauwesen und Städtebau

  Gemeinsamer Standort von zweiten Dienstsitzen der in Bonn
  verbleibenden Ministerien (Standort steht noch nicht fest)

i Informationszentrum im Hause des Umzugsbeauftragten der Bundesregierung
  (ehem. Staatsratsgebäude) u. Info-Box

Standorte von Botschaften und Vertretungen der Bundesländer

- ▲ vorhanden
- △ geplant

Gebietsfestlegungen

- Städtebaulicher Entwicklungsbereich nach § 165 Baugesetzbuch und
  Rechtsverordnungen vom 17. Juni 1993 und 20. Juni 1995

Standorte privater und sonstiger öffentlicher Investitionsprojekte mit beispielhafter Nennung von Projekten der Großinvestoren, Parteien und Medien

- Standortbereiche und Entwicklungspotentiale
  ausgewählter Projekte privater Investoren
- Bereits fertiggestellte •), im Bau befindliche und geplante Gebäude
  (Unterschiedliche Planungsstände sind nicht farblich differenziert dargestellt)

Standorte ausgewählter kultureller und wissenschaftlicher Einrichtungen

- Standortbereiche
- Vorhandene Gebäude
- Im Bau befindliche und geplante Gebäude

Ausgewählte Einrichtungen des Landes Berlin

- Vorhandene Gebäude

Verkehrsanlagen

- Hauptverkehrsstraße - vorhanden/geplant
  (incl. Straßentunnel im Spreebogen und Tunnelmündern)
- Fernbahn mit Bahnhof - vorhanden/geplant
  (incl. Fernbahntunnel im Spreebogen und Tunnelmündern)
- S-Bahn mit Bahnhof - vorhanden/geplant
- S-Bahn mit Bahnhof - Trassenfreihaltung
- U-Bahn mit Bahnhof - vorhanden/geplant

Sonstige Flächen

- Grün- und Freiflächen
- Wasserflächen
- Logistik- und Baustelleneinrichtungsflächen (zeitlich befristet)

Maßstab 1 : 15000

0   100   200   300   400   500 m

Kartengrundlage: Ausschnitt aus der Karte von Berlin 1:10000, verkleinert, bearbeitet und
herausgegeben von der Senatsverwaltung für Bauen, Wohnen und Verkehr V -April 1996-

Kartographie: Senatsverwaltung für Bauen, Wohnen und Verkehr V -Vermessungswesen-

Sony Center an der Potsdamer Straße

Potsdamer Platz und Potsdamer Straße

Tiergarten-Dreieck

Pariser Platz, US- Botschaft, Moore Ruble Yudell (S. 26)

Gemäldegalerie, Hilmer & Sattler (S. 51)

Fassade der Botschaften der Nordischen Länder

Häuser / Buildings Markgrafenstraße, Gendarmenmarkt

Markgrafenstraße 34/BEWAG-Haus, Markgrafenstraße 35/Markgrafenstraße 36/Mohrenstraße 45 |

U2 Stadtmitte, U6 Französische Straße | 10117 Mitte

Markgrafenstraße
Nr. 34, 35, 36

Die Neubebauung gegenüber dem Deutschen Dom, zwischen Tauben- und Markgrafenstraße, besteht aus drei Büro-, Wohn- und Geschäftshäusern. Im unteren Geschoß sind jeweils Läden untergebracht, darüber befinden sich Büronutzungen, in den Geschossen sechs und sieben, den zurückversetzten Attikageschossen, sind Wohnungen gehobenen Standards. Das mittlere Gebäude (Max Dudler) wird von der Berliner Kraft- und Licht-AG (BEWAG) genutzt. Es ist im Grundriß und im Fassadenaufriß symmetrisch aufgebaut und hat im Blockinnenbereich einen mittigen Hofflügel. In Anlehnung an die alte Bebauung ist die Baugestaltung verhalten; der Baukörper richtet seinen streng-symmetrischen Aufbau nach dem gegenüberliegenden Deutschen Dom aus. Die Fenster sind rhythmisch in die Fassade gesetzt. Das rechts daneben stehende Gebäude (J. P. Kleihues) hat eine besondere Eckausbildung: Zylinder – Kubus – Zylinder sollen motivisch mit den Domen auf dem Platz kommunizieren. Die rhythmisch enge Reihung der Fenster zu Fensterbändern dagegen bringt eine fremde, bislang nicht gesehene horizontale Linearität in die Platzrandbebauung. Das linke Eckhaus (Hilmer & Sattler) hat eine ruhige Eckausbildung und zeichnet sich auch sonst durch ein hohes Maß an Beschränkung der gestischen Mittel aus. Die feinprofilierten Fenster werden zu Vierergruppen zusammengefaßt, bilden aber durch ihre Kleinteiligkeit ein Spannungsverhältnis zu den weit aufgespannten Schaufenstern in der Erdgeschoßzone. Ein zusätzliches Fassadenrelief durch Licht und Schatten wird erreicht, indem alle vertikalen Steinkanten minimal abgerundet sind.

The new building projects opposite the German Cathedral between Taubenstrasse and Markgrafenstrasse consist of three office, residential and shopping buildings. The ground floor of each building contains shops, above which there are offices, and on storeys six and seven, the staggered attic storeys, there are higher quality apartments. The central building (Max Dudler) is used by the Berlin Electricity Board (BEWAG). The building is symmetrical its ground layout and its façade structure, and in the interior of the block it has a central courtyard wing. Following the old building structure, the design of the building is restrained; its strictly symmetrical structure reflects the German Cathedral opposite it. The windows are inserted into the façade at regular intervals. The building to its right (J. P. Kleihues) has a marked corner design: the structure of cylinder – cube – cylinder is intended to establish a link to the cathedrals on the square. But the regular, close row of windows to create window bands create an extraneous horizontal linearity which has not been seen hitherto in the buildings on the edge of the square. The left hand corner house (Hilmer & Sattler) is calm in its corner structure and shows a high degree of restraint in its use of gestures in other respects, too. The finely profiled windows are combined into groups of four, but because of their small component elements they create a tension with the large expanse of the windows on the ground floor. An additional relief structure in the façade by light and shade is achieved by slightly rounding all vertical stone edges.

Nr. 34: ✎ Hilmer & Sattler (mit Partner Thomas Albrecht), München/Berlin ✍ Aufbaugesellschaft GdR der Unternehmensgruppe Roland Ernst Städtebau ☞ Wohnen, Büro ⊞ 6.740 m² 🏃 1994–1996 | Nr. 35: ✎ Max Dudler, Zürich/Berlin (mit Manfred Kunz und Brigitta Weise) ✍ Berliner Kraft- und Licht AG (BEWAG), Berlin ☞ Wohnen, Büro, Gewerbe ⊞ 6.691 m² 🏃 1994–1997 | Nr. 36: ✎ Josef Paul Kleihues, Berlin ✍ Aufbaugesellschaft GbR, Berlin ☞ Büro, Einzelhandel, Wohnen 🏃 1994–1996

Umbau Deutscher Dom / Alterations to the Deutscher Dom (German Cathedral)

Gendarmenmarkt 1–2 | U2, 6 Stadtmitte | 10117 Mitte

Das Thema des Umbaus des Deutschen Doms könnte lauten: ›Steinbruch der Geschichte‹. 1708 als Kirche im Barockstil von Martin Grünberg erbaut und 1785 von Carl von Gontard um einen monumentalen Turm im Stil des barocken Klassizismus erweitert, wurde das Gebäude nach einem weitgehenden Umbau 1996 als Museum eröffnet. Heute beherbergt es die Ausstellung »Fragen an die deutsche Geschichte«. Zum einen galt es, die schwerwiegenden Um- und Einbauten aus den 80er Jahren zu berücksichtigen; zum anderen war im Inneren der alte Raumkonflikt zwischen Turmbau und Kirchenraum zu bewältigen, da ersterer seinerzeit fast zur Hälfte in letzteren gestellt worden war. Die architektonische Intervention bestand vor allem in der Freilegung der vorgefundenen Substanz, somit der Schichten der Veränderungen, und der anschließend bewußt sichtbar belassenen Addition der neuen, perfekt inszenierten und ausgeführten Einbauten. Vor allem fällt der Kontrast zwischen den Materialen auf: zwischen freigelegtem Mauerwerk und Beton und zwischen extrem glatt verspachtelten, weißen Flächen und vielen (notwendigen) Galerie- und Treppengeländern aus filigran gestaltetem und mattschwarz behandeltem Stahl. Auffällig ist zudem die Interpretation des Verhältnisses zwischen Raumeinfassung und objekthafter Behandlung der jeweiligen Einbauten. Das aufregendste Raumerlebnis bietet jetzt die Sicht in den ›hohlen‹ Turmschacht, in dem acht schlanke Stahlbetonstützen die Treppe und die Galerien tragen und gleichzeitig die vertikale Bewegungsrichtung unterstützen. Die Raumdisposition folgt optimal den vorhandenen Flächen: So konnten eine Buchhandlung, eine Cafeteria, ein Kino, Büroflächen und andere Nutzungen in Turm und Kirchenraum integriert werden.

The theme of the alterations to the Deutscher Dom could be called ›a tour through history‹. It was built in 1708 as a church in the Baroque style by Martin Grünberg and extended in 1785 by Carl von Gontard by the addition of a monumental spire in the style of Baroque classicism. After further conversion work, it was opened in 1996 as a museum. Today it houses the exhibition »Questions on German History«. In the first place, it was necessary to take into account the major conversion work and additions dating from the 1980s; in the second place, the old spatial conflict in the interior between the spire and the church had to be solved, because the spire was originally built with almost half of its base within the nave. The architectural intervention mainly consisted of uncovering the existing substance of the building and thus the various layers of change, and then deliberately leaving visible the addition of the new, perfectly arranged and implemented interior fittings. The contrast between the materials is particularly striking: bare masonry and concrete on the one hand and extremely smoothly rendered white wall surfaces on the other hand, and the many (necessary) gallery and stair railings of filigree steel finished in matt black. A further noticeable element is the interpretation of the relationship between the room enclosures and the object-like interpretation and treatment of the respective elements. The most exciting spatial feature is now the view into the ›hollow‹ spire, in which eight slender reinforced concrete supports bear the staircase and galleries and at the same time emphasise the vertical dynamism. The available space is ideally structured and utilised. Thus, it has been possible to integrate a bookshop, a cafeteria, a cinema, offices and other uses into the spire and nave.

◢ Jürgen Pleuser, Berlin ◥ Deutscher Bundestag (vertreten durch das Bundesministerium für Raumordnung, Bauwesen und Städtebau, vertreten durch die Bundesbaudirektion Berlin) ◿ Ausstellungsgebäude ⊞ BRI: 51.795 m³ ♘ 1993–1996

Hofgarten am Gendarmenmarkt: Wohnhaus Behrenstraße / Behrenstrasse residential building

Behrenstraße 27 | U6 Französische Straße | 10117 Mitte

Das Haus gehört zum Komplex der Neubebauung des Hofgarten-Karrees und steht in der Behrenstraße zwischen Charlotten- und Friedrichstraße. Es ist eines der wenigen neuen Gebäude in der Innenstadt, das, abgesehen vom Erdgeschoß, ausschließlich der gehobenen Wohnnutzung vorbehalten ist. Damit erfüllt es innerhalb der Bebauung des Blockes die Forderung, einen Wohnanteil von mindestens 20 Prozent zu schaffen, um die städtische Atmosphäre an diesem Ort wiederherzustellen. Hinter der rhythmisch ruhig gegliederten, dunklen Steinfassade, die mit nur einem Fenstertypus und -format auskommt, befinden sich auf acht Geschossen jeweils Maisonettewohnungen, die über einen Mittelflur erschlossen werden. Dadurch ergeben sich großzügige, weiträumige und helle Wohnungen, die auf jeweils einer Etage nach dem Durchsteckprinzip funktionieren, also gleichzeitig zur Straße und zum Hof orientiert sind. Die Küchen und Bäder liegen innen. Zum Hof hin sind den Wohnungen eine verglaste Loggia und ein weiterer Erschließungsgang vorgeschaltet. In den oberen Geschossen ist das Gebäude zum Teil mit Staffelgeschossen versehen, die die Plastizität des Baukörpers unterstreichen. Seine urbane Präsenz bezieht das Gebäude aus seiner einfachen Form, die der inneren Struktur folgt, und aus der Dichte der rhythmisch ruhig gegliederten Fassade, die einheitlich mit einem graugrünen Steinmaterial verkleidet ist.

The building is part of the new building complex of the Hofgarten Carré and is situated in Behrenstrasse between Charlottenstrasse and Friedrichstrasse. It is one of the few new buildings in the inner city which, apart from the ground floor, is exclusively reserved for high quality residential use. In the context of the development of the whole block, it therefore meets the requirement of using at least 20 per cent of the development for residential purposes in order to restore the urban atmosphere in this area. Behind the regular-structured, dark-coloured stone façade which uses only one window type and format, there are maisonette apartments on a total of eight storeys, with access from a central corridor. This creates generous, spacious and bright apartments, each of which is arranged on a single storey facing both the street and the inner courtyard. The kitchens and bathrooms are situated on the inside. On the courtyard side, the apartments have a glazed loggia and an additional access corridor. On the top floors, part of the building is staggered, thus underlining the structure of the building. The urban character of the building results from its simple form which follows the inner structure and from the density of the regular, calmly structured façade, which is uniformly clad with a grey-green stone material.

⬛ Max Dudler, Zürich/Berlin (mit Brigitta Weise) ☞ Hofgarten Real Estate B.V. ☞ Wohnen ⊞ 8.473 m² 👥 1993–1996

Hofgarten am Gendarmenmarkt: Hotel Four Seasons, Wohn- und Geschäftshaus / Residential and shop building Charlottenstraße 49 Bürohaus / Office building Behrenstraße 29 | U6 Französische Straße, U2 Stadtmitte | 10117 Mitte

Wie bei den anderen Gebäuden des Hofgarten-Projektes sind die beiden oberen Geschosse als Staffelgeschosse ausgebildet. Im Erdgeschoß befinden sich die Lobby und das Hotel-Restaurant an der Ecke zur Französischen Straße. In den Normalgeschossen werden die einzelnen Hotelzimmer und Suiten, die teilweise mit raumhohen Fenstern und Austritten versehen sind, durch ein Mittelgangsystem organisiert. Im Erdgeschoß öffnen große Schaufenster die Front zur Straße; hier erscheint das Gebäude weniger schwer und massiv als in der Gesamtansicht. Die Stahlbetonkonstruktion ist mit einem römischen Travertin verkleidet, der bei bestimmten Lichtverhältnissen wie eine Holzstruktur schimmert. Auffallend sind die einzelnen Fassadenelemente, die als Rahmen mit einer geschuppten Struktur erscheinen. Dadurch entsteht keine einfache, glatte Haut mit den üblichen Fugen, sondern ein Relief, eine Ummantelung, auf der Licht und Schatten spielen. Die Intention einer ›steinernen‹ Erscheinung wird durch dieses System der Zerlegung und die überlappende Zusammenfügung der kleinteilig zersägten und wieder zusammengeklebten Steinplatten allerdings beeinträchtigt. Die vergangenen Stilepochen entlehnte Innenausstattung und das altmodisch-mondän angehauchte Design der hoteleigenen Innenarchitekten widersprechen dem Charakter eines modernen und zeitgemäßen Hotels. In der Behrenstraße schließt ein schmales Bürohaus von Kleihues an; westlich stößt es an ein von Max Dudler entworfenes Wohngebäude. Die durch das Tragwerk generierte Fassadengliederung erfolgt hier durch Balkonbänder, die leicht in den Straßenraum gewölbt sind und sich über die ganze Hausbreite erstrecken.

As in the other buildings of the Hofgarten project, the two upper storeys are designed as staggered storeys. The ground floor contains the lobby and the hotel restaurant on the corner of Französische Strasse. The normal storeys contain the individual hotel rooms and suites, some of which have floor-to-ceiling windows and small balconies, and which are reached from a central corridor. On the ground floor, large display windows open up the building to the street, making the building appear less heavy and solid here than in the overall view. The reinforced concrete structure is faced with a Roman travertine stone, which reflect the light like a wooden structure under certain lighting conditions. The individual façade elements are striking; they look like a frame with a scale-type structure. This means that the façade is not a smooth, simple surface with the usual joints, but instead a relief texture, a mantle on which light and shade play. However, the intended ›stone‹ appearance is impaired by this system of breakdown and overlapping of small stone panels, which almost seem to have been cut apart and stuck together again. The interior decor, which is borrowed from bygone stylistic eras, and the old-fashioned, mundane design by the hotel's own interior architects conflict with the character of a modern, contemporary hotel. In Behrenstrasse, a narrow office building designed by Kleihues is adjacent to the hotel. To the west, this building links with a residential building designed by Max Dudler. The façade structure, which is generated by the load-bearing framework, is characterised by balcony bands which curve slightly over the street and extend over the whole width of the building.

Hotel Four Seasons: Josef Paul Kleihues, Berlin Hofgarten Real Estate B.V. (vertreten durch HINES Grundstücksentwicklung GmbH) Hotel ca. 16.350 m² 1993–1996 | Bürohaus Quartier 208: Josef Paul Kleihues, Berlin Hofgarten Real Estate B.V. (vertreten durch HINES Grundstücksentwicklung GmbH) Büro ca. 2.800 m² 1993–1996

Hofgarten am Gendarmenmarkt : Büro- und Geschäftshaus / Office and shopping building

Französische Straße 48 | U6 Französische Straße, U2 Stadtmitte | 10117 Mitte

Innerhalb des Hofgarten-Karres fällt das Gebäude zunächst durch seine dunkle, grauschwarze, polierte Granitverkleidung auf. Diese wirkt wie eine glattgezogene Haut. Eingespannt in diese glatte, ebene Fassadenfläche sind weite Fensteröffnungen – es wurde nur ein Fenstertyp benutzt –, gerahmt mit ausgesprochen schmalen Profilen aus mattem Metall; sie liegen auf der gleichen Ebene wie die Steinverkleidung, was die ästhetische Wirkung zusätzlich erhöht. Diese hochartifizielle, abstrakte Behandlung der straßenseitigen Fassade wird auf der Rückseite des Hauses fortgeführt. Dieses wie ein Objekt erscheinende Haus zeugt von einer rationalistisch-minimalistischen Haltung, die eine moderne, urbane Strategie und zugleich den traditionellen Geschäftshaustypus verfolgt. Im Gebäude selbst entspricht dieser Haltung eine klare Gliederung der Räume, die als einfache, orthogonale Module um einen inneren Erschließungs- und Versorgungskern angeordnet sind. Im Erdgeschoß befinden sich Läden, in den sechs Geschossen darüber in der Größe variabel schaltbare Büroeinheiten. Die letzten beiden Geschosse sind Staffelgeschosse mit der traditionellen Traufhöhe der Friedrichstadt, die die Plastizität des Volumens unterstreichen. Im Erdgeschoß, zwischen den beiden Läden gelegen, reicht ein durchgesteckter Treppenhausflur von der Französischen Straße bis auf den ruhigen, begrünten Hof.

Within the Hofgarten Carré, the building is initially noticeable because of its dark, grey-black, polished granite facing. This facing looks like a skin that has been pulled taut. Tightly fitted into this smooth and level façade there are wide window openings - with only one window type - framed with extremely narrow frame sections of matt-coloured metal. The windows and frames are in the same plane as the stone facing, which underlines the aesthetic effect. This highly artificial, abstract treatment of the façade on the street side is continued at the rear of the building. This building, which looks like an object, betrays a rationalist, minimalist approach which pursues a modern, urban strategy, and at the same time embodies the traditional type of large shop. In the building itself, this approach is expressed in a clear structure of the rooms, which are arranged as simple, orthogonal modules around a central access and service core. The ground floor contains shops, the six upper storeys contain office units which can be varied in size. The last two floors are staggered storeys with the traditional eave height of the Friedrichstadt, which underline the visual structure of the building. On the ground floor, situated between the two shops, there is a staircase corridor which passes through the building from Französische Strasse to the calm, vegetated courtyard.

⊿ Jürgen Sawade, Berlin ☞ Hofgarten Real Estate B.V. (vertreten durch: HINES Grundstücksentwicklung GmbH) ☞ Büro, Einzelhandel ⊞ 5.467 m² ⚒ 1993–1996

Hofgarten am Gendarmenmarkt: Bürohaus / Office building

Friedrichstraße 79–80 | U6 Französische Straße, U2 Stadtmitte | 10117 Mitte

Die von Hans Kollhoff entwickelte Bebauung besteht aus einem Eckhaus und zwei daran anschließenden Baulückenschließungen. Am Standort des mittleren Hauses sollte in der ursprünglichen Fassung der Altbau in renovierter und instand gesetzter Form bestehen bleiben; aufgrund der Bauarbeiten an den Nachbargebäuden wurde die Substanz aber so stark geschädigt, daß ein Abriß notwendig wurde und auch hier jetzt ein Neubau steht. Dieser Umstand ist deshalb wichtig, weil sich hinter den nunmehr drei Hausfassaden ein Haus befindet, das aus einer zusammenhängenden Struktur besteht – sowohl konstruktiv als auch funktional. Diese Struktur besteht aus zwei Treppenhäusern und außen liegenden Büroräumen, die durch einen umlaufenden Erschließungsgang – um die Treppen und Serviceräume herum – erschlossen werden. Vom Hof aus ist die Logik der inneren Verbundenheit bzw. der Zusammengehörigkeit zu einem Haus zu erkennen. In den beiden unteren Geschossen sind jeweils Läden untergebracht, wobei der architektonisch-plastische Rhythmus aufgrund der unterschiedlichen Gebäude, die hier vorher standen, leicht modifiziert wird. Alle aber sind monolithisch ausgeformt und übernehmen somit eine Art Sockelfunktion. Über den vier folgenden Bürogeschossen befinden sich noch zwei Attikageschosse, ebenfalls mit Büronutzung. Auffallend gegenüber anderen Häusern in der Friedrichstraße ist der Versuch, eine reliefartige, eine plastische Wirkung entfaltende Gliederung der Fassaden mittels Lisenen und Gesimsen auszubilden; der solide erscheinende graugrüne, geflämmte Granit unterstützt dabei die Wirkung einer tektonisch aufgebauten Haus- und Fassadenstruktur.

The building designed by Hans Kollhoff consists of a corner house and two adjacent buildings which close gaps in the building structure. In the original design, the old central building was intended to be preserved in a renovated and reconstructed form, but in the course of the building work on the neighbouring buildings, the substance was so heavily damaged that demolition became necessary, so that now a new building is situated here, too. This background is important because now, behind three different façades, there is a single building with a coherent structure – both in its design and its function. This structure consists of two staircases and offices facing outwards which are reached by an all-round access corridor around the staircases and service rooms. From the courtyard, the logic of the inner coherence as a single building can be seen. The lower two floors contain shops, although the architectural and plastic rhythm is slightly modified because of the three different buildings which were previously situated here. But all are monolithically designed and fulfil a sort of pedestal function. Above the next four office floors there are two attic storeys, again with offices. By comparison with other buildings in Friedrichstrasse it is noticeable that an attempt is made to achieve a relief-type sub-division of the façades with pilasters and cornices; the solid appearance of the grey-green, mottled granite supports the effect of a tectonic building and façade structure.

Kollhoff & Timmermann, Berlin ◆ Hofgarten Real Estate B.V., Amsterdam ☞ Büro ⚒ 1994–1996

Quartier Schützenstraße/Markgrafenstraße/Zimmerstraße/Charlottenstraße

Schützenstraße/Markgrafenstraße/Zimmerstraße/Charlottenstraße | U6 Kochstraße, Bus 129 | 10117 Mitte

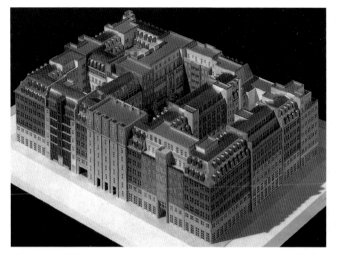 

Der Block zwischen Schützen-, Zimmer-, Markgrafen- und Charlottenstraße gehörte bis 1990 zum unmittelbaren Mauerstreifengebiet. Vor dem Krieg war er Teil des sogenannten Zeitungsviertels; hier und in unmittelbarer Umgebung befanden sich eine Vielzahl von Verlagen und Druckereien. Der Block war bis auf ein Mietshaus abgeräumt, also eine Brachfläche. Die Bebauung rekonstruiert nun innerhalb des Blockes die vor dem Krieg existierende Parzellenstruktur, auf der, nach außen hin sichtbar, der Architekt einzeln wirkende Hauseinheiten errichtet hat. Im Inneren des Blockes sind ebenfalls wieder Gebäude nach dem Muster der alten Struktur errichtet worden. Alle Einzelhäuser sind aber im Inneren untereinander schaltbar, so daß mehrere von ihnen, je nach Bedarf der Nutzer, zusammengelegt werden können. Ein Großteil der Nutzung besteht aus Gewerbe- und Büroeinheiten, nur ein Haus im Inneren des Blockes ist ein reines Wohnhaus. Die Bebauung funktioniert auf der ästhetischen Ebene nach dem Prinzip der Ähnlichkeit, wobei sechs verschiedene Fassadenentwürfe sich in einem bestimmten Rhythmus zu den vier Straßen hin abwechseln. Durch immer wiederkehrende starke Farben und ähnliche Fassadengliederungen wird sowohl die Unterschiedlichkeit als auch die Zusammengehörigkeit der einzelnen Häuser zu einem einheitlichen architektonischen Konzept unterstrichen.

Until 1990, the plot bounded by Schützenstrasse, Zimmerstrasse, Markgrafenstrasse and Charlottenstrasse was part of the Berlin Wall complex. Before the War it was part of the so-called newspaper area – here and in the surrounding area there were a large number of publishers and printers. The block was cleared apart from one building of rented apartments, i.e. it was waste land. The new building complex restores the compartment structure which existed in the block before the War – the architect has designed building units which are apparently separate when seen from the outside. Inside the block, buildings have also been constructed on the pattern of the old structure. However, all the individual houses can be linked on the inside so that it is possible, depending on the requirements of the users, to combine several of them. A large proportion of the use consists of commercial and office units, only one building inside the block is purely designed for residential purposes. On the aesthetic level, the development works on the principle of similarity, with six different façade designs which alternate in a certain rhythm on the sides facing the four streets. The repetition of strong colours at intervals and similar façade structures underline both the differences and the coherence of the individual buildings within the one overall architectural concept.

Aldo Rossi, Mailand/Götz Bellmann & Walter Böhm, Berlin/Luca Meda, Mailand ✎ Dr. Peter & Isolde Kottmair GbR, München
☞ Büro, Gewerbe, Gastronomie, Wohnen ⊞ 42.914 m² ⚒ 1994–1996

Redaktionsgebäude »taz« / »taz« editorial building

Kochstraße 19 | U6 Kochstraße | 10969 Kreuzberg

Das neue Redaktionsgebäude der Tageszeitung »taz« im Zeitungsviertel erweitert den ebenfalls von der Redaktion genutzten denkmalgeschützten Altbau Kochstraße 18, mit dem es auf allen Geschoßebenen verbunden ist. Auf der anderen Seite stößt es an eine von der Straßenflucht zurückgesetzte Seniorenwohnanlage; ursprünglich sollte die Trasse der Kochstraße nämlich um 21 Meter nach Süden verbreitert werden. Erschlossen wird der Neubau über die Treppen- und Aufzugsanlage des Altbaus. Die beiden unteren Geschosse bilden im Strassenraum eine Art Sockel aus, darüber erhebt sich ein fünfgeschossiger, schmaler, turmartiger Baukörper, der in den Geschossen vier bis sechs durch leicht ausschwingende und um die Gebäudeecke herumgeführte Balkonelemente mit schmal profilierten Brüstungen in die Straßenflucht und vor allem in das Gebäudevolumen eingebunden ist. Im Erdgeschoß befindet sich eine Architektur- und Kunstbuchhandlung; darüber liegen die Regelgeschosse mit den Produktionsräumen, die die gesamte überbaute Fläche einnehmen. Die rahmenartige und äußerst filigran gearbeitete Stahlverbundkonstruktion erlaubte eine weitgespannte Konstruktion im Inneren; sie tritt mit einem wohlkalkulierten formal-ästhetischen Potential in Erscheinung, ohne je aufdringlich zu wirken. Die Konstruktion mit ihren scharf geschnittenen Profilen, Kanten und Linien und den gut proportionierten Abmessungen und Feldern tritt zudem in einen spannungsreichen Dialog mit dem Altbau. Darüber hinaus ist es gelungen, mit diesem Gebäude die Typologie des Geschäftshauses der südlichen Friedrichstadt fortzuschreiben bzw. in eine moderne, zeitgemäße Figur zu transformieren.

The new editorial building of the daily newspaper »taz« in the newspaper district extends the old building formerly used by the newspaper's editorial department, the protected monument at Kochstrasse 18, with which the new building is linked on all floors. On the other side, it is adjacent to an old people's residence which is set back from the road because the line of Kochstrasse was originally planned to be widened by 21 metres to the south. Access to the new building is via the staircase and lift system of the old building. The two lower floors form a sort of visual pedestal in the street context; above them rises a five-storey, narrow, tower-like building, which on floors four to six is integrated into the street alignment line, and especially the volume of the building, by slightly protruding balcony elements extending around the corner with narrow railing bars. The ground floor contains an architecture and art bookshop; above that are the normal storeys containing the production rooms, which take up the entire area of the building. The rack-like and extremely filigree steel frame structure permitted a broad internal room design. The building has a pleasant formal and aesthetic potential, without appearing too ostentatious. The design, with its sharp profiles, edges and lines and the well-proportioned dimensions and panels, also creates an exciting dialogue with the old building. This building also continues the typology of the commercial building of the southern Friedrichstadt, transforming it into a modern, contemporary form.

✎ Gerhard Spangenberg mit Brigitte Steinkilberg, Berlin ✆ Contrapress Satz- und Druck GmbH, Berlin ☞ Büro, Einzelhandel
⊞ 1.350 m² ⚒ 1988–1990

Erweiterung GSW-Hauptverwaltung / GSW extension

Kochstraße 22 | U6 Kochstraße, Bus 142 | 10969 Kreuzberg

Das Projekt ist ein Ensemble aus drei Erweiterungsbauten für ein bestehendes Verwaltungshochhaus aus den 50er Jahren. Die markanteste Figur ist eine Hochhausscheibe, die von der Kochstraße bis neben den alten, plastisch-struktural gegliederten Baukörper reicht und auf allen Geschoßebenen mit diesem verbunden ist. Als Bindeglied zwischen beiden wurde ein Treppenhaus-, Fahrstuhl- und Serviceturm mit neuer Lobby gebaut. Das Hochhaus hat eine sogenannte ›intelligente‹ Glasfassade, deren Elemente auf unterschiedliche Außentemperaturen und Lichtverhältnisse reagieren. Die Objekthaftigkeit des Turms wird durch den gekurvten Grundriß und farbige Lamellen verstärkt. Die Grundrißorganisation funktioniert auf den Normalgeschoßebenen nach dem Prinzip von einhüftigen Anlagen oder Großraumeinheiten. An der Kochstraße schließt ein gebogener dreigeschossiger Bau die alte Straßenkante, wobei die Ecke Koch- und Markgrafenstraße mit einem im Grundriß elliptisch verformten sechsgeschossigen Gebäudekörper markiert wird. Das Stahlbetonskelett erlaubt auch hier eine hohe Variabilität auf den einzelnen Geschoßebenen. Als Ensemble mit großer emblematischer Wirkung ist es insofern modern und radikal zeitgenössisch, als es sowohl auf den barocken Stadtgrundriß der Friedrichstadt und die Nachfolgebebauung reagiert als auch eine intelligente, ressourcensparende Hochhausfigur generiert.

The project is an ensemble consisting of three extension buildings for an existing administrative tower block dating from the 1950s. The most striking element is a tower block unit which stretches from Kochstrasse to join the old, clearly structured building and which is connected to the old building on all storeys. As a link between the two, a staircase, lift and service tower with a new lobby was built. The tower block has a so-called ›intelligent‹ glass façade with elements which react to different external temperatures and light levels. The object character of the tower is emphasised by the curved layout and coloured slats. The ground layout on the normal floors works on the principle of asymmetrical or open-plan units. Towards Kochstrasse, a curved, three-storey building completes the old street alignment, and the corner of Kochstrasse and Markgrafenstrasse is marked by a six-storey building with a modified elliptical ground layout. Here, too, the reinforced concrete skeleton permits a high degree of variability on the individual storeys. As an ensemble with a highly symbolic effect, this complex is therefore both modern and radically contemporary, reacting to the Baroque urban plan of the Friedrichstadt and the subsequent development and generating an intelligent, economical tower block structure.

◢ Sauerbruch Hutton Architekten, Berlin/London ◥ GSW Gemeinnützige Siedlungs- und Wohnungsbaugenossenschaft mbH, Berlin ☞ Büro, Einzelhandel, öffentliche Fläche ⊞ ca. 30.000 m² 🏃 1995–1998

Büro-, Wohn- und Geschäftshaus Triangel / Triangle office, residential and shopping building

Friedrichstraße 204 | U2, 6 Stadtmitte, Bus 129 | 10117 Mitte

Das Gebäude liegt inmitten des Areals der Bauten des American Business Center. Durch den Verlauf der ehemaligen Zollmauer an dieser Stelle hat das Grundstück einen dreieckigen Zuschnitt. Die Bebauung folgt exakt den historischen Baufluchten und stellt somit, in Verbund mit der benachbarten Neubebauung, die alten Straßen- und Stadträume wieder her. Ebenso orientiert es sich an der traditionellen Traufhöhe der Friedrichstadt von 22 Metern. Im Erdgeschoß sind Läden, darüber Büros angeordnet. Im zurückversetzten Staffelgeschoß befinden sich Wohnungen, die alle eine eigene Terrasse haben. Das Gebäude verfügt über zwei in der Mitte der Dreiecksfigur liegende Treppenhauskerne, um die herum die Erschließungsflure auf den einzelnen Etagen liegen, von denen aus wiederum die einfachen Büroeinheiten erschlossen werden. Zur Mauerstraße hin sind diese Büros voll verglast, wodurch an diesem Ort ein neues architektonisches bzw. typologisches Element eingeführt wird: die Glasfassade. An den Seiten dieser Glaswand befinden sich zwei turmartige Elemente, die eine eigenartige Monumentalität des Baukörpers evozieren. An der Krausen- und an der Friedrichstraße wird der Stahlbetonkonstruktion eine Travertinfassade vorgeblendet. Hier weisen die Bürogeschosse eine stark horizontal gegliederte Fassade auf: Fensterbänder, deren Wirkung durch kräftig hervortretende Fenstergesimse und -verdachungen noch unterstrichen wird. Die Halterungen der Travertinverkleidung sind auf der Oberfläche sichtbar belassen, was der Erscheinung des Gebäudes einen edleren Charakter verleihen soll.

The building is in the middle of the complex of buildings known as the American Business Center. Because of the position of the former customs wall at this point, the plot is triangular in shape. The building follows the old lines of alignment exactly and thus, in conjunction with the adjacent new buildings, restores the old road and building structure. It also keeps to the traditional height of the eaves in the Friedrichstadt area, i.e. 22 metres. The ground floor contains shops, above which are offices. In the staggered top floor there are apartments, all with their own terrace. The building has two core staircases in the centre of the triangular structure, and around these staircases are the access corridors on the individual floors. The simple office units are reached via these corridors. On the side facing Mauerstrasse, these offices are fully glazed, which introduces an architectural and stylised feature which is new on this site: the glass façade. At the sides of this glass front there are two tower-like elements which evoke a uniquely monumental identity for the building. Towards Krausenstrasse and on Friedrichstrasse, the reinforced concrete structure has a travertine façade. Here, the façade of the office storeys has a heavily horizontal structure, which is underlined in its effect by protruding window ledges and canopies. The structures holding the travertine façade are left visible on the surface, which is designed to give the building a more elegant appearance.

⬕ Josef Paul Kleihues, Berlin ⬿ TCHA-Grundstücke Berlin GbR, Berlin ☞ Büro, Einzelhandel, Wohnen ⊞ 4.138 m²
⚐ 1994–1996

Network Office Checkpoint Charlie »Checkpoint Plaza« (Quartier 201 B)

Schützenstraße/Charlottenstraße/Krausenstraße | U6 Kochstraße, U2 Stadtmitte, Bus 129 | 10117 Mitte

Dieses Wohn- und Geschäftshaus steht in unmittelbarer Nachbarschaft zum ehemaligen Grenzübergang Checkpoint Charlie und der Botschaft der Slowakischen Republik. Es gehört zum Komplex des Network Office Checkpoint Charlie. Das Gebäude nimmt fast die halbe Fläche eines traditionellen Blockes des Quartiers ein und zeigt sich somit zu drei verschiedenen Straßen hin: zur Schützen-, Krausen- und Charlottenstraße. In seiner Erscheinung und Ausrichtung unterstützt es bedingt die angestrebte Rekonstruktion der klaren Blockstruktur der Friedrichstadt. Dabei werden trotz des modernen Erscheinungsbildes auch traditionelle Gliederungselemente, wie die Ausbildung einer Sockel-, einer Mittel- und einer Dachzone, herangezogen. In dem Komplex sind neben dem Einzelhandel im Erdgeschoß hauptsächlich Wohnungen untergebracht. Diese verschiedenartige Nutzung wird durch differenzierte strukturale und ästhetische Merkmale herausgearbeitet, die sich andererseits aber auch der klaren Ordnung des Konstruktionssystems – einer modularen Stahlbetonstruktur – verdanken. Das Erdgeschoß mit den großflächigen Fenstern übernimmt zum Beispiel, entsprechend dieser Konstruktion, die Rastereinteilung der Obergeschosse. Der Gesamtkomplex der 134 Wohnungen ist in sechs Bereiche unterteilt, denen jeweils ein eigener Treppenaufgang zugeordnet ist. Allen Wohnungen sind großzügige Loggien oder Terrassen vorgelagert.

This residential and shopping building is directly adjacent to the former Checkpoint Charlie border crossing point and the Embassy of the Slovakian Republic. It forms part of the Network Office, Check Point Charlie. The building occupies almost half of the area of the traditional block of the Quartier, and it thus faces three streets: Schützenstrasse, Krausenstrasse and Charlottenstrasse. In its visual appearance and structure it supports, to some extent, the objective of reconstructing the clear block structure of the Friedrichstadt area. In spite of its modern appearance, it also makes use of traditional structural elements such as a base zone, a middle zone and a roof zone. The complex includes commercial use and – mainly – apartments. This variety of use is emphasised by differentiated structural and aesthetic features which draw their effect from the clear arrangement of the construction design – a modular reinforced concrete structure. In accordance with this design, for example, the ground floor with its large window areas provides a sub-division of the upper storeys. The overall complex of the 134 apartments is divided into six areas, each with its own access staircase. All the apartments have generously planned loggias or terraces.

Checkpoint Charlie KG Network Office Grundstück GmbH+Co., Berlin ☞ Wohnen, Einzelhandel ⊞ 15.730 m² ⚥ 1995–1997

Network Office Checkpoint Charlie

Quartier 105, Friedrichstraße 205; Quartier 201A, Friedrichstraße 50; Quartier 106, Friedrichstraße 48; Quartier 200, Friedrichstraße 200 | U6 Kochstraße, U2 Stadtmitte, Bus 129 | 10117 Mitte

Quartier 105

Die Gebäudegruppe rund um den ehemaligen Grenzkontrollpunkt Checkpoint Charlie entlang der Friedrichstraße stellt die traditionelle baulich-räumliche Struktur dieses Bereichs wieder her, die vor den Kriegszerstörungen und dem anschließenden Abriß hier vorzufinden war. Alle Gebäude folgen den Vorgaben der sogenannten »Kritischen Rekonstruktion«, das heißt, daß sie die alten Straßen- bzw. Baufluchtlinien und die traditionelle Traufhöhe wiederaufnehmen; die geforderte architektonische Vielfalt läßt sich unschwer ablesen. David Childs aus dem Büro Skidmore, Owings & Merill zeichnet für das markanteste Gebäude verantwortlich: An der westlichen Ecke von Friedrich- und Zimmerstraße umschließen fünf unterschiedlich ausgebildete Baukörper einen quadratischen Hof; zusätzlich ist ein Haus in der Mauerstraße in den Komplex integriert worden. Die Fassaden sind entweder als steinerne Lochfassaden oder aber als Stahl-Glas-Konstruktionen ausgeführt. An einigen Stellen greifen diese unterschiedlich gegliederten und rhythmisierten Baukörper mit ihren unterschiedlichen Materialien und ihren manchmal unregelmäßig schräg oder gebogen konfigurierten Volumen ineinander über. Der Kopfbau an der Ecke ist ein gläsernes Turmelement, mit einer sich konisch vergrößernden bzw. nach oben weitenden Grundrißfläche und mit einem aus der Fassade herausragenden Treppenhaus, das den Stadtraum an dieser Stelle leider unnötig und inszenatorisch zu aufgeregt dynamisiert. Im Erdgeschoß liegen Laden-

The group of buildings around the former border crossing point of Checkpoint Charlie along Friedrichstrasse restores the traditional architectural structure of this area which applied here before the destruction of the war and the subsequent demolition. All the buildings follow the principles of so-called »critical reconstruction«, i.e. they adhere to the old street and building alignment lines and the traditional eaves height; the required architectural variety can easily be seen. David Childs of the office of Skidmore, Owings & Merill is responsible for the most striking building. On the western corner of Friedrichstrasse and Zimmerstrasse, five differently designed buildings enclose a square courtyard; a building in Mauerstrasse has also been integrated into the complex. The façades are designed either as perforated stone façades or as steel and glass structures. In some places, these different sub-divisions and rhythms of the buildings, with their differing materials ant there sometimes irregularly sloping or arching volumes, are intermingled. The end building on the corner is a glass tower element with a ground area which widens out upwards and a staircase protruding out of the façade which unfortunately creates an unnecessary and artificial restless dynamism in the urban setting at this point. The ground floor contains shops, with office storeys above; the ensemble also contains 21 apartments. The opposite street corner is occupied by a building designed by the architect Jürgen Engel of the KSP office, which extends to Schützenstrasse. It

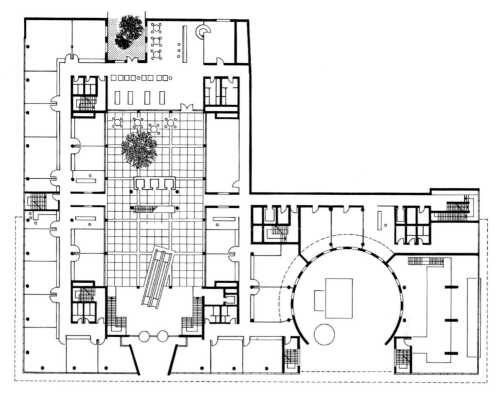

Quartier 200, Grundriß und Ansicht, KSP

flächen, darüber Bürogeschosse; zudem sind 21 Wohnungen in das Ensemble integriert. Die gegenüberliegende Strassenecke wird durch ein Gebäude des Architekten Jürgen Engel aus dem Büro KSP besetzt, das sich bis in die Schützenstraße erstreckt. Es umschließt ebenfalls ein quadratisches Atrium längs zur Schützenstraße; darüber hinaus birgt es bauliche Reste des Grenzkon-

also encloses a square atrium running parallel to Schützenstrasse and it contains remains of the structure of the Checkpoint Charlie border crossing point, including a watch tower. This area, which is designed as a museum, is accessible to the general public from Friedrichstrasse; it is underlined by a round wall which is the full height of the building and a rotund which is integrated into the build-

trollpunktes Checkpoint Charlie, so unter anderem einen Wachturm. Dieser als Museum gestaltete Bereich ist von der Friedrichstraße aus öffentlich zugänglich; er wird durch eine gebäudehohe, runde Mauer bzw. eine in das Gebäude integrierte ›Rotunde‹ nachgezeichnet, die durch die hier transparent ausgebildete Fassade sichtbar ist. Ansonsten sind in diesem Bauteil, neben den Ladenflächen im Erdgeschoß, ausschließlich Büroflächen untergebracht. Die beiden untersten Geschosse sind verglast, die geschlossenen Flächen sind mit grauem Granit verkleidet; die darüberliegende viergeschossige Fassade hat dagegen eine gleichmäßig rhythmisierte Struktur, die von kastenartig zusammengesetzten Rahmenelementen aus Stahl generiert wird. Das letzte, zurückversetzte Geschoß ist im Straßenraum durch eine Luftbalkenstruktur kenntlich gemacht. Auf der östlichen Seite der Friedrichstraße, zwischen Krausen- und Mauerstraße, steht das Gebäude der Architekten Lauber und Wöhr. In ihm sind ein kleiner und ein größerer Hof angelegt. Auch hier sind im Erdgeschoß Läden, darüber in sechs Geschossen Büroräume untergebracht. Die Stahl-Glas-Fassade hat eine stark betonte horizontale Gliederung, was durch die Bandfenster und die durchlaufenden Brüstungselemente hervorgerufen wird. Diese lineare Struktur wird nur im Eingangsbereich und an der Ecke Schützenstraße zugunsten eines gebäudehohen Einschnitts mit Balkonstruktur und einer zur Ecke hin gekrümmten Fassade unterbrochen. Diesem Gebäude gegenüber steht das des Architekten Philip Johnson, dem

ing, which is visible from the outside because the façade is transparent at this point. Apart from the shop areas on the ground floor, this building is otherwise reserved exclusively for office accommodation. The two lowest floors are faced with glass, the closed wall surfaces are faced with grey granite. The four-storey façade above this section, however, has an even and regular structure created by a combination of box-like frame elements of steel. The last, staggered storey is marked in the street setting by a suspended beam structure. On the eastern side of Friedrichstrasse, between Krausenstrasse and Mauerstrasse, is the building planned by the architects Lauber & Wöhr. It contains a small and a large courtyard. Here, too, the ground floor contains shops, above which there are six storeys of offices. The steel and glass façade has a heavily emphasised vertical structure which is caused by the band-type windows and the continuing breastwork elements. This linear structure is only interrupted in the area of the entrance and at the corner of Schützenstrasse in favour of a balcony-style recess over the full height of the building and a curved façade towards the corner of the building. Opposite this building is the building designed by the architect Philip Johnson. Unfortunately, the ironic intention of playing on the traditional architectural vocabulary fails in its aesthetic form. The rather heavy and monumental effect of the building's volume, with its two atriums, has an equal rhythmic structure – with equal obstinacy – on all sides, consisting of a vertical sequence of solid wall pillars with inset windows: between these verti-

das ironisch gemeinte Spiel mit dem traditionellen architektonischen Vokabular leider formalästhetisch mißlungen ist: Das etwas schwer und klobig wirkende Gebäudevolumen mit seinen zwei Atrien ist auf allen Straßenseiten gleich – und gleich stur –, durch mächtige, aber befensterte Wandpfeiler in der vertikalen Abfolge rhythmisch gegliedert; dazwischen liegen ebene bzw. über den Eingangsbereichen schräge, durch Profile gegliederte und linierte Glasflächen bzw. -felder. Ein kranzgesimsartiges steinernes Band über dem sechsten Obergeschoß läßt die Pfeilerenden als Gauben erscheinen, in denen wiederum halbkreisförmige Fenster liegen. Volumen und Rhythmus, Fassadenstruktur und Befensterung, Proportionen und das Linienspiel der Bauteile entfalten an keiner Stelle eine räumlich-formale oder ästhetische Spannung, sie kommen an keiner Stelle wirklich zur Ruhe. Im Erdgeschoß sind wieder Läden, darüber in sieben Geschossen Büroräume angeordnet.

cal blocks are glass surfaces and panels which are structured and outlined by profile sections with sloping glass surfaces and panels, or leaning inwards above the entrance zones. A cornice-type stone band above the sixth floor makes the ends of the pillars appear like gables, which again contain semi-circular windows. Nowhere do the volume and rhythm, the façade structure and window pattern, the proportions and the lines of the parts of the buildings develop any formal, spatial or aesthetic tension, nowhere do they really find peace. The ground floor again contains shops, above which are seven storeys of offices.

Quartier 105: ◢ Skidmore, Owings & Merrill (SOM), New York (Entwurf: David Childs) ◆ Checkpoint Charlie KG Network Office Grundstück GmbH+Co., Berlin ☞ Büro, Einzelhandel, Wohnen ⊞ 33.152 m² ⚒ ?–2000 | Quartier 200: ◢ Kraemer, Sieverts & Partner (KSP), Frankfurt; Entwurf: Jürgen Engel ◆ Checkpoint Charlie KG Network Office Grundstück GmbH+Co., Berlin ☞ Büro, Einzelhandel ⊞ 19.243 m² ⚒ 1997–1999 | Quartier 201A: ◢ Lauber & Wöhr, München ◆ Checkpoint Charlie KG Network Office Grundstück GmbH+Co., Berlin ☞ Büro, Einzelhandel ⊞ 20.556 m² ⚒ 1998–1999 | Quartier 106: ◢ Philip Johnson, New York ◆ Checkpoint Charlie KG Network Office Grundstück GmbH+Co., Berlin ☞ Büro, Einzelhandel, Gastronomie ⊞ 25.784 m² ⚒ 1994–1997

Wohnhaus / Residential building, Checkpoint Charlie

Friedrichstraße 207/208 | U6 Kochstraße | 10969 Kreuzberg

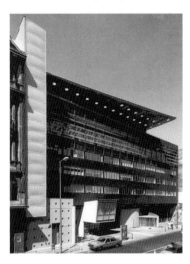

Originalzustand 1990

Das Gebäude wurde nach einem schon 1985 angefertigten Entwurf ausgeführt, bezieht sich mit seiner ihm zuvor eingeschriebenen formalen Logik also noch auf die Grenzanlagen der Alliierten am Checkpoint Charlie. Für diese waren bis 1994 im offenen Erdgeschoß eine Wendemöglichkeit für Fahrzeuge sowie besondere kleinere Bauten für Kontrolleinrichtungen angeordnet, unter anderem ein in den Straßenraum ragender gelber Zollpavillon mit einer schrägen Abkantung. Diese Einbauten wurden 1994 (von anderen Architekten) ersetzt durch ein nunmehr geschlossen gestaltetes Erdgeschoß, das jede gestalterische Raffinesse, wie es dem Konzept des Gebäudes angestanden hätte, vermissen läßt. Der besondere konzeptionell-ästhetische Reiz und die strukturelle Durcharbeitung des Gebäudes fallen aber nach wie vor auf: Es ist mit seinen fünf Geschossen plus Dachgeschoß vom Straßenraum zurückgesetzt und weist eine starke horizontale Gliederung durch Bandfenster zwischen den schwarzen Fassadenelementen in den Geschossen eins bis drei auf. Die beiden folgenden Geschosse sind mit einer vorgeschalteten, laubengangartigen Zone versehen, die aber hinter einer ebenfalls horizontal ausgerichteten Lamellenstruktur nur partiell durchscheint. Über dem zurückversetzten Dachgeschoß schwebt flügelartig-trapezoid geformt eine weit über den Baukörper hinauskragende gelochte Dachplatte. Die unterschiedlichen Wohnungen (Maisonetten, Penthäuser, Laubengangwohnungen) sind auf der Rückfassade kenntlich gemacht durch verschieden formatierte Fenster, Balkone und Laubengänge, die rhythmisch versetzt angeordnet sind. Als Ausnahme gelesen ist das Gebäude weit spannungsreicher ›konzeptionell aufgeladen‹ als manch anderes ›modernes‹ Bauwerk der 90er Jahre.

The building was built to a design which was prepared as early as 1985, which means that its previously inscribed formal logic still relates to the Allied border complex at Checkpoint Charlie. Until 1994, the open ground floor contained a vehicle turning point for the Allies and special small buildings for checking facilities, including a yellow customs pavilion with an angled edge, which protruded into the street. These facilities were replaced in 1994 (by different architects) by a closed ground floor design which lacks any of the design refinement which would have been fitting for the concept of the building. However, the special conceptional and aesthetic charm and the structural execution of the building are still striking. With its five storeys and roof storey, it is set back from the road and has a heavy horizontal structure with band-type windows between the black façade elements on storeys one to three. The next two storeys have an external, arbour-type zone, although this only partially shows through behind a horizontal lamella structure. Above the staggered roof storey, a perforated roof panel protrudes far beyond the building itself in a wing-like, trapezoidal structure. The various apartments (maisonettes, penthouses, arbour apartments) are clearly indicated on the rear façade by different formats of the windows, balconies and arbours, which are arranged in a regular offset pattern. When seen as an exception, the building is far more exciting in its ›conceptional charge‹ than some other ›modern‹ building of the 1990s.

⬜ OMA/Matthias Sauerbruch/Elia Zenghelis, London ➤ Berliner Eigenheimbau GmbH ☞ Wohnen, Gewerbe, Alliierte Streitkräfte ⊞ Wohnen: 7.900 m² 🏃 1988–1990

Erweiterung des Springer-Medien-Hauses / Extension of Springer media building

Kochstraße 50 | U2 Spittelmarkt, U6 Kochstraße, Bus 129 | 10969 Kreuzberg

In den 60er Jahren gebaut sollte das bestehende Springer-Hochhaus schon kurz nach der Fertigstellung eine im Grundriß T-förmige Erweiterung erfahren, die aber nicht ausgeführt wurde. Das mittlerweile unter Denkmalschutz stehende Bürohaus wurde erst 1994 um eine nunmehr gläserne Hochhausscheibe erweitert, die auf allen Ebenen mit dem bestehenden Altbau verbunden ist. Dabei mußte auf die denkmalgeschützte Fassadenstruktur des Gebäudes aus den 60er Jahren ebenso Rücksicht genommen werden, wie auf die Forderung, Radarreflektionen zu vermeiden, da das Gebäude mehr als üblich über die Berliner Dachlandschaft hinausragt. Eine weitere Auflage der Denkmalpflege war die Herstellung eines einheitlichen Erscheinungsbildes beider Gebäudekörper. Die Radarstrahlen absorbierende Konstruktion und die Verkleidung mit ihrer an der Giebelseite als ›structural glazing‹-Fassade ausgeführten gläsernen Haut erfüllt zwar diese Forderung durch konkav geformte Fassadenelemente. Die kristallin-expressive Erscheinung, die durch die lichtreflektierende Fassade hervorgerufen wird, kann im Kontext der Nachbarbebauung aber nicht vollends überzeugen. Die gewaltige Baumasse machte eine aufwendige Pfahlgründung notwendig. Die Binnenorganisation und vertikale Erschließung des Neubaus erfolgt über an den beiden Enden liegende Treppenhauskerne und Fahrstuhlanlagen. Die Normalgeschosse mit den Büros, die die unterschiedlichsten Redaktionen aufnehmen, sind als Mittelgangtyp auf einem Raster-Modul von 1,25 Metern organisiert. Sie sind, der Nutzung als Medienbüros entsprechend, mit einem hochmodernen, nichtreflektierenden Beleuchtungssystem ausgestattet. Im 18. und im 19. Obergeschoß befinden sich große Konferenzsäle.

The existing Springer tower block was built in the 1960s. It was originally planned to add an extension building with a T-shaped ground plan soon afterwards, but this plan was not carried out. The office block, which is now a protected architectural monument, was only extended in 1994 by the addition of a slab-like, glass tower block, which is linked to the old building on all storeys. In the planning of this building, the architecturally protected façade structure had to be taken into account, and also the requirement to avoid radar reflections because the building was higher than the normal Berlin skyline. A further condition stipulated by the monument protection agency was the creation of a coherent appearance of the two buildings. The radar absorbent design and the facing with a ›structural glazing‹ outer layer on the gable end fulfil this requirement by using concave façade elements. However, the expressive, crystalline appearance created by the light-reflecting façade is not completely convincing in the context of the adjoining building. The enormous mass of the building made an elaborate pile foundation necessary. The internal organisation and vertical access system of the new building consists of staircases and lift systems at both ends. The normal storeys with the offices, which accommodate various editorial departments, are arranged around a central corridor on a grid module of 1.25 Meters. In accordance with their use as media offices, they have a highly modern, non-reflective lighting system. The 18th and 19th floors contain large conference rooms.

Stössner-Fischer, Berlin 🖎 Axel Springer Verlag AG, Berlin ☞ Verlagsgebäude ⊞ 14.200 m² 🏃 1992–1995

Erweiterung Auswärtiges Amt / Extension of the Federal Foreign Office

Werderscher Markt | U2 Hausvogteiplatz | 10117 Mitte

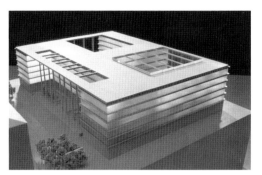

Der Neubau des Auswärtigen Amtes ist eine Erweiterung des ehemaligen Reichsbankgebäudes aus den 30er Jahren, das gegenwärtig von den Architekten Kollhoff und Timmermann umgeplant wird. Die Gebäudekonzeption der Erweiterung beruht auf einem Wechsel von großen Gebäudekubaturen und eingeschnittenen, weiträumigen geschlossenen und offenen Höfen bzw. Plätzen, die in ihrer jeweiligen Lage auf die gegenüberliegenden übergeordneten Stadträume reagieren. Mit seinen Außenkanten folgt das Gebäude der Verlängerung des Volumens des bestehenden Gebäudes der ehemaligen Reichsbank und somit den alten Baufluchtlinien und stadträumlichen Kanten. Die Haupterschließung erfolgt nun über einen Hof zentral von der Seite, von der auch der Altbau erschlossen wird. Von diesem Hofraum und den anliegenden Treppenhauskernen aus werden alle Nutzungsbereiche sowohl in der Horizontalen als auch in der Vertikalen miteinander verbunden. Schon hier ist die Idee erkennbar, das achsiale Gefüge, das von der additiven Abfolge der monumentalen Innenräume des Reichsbankgebäudes herrührt, aufzubrechen und eine Gliederung des großen Bauvolumens, das das Nutzungsprogramm generiert, in Einzelbaukörper vorzunehmen. Die Normalgeschoßebenen mit den Büros basieren auf einem modularen Raster von 1,35 Metern, was eine hohe Flexibilität erlaubt. Das Erscheinungsbild des Gebäudes lebt von dem Wechsel der steinern gefaßten Gebäudevolumina und den bündig in der Fassade liegenden Fenstern bzw. den großflächigen Verglasungen der Höfe: Ein zum Werderschen Markt orientierter Hof ist ein halböffentlicher, glasgedeckter Platz, ein zweiter Hof ist ein ›Gartenhof‹, der sich der Spree zuwendet.

The new building for the foreign office is an extension of the former Reichsbank building dating from the 1930s, the conversion of which is currently being planned by the architects Kollhoff and Timmermann. The concept of the building extension is based on an alternation of large cubic building blocks and spacious cut-out closed and open courtyards and plazas, each of which relates in its location to the general urban environment opposite it. The outer edges of the building form an extension of the existing building of the former Reichsbank, thus maintaining the old building alignment lines and urban development lines. The main entrance is now from the side of a central courtyard, which also provides access to the old building. From this courtyard area and the surrounding staircases, all utilisation areas are connected both vertically and horizontally. This very structure gives expression to the concept of breaking up the axial structure arising from the additive sequence of monumental interior rooms in the Reichsbank building, and in its place splitting the enormous volume of the building, which results from its planned use, into smaller building units. The normal storeys with the offices are based on a modular 1.35 metre grid pattern, which creates a high degree of flexibility. The visual appearance of the building is characterised by the alternation of the stone building volume and the windows mounted flush into the façade, and by the large glass areas facing the courtyards. A courtyard which opens onto Werderscher Markt is a semipublic glass-roofed plaza, and a second courtyard is a ›garden court‹ facing the river Spree.

✎ Thomas Müller/Ivan Reimann Architekten, Berlin ❧ Bundesrepublik Deutschland (vertreten durch d. Bundesbauministerium für Raumordnung, Bauwesen und Städtebau); Bundesbaudirektion, Berlin ☞ Büro, Bibliothek, Informations- und Besucherzentrum ⊞ 59.000 m² ⚒ 1997–1999

Deutsches Bibliotheksinstitut (DBI) / German Library Institute (DBI)

Dorotheenstraße 33/Charlottenstraße 42 | S1, 2, 3, 5, 7, 9, 75, U6 Friedrichstraße | 10117 Mitte

Das Gebäude liegt in der sogenannten Dorotheenstadt und besetzt ein seit dem Krieg unbebautes Grundstück. So sehr es sich nach außen architektonisch geschlossen und hermetisch zeigt, so sehr öffnet es sich im Inneren. Das Konzept dieses halböffentlichen Hauses, das wissenschaftlicher Arbeit dient, beruht auf der Idee des Hofhaustypus bzw. des Atriumhauses. Die Raumstruktur folgt linear den beiden Brandwänden und den straßenseitigen Fassaden, die den traditionellen Stadtraum wiederherstellen. In das Innere des Gebäudes ist ein nach oben offener Hof eingelagert, wobei die Staffelgeschosse sich nach unten trichterförmig verjüngen; so entsteht eine lichtdurchflutete, vom städtischen Treiben abgekoppelte Arbeitsatmosphäre. Die straßenseitigen, einfachen und in ihrer Gliederung reduzierten Lochfassaden sind mit steinernen Elementen verkleidet; es wird nur ein Fenstertyp verwendet. Dadurch entsteht im Straßenraum ein traditionelles, trotzdem aber modern transformiertes Bild der Dorotheenstadt, was durch die Aufnahme der alten Bauflucht und der Traufhöhe von 22 Metern unterstrichen wird. Zum Hof hin sind allerdings alle Arbeits- und Büroräume großzügig bis zum Boden verglast. Hier wird der introvertierte Charakter des Gebäudes deutlich. Alle Räume sind durch diese Anordnung und Befensterung optimal erschlossen und ausreichend belichtet.

The building is situated in the so-called Dorotheenstadt on a plot which has not been built on since the War. Although its external architecture appears hermetically closed, it is very open on the inside. The concept of this semi-public building, which serves for academic research, is based on the idea of the courtyard or atrium building. The spatial structure follows the line of the two fire walls and the street façades, which restore the traditional urban setting. The interior of the building contains a courtyard which opens out upwards, with the staggered storeys narrowing downwards like a funnel, creating a bright working atmosphere which is isolated from the bustle of the city. The perforated façades on the street side, with a reduced structure, are clad with stone elements; only one type of window is used. As a result, the street acquires a traditional identity for the Dorotheenstadt area, which is nevertheless modern in its transformation. This is underlined by the adherence to the old building alignment and the eave height of 22 metres. On the courtyard side, however, all study and office rooms are generously glazed down to the floor. This emphasises the introverted character of the building. As a result of this arrangement and the windows, all rooms are ideally sited and sufficiently lit.

Johannes Modersohn/Antje Freiesleben, Berlin ✎ Deutsches Bibliotheksinstitut (in Verbindung mit der Senatsverwaltung für kulturelle Angelegenheiten) ☞ Deutsches Bibliotheksinstitut ⊞ 6.451 m² 🏃 1997–1998/99

ARD-Hauptstadtstudio / ARD television studio

Reichstagsufer 7–8 | S1, 2 Unter den Linden, Bus 100 | 10117 Mitte

Das ARD-Hauptstadtstudio dient der Berichterstattung aus der neuen Hauptstadt und liegt deshalb in direkter Nähe zum Regierungsviertel. Es besetzt ein ehemals zur Humboldt-Universität gehörendes Grundstück an der Ecke Wilhelmstraße und Reichstagsufer. Mit seiner Bauflucht und der Traufhöhe paßt es sich in die vorhandene Bebauungsstruktur der Umgebung ein. Durch die Läden im Erdgeschoß erfährt der Bereich der Uferstraße eine zusätzliche Belebung. Die beiden parallel zum Ufer der Spree liegenden Gebäudearme umschließen wie traditionelle Seitenflügel eine große, glasüberdachte Halle, die gemeinsam mit dem Foyer als halböffentlicher Platz im Gebäude als Nachrichtenbörse und Umschlagplatz für Neuigkeiten aus aller Welt genutzt werden. Die beiden Gebäudeflügel sind über im Luftraum der Halle verspannte Stege miteinander verbunden. Am Ende der Halle befindet sich im Bereich einer eingeschossigen, ruhigen Zone eine Bar mit Blick auf die Spree. Die Räume der Redakteure sind ebenfalls sämtlich zur Spree orientiert und liegen im zweiten bis fünften Obergeschoß. Im tieferen Baukörper an der Wilhelmstraße sind die Produktionsräume, die Erschliessung und Versorgungseinheiten untergebracht. Das Gebäude erhebt sich mit seinem massiven Sockel aus einem umlaufenden, 80 Zentimeter breiten Graben, den nur die Stege zu den Eingängen überbrücken. Die Fassaden bestehen aus Glas und eingefärbten Betonelementen und werden zusätzlich durch Bänder aus Terrakotta strukturiert.

The ARD studio in the capital city is used for reporting from the new German capital city, and is therefore situated close to the government area. It occupies a plot of land on the corner of Wilhelmstrasse and Reichstagsufer which formerly belonged to the Humboldt University. With its alignment front and eave height, it fits into the existing building structure of the area. The ground floor shops provide an additional enlivenment for the road along the river bank. The two arms of the building which run parallel to the bank of the Spree act like traditional building wings, enclosing a large, glass-covered hall. This hall and the foyer serve as a semi-public area, a trading point for news from around the world. The two wings of the building are linked by overhead walkways within the hall. At the end of the hall, in a calmer single-storey zone, there is a bar with a view of the River Spree. The rooms of the editors are also all arranged with a view of the Spree and are situated on the second to fifth floor. The deeper building block on Wilhelmstrasse contains the production rooms and the access and service units. The building, with its massive base, rises out of a surrounding ditch 80 centimetres in width, which is only bridged by the walkways to the entrances. The façades are made of glass and coloured concrete elements, and they are additionally structured by terracotta bands.

Ortner & Ortner, Berlin ✎ Bauherrengemeinschaft ARD-Hauptstadtstudio ☞ ARD-Hauptstadtstudio ⊞ 10.600 m² 👤 1996–1999

Neues Museum / New Museum

Bode-/Ecke Museumsstraße | U 6, S 1, 2, 3, 5, 9, 75 Friedrichstraße, Bus 100 | 10178 Mitte

Das Neue Museum ist der Teil der Museumsinsel, an dem noch am deutlichsten die Spuren der Zerstörungen durch den Zweiten Weltkrieg abzulesen sind. Das Gebäude wurde von 1841–59 nach den Plänen August Stülers in der Nachbarschaft zum Alten Museum errichtet. Daneben entstand 1912–30 das Pergamonmuseum nach einem Entwurf von Alfred Messel. Dieses wird nach Plänen des Architekten O. M. Ungers erweitert und restauriert. Im Zuge der Revitalisierung sowie der baulich-räumlichen Neuordnung und der inhaltlichen Neukonzeption der gesamten Museumsinsel wird das Gebäude des Neuen Museums ebenfalls wiederhergestellt. Das Konzept sieht zunächst für alle genannten Museen eine »archäologische«, das heißt, unterirdische Verbindung vor. Chipperfields Eingriff besteht in einer behutsamen Ergänzung und Erneuerung der noch bestehenden Bauteile. Die wichtigste Neubau-Ergänzung bezieht sich auf den zerstörten östlichen Flügel der ehemals zwei Höfe umfassenden Bauanlage. Dieser Neubau ist schmucklos gehalten, zeichnet in seiner Ziegelstruktur nurmehr das Bauvolumen des zerstörten Gebäudes nach und nimmt den ruhigen Rhythmus der vorhandenen Befensterung auf. Die augenscheinlichste Erneuerung besteht, neben der »Reparatur« der tradierten Raumfolge, in der Wiederbelebung der zentralen Treppenhalle, die – ihrer Bedeutung für die Grundrißdisposition entsprechend – wieder die notwendige Verteilerrolle übernehmen wird. Entsprechend der Ausstattung aller wiederherzustellenden Räume wurde auch hier eine reduzierte Formen- und Ausdruckssprache gewählt: Dem Architekten geht es um die ruhige Flächenwirkung der architektonischen Elemente, um eine neutrale Farbgebung und um die taktile Präsenz der Materialoberflächen.

The New Museum is the part of the museum island where the traces of the destruction in the Second World War can be most clearly seen. The building was built near the Old Museum to plans by August Stüler from 1841–59. Next to it, the Pergamonmuseum was built from 1912–30 to a design by Alfred Messel. This museum will be extended and restored to plans by the architect O. M. Ungers. In the course of the revitalisation, the structural and spatial reorganisation and the creation of a new concept for the museum island as a whole, the building of the New Museum is also being restored. The concept initially envisages an »archeological« link, i.e. an underground connection, between all these museums. Chipperfield's contribution is a cautious extension and renewal of the existing architectural structures. The most important new extension building relates to the destroyed east wing of the complex, which formerly enclosed two courtyards. This new building is without adornment. Its brick structure merely marks the original volume of the destroyed building and continues the sedate rhythm of the existing window arrangement. The most obvious new feature, apart from the »repair« of the traditional sequence of rooms, is the revival of the central staircase hall, which will again assume a central distribution function in accordance with its significance in the layout of the building. In keeping with the design of the restored rooms, a reduced language of forms and expression was also chosen here. The architect aimed to achieve a calm surface effect of the architectural elements, a neutral colour and the tactile surface appearance of the materials used.

⊿ David Chipperfield, London ↝ Staatliche Museen Preußischer Kulturbesitz SMPK Berlin ☞ Ausstellungsräume für die Sammlungen des Ägyptischen Museums und des Museums für Vor- und Frühgeschichte, Verbindung zum Pergamon Museum und zum Alten Museum ⊞ 16.000 m² 🏃 1999–2006

Der Erweiterungsbau des Deutschen Historischen Museums wird eine der markantesten und gleichzeitig letzten originären stadträumlichen Situationen der Berliner Mitte zerstören: die bauliche und atmosphärische Dichte zwischen dem Kastanienwäldchen hinter der Neuen Wache von Schinkel und den Straßen Hinter dem Gießhaus, Hinter dem Zeughaus und der Mollergasse, die auf das Zeughaus zuführt. Die extrem enge Straßenführung mit den hohen Hauswänden – wie in einer Altstadt – weicht einer den Block gänzlich aufbrechenden modernen Stahl-Glas-Konstruktion, die sich um eine gebogene Steinwand legt. Die vertikale und horizontale Linienführung und Perforierung der Fassaden der angrenzenden steinernen Bauten – Zeughaus und Palais am Festungsgraben – wird ergänzt werden durch eine haushohe, glasverhüllte, zylinderförmige Treppenhausspirale, durch ein Glashaus mit von außen sichtbaren Rampen, Treppen, frei schwebenden Plateaus und Stegen und durch einen dreieckigen natursteinverkleideten Bau, in dem die neuen, unregelmäßig konfigurierten Ausstellungsräume untergebracht sind. Die Mollergasse wird zur Sackgasse bzw. ersetzt durch ein Atrium; das Eckhaus dort verschwindet zugunsten eines Auditoriumgebäudes. Als ergänzende Maßnahmen werden der Lichthof des Zeughauses mit Glas gedeckt und Alt- und Neubau unterirdisch miteinander verbunden.

The extension of the German History Museum will destroy one of the most striking settings – and one of the last urban settings in its original condition – in the centre of Berlin: the architectural and atmospheric concentration between the chestnut copse behind the »Neue Wache« designed by Schinkel and the streets Hinter dem Giesshaus, Hinter dem Zeughaus and Mollergasse, which leads to the Zeughaus (armoury). The extremely narrow street structure with the high walls of the buildings – like in an old inner city district – is replaced by a modern steel and glass structure around a curved stone wall, which completely breaks up the block structure. The vertical and horizontal lines and the perforation of the façades of the adjacent stone buildings – Zeughaus (armoury) and Palais am Festungsgraben (Palace by the fortification moat) – are supplemented by a high, glass-fronted, cylindrical staircase spiral, a glass building with ramps and stairs which are visible from the outside, free suspended plateaus and walkways and a triangular building with natural stone facing containing the new, irregularly arranged exhibition rooms. Mollergasse becomes a cul-de-sac and is replaced by an atrium; the corner house disappears to make way for an auditorium building. As a supplementary measure, the open courtyard of the Zeughaus is covered with glass and the old and new building are linked below ground level.

◢ Ieoh Ming Pei, New York, mit Gehrmann Consult GmbH & Partner KG, Wiesbaden ◆ Bundesrepublik Deutschland, Bundesbaudirektion ☞ Wechselausstellungsbau des Deutschen Historischen Museums ⊞ 9.300 m² ♣ 1998–2001

Büro- und Geschäftshaus Trias / Trias office and shopping building

Holzmarktstraße 15–18 | U8, S3, 5, 7, 9, 75 Jannowitzbrücke | 10179 Mitte

An der Ecke Holzmarkt- und Lichtenberger Straße steht dieses weithin die Silhouette der Spree prägende Gebäudeensemble eines Büro- und Geschäftszentrums. Im Süden wird das Grundstück vom Flußlauf und dem parallel dazu verlaufenden S-Bahn-Viadukt begrenzt. Erschlossen wird das Ensemble durch einen sechsgeschossigen Gebäuderiegel entlang der Holzmarktstraße; dieser entpuppt sich allerdings, aus der inneren Struktur heraus, als Addition dreier gleicher Häuser. Hier befinden sich im Erdgeschoß Läden und die Zugänge zu den drei, je 13 Geschosse aufragenden Bürotürmen, die im Grundriß eine ellipsoide Form haben. Zwischen dem Riegelbau und diesen drei Türmen liegen jeweils die Erschließungskerne mit den Treppen und Aufzügen und die Naßzellen und Nebenräume. Die Büroräume der Regelgeschosse des Langbaues sind als Mittelgangtypen organisiert; bei Bedarf sind die einzelnen Häuser bzw. Etagen gemeinsam oder unabhängig von den anderen Einheiten nutzbar. Die Büroräume in den Turmeinheiten liegen um den Kern herum grundsätzlich an den Außenseiten. Die vorgehängte Glasfassade mit ihren metallenen Brüstungselementen unterstreicht eher die gewisse Gestaltlosigkeit, als daß sie zu einer großstädtischen Formfindung beiträgt. Zwischen den Türmen befinden sich für die Nutzer des Gebäudes bereitgehaltene Außenanlagen; diese Ebene ist fast identisch mit der Fahrbahnebene der das Grundstück tangierenden S-Bahn-Trasse. Langfristig ist geplant, die S-Bahn-Bögen für eine vielfältige Nutzung zu aktivieren und eine parallele Wegführung für Fußgänger entlang der Spree anzulegen.

At the corner of Holzmarktstrasse and Lichtenberger Strasse is this office and shopping complex, with its dominating silhouette which characterises the visual appearance of the bank of the river Spree. The plot is limited to the south by the river and the urban railway (S-Bahn) viaduct which runs parallel to the river. The entrance to the complex is via a six-floor block along Holzmarktstrasse; in its internal structure, however, this block is a combination of three similar buildings. The ground floor contains shops and the entrance to each of the three thirteen-storey office towers, which are elliptical in their ground layout. Between the block and these three towers are the respective access and service shafts with staircases, lifts, sanitary and plumbing rooms and ancillary rooms. The offices on the normal storeys of the long block are arranged around a central corridor; the individual building segments and storeys can be combined or used independently of the other units as required. The offices in the towers are arranged on the outer sides around the core. However, the external glass façade with its metal breasting tends to underline a certain lack of form rather than contributing to a metropolitan design. Between the towers are open spaces reserved for the users of the building; this level is almost identical with the rail level of the urban railway (S-Bahn) which adjoins the plot. In the long term it is planned to utilise the arches under the railway for a wide range of uses and to create a parallel pedestrian passageway along the river Spree.

Beringer & Wawrik, München ☞ DG Anlage GmbH, Frankfurt/Main. ☞ Büro, Einzelhandel ⊞ 25.315 m² ⚒ 1993–1996

Deutsche Bischofskonferenz/Erweiterung Katholische Akademie / German Bishops' Conference/ Extension of the Catholic Academy

Hannoversche Straße 5/Chausseestraße 128 | U6 Oranienburger Tor, Straßenbahn 1, 13, Bus 157 | 10115 Mitte

Das Grundstück dieses Gebäudeensembles liegt zwischen dem Dorotheenstädtischen und dem Katholischen Friedhof im Norden und der innerstädtischen Blockbebauung im Süden. Die Baukörper vermitteln zwischen dieser traditionellen Blockbebauung und der aufgelockerten Bauweise, die durch die besondere Lage im Laufe der Jahrzehnte entstanden ist. Die Anlage folgt, dem Wunsch des Bauherrn und der besonderen Nutzung entsprechend, dem Prinzip des ›Klosters in der Stadt‹. Das heißt, daß sie eher einen introvertierten Charakter hat und sich gegenüber dem Stadtraum nur partiell öffnet, ohne sich gänzlich zu verschließen. Das Haus der Bischofskonferenz ist als markanter Kopf- bzw. Turmbau ausgebildet, der aus zwei Bauteilen besteht und an die bestehende Brandwand anschließt. Die Erschließung dieses Gebäudes erfolgt über den Innenhof. Zwischen den beiden Gebäudeflügeln liegt ein glasgedecktes Atrium; in den Normalgeschossen befinden sich in der Hauptsache Büros. Das Gebäude für die Akademie mit integriertem Gästehaus und Kirchenraum befindet sich als U-förmiger Baukörper im Blockinnenbereich. Die Anlage folgt einem ausgewogenen Wechsel von klaren, strengen Baukörpern und ebenso klar und eindeutig definierten Zwischenräumen und Hofbereichen mit jeweils eigener Identität und Nutzung. Die Architektur aller Gebäude besticht durch ihre erkennbar klare Gliederung und die rationale Konzeption, wobei das farbige Natursteinmaterial der Fassaden mit den eigenwillig gesetzten Fensteröffnungen harmoniert: Alle Fassadenflächen sind, etwas modisch, als freie Kompositionen mit einem bisweilen irritierenden Wechsel von geschlossenen und offenen Flächen zu lesen.

This building complex is situated between the Dorotheenstadt cemetery and the Catholic cemetery to the north and the inner city block buildings to the south. The buildings mediate between the traditional block-style building area and the looser building style which has arisen over a number of decades because of the special location. In accordance with the wishes of the principal and the special utilisation, the complex is based on the principle of a ›monastery in the city‹. That means that it is largely introverted in character and only partly opens out to the urban surroundings, although it is not completely closed. The Bishops' Conference building is designed as a striking end tower structure consisting of two sections and joining the existing fire wall. This building is entered from the inner courtyard. Between the two wings of the building is a glass-covered atrium; the normal storeys mainly contain offices. The building for the Academy, with an integrated guest house and church room, is set in the inside of the block as a U-shaped building structure. The complex has a balanced rhythm and an alternation of clear, strict buildings and just as clear and uniquely defined open spaces and courtyard areas, each of which has its own identity and use. The architecture of all the buildings shows a recognisably clear sub-division and a rational conception, and the coloured natural stone material of the façades is in harmony with the unconventionally arranged window openings. All the façades can be interpreted, rather fashionably, as free compositions with a sometimes irritating alternation of closed and open surface areas.

⌰ Höger Hare Architekten, Berlin (mit Rhode, Kellermann, Wawrowsky & Partner, Düsseldorf) ☛ Verband der Diözesen Deutschlands/Erzbischöfliche Vermögensverwaltung ☞ Repräsentanz der Deutschen Bischofskonferenz ⊞ ca. 25.000 m² 🏃 1997–1999

Bürohaus / Office building Reinhardtstraße 39

Reinhardtstraße 39/Luisenstraße 42 | U6 Friedrichstraße, Oranienburger Tor, S1, 2, 3, 5, 7, 9, 75 Friedrichstraße, Bus 147 | 10117 Mitte

Das reine Bürogebäude, gegenüber dem Karlsplatz gelegen, markiert sehr auffällig den Stadtraum an dieser Straßenecke. Der achtgeschossige Gebäudekörper nimmt zwar die Dimensionen, Traufhöhe und Kubatur, der angrenzenden Bebauung auf, reagiert aber auf den architektonischen Kontext mit einer eigenwilligen Interpretation der Ecksituation und der traditionellen Gliederungselemente: Der Baukörper ist aus der Bauflucht ganz leicht nach innen gerückt; eine etwas zu dominante, die Bauflucht nachzeichnende und bugförmig in den Straßenraum kragende Sonnenschutzkonstruktion und eine die Terrasse überspannende Vordachkonstruktion übernehmen die Rolle der sichtbaren Fassade und dominieren somit das Erscheinungsbild. Diese metallene und etwas unterkühlt und inszeniert wirkende Konstruktion an der Luisenstraße wird an der Fassadenseite der Reinhardtstraße nur noch als formales Verankerungselement ohne Sonnenschutzfunktion weitergeführt, was die Ambivalenz verstärkt: Im Zusammenspiel mit der Stahl-Glas-Konstruktion der eigentlichen Gebäudefassade entsteht ein etwas charakterfremd wirkendes Bild an diesem speziellen Ort. Im Erdgeschoß befinden sich eine große Ladenfläche und ein großzügiges Foyer, das zu der Treppenanlage und den Aufzügen führt. Die Normalgeschosse haben gut belichtete Büroflächen, die flexibel aufteilbar sind. Vom zweiten Obergeschoß an beginnt ein zentraler Innenhof, der zu den Fluren und Konferenzräumen hin mit einer filigranen und wohlproportionierten Stahl-Glas-Konstruktion versehen ist; dies ermöglicht eine gute interne Kommunikation über alle Geschosse und macht diese jeweils weit und licht. Durch die beiden zurückversetzten Obergeschosse ist eine zum Straßenraum orientierte großzügige Terrasse entstanden.

This building containing only office accommodation opposite Karlsplatz is a very prominent feature in the urban appearance of this street corner. The eight-storey building structure follows the dimensions, eaves height and square design of the adjacent buildings, but it reacts to the architectural context with an unorthodox interpretation of the corner situation and the traditional structural elements. The building itself retreats slightly behind the alignment line; a rather over-prominent sunshade structure which follows the building alignment line and projects into the street space like a ship's bow, in conjunction with a roof structure which extends over the terrace, take over the role of the visible façade, and thus dominate the building's visual character. This metal structure on Luisenstrasse, which creates a cold and artificial effect, is only continued on the Reinhardtstrasse side of the façade as a formal anchoring element without any sunshade function, which heightens the ambivalence. In its interplay with the steel and glass structure of the façade of the building itself, it creates an image which seems out of character for this location. On the ground floor there is a large shop area and a generously sized foyer which leads to the staircase and lifts. The normal storeys have well lit office areas which can be flexibly sub-divided. From the second floor upwards there is a central inner courtyard, which has a filigree and well-proportioned steel and glass structure on the surrounding corridors and conference rooms. This permits good internal communication between all the storeys and gives them a spacious and bright atmosphere. The two retreating upper storeys create a generously sized terrace on the street side.

EMW Eller Maier Walter + Partner GmbH, Berlin · Hans-Joachim Lange, Berlin · Büro · 2.700 m² · 1994–1995

Art'Otel und Umbau Ermeler-Haus / Art'Otel and conversion of the Ermeler-Haus

Märkisches Ufer 10–12/Wallstraße 70–73 | U2 Märkisches Museum, Bus 147, 240, 265 | 10719 Mitte

Das 125-Zimmer-Hotel schließt eine Baulücke im historischen Bestand. Erschlossen wird es über ein großes Foyer, das zugleich als Kunsthalle konzipiert und ausschließlich mit Werken des Künstlerpaares Christo und Jean-Claude bestückt ist. Von hier aus betritt man den Empfang des Hotels und auch den ruhigen, rückwärtig gelegenen, glasgedeckten Innenhof des dahinter liegenden, vom Märkischen Ufer aus erschlossenen »Ermeler-Hauses«, das unter Denkmalschutz steht. Dieser Hof besteht aus ursprünglich das »Ermeler-Haus« ergänzenden Seitenflügeln, die sich in den Blockinnenbereich erstrecken. Dazwischen liegt das Restaurant, das, erschlossen durch das »Ermeler-Haus«, auch für die Öffentlichkeit zugänglich ist. Der Hotelneubau ist zwischen zwei Brandwände eingespannt und hat eine ruhige, klare Gliederung; die Fassadenstruktur folgt der übersichtlichen Binnenstruktur des Gebäudes. Die Hotelzimmer sind beidseitig eines Mittelganges gelegen, also zur Straße oder zum Hof bzw. Garten hin orientiert. Sie haben große und – durchaus eigenwillig und ungewöhnlich – horizontal geteilte Fenster, die in den Zimmern fast bis auf den Boden reichen. Zudem liegen sie bündig in der Fassade, wodurch sich ein hoher Abstraktionsgrad, fast eine Art Haut, innerhalb der plastisch-historistischen bzw. klassizistischen Fassadenstruktur der Nachbarbebauung ergibt. Trotz seiner Modernität bedient sich das Haus straßenseits der traditionellen Gliederung mit einem Sockelbereich, der durch Schaufenster gebildet wird, fünf aufgehenden Normalgeschossen und einem Staffelgeschoß. Auch in der horizontalen Abfolge ergibt sich durch einen Glaskörper auf der einen und leicht zurückversetzte Fensterlaibungen mit farbigen Brüstungselementen auf der anderen Seite eine rhythmische Gliederung.

This 125-room hotel in Wallstrasse closes a gap in the historical building structure. It is entered via a large foyer, which at the same time is designed as an art hall and only contains works by the Christo married couple. From here, the visitor enters the hotel reception and, behind that, the peaceful glass-covered inner courtyard of the »Ermeler-Haus«, which is entered from Märkisches Ufer and is a protected monument. This courtyard consists of side wings which originally supplemented the »Ermeler-Haus« and extend into the centre of the block. Between them is the restaurant, which can be reached by the general public through the »Ermeler-Haus«. The new hotel building extends between two fire walls and has a calm, clear structure. The façade follows the clearly laid out internal structure of the building. The hotel rooms are arranged on both sides of a central corridor and face either the road or the courtyard and garden. They have large windows with an unconventional and unusual horizontal sub-division, which reach almost to the floor in the rooms. They are also fitted flush in the façade, creating a high degree of abstraction, almost a sort of skin, in relation to the plastically historical and classical façade structure of the adjacent buildings. In spite of its modern character, the building maintains a traditional structure on the street side, with a pedestal area consisting of shop windows, five rising normal storeys and a staggered storey. In the horizontal sequence, there is also a rhythmical pattern with a glass structure on the one hand and slightly recessed window soffits with coloured parapets on the other.

🖉 Nalbach + Nalbach, Berlin 🖎 Sylvia Gädeke, Berlin ☞ Hotel, Gastronomie ⊞ ca. 5.300 m² (+ Altbau 2.095 m²)
🎋 1994–1997

Verwaltungsgebäude / Office building KPMG

Taubenstraße 45 | U6 Französische Straße | 10117 Mitte

Das Bürogebäude besetzt ein schmales Parzellengrundstück zwischen zwei bestehenden Altbauten. Da es von drei Seiten eingebaut ist und die Grundstückstiefe fast 40 Meter beträgt, war eine besondere Grundrißkonzeption notwendig. An der Straße steht ein sechsgeschossiger Baukörper mit einem weiteren Attikageschoß. Im Bereich der unteren drei Geschosse weist das Gebäude eine torartige Situation auf. In dieses Tor sind zwei gerahmte Bauteile mit einem Schaufenster zur Straße quasi eingehängt; dabei handelt es sich um zwei größere Raumeinheiten mit Sitzungszimmern. Darüber erscheint die Straßenfront als reine Lochfassade mit quadratischen, tief eigeschnittenen Fensteröffnungen. Im leicht angehobenen Erdgeschoß, links und rechts der Tiefgarageneinfahrt, befinden sich die Eingänge und die beiden vertikalen Erschließungskerne. Im hinteren Grundstückbereich sind – nach dem Prinzip traditioneller Seitenflügel – links und rechts der bestehenden Brandwände der Nachbarbebauung zwei einhüftige Bürozellentrakte untergebracht, die ein großes, glasgedecktes Atrium umschließen. An der rückwärtigen Front sind Flügel mit einem hinter einer geschlossenen Wand liegenden Gang miteinander verbunden; offenliegende Treppen innerhalb des Atriumraumes bzw. vor der Wand lassen den Wechsel zwischen den Geschoßebenen zu. Die Hauskonzeption ist eine gelungene Mischung der Transformation des Berliner Mietshaustypus, mit einem Vorderhaus und zwei Seitenflügeln, und des Bürohaustypus mit einem Atrium. Die Komposition der Fassade – vor allem das Verhältnis von offenen und geschlossenen Wandflächen betreffend – erscheint allerdings ein wenig überdramatisiert.

This office building occupies a narrow plot between two existing old buildings. As it is enclosed from three sides and the plot goes back almost 40 metres, a special ground layout plan was necessary. Facing the road is a six-storey building structure with an additional attic storey. In the lower three storeys, the building has a gate-like structure; in this gate, two framed building segments with a display window facing the road are almost inserted; these segments are two large units with conference rooms. Above them, the street front is designed as a perforated façade with square, deeply recessed window openings. In the slightly raised ground floor to the right and left of the entrance to the underground car park are the entrances and the two vertical access shafts. On the rear part of the land plot – on the principle of traditional side wings – to the left and right of the existing fire walls of the adjacent building are two office tracts with offices on only one side of the corridor, and between these wings is a large, glass-covered atrium. At the very rear of the plot, these two wings are connected by a corridor behind a closed wall; exposed staircases within the atrium and in front of the wall provide access from one storey to another. The concept of the building is a successful mixture of a transformation of the Berlin rented apartment block type, with a front building and two side wings, and the office block type with an atrium. However, the design of the façade – especially the relationship between the open and closed wall surfaces – seems a little too dramatic.

Christoph Mäckler, Frankfurt/Main ❧ KPMG Deutsche Treuhand-Gesellschaft AG ☞ Hauptverwaltung der KPMG ⊞ 7.000 m² ♴ 1996–1998

Bank-, Büro- und Boardinghaus / Bank, office and boarding building Torstraße 131

Torstraße 131 | U8 Rosenthaler Platz, Tram 4, 6, 8, 13, 53 | 10119 Mitte

Das Gebäude besetzt ein Grundstück innerhalb einer geschlossenen Straßenrandbebauung. Die Grundfigur ist dem klassischen System Vorderhaus – Seitenflügel – Hinterhaus nachgebildet, wobei die im hinteren Grundstücksbereich liegenden Bauteile zwei- bzw. dreigeschossig sind und das Vorderhaus sieben Geschosse aufweist. Das Erdgeschoß besteht aus einem Ladengeschoß, das die ganze bebaute Fläche einnimmt; darüber befinden sich die Bürogeschosse bzw. im Hofraum die Dachterrasse. Die Erschließung erfolgt über einen seitlichen Eingang, der in ein ellipsoides Foyer führt; von hier aus gelangt man in das Ladengeschäft und in das Treppenhaus, das in der Fassade als gebäudehoher Glasschlitz erscheint. Die Büroetagen sind als Mittelgangtyp organisiert. Die Architektursprache ist verhalten postmodern: Die Fläche wird vertikal durch eine aus der Komposition leicht diagonal in den Straßenraum ausscherende Wandscheibe geteilt; die beiden Erdgeschosse wurden mit einer Stahl-Glas-Konstruktion zusammengefaßt. Die nächsten beiden Geschosse sind mit Bandfenstern versehen und die wiederum nächsten beiden z.T. mit Fenstertypen, die über zwei Geschosse reichen, sowie teilweise mit kleinen Lochfenstern und einem Balkonaustritt. Das zurückversetzte Dachgeschoß hat ein ausladendes Flachdach. Die geschlossenen Fassadenflächen sind mit einem schwarzen, polierten Steinmaterial verkleidet. Die Fassade im Hofraum ist ähnlich gegliedert; durch die weiß verputzte Fläche mit drei ›Bullaugenfenstern‹ wird man hier allerdings an die Architektursprache der Klassischen Moderne erinnert.

The building occupies a plot within a continuous stretch of street edge buildings. The basic scheme is based on the classical system of front building – side wings – rear building. The buildings on the rear part of the plot have two or three storeys, and the front building has seven storeys. The ground floor contains shops over the whole area; above it are the office storeys, with the roof terrace in the courtyard area. Access is via an entrance at the side which leads into an elliptical foyer, which in turn leads to the shop and the staircase, which appears in the façade as a glass slit over the whole height of the building. The office storeys are arranged around a central corridor. The architectural language is moderately postmodern. The surface is vertically divided by a wall slab which rises out of the structure and juts out slightly diagonally into the street. The two ground floors are combined with a steel and glass construction. The next two storeys have band-type windows, and then the next two storeys to some extent have window types which span two storeys, with some small perforation-type windows and balconies. The set-back roof storey has an overhanging flat roof. The closed façade areas are faced with black, polished stone material. The façade facing the courtyard is similar in structure, although here the white plaster area with three ›bull's eye‹ windows is a reminder of the architectural language of the classical modern period.

⊿ Kahlen + Partner Planungsbüro, Aachen ⌒ Bau + Umwelttechnologie Kahlen + Partner GmbH & Co. KG, Berlin ☞ Büro, Wohnen, Einzelhandel, Bank ⊞ ca. 2.770 m² 🏃 1993–1995

Hauptbibliothek Mitte (Philipp-Schäfer-Bibliothek / Library)

Brunnenstraße 181 | U8 Rosenthaler Platz, Bus 328 | 10199 Mitte

Die Bibliothek befindet sich in einem klassischen Berliner Gewerbehof, der im Jahre 1909 von Richard Blos entworfen wurde und unter Denkmalschutz steht. Die Anlage, die zuvor eine Möbel- und Plastefabrik beherbergte, besteht aus dem traditionellen Wechsel von Vorderhaus, Höfen und Seitenflügeln bzw. Quergebäuden. Die Hauptbibliothek Mitte ist hier seit 1928 untergebracht: bis zum Umbau im Vorderhaus, nunmehr allerdings im hinteren Gebäudebereich, der durch die Verbreiterung der Strassendurchfahrt vom Straßenraum aus einsehbar und erfahrbar ist. Der Zugang zur Bibliothek liegt im dritten Hof. Ein zentrales Thema war, die Dualität von Alt- und Neubau an allen Stellen sichtbar zu machen, wobei auch alte Gebäudeteile für neue Funktionen umgeplant wurden; so ist zum Beispiel ein alter Spänebunker im zweiten Hof jetzt sog. »Versorgungselement«, das die Sanitäranlagen aufnimmt. Eine andere Entwurfsidee war die Zuordnung von speziellen Themen für jeden Hof. Der zweite Hof ist jetzt ein Skulpturengarten, und im dritten befindet sich ein Neubau aus Stahl als Erschließungszone bzw. ›Forum‹ für die Bibliothek. Von hier aus sind alle Nutzflächen einsehbar. Die Altbaufassaden bleiben im Inneren noch als solche ablesbar. Hier liegt auch die vertikale Erschließung für den dreigeschossigen Nutzerbereich und die Verbindung zwischen den beiden Seitenflügeln. Im vierten Hof liegt unterirdisch die Kinderbibliothek, die im Hofraum selbst durch einen gläsernen Lichtkubus markiert und vor allem belichtet wird. Durch den Einsatz von Sichtbeton, die formal sachlich ausgeführten Einbauten wie Treppen und Stege aus Stahl bzw. Stahlbeton sowie die hölzernen Regalelemente sowie durch die geschickte Raum- und Lichtführung kommen interessante Stimmungs- und Raumbilder zustande.

This library is situated in a classical Berlin trade courtyard which was designed in 1909 by Richard Blos and is a protected architectural monument. The complex, which formerly housed a furniture and plastic factory, consists of the traditional interplay of the street front building, courtyards, side wings and traverse buildings. The main library of Berlin-Mitte has been housed here since 1928. Until reconstruction it was in the front building, but now it is in the rear part of the building complex, which is open to view from the street after the widening of the street entrance. The entrance to the library is in the third courtyard. A central theme was making the duality of the old and new buildings visible at all points; to this effect, old building sections were also assigned new functions, for example, an old chipping bunker in the second courtyard is now the so-called »utility element« which houses the sanitary facilities. A further design idea was the assignment of special themes for each courtyard. The second courtyard is now a sculptural garden, and the third courtyard contains a new building of steel as an entrance area and ›Forum‹ for the library. All utilisation areas can be seen from here; within the building, the old building façades can still be seen for what they are. Here is also the vertical access to the three-storey user area and the connection between the two side wings. The children's library is underground in the fourth courtyard; in the court itself it is marked by a glass light cube and, above all, lit by this cube. The use of bare concrete, the formally functional fittings such as staircases and platforms of steel or reinforced concrete, the wooden shelf units and the skilful design of the space and light structure create an interesting atmosphere and interesting spatial images.

⚜ Abelmann + Vielain, Berlin 🖾 Hanns Rauch, c/o Flurstück GmbH, Berlin ☞ Bibliothek, Büro, Praxen, Therapie-, Schulungseinrichtungen ⊞ ca. 13.500 m² ⚒ 1991–1997 (2 Bauabschnitte)

Alexanderhaus / Alexander building

Alexanderplatz 2 | U2, 5, 8, S3, 5, 7, 9, 75 Alexanderplatz, Bus 100 | 10178 Mitte

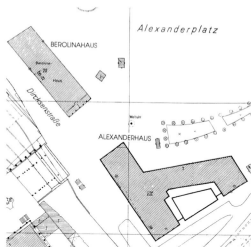

Das Gebäude wurde wie das gegenüber stehende Berolinahaus nach einem städtebaulichen Wettbewerb zur Neuordnung des Platzes in den Jahren 1930 bis 1932 nach einem Entwurf von Peter Behrens gebaut. Es ist eine Beton-Rahmenkonstruktion, die in den Fensterbereichen kassettenartig vertieft und stark plastisch betont ist. Die Rahmen fassen geschoßweise jeweils zwei oder drei Fenster zusammen. Die Verkleidung besteht aus Muschelkalk. Im Erdgeschoß befinden sich Läden zwischen passageartigen Durchgängen, das erste Obergeschoß ist als auskragende Glasgalerie mit einer filigranen Glasvorhangfassade und einer weißen Glasplattenverkleidung ausgebildet. Diese Grundstruktur war nach der teilweisen Zerstörung und dem in den 50er Jahren erfolgten vereinfachten Wiederaufbau kaum mehr zu erkennen. Der letzte architektonische Eingriff besteht, in enger Zusammenarbeit mit der Denkmalpflege, im Rückbau in den ursprünglichen Zustand und in der Einfügung eines zweigeschossigen Baukörpers mit einer Glasfassade mit vorgeblendeter Lamellenstruktur. In diesem Gebäudeteil liegen Büroräume, ein Restaurant und zusätzliche Gewerbeflächen.

This building, like the Berolina building situated opposite it, was built from 1930 to 1932 to a design by Peter Behrens after an urban development competition to restructure the square. It is a concrete framework structure with cassette-type window recesses with a distinct visual texture. On each storey, the window frames combine two or three windows. The façades are faced with limestone. On the ground floor there are shops between passages, and the first floor is designed as an overhanging glass gallery with a filigree suspended glass façade and white glass panel facing. After the partial destruction of the building and the simplified reconstruction in the 1950s, this basic structure was hardly recognisable. The latest architectural intervention, in close consultation with the monument conservation authority, consisted of the restoration of the original condition and the insertion of a two-storey structure with a glass façade with a louvered facing structure. This section of the building contains offices, a restaurant and extra shopping accommodation.

Pysall, Stahrenberg & Partner, Berlin (Umbau und Restaurierung des »Alexanderhauses« von Peter Behrens) ☞ Landesbank Berlin ☞ Büro, Einzelhandel ⊞ 36.000 m² ⚒ 1992–1995

Niederländische Botschaft / Embassy of the Netherlands, Rolandufer

Rolandufer | U2, S3, 5, 7, 75 Jannowitzbrücke | 10179 Mitte

Der Neubau hat seinen Standort zwischen Kloster-straße, Stralauer Straße und dem Rolandsufer. Das würfelförmige Gebäudevolumen mit einer Kantenlänge von jeweils 27 Metern ist einerseits als Solitär zu lesen; andererseits vermittelt es als blockergänzende Maßnahme innerhalb des baulichen Kontextes zwischen den Brandwänden der Nachbarbebauung und der städtischen Dichte. Das Gebäude selbst hat einen hybriden Charakter, indem es verschiedenste Funktionen und Durchwegungen innerhalb ihrer Hülle zusammenschaltet. Grundidee ist ein »Trajekt« genannter, kontinuierlich das Innere umfließender öffentlicher Raum, der als Verlängerung der Straße bis auf das Dach führt. Rampenartig mäandriert dieser Weg an der Fassade entlang und erschließt als ›Split-level‹-System jeweils unterschiedliche Raumebenen. Das statische System unterstützt die sich daraus ergebene Funktionsüberlagerung: Die Wände zwischen »Trajekt« und den verschieden großen Arbeitsräumen sind als tragende Teile mit wiederum eingelagerten Funktionen wie Teeküchen, Lagerräumen, Toiletten, Faxräumen und Schranksystemen ausgelegt. Es entsteht eine wechselvolle Dynamik innerhalb des Gebäudes, das architektonisch wie ein Glaskubus erscheint. Dabei wird die doppelschichtige Glasfassade auch zur passiven Wärmegewinnung und als Abluftkanal aktiviert. Erscheint das Innere zunächst als Labyrinth, so stellt sich heraus, daß alles auf einem Kommunikationsnetzwerk beruht, das horizontal und vertikal logisch durchorganisiert ist. Statische Notwendigkeiten, Funktionsabläufe und Anforderungen an die Räume werden somit auf eine eindrucksvolle dramaturgische Art und Weise in ein ästhetisch wie tektonisch komplexes Bauwerk überführt.

The new building is situated between Klosterstrasse, Stralauer Strasse and Rolandsufer opposite Mühlendamm lock. The cubic volume of the building, with edges of 27 metres, can be interpreted as a solitary structure, but in the urban context it forms a link between the fire walls of the adjacent building and the denser urban structure. The building itself is hybrid in character, combining different functions and pathways within its confines. The fundamental idea is a public pathway called a »Trajekt« that continually flows around the interior and forms an extension of the street environment, reaching up to the roof. This pathway meanders around the facade like a system of ramps, and forms a »split level« system that provides access to different spatial levels. The structural system supports the resulting overlapping functions. The walls between the »Trajekt« and the various large working rooms are designed as load-bearing elements, and they in turn have inserted functions such as kitchens, stores, toilets, fax rooms and cupboard systems. This creates a varied dynamism within the building, which resembles a glass cube in its architectural appearance. The double glass facade also plays a role in passive heating and as an air extraction channel. Although the interior initially appears to be a labyrinth, it soon becomes apparent that the whole building is based on a communication network which is logically organised both horizontally and vertically. Structural necessities, functional procedures and the demands placed on the rooms are thus impressively and dramatically translated into a building that is both attractive in its aesthetic character and complex in its tectonic structure.

◢ Office for Metropolitan Architecture, Rotterdam ➲ Minsterium van Buitenlandse Zaken ☞ Botschafts- und Residenzgebäude 🏃 1998–2000

Zentrum am Hackeschen Markt / Centre at Hackescher Markt

Burgstraße 21–30 | S3, 5, 7, 9, 75 Hackescher Markt | 10178 Mitte

Das Gebäudeensemble aus Bürobauten mit Ladengeschossen steht an der Schnittstelle zwischen Museumsinsel und Spandauer Vorstadt, direkt gegenüber dem Hochbahn-Viadukt der S-Bahn. Es besteht aus drei ungleichen Baukörpern; einer hat einen ungleichmäßig trapezoidförmig, der zweite einen orthogonal und der dritte einen dreieckig geschnittenen Grundriß. Die Neubauten bilden gemeinsam mit bestehenden Altbauten einen Block, in dem nunmehr ein großer, begrünter Hofraum, ein ›Hofgarten‹, liegt. Um diesen im Straßenraum zu markieren, ist das mittlere siebengeschossige Gebäude als eine Art gläsernes Brückenhaus konzipiert, das zwischen die beiden anderen sieben- bzw. neungeschossigen gewissermaßen eingespannt ist. Die Stahl-Glas-Konstruktion der Bürohausfassade liegt dabei etwas hinter der Bauflucht der Nachbarbauten zurück. Diese Eckhäuser haben ab dem zweiten Obergeschoß eine annähernd gleiche Fassade, um ihre Zusammengehörigkeit zu unterstreichen und ein einheitliches architektonisches Bild herzustellen: jeweils horizontal gegliedert und mit durchgehenden Bandfenstern und roten Ziegelausfachungen in den Brüstungsbereichen. Das im Grundriß dreieckige Gebäude erhält konvex in den Straßenraum gebogene Fassaden; dort sind die beiden untersten Geschosse sowie die zwei Staffel- bzw. Dachgeschosse mit großflächigen Verglasungen versehen.

This complex of office buildings with shops is at the junction between the museum island and the Spandauer Vorstadt directly opposite the viaduct of the overhead S-Bahn urban railway. It consists of three dissimilar building structures. One has an irregular trapezoidal ground layout, the second is orthogonal in its form and the third has a triangular structure. In conjunction with existing old buildings, the new buildings form a block which now contains a large, vegetated courtyard or ›court garden‹. In order to mark out this garden in the street environment, the central seven-storey building is designed as a sort of glass bridge building which is more or less suspended between the two other buildings of seven and nine storeys. The steel and glass structure of the office building façade is slightly recessed behind the alignment lines of the neighbouring buildings. From the second floor upwards, these corner buildings have an almost identical façade which emphasises that they belong together and creates a coherent architectural picture. Each of the buildings is horizontally sub-divided and has continuous band-type windows and red brick infill in the breastwork. The building which is triangular in its ground layout has façades which have a convex curvature on the street side; the two lower storeys and the two staggered attic storeys are generously glazed.

Steffen Lehmann & Partner, Berlin ◆ TASCON Fünfte Beteiligungsgesellschaft mbH (vertreten durch: Hanseatica Unternehmens Consulting Berlin GmbH) ☞ Büro, Wohnen, Einzelhandel, Gastronomie, Konferenzzentrum ⊞ 26.000 m² (1. Bauabschnitt) 1997–1999

Neue Hackesche Höfe / New Hackesche Höfe

Zwischen / between Dircksen- und / and Rosenthaler Straße | S3, 5, 7, 9, 75 Hackescher Markt | 10178 Mitte

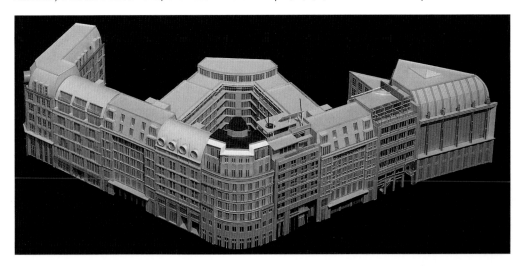

Das Grundstück liegt an der Nordseite des Hackeschen Marktes und verbindet die Bebauung der Rosenthaler Straße mit der Dircksenstraße. Die Gebäudegruppe befindet sich somit in unmittelbarer Nachbarschaft zu den 1906 erbauten »Hackeschen Höfen« in der Spandauer Vorstadt. Wie diese denkmalgeschützte Jugendstilanlage bildet das neue Ensemble ein eigenes Quartier von Wohn- und Geschäftsbauten innerhalb eines hochverdichteten Wohn- und Gewerbegebietes. Mit ihren Seitenflügeln bildet die Bebauung drei ruhige, begrünte Höfe. Im Stadtraum rekonstruieren die Gebäude die alte Bebauungsflucht und nehmen auch mit der Traufhöhe Bezug auf die aus Altbauten bestehende Umgebung. Die insgesamt zwölf Wohn- und Gewerbebauten nehmen im Erd- und im ersten Obergeschoß Läden und Räume für Gastronomie, Kultur und Dienstleistungsangebote auf, wobei auch die Höfe nutzungsorientiert sind. Die Sequenz von verschiedenen Häusern orientiert sich dabei am Rhythmus und an der Haustypologie der Spandauer Vorstadt. Die verschiedenen Architekten garantieren zwar eine im Detail unterscheidbare Architektur. Diese ordnet sich aber trotzdem einer gemeinsamen Idee unter: Sie versöhnen die traditionelle und die moderne Formensprache miteinander. Wie im Quartier Schützenstraße (von Aldo Rossi) wird versucht, ein Bild von innerstädtischer Architektur wiederzubeleben, das wiederum dem 19. Jahrhundert entlehnt ist. Bullaugengaupen, figurale Elemente, Fluchtbalkone, Stützen, Säulen und bewegliche Fassaden bzw. Sonnenschutzelemente sollen in diesem Sinne die historischen Vorbilder neu interpretieren.

The plot is on the north of the Hackescher Markt and connects the building on Rosenthaler Strasse with Dircksenstrasse. The group of buildings is therefore in the direct vicinity of the »Hackesche Höfe« (Courts) built in 1906 in the Spandauer Vorstadt district, which is a protected monument in the Jugendstil style. Like this complex, the new ensemble also forms its own group of residential and commercial buildings within a residential and commercial district that is in great demand. With its side wings, the new building forms three calm, vegetated courtyards. The buildings restore the old building alignment, and with their eave height they establish a link with the surrounding older buildings. On the ground floor and first floor, the twelve new residential and commercial buildings provide accommodation for catering, cultural and service establishments, and the courts themselves are oriented towards the respective use. The sequence of the buildings is based on the rhythm and the type of buildings in the Spandauer Vorstadt. The use of different architects guarantees that the architecture differs in its details, but all the variants are subjected to a common idea: the reconciliation of traditional and modern form language. As in the Quartier Schützenstrasse (by Aldo Rossi), the goal here is also to restore an inner-city architectural identity, which is again drawn from the 19th century. Bull-eye dormer windows, outline elements, aligned balconies, supports, pillars, mobile façades and sunshade elements are designed to provide an appropriate reinterpretation of the historical models.

Götz Bellmann & Walter Böhm, Berlin ❧ Wohnungsbaugesellschaft Mitte mbH, Berlin ☞ Büro, Einzelhandel, Wohnen, Kultur
⊞ 24.000 m² ⚒ 1996–1998

Wohn- und Geschäftshaus / Residential and shop building Askanischer Platz

Askanischer Platz 4/Schöneberger Straße 1 | S1, 2, 25 Anhalter Bahnhof, Bus 129, 248, 341 | 10963 Kreuzberg

Das Gebäude besetzt ein Eckgrundstück und komplettiert die kaum mehr nachzuvollziehende Figur des Askanischen Platzes gegenüber dem ehemaligen Anhalter Bahnhof, der dem Platz früher den Halt und vor allem seine Identität gab; von ihm ist nur noch ein Fragment des Eingangsportals erhalten geblieben. Durch seine klare Form, seine präzisen Raum- und Objektkanten und das wohlproportionierte Linienspiel kann man den Neubau als Auseinandersetzung mit dieser historischen Situation lesen – in diesem Sinne ist er ebenfalls identitätsstiftend für den Ort. Die Grundrißorganisation folgt der Logik und Disposition von zwei Treppenhäusern, die sich an den Brandwänden befinden, und von einem durchgehenden Lichthof im hinteren Grundstücksbereich. Die Räume des Erdgeschosses und Teile des Souterrains sind einer Galerie, einem Restaurant und einer Bar vorbehalten. Darüber folgen fünf Bürogeschosse, deren Konstruktion aus Stahlbetonstützen eine variable Einteilung in Großraum- oder Einzelbüros erlaubt. In den beiden Geschossen darüber liegen 2- und 3-Zimmer-Wohnungen, entweder als Maisonetten oder aber als eingeschossige Appartements. Sie haben Dachgärten und teilweise zwischen ihnen liegende kleine, begrünte Höfe. Die kubisch-differenzierte Dachlandschaft entsteht dadurch, daß diese Wohnungen wie kleine separate Hauseinheiten auf dem Dach stehen; einzig hier wird die klare stereometrische Form des Baukörpervolumens dreimal unterbrochen. An der Schöneberger Straße hat das Gebäude eine gleichmäßig rhythmisierte Lochfassade aus Naturstein und mit französischen Fenstern. Auf der Platzseite dominiert die gut proportionierte Stahl-Glas-Konstruktion, die sich über alle Bürogeschosse erstreckt.

The building occupies a corner site and completes the building context at Askanischer Platz, which is hard to envisage in its original form; it is situated opposite the former station, Anhalter Bahnhof which once gave coherence and identity to the square, but of which only a fragment of the main entrance portal is still preserved. With its clear form, its precise edges creating a separation between open space and the object and its pleasantly proportionally lines, the new building can be interpreted as an attempt to come to terms with this historical situation – in this sense, the new building also gives identity to the setting. The ground plan follows the logic and the arrangement of two staircases next to the fire walls and an open courtyard providing natural lighting at the rear of the plot. The rooms of the ground floor and parts of the basement are occupied by a gallery, a restaurant and a bar. Above them are five office storeys with reinforced concrete pillars which permit them to be configured flexibly as open plan office accommodation or individual office rooms. The two storeys above the office storeys contain 2 and 3 room apartments which are arranged either as maisonettes or as single-storey apartments. They have roof gardens and, in some cases, small vegetated courtyards between them. The cubic and differentiated roof landscape arises from the fact that these apartments are set on the roof like small separate house units; this is the only place where the clear, stereometric form of the building structure is interrupted three times. Facing Schöneberger Strasse, the building has an evenly perforated façade pattern of natural stone with French windows. On the side facing the square, the well-proportioned steel and glass structure extending over all the office storeys is dominant.

⌂ HPP Hentrich-Petschnigg & Partner KG, Berlin ◆ HABERENT Grundstücks GmbH & Co. Dienstleistungs OHG, Berlin ☞ Büro, Einzelhandel, Wohnen ⊞ 4.394 m² ⚞ 1996–1997

Unternehmenszentrale der Berliner Wasserbetriebe / Central headquarters of the Berlin Water Board

Stralauer Straße 32–41 | U 2 Klosterstraße, Bus 142, 257 | 10179 Mitte

Das Gebäude ist eine bewußte ästhetische Inszenierung in einem von traditionellen Bauten und tradiertem Bauschmuck geprägten Kontext. Die Grundrißdisposition folgt dem bekannten Schema von an Erschließungsfluren organisierten Büroeinheiten. Ihre Disposition ist nur auf der Rückseite des Gebäudes ablesbar. Bei der Entwicklung der Fassade wurde versucht, architektonische Bezüge der Nachbarbebauung aufzunehmen, diese in eine extrem formulierte Sprache zu transformieren und zugleich in eine überhöhte Grammatik zu überführen. Gebäudefigur und Bauschmuck wirken wie ein ästhetischer »flash«. Dem Schweriner- und dem Ephraim-Palais wurden zum Beispiel die ausdrucksstarken Dachformen abgeschaut, die nunmehr als vollständig gekrümmter Teil der Fassade und als Dachform zugleich die Baufigur dieses Gebäudes bilden. Gleichsam wie als Mittelrisalit oder Travée eingefügt wurde eine aus Kunststeinen zusammengesetzte Fassade, die als selbständiger Korpus von der Dachform hinterfangen wird. Diese szenische Interpretation wird noch gesteigert durch die prismenartige Durchbildung der Einzelelemente, aus denen sich diese Fassade zusammensetzt. Die Referenzen für die plastische Durchformung liegen in der expressionistischen und kubistischen Periode der Architektur der 20er Jahre. Daneben werden bewußt Elemente aus der Bilderproduktion der Science-Fiction- und Fantasy-Architektur verarbeitet, indem abrupte Rhythmen- und Formenwechsel, ungewöhnliche, das heißt, »phantastische« und keiner tradierten Typologie verpflichtete Fensterformatierungen und harte Schnitte zwischen dem Zinkblech der Dachhaut und dem Steinschliff der Fassade regelrecht zelebriert werden.

The building is a deliberate aesthetic creation in a context that is dominated by traditional buildings and conventional adornments. The layout follows the established pattern of access corridors leading to individual offices. The arrangement is only visible at the rear of the building. The development of the façade aimed to include architectural references to the adjoining buildings, to transform them into an extreme visual form and at the same time to create a dramatic effect in the use of structures. The shape of the building and the architectural adornments appear as an aesthetic flash. For example, the Schweriner Palais and Ephraim-Palais were the model for the expressive roof forms, which now form a completely curved part of the façade and, as the roof form, also determine the shape of the building. A further feature inserted like a central projection or bay is a façade of artificial stone which is supported from behind by the roof form as a separate structure. This scenic interpretation is heightened by the prism-like design of the individual elements which make up the façade. The references for these plastic forms lie in the Expressionist and Cubist period of architecture in the 1920s. Moreover, elements from the pictures of science fiction and phantasy architecture are deliberately included by the almost jubilant use of abrupt changes of rhythm and form, unusual »phantasy« window formats removed from any traditional typology and hard contrasts between the tin sheeting of the roof and the polished stone of the façade.

✎ Christoph Langhof, Berlin ☞ Berliner Wasserbetriebe ☞ Sitz der Holding ⊞ 2.700 m² ⚒ Fertigstellung 2000

Willy-Brandt-Haus (SPD-Bundeszentrale) / Willy-Brandt-House (SPD headquarters)

Wilhelmstraße 140–141/Stresemannstraße 28 | U1, 6, 12 Hallesches Tor | 10963 Kreuzberg

Das Bürogebäude besetzt die Grundstücksfläche der Ecke Stresemann- und Wilhelmstraße. Städtebaulich bildet es das symmetrische Pendant zur östlich des Mehringplatzes gelegenen Bebauung an der Lindenstraße von Erich Mendelsohn, der hier 1929 das architekturgeschichtlich bedeutende Haus für den Deutschen Metallarbeiterverband entwarf. Der dreieckige Gebäudekörper ist um ein siebengeschossiges Atrium gebaut. Die den beiden Straßen folgenden Gebäudearme bergen auf allen Geschossen Büroräume, die mal zu den Straßenseiten, mal zum Atrium orientiert sind. In den Erdgeschossen sind Läden untergebracht. Zwischen der Stresemann- und der Wilhelmstraße führt, auf der Höhe des gegenüberliegenden Hebbel-Theaters, eine öffentliche Passage mit Läden und einem Bistro durch das Gebäude. Von hier und von der Spitze aus läßt sich das große, glasgedeckte Atrium betreten, das Versammlungen, Ausstellungen und Feiern dient. Mit seinen Materialien, Proportionen und Gliederungselementen sucht das Gebäude Analogien zur großstädtischen Architektur der 20er Jahre und zur umliegenden Bebauung herzustellen. Es führt aber mit der im fünften Obergeschoß beginnenden horizontalen Gliederung aus steinverkleideten Baugliedern das fremdartige Motiv der monumental-horizontalen Dynamik in diesen Teil des Stadtraumes ein. Die zum Teil konkav und zum Teil konvex gebogene Gebäudespitze und die seitlich auskragenden Erker verstärken den etwas unruhigen Effekt. Gerade weil der Komplex so groß ist, wäre eine besser erkennbare Ordnung wünschenswert gewesen, die die räumliche Organisation und die architektonische Struktur und Gestalt an die städtebauliche Figur bindet.

The office building occupies the plot at the corner of Stresemannstrasse and Wilhelmstrasse. In the urban context, it represents the symmetrical pendant to the building by Erich Mendelsohn on Lindenstrasse to the east of Mehringplatz, an important building in architectural history which was designed in 1929 for the German metalworkers' association. The triangular plan building is constructed around a seven-storey atrium. The wings of the building along the two streets have offices on each floor, with some offices facing the street and some facing the atrium. There are shops on the ground floor. The building is named after one of the party's most famous politicians, Willy Brandt. Between Stresemannstrasse and Wilhelmstrasse, opposite the Hebbel Theatre, there is a public passage through the building, with shops and a Bistro. From this passage and from the point of the triangle it is possible to enter the glass-covered atrium, which is used for meetings, exhibitions and celebrations. With its materials, proportions and structural elements, the building attempts to establish analogies to the metropolitan architecture of the 1920s and to the surrounding buildings. But with its horizontal structure beginning on the fifth floor and consisting of stone-faced elements, it introduces the extraneous motif of monumental horizontal dynamism to this part of the city. The point of the building, which is partly concave and partly convex in its curvature, and the bays protruding to the sides reinforce the rather turbulent effect. Because of the size of the complex, it would have been better to have a more evident structure to connect its spatial organisation and architectural structure and appearance to the urban character.

◢ Helge Bofinger & Partner, Wiesbaden/Berlin ◆ Verwaltungsgesellschaft Bürohaus Berlin Stresemannstraße/Wilhelmstraße mbH, Bonn ☞ SPD-Bundeszentrale, Einzelhandel ⊞ 24.000 m² ⚒ 1993–1996

Familiengericht / Family court Tempelhof/Kreuzberg

Hallesches Ufer 62–64/Möckernstraße 124–127 | U1, 7, 15 Möckernbrücke | 10963 Kreuzberg

Das Baugrundstück am Landwehrkanal, Ecke Möckern- und Kleinbeerenstraße, gehört zu einem Planungs- und Untersuchungsgebiet, für das der Architekt Ungers schon in den 80er Jahren ein Konzept mit blockergänzenden bzw. den traditionellen Baublock transformierenden Baufiguren vorgeschlagen hat. Das fünfgeschossige Gebäude ist eine Erweiterung des an der Möckernstraße stehenden Altbaus vom Ende des 19. Jahrhunderts, schließt an zwei Seiten an diesen an und bildet darüber hinaus mit ihm eine neue Blockfigur. Die Grundrißdisposition folgt dieser Blocklogik; sie ist einhüftig organisiert. Man betritt das Gebäude über eine Freitreppe an der Uferstraße, wo links neben dem Eingang ein kleines, rotes Steinhaus für die temporäre Unterbringung von Kindern steht. Die zu einem Hof hin orientierte Fassade ist mit großen offenen Tür- und Fensteröffnungen versehen; die im Straßenraum erscheinenden Fassaden dagegen haben den für Berlin typischen Charakter mit dem Spiel von Wand und Öffnung. Die Bauten sind in einer verputzten Betonkonstruktion errichtet. Mittig der uferseitigen Hauptfassade wird diese einmal unterbrochen: einerseits um das Motiv der Hierarchie in die Architektur einzuführen, andererseits um den Eingang zum Neubau städtebaulich deutlich zu markieren. Dabei wird ein auf quadratischem Grundriß stehender Baukörper eingedreht in die Mittelachse des Hauptbaukörpers gestellt. Die helle Fassade wird innerhalb der kristallin erscheinenden Baufigur als Wand, Gitter oder Raster interpretiert und ist in einem ruhigen Rhythmus mit immer gleichen Fensterformaten gehalten.

The plot on the Landwehrkanal at the corner of Möckernstrasse and Kleinbeerenstrasse is part of a planning and study project area for which the architect Ungers already suggested a concept in the 1980s, with building structures supplementing the blocks or transforming the traditional building block. The five-storey building is an extension of the old building on Möckernstrasse dating from the end of the 19th century, is connected to this building at two points and forms a new block with it. The floor layout follows this block structure and is arranged asymmetrically. Access to the building is via outdoor steps from Uferstrasse, where there is a small red stone building to the left of the entrance for the temporary accommodation of children. The façade facing a courtyard has large door and window openings, but the façades facing the street have the typical Berlin character, with a combination of wall surface and opening. The buildings are rendered concrete structures. The façade is interrupted in the middle of the main façade on the bank side, on the one hand to introduce the motif of hierarchy to the architecture, on the other hand to show clearly the entrance to the new building. Here, a structure on a square base is twisted and placed in the centre axis of the main building. The bright facade is interpreted within the crystalline structure as a wall, a screen or a grid, and it is maintained in a calm rhythm with uniform window formats.

🖋 Oswald Mathias Ungers, Köln/Berlin 🔁 Land Berlin (vertreten durch die Senatsverwaltung für Bau- und Wohnungswesen, Abteilung H 7) ☞ Büro, Gericht, Gastronomie ⊞ 15.050 m² 🏃 1993–1995

Erweiterung Berlin Museum mit Abteilung Jüdisches Museum /
Extension of the Berlin Museum with the Jewish Museum section

Lindenstraße 14 | U1, 6, 15 Hallesches Tor, U6 Kochstraße, Bus 129 | 10969 Kreuzberg

 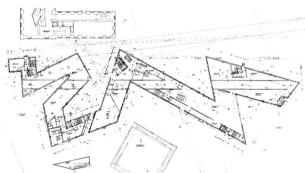

Der Erweiterungsbau bildet eine Einheit mit der barocken, 1734 bis 1735 nach Plänen von Philipp Gerlach errichteten zweigeschossigen Dreiflügelanlage des ehemaligen Kammergerichts, in der heute Abteilungen des Stadtmuseums Berlin untergebracht sind. Beide Gebäude sind unterirdisch miteinander verbunden, der Zugang zum Neubau erfolgt von der Halle des Altbaus. Dem Entwurf des Neubaus liegt ein intellektuelles Konzept zugrunde: Ausschnitte von die ganze Stadt durchdringenden Linien, die verschiedene historische Ereignisse und Standorte der jüdischen Kultur Berlins markieren, bilden die Grundfigur, den Grundriß. Weitere strukturelle Merkmale des Entwurfs sind die Leere und das Unsichtbare – Ausdruck des Verschwindens der jüdischen Kultur in der Stadt –, um die das Gebäude gewissermaßen herum gebaut ist. Diese leeren Räume, vom Architekten »voided voids« genannt, bilden als Sinnbild des Abwesenden das strukturierende Rückgrat innerhalb des Gebäudes: Es sind linear addierte Räume, in die man zwar Einsicht nehmen, jedoch nicht begehen kann. Um diese gerüstartige Leere herum werden auf einem zickzackförmigen Grundriß verschiedene Räume, Raumfolgen und Treppen ›inszeniert‹. Dabei ist keine Raumeinheit eindeutig definiert, sondern alle auch in sich verschnittenen und gefalteten Raummodule gehen ineinander über, durchdringen sich und verwischen das eigentliche Strukturelement, die unsichtbare Ordnung. Dieses architektonische Gefüge des Inneren wird auch auf die Außenhaut übertragen: Unregelmäßige Fenstereinschnitte – expressiv gesetzte Perforationen unterschiedlichster Größe – verweigern eine eindeutige Lesbarkeit von Raumabfolgen und der Geschossigkeit.

The new extension forms a single unit in conjunction with the Baroque two-storey, three-wing building of the former Court of Appeal, built from 1734 to 1735 to plans by Philipp Gerlach, which today houses the Berlin Museum. The two buildings are linked below ground level, and access to the new building is from the entrance hall of the old building. The design of the new building is based on an intellectual concept: extracts of lines that penetrate the whole city and mark various historic events and locations of Jewish culture in Berlin form the basic outline and structure. Additional structural features of the design are emptiness and the invisible – an expression of the disappearance of Jewish culture in the city – which form a sort of central concept around which the building is built. This emptiness, these empty rooms which the architect calls »voided voids«, are a symbol of absence, a structural framework within the building. It consists of rooms arranged in a linear addition, into which the visitor can look but which he cannot enter. Around this framework of emptiness, in an erratic angled layout, various rooms, room sequences and staircases are ›staged‹. But no room unit is uniquely defined or clearly recognisable; all rooms, even room modules which appear cut up and folded within themselves, merge into each other, penetrate each other and wipe away the main structural element, the invisible organisational principle. This architectural structure of the interior is also transferred to the outer shell: irregular window recesses, expressively placed perforations of different sizes, defy any clear insight into the room sequences and the divisions between the storeys.

◿ Daniel Libeskind, Berlin ➥ Land Berlin (vertreten durch die Senatsverwaltung für Bau- und Wohnungswesen) ☞ Senatsverwaltung für kulturelle Angelegenheiten, Museum ⊞ 15.000 m² ⚒ 1991–1998

Wohnhaus / Residential building Alte Jakobstraße 45–46

Alte Jakobstraße 45–46 | U2 Spittelmarkt, U8 Heinrich-Heine-Straße, Bus 141, 147, 129 | 10969 Kreuzberg

Das achtgeschossige Wohngebäude bildet den nördlichen Abschluß der Otto-Suhr-Siedlung aus den Jahren 1956 bis 1963 und steht auf einem Grundstück, das zuvor direkt an der Sektorengrenze lag. Die vormals offene Baustruktur der Siedlung ist ergänzt worden durch einen mächtig und klar wirkenden Gebäudekörper, der an ein bestehendes Wohnhochhaus angebaut ist. Durch diesen Baukörper wird der Straßenraum an dieser Stelle eindeutig definiert, und den gegenüberliegenden und noch entstehenden Geschäftshäusern ist ein entsprechend kräftiges Volumen entgegengesetzt. Das neue Gebäude – es wird im Inneren durch Brandabschnitte in zwei selbständige Häuser getrennt – hat einen in den Altbau integrierten Treppenhauskern. Skulptural scheint der Treppenhausturm des Altbaus nun – durch sein abstrakt wirkendes steinernes Volumen – dem Neubau zugehörig. Der andere Treppenhauskern ist im Hausvolumen integriert und in die rückwärtige Fassade als minimaler Vorsprung eingezeichnet. Die stadträumliche und architektonische Leistung besteht in der geschickten gestalterischen und organisatorischen Verbindung des Neubaus mit dem Bestand. Das Wohnungsangebot ist dem der Otto-Suhr-Siedlung angeglichen: Es gibt familiengerechte und behindertengerechte Wohnungen, alle verfügen über einen im Rhythmus und in der Gestaltung der Fassade nicht wahrnehmbaren Wintergarten. Über einem zweigeschossigen, ziegelsteinverkleideten Sockel erhebt sich ein markanter, gleichmäßig befensterter, weißer Baukörper ohne jegliche Vorsprünge oder Verkröpfungen – ein formal wie selbstverständlich erscheinender Balanceakt, der von der Dimensionierung über die Proportionierung bis hin zur Materialwahl und Detaillierung durchgehalten ist.

This eight-storey residential building forms the northern limit of the Otto-Suhr development dating from 1956 to 1963 and is situated on a plot which was directly on the border between the Eastern and Western sectors of Berlin. The formerly open building structure of the development has been supplemented by a building structure with a solid and clear appearance, which is joined to an existing residential tower block. This building now clearly defines the street structure at this point and creates a substantial structure alongside the business premises which are still being built opposite. The new building – which is separated internally by fire walls into two independent buildings – has a staircase shaft which is integrated into the old building. Sculpturally, the staircase tower of the old building now appears to be part of the new building because of its abstract stone appearance. The other staircase shaft is integrated into the volume of the building and can be seen in the rear façade as a slight protrusion. The urban design and architectural achievement consists of the skilful link between the new and old buildings in their design and organisational structure. The residential accommodation offered is in keeping with the Otto-Suhr development – there are apartments suitable for families and for the physically handicapped, and all apartments have a winter garden which is not visible in the rhythm and design of the façade. Above a two-storey, brick faced pedestal rises a striking white structure with a regular window pattern without any protrusions or bends – a balancing act which appears natural in its form and which is maintained in the dimensions and proportions, and even in the selection of materials and the design of the details.

Carmen Geske/Thomas Wenzel, Berlin ❧ BEWOGE ☞ Wohnen ⊞ 4.653 m² 🚧 1992–1993

Bürogebäude / Office building Obentrautstraße 72–74

Obentrautstraße 72–74 | U1, 7, 15 Möckernbrücke | 10963 Kreuzberg

Das Grundstück war vor dem Neubau eine offene Blockecke, die sich aus der typischen 60er-Jahre-Planung ergeben hatte. Das neue Bürogebäude in der Obentrautstraße schließt nun wieder diese Ecke zu einer geschlossenen Blockrandbebauung und stellt gleichzeitig eine Verbindung her zu dem in der Möckernstraße stehenden Altbau. Dieses Fabriketagengebäude mit seiner großen Gebäudetiefe wurde im Inneren umstrukturiert. Auch ist es um ein vollverglastes Bürogeschoß aufgestockt worden, das nunmehr als eine Art horizontale Glasfuge zwischen Alt- und Neubau erscheint. Der Gebäudekörper des Neubaus bildet jetzt, trotz dieser Fuge, mit seinen sechs bzw. sieben Bürogeschossen durch die Überkragung des Altbaus mit diesem eine skulpturale, monumental-bewegte Einheit. Das neue Bürogebäude hat eine zweigeschossige Durchfahrt zum Hofraum; hier liegt die Haupterschließung. Die Normalbürogeschosse sind so organisiert, daß zwischen den außenliegenden Büroeinheiten breite, ebenfalls nutzbare Zwischenaufenthaltsbereiche entstehen, die durch die teilweise erfolgte Verglasung der Büro-›Wände‹ angenehm belichtet werden. Das große Gebäudevolumen ist auf der Länge von drei der insgesamt neun Fensterachsen derart eingeschnitten, daß eine Verbindung zur Traufhöhe der Nachbarbebauung hergestellt wird. Die ruhige, schmucklose, aber wohlproportionierte Erscheinung der Fassade schließt an die Berliner Industriebautradition an: Die großen Raummodule werden rhythmisch einheitlich und mit nur zwei liegenden und waagerecht geteilten Fensterformaten innerhalb der glatt verputzten und roten Außenhaut kenntlich gemacht; dabei wird die Gebäudeecke im Erdgeschoß durch einen Rücksprung und ein Fensterband diskret betont.

Before the new building was erected, this plot was a vacant corner of the block which resulted from the typical planning of the 1960s. The new office building in Obentrautstrasse now closes this corner again to form a closed edge of the block, and at the same time establishes a link with the old building in Möckernstrasse. This industrial building with production premises on the individual storeys, which reaches far back onto the land plot, has been restructured on the inside. It has also been extended vertically by the addition of a fully glazed office storey, which now acts as a sort of horizontal glass joint between the old and new buildings. In spite of this joint, the new building with its six to seven office storeys with the overhang of the old building forms a sculptural and monumentally dynamic union with the old building. The new office building has a two-storey vehicle drive into the courtyard, which is where the main entrance is situated. The normal office storeys are so designed that between the outer office units there are wide intermediate areas which can also be used and which are pleasantly illuminated by the partial glazing of the office ›walls‹. The large volume of the building is broken up by recesses over the length of three of the total of nine window axes, so that a link is created to the eaves height of the adjacent buildings. The calm, undecorative but well proportioned appearance of the façade follows the tradition of industrial building in Berlin. The large spatial modules are marked out with a uniform rhythm with only two horizontally divided window formats within the smoothly rendered, red outer surface, and the corner of the building is discretely emphasised on the ground floor by a recess and a window band.

Hemprich Tophof, Berlin (mit Mirjam Schwabe) ❦ Gudrun Heinze ☞ Büro ⊞ 16.000 m² ⚒ 1992–1993

Umbau Kirche Zum Heiligen Kreuz / Alterations to the church Zum Heiligen Kreuz

Zossener Straße 65 | U1, 6, 15 Hallesches Tor | 10961 Kreuzberg

Das Kirchengebäude (1886–1888) war im Zweiten Welt-krieg stark zerstört worden und sollte abgerissen werden. In den 50er Jahren wurde es dann wiederhergerichtet, allerdings mit einfachen Mitteln und einem stark veränderten und schmucklosen Innenraum. Mit Blick auf die veränderten Anforderungen an die Gemeindearbeit begann man in den 80er Jahren schließlich damit, die Kirche abermals zu verändern, nachdem die Reste der Ursprungsarchitektur freigelegt worden waren. In den 90er Jahren erfolgte die jetzt ablesbare Form mit den neuen architektonischen Interventionen, deren Grundstruktur eine Stahl-Glas-Konstruktion bildet. Im Erdgeschoß liegt der große Saal für Gottesdienste und andere Veranstaltungen, daran angrenzend Büro- und Gruppenräume, eine Küche und ein Café. Im ersten Ober- bzw. Emporengeschoß befinden sich das Pfarrbüro und Gruppenräume sowie im Dachgeschoß das Kirchliche Verwaltungsamt, ein Konferenzraum und andere frei verfügbare Bereiche. Die verschiedenen Räumlichkeiten erlauben nunmehr eine vielfältige Nutzung sowohl in kirchlicher als auch in kultureller Hinsicht. Es wurde sehr großen Wert auf energiesparende Maßnahmen und auf die Verwendung naturbelassener, umweltverträglicher Baustoffe gelegt; eine Brennwertkessel-Anlage und Niedrigtemperatur-Heizkörper sorgen für eine ausgeglichene Raumtemperatur. Im Stadtraum sind die Interventionen ablesbar; ein gläserner Aufzugsturm mit einer Brückenverbindung zum Kirchenbau setzt ein neues bildhaftes Zeichen. Das Konzept eines ›neuen Gemeindezentrums in alter Hülle‹ wird in den kommenden Jahren ergänzt durch die Anlage eines Gartens, der mit einer Pergola umfriedet wird, um eine Kompensation zu dem emissionsbelasteten Standort an dieser stark befahrenen Kreuzung zu schaffen.

The church building (1886–1888) was heavily damaged in the Second World War, and there were plans to demolish it completely. It was then restored in the 1950s, but with simple means and a greatly changed and rather plain interior. In view of the changing demands on the work of the church, work began in the 1980s on changing the church again, after the remains of the original architecture had been uncovered. The form which is now recognisable was then created in the 1990s, with its new architectural interventions based on a basic structure of steel and glass. The ground floor contains the large hall for church services and other events, and next to it are offices, group rooms, a kitchen and a café. The first floor (gallery) contains the pastor's office and group rooms, and the attic contains the church administrative office, a conference room and other areas which are available for various purposes. The different rooms in the building now permit a variety of uses for both ecclesiastical and cultural events. Great value was placed on measures to save energy and on the use of natural building materials which are compatible with the environment; a condensing value boiler and low-temperature radiators ensure a pleasantly balanced room temperature. The interventions can be seen in the appearance of the building; an exterior glass-faced lift tower with a bridge to the church building stands as a visible symbol. The concept of a ›new communal centre in an old outer shell‹ will be supplemented in the coming years by the addition of a garden surrounded by a pergola, thus compensating for the urban pollution arising from the heavy traffic at the crossroads outside the church.

◢ Architektengruppe Wassertorplatz, Berlin ◆ Evangelische Kirchengemeinde Zum Heiligen Kreuz ☞ Gemeinde- und Kulturzentrum ⊞ 2.460 m² ♟ 1991–1995

Deutsches Technikmuseum, Neubau / German Museum of Technology, new building

Trebbiner Straße 10–15/Tempelhofer Ufer | U1, 2, 15 Gleisdreieck | 10963 Kreuzberg

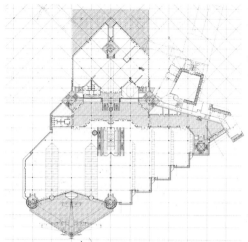

Der Museumsneubau ergänzt mit seinen verschiedenen Bauteilen das vorhandene Museum für Verkehr und Technik. Innerer Gebäudestruktur und konstruktiv-architektonischer Umsetzung liegen Überlegungen zur Erschließung und Verbindung zu den vorhandenen Baulichkeiten des Museums und den Ausstellungsexponaten zugrunde, etwa einem sogenannten »Rosinenbomber« und einem märkischen Lastkahn. Das Gebäude gliedert sich in zwei Bereiche: den viergeschossigen Ausstellungstrakt mit darunter befindlichem Magazinkeller und den Bereich für Verwaltung, Gastronomie, Bibliothek und Lesesaal mit angeschlossenem Archiv. Die Geschoßhöhen im Ausstellungstrakt folgen mit ihren im Wechsel 8,5 bzw. 4,25 Metern der Ausstellungslogik mit wechselndem Luftfahrt- bzw. Schiffahrtsgeschoß. Sichtfang im Stadtraum ist ein an einem Fachwerkträger aufgehängtes Flugzeug sowie ein räumliches Tragwerk auf dem südlichen Treppenhaus mit Seilabspannungen für drei frei auskragende Geschoßdecken. Das Gebäude verfügt zwar über eine hochwirksame Fassade, die zu einem ›Niedrigenergie-Haus‹ führt; eine architektonisch wirksame Idee, die in der Lage wäre, die Teile formal-ästhetisch zu binden und ihnen einen spannungsgeladenen Ausdruck zu geben, fehlt ihm jedoch: Das Ensemble wird einzig als formale technizistisch-konstruktivistische Figuration mit inszenierten High-Tech-Details ausgebildet, mithin als sehr einfache Übersetzung seiner inhaltlichen Bestimmung. Die Exponate werden lediglich technisch eingehüllt, statt in einer Hülle ausgestellt zu werden, die aus der Architektur und Typologie des Museumsbaus heraus generiert ist.

The new museum building, with its various parts, supplements the existing Museum of Transport and Technology. The inner structure of the building and its structural and architectural implementation are based on concepts for access and links to the existing buildings of the museum and the exhibits, such as a so-called »raisin bomber« from the days of the Berlin blockade and a cargo boat from the Mark Brandenburg. The building is divided into two areas: the four-storey exhibition tract, with storage accommodation below, and the area for administration, catering, library and reading room, with the adjoining archive. The heights of the individual storeys in the exhibition tract, with their alternation of 8.5 and 4.25 metres, follow the exhibition logic, with alternating air travel and water travel storeys. The prominent visual feature in the urban setting is an aeroplane suspended from a suspension framework and a load-bearing structure on the southern staircase, with suspension ropes for three free projecting ceilings. The building has a highly effective façade which leads to a ›low energy building‹, but it is without any effective architectural idea which could link the parts in their aesthetic form and give them an exciting expressiveness. The complex is merely designed as a formally technological and constructivist structure, with artificially staged high-tech details, as a rather over-simplified portrayal of its interior purpose. The exhibits are merely technically enclosed instead of being exhibited in a context generated from the architecture and typology of a museum building.

Ulrich Wolff/Helge Pitz, Berlin   Land Berlin   Museum, Bibliothek, Archiv, Gastronomie   30.000 m²   1996–2000

Dokumentations- und Begegnungszentrum der Stiftung Topographie des Terrors /
Documentation and encounter centre of the trust Topography of Terror

Stresemannstr. 110 | U2 Potsdamer Platz, U6 Kochstr., S1, 2, 25 Anhalter Bhf., Bus 129, 341 | 10963 Kreuzberg

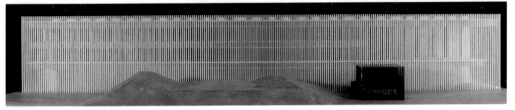

Auf dem sog. »Prinz-Albrecht-Gelände« befanden sich von 1933 bis 1945 die Zentren der wichtigsten Überwachungs- und Verwaltungsapparate des NS-Regimes. Das Ausstellungs- und Forschungsgebäude erscheint als eine neutrale kristalline, abstrakte Gebäudehülle, deren Objektcharakter auf dem historisch kontaminierten Gelände hervorgerufen wird durch ein ›Stabwerk‹ aus additiv aneinandergefügten Betonteilen bzw. -stützen mit dazwischen liegender Verglasung. Das Gebäude bietet kaum eine Möglichkeit typologischer und architektonischer Zuschreibung oder Interpretation. Zweck, Nutzung und Erscheinung – alles ist außergewöhnlich und singulär. Die reine Struktur des architektonischen Objekts, als welches das Gebäude in dem hügelig belassenen Gelände erscheint, lebt vom einfachen Volumen, der Rohbelassung des Baumaterials und der repetitiven Anordnung dieses Betonstabwerkes. Die Vertikalerschließung erfolgt entlang der Südfassade über zwei Treppenhäuser mit Aufzugsschächten. In das große Gebäudevolumen sind die Dokumentations-, Verwaltungs- und Ausstellungsräume als eigenständig formulierte Raummodule gewissermaßen eingelagert. Dies geschieht nach dem additiven Prinzip innerhalb des linearen Aufbaues, so daß die Raumfügung an jeder Stelle sichtbar und erlebbar wird. Diese Raummodule sind die große Ausstellungshalle im Erdgeschoß, ein zweigeschossiger Veranstaltungssaal im ersten Obergeschoß und je zwei große Räume für Sammlung, Mediathek und Archiv bzw. für Büroeinheiten der wissenschaftlichen Mitarbeiter im ersten und zweiten Obergeschoß. Ein kleinerer, Ausgrabungen abdeckender Gebäudekörper gegenüber vom Haupteingang ergänzt diese behutsame und eindrucksvolle architektonische Intervention.

The so-called »Prince Albrecht land« behind the Martin Gropius building was the site of the most important surveillance and administration authorities of the Nazi regime from 1933 to 1945. The new exhibition and research building initially appears to be a neutral, crystalline, abstract shell, with an object character on the historically contaminated site which is brought about by a rod-type structure of cumulatively arranged concrete parts and columns with glass in between. The self-contained appearance of the building presents hardly any opportunity for typological and architectural interpretation. The purpose, use and appearance are out of the ordinary and unique. The pure structure of the architectural object, which is what the building appears to be on the undulating site, lives solely from its simple volume, the bareness of the building material and the repetitive arrangement of the concrete rod structure. Vertical access within the building is along the south façade via two staircases with lift shafts. The documentation, administration and exhibition rooms are captivated in the building as separately formulated spatial modules. As with the design structure, this is done on the additive principle within the linear structure so that the junction of the rooms can be seen and felt at every point. These spatial modules are the large exhibition hall on the first floor and two large rooms respectively for the collection, mediatheque and archive and the office units of the academic staff on the first and second floors. A small building structure which covers excavations and is situated opposite the main entrance supplements this cautious and impressive architectural intervention.

Peter Zumthor, Haldenstein/Schweiz ✎ Senatsverwaltung für Wissenschaft, Forschung und Kultur/Land Berlin, Bundesrepublik Deutschland ☞ Internationales Begegnungs- und Dokumentationszentrum ⊞ 6.564 m² ♟ 1997–1998

Bundesdruckerei / Federal Government Printers

Kommandantenstraße 15 | U2 Spittelmarkt, U6 Kochstraße, Bus 129 | 10969 Kreuzberg

Der Komplex verschiedener Gebäude, der in den kommenden Jahren um weitere Bauabschnitte erweitert werden soll, beherbergt Produktionsstätten und Verwaltungsbüros der Bundesdruckerei. Er steht entlang der Kommandantenstraße, an der bis 1990 die Berliner Mauer verlief. Der Neubaukomplex ergänzt Gebäude, die zum Teil aus der Zeit vor dem Ersten Weltkrieg stammen. Mit der Wertdruckereianlage existiert hier die einzige Produktionsanlage, die seit 1990 im unmittelbaren Zentrumsbereich errichtet wurde. Zunächst ist die alte Straßenflucht wieder aufgenommen worden; ein langgestreckter, fünfgeschossiger Baukörper definiert den Straßenraum neu. In diesem Baukörper sind Büros und kleinere Produktionseinheiten z.B. für Handkupfer-, Patent- und Einzeldrucke untergebracht. Ein ziegelsteinverkleideter Rahmen trägt eine gläserne Doppelfassade, wobei die äußere Glashaut eine selbsttragende Glas-Hängekonstruktion ist, bei der die Gläser jeweils an den darüber liegenden Scheiben hängen. Hinter der Glasfassade sind, deutlich und irritierend inszeniert, technische Apparaturen und metallene Rohre zu sehen. An der Ecke zur Alten Jakobstraße entsteht durch einen dreieckig-prismatischen Glas-Baukörper ein neuer Platzbereich, der zugleich den Abschluß der hier endenden Beuthstraße neu formulieren soll. Diesem Platz gegenüber werden die Gebäude des zweiten Bauabschnittes errichtet. Im rückwärtigen Bereich steht parallel zur Straße die Produktionshalle, konstruiert als Stahl-Binder-Gelenk-Konstruktion. Zwischen diesen beiden langgestreckten Baukörpern befindet sich noch ein Hochregallager, das mit der besonderen Konstruktion des Tragwerks der Produktionshalle verbunden ist.

This complex of different buildings, which is to be extended by additional building sections in the coming years, houses the production facilities and administrative offices of the German federal printers. It is situated along Kommandantenstrasse, where the Berlin Wall stood until 1990. The new building complex supplements buildings which, in some cases, date from before the First World War. The government printing works is the only production site which has been built directly in the centre of Berlin since 1990. First of all, the old street alignment line has been taken up again, an elongated, five-storey building redefines the appearance of the street. This building contains offices and smaller production units, e.g. for hand copper printing, patent printing and small printing. A brick-faced frame bears a double glass façade in which the outer glass surface is a self-supporting suspended glass structure in which each glass segment is suspended from the glass segment above it. Behind the glass façade, technical apparatus and metal pipes are clearly and irritatingly apparent. At the corner of Alte Jakobstrasse, a triangular and prismatic glass building block creates a new plaza area which, at the same time, aims to redefine the end of Beuthstrasse. At the rear and parallel to the road is the production hall, which is designed as a steel binder jointed structure. Between these two elongated buildings there is a high stacking store room which is linked with the special design of the load-bearing structure of the production hall.

⬕ Bayerer Hanson Heidenreich Martinez Schuster (BHHS & Partner), Berlin ⬟ Bundesdruckerei Berlin GmbH ☞ Banknotendruck, Wert- und Sicherheitsdruck ⊞ 21.500 m² ⚶ 1993–1997

Wohn- und Geschäftshaus / Residential and shop building Oranienstraße 110

Oranienstraße 110 | U8 Moritzplatz, Bus 129 | 10969 Kreuzberg

Das Gebäude markiert durch seine Form, das Klinkermaterial und das sichtbare Treppenhaus auffällig den äußersten Rand eines Wohnquartiers aus den 60er Jahren, das in Zeilenbauweise errichtet wurde. Es nimmt die Stellung und den Rhythmus der straßenbegleitenden Zeilenbauten an der Oranienstraße ebenso auf wie die Situation der Kreuzung, an der zwei Straßen nichtorthogonal aufeinandertreffen: Diese Situation wird innerhalb des Volumens durch einen Verschnitt in der Giebelseite formuliert. Der Knick markiert gleichzeitig die das Haus durchziehende Linie, auf der im Inneren zwei scheibenhafte Körper gegeneinander verschoben sind. Die straßenseitige nördliche Hausscheibe enthält das Treppenhaus, das in der Fassade durch eine breite, gebäudehohe Fensteröffnung zu sehen ist. Diese ist geschoßweise mit einer Stahl-Glas-Konstruktion geschlossen. Auf dieser Seite liegen auch alle Nebenräume, Küchen und Bäder; innerhalb des Fassadenbildes sind sie durch zusammenhängende Bandfenster zusammengefaßt. Die südliche Scheibe dagegen nimmt die Wohn- und die Schlafräume und die Loggien auf. Das Erdgeschoß hat eine Ladenfläche, die hinten aus dem Volumen herausragt; das Dach dieses Annexes dient den Wohnungen im ersten Obergeschoß als Terrasse. Die nach Süden zu der bestehenden Siedlung orientierte Scheibe hat eine weiß gestrichene Putzfassade, die straßenseitige wurde mit einer Klinkerverblendung mit einem durchgehenden Läuferverband versehen, was die Lesbarkeit als rein vorgeblendete Haut erleichtert.

With its form, its clinker brick material and the visible staircase, the building strikingly marks the outer edge of a residential estate of elongated block buildings dating from the 1960s. It takes up the position and rhythm of the long buildings on Oranienstrasse and the situation of the crossroads, where two roads meet at an angle. This situation is reflected in the volume of the building by a cutaway or notch in the gable side. At the same time, this notch marks the line passing through the building on which two slab-like structures are offset against each other. The northern slab on the street side contains the staircase, which can be seen in the façade through a broad window opening which extends over the full height of the building. This staircase is enclosed storey by storey in a steel and glass structure. All the auxiliary rooms, kitchens and bathrooms are also on this side; they are marked in the façade structure by combined band-type windows. The southern slab contains the living rooms, bedrooms and loggias. The ground floor contains a shop area which projects out of the building's volume at the rear; the roof of this annexe serves as a terrace for the first floor apartments. The slab which faces south to the existing residential complex has a white painted rendered façade, the street façade has a clinker brick facing with a continuous stretcher bond, which simplifies its interpretation as a purely external shell.

Maedebach, Redeleit & Partner, Berlin ✎ BEWOGE ☞ Wohnen, Einzelhandel ⚒ 1994–1995

Wohn- und Geschäftshaus / Residential and shop building Schlesische Straße 22

Schlesische Straße 22/Taborstraße 1–2 | U1, 15 Schlesisches Tor, Bus 265 | Kreuzberg

Da hier in den 60er Jahren eine autobahnähnliche Schnellstraße geplant war, existieren unterschiedliche Baufluchten. Deshalb konnte das Haus auch nicht im klassischen Sinne angebaut werden, sondern muß sich nunmehr als Solitär behaupten. Diese autonome Stellung wird von den Architekten dahingehend interpretiert, daß das Gebäude zwar die Straßenecke dominant besetzt, aber keinen ›Schulterschluß‹ zur Nachbarbebauung sucht. Umgekehrt wird dieser Abstand geradezu inszeniert: Der benachbarten Brandwand gegenüber wird eine schräge, expressive Hauswand vollständig verglast; dahinter verbergen sich Wintergärten als sogenannte ›Sonnenfallen‹. Das Haus ist im Inneren nach Schichten organisiert, was Platz schafft für ein großzügiges, offenes Treppenhaus, das nach dem Prinzip einer Erschließungsstraße funktioniert. Die innere Organisation nach Funktionsschichten – aus Zimmern und Serviceräumen (Küchen und Bäder), Treppenhaus und Fluren – entspricht der Konstruktion und Gliederung des Baukörpers und ist Folge des Prinzips der Addition dieser einzelnen Schichten. Die Zimmer innerhalb der Wohnungen sind mittels raumhoher Schiebewände miteinander schaltbar. Im Stadtkontext erscheint das Haus ausgesprochen modern, und durch die schmalen Balkone und das aufgesetzte Bauteil mit einer Aluminiumblech-Verkleidung wird ein neues Motiv in dieses Arbeiterquartier eingeführt.

As a motorway-type road was planned here in the 1960s, there are different building alignment lines. Therefore it was not possible to build onto the house in the classical sense, and the house must now stand alone. This solitary position is interpreted by the architects to mean that the building dominates the street corner site, but does not seek any connection to any adjoining buildings. On the other hand, this gap is almost deliberately sought. Opposite the neighbouring fire wall, an oblique, expressive building wall is completely glazed, and behind this wall there are winter gardens as so-called ›sun traps‹. In the interior, the building is organised by layers, which creates space for a generous open staircase which works on the principle of an access road. The internal organisation by functional layers – consisting of rooms, service rooms (kitchens and bathrooms), staircase and corridors – corresponds to the design and structure of the building itself and is a consequence of the addition of the individual layers. The rooms within the apartments can be freely linked by means of moveable room-high partition walls. In an urban context, the building appears totally modern, and with its narrow balconies and the added building element with an aluminium sheet facing, a new motif is introduced to this workers' residential area.

⊿ Hilde Léon, Konrad Wohlhage, Berlin ⬳ BATIMENT Gesellschaft für schlüsselfertiges Bauen ☞ Wohnen, Einzelhandel
⊞ 5.290 m² ⚒ 1991–1994

Rekonstruktion / Reconstruction of Oberbaumbrücke (Spree)

Stralauer Allee – Oberbaumstraße | U1, 15, S3, 5, 7, 9, 75 Warschauer Straße | Kreuzberg/Friedrichshain

Die für damalige Verhältnisse ungewöhnlich breite und mächtig wirkende Brücke wurde zwischen 1894 und 1896 anläßlich der Gewerbeausstellung in Treptow nach einem Entwurf von Otto Stahn errichtet; sie verbindet die Stadtteile Friedrichshain und Kreuzberg. Mit ihren 106 Metern ist es die längste Flußbrücke der Stadt. Das Bauwerk, im Stil der märkischen Backsteingotik erbaut, besteht aus der eigentlichen Fahrbahn für PKWs, Trottoirs und einem östlich auf der Fahrbahn befindlichen Hochbahnviadukt für die U-Bahn. Während des Krieges wurden das Mittelstück zwischen den beiden Türmen und diese selbst stark in Mitleidenschaft gezogen und nur provisorisch wiedererrichtet. Nach dem Kriege – bis 1990 – war die Brücke Teil der Grenzanlagen zwischen West- und Ostberlin und nur für Fußgänger zugänglich. Im Zuge der Rekonstruktion und des Neubaus des Mittelteils – einschließlich der Rekonstruktion der abgetragenen Turmaufbauten – wurden eine Spannbetonkonstruktion für den Fahrbahnbereich und eine Stahlkonstruktion für die Hochbahn zwischen die alten Brückenteile geschaltet. Sie haben jeweils abgeschrägte Rahmen zum Ausgleich des Schubs auf die Anschlußbögen. Die neue Form der Konstruktion wirkt leicht und elegant und ist in der für Calatrava typischen organischen Linienführung ausgeführt. Teil der Neugestaltung sind auch die Brückengeländer und die Beleuchtungskörper.

This bridge, which appeared unusually wide and heavy at the time, was built to a design by Otto Stahn from 1894 to 1896 on the occasion of the trade exhibition in Treptow and links the suburbs of Friedrichshain and Kreuzberg. With its length of 106 metres, it is the longest river bridge in the city. The building was built in the Brandenburg brick Gothic style, and it consists of the road vehicle lanes, pedestrian pavements and, to the east, a raised viaduct on the road for the S-Bahn urban railway. During the war, the central section between the two towers and the towers themselves were heavily damaged and only provisionally restored. After the war and until 1990, the bridge formed part of the border fortifications between West and East Berlin and was only accessible to pedestrians. In the course of the reconstruction and new building of the middle section – including the reconstruction of the partly demolished towers – a pre-stressed concrete structure for the road and a steel structure for the railway were added between the old parts of the bridge. They each have sloping frames to compensate for the forces acting on the adjoining arches. The new shape of the structure appears light and elegant and is executed in the organic line structure which is typical of Calatrava. The bridge railings and lighting system also form part of the new design.

⊿ Santiago Calatrava Valls, Zürich (Stahlbrücke der Hochbahn und Ausrüstung)/ König, Stief & Partner GmbH, Berlin (Straßenbrücke) ⬿ Senatsverwaltung für Bauen, Wohnen und Verkehr ☞ Fußgänger-, Straßen- und Hochbahnbrücke über die Spree
⊞ Länge: 152 m 🏃 1992–1995

Deutsches Architektur Zentrum / German Architecture Centre

Köpenicker Straße 48/49 | U8 Heinrich-Heine-Straße, Bus 147, 265 | 10179 Mitte

In dem Gebäude, in dem sich Büros und Ateliers von Architekten, Künstlern und Designern befinden, haben unter anderem das Deutsche Architektur Zentrum DAZ und der Bund Deutscher Architekten BDA ihren Sitz. Es ist Teil einer Anlage, die vor den Kriegszerstörungen ein Wohnhaus an der Köpenicker Straße und ein fünfgeschossiges Fabrikgebäude mit sechs Höfen im Blockinnenbereich umfaßte. Die Gebäude sind in Massivbauweise errichtet und mit Ziegeldekor, weiß glasiertem Verblendmauerwerk und grün abgesetzten Lisenen geschmückt. Der markanteste architektonische Eingriff des Architekten Claus Anderhalten, der für die erste Ausbaustufe verantwortlich zeichnet, ist an der Westfassade abzulesen: Hier wurde mittig in den Baukörper ein Stahlskelett eingezogen, das außen mit einer gebäudehohen Stahl-Glasfassade verblendet wurde. In den drei obersten Geschossen liegen schmale Austritte vor dieser Glasstruktur. Im Erdgeschoß durchstößt ein Betonkubus diese Glashaut und markiert – Windfang und Zeichen zugleich – den Eingang zum Architekturzentrum. Von dort gelangt man über eine filigran konstruierte Treppe in die Räume des BDA. In der Erdgeschoßebene sind die Ausstellungsbereiche des DAZ untergebracht. In den folgenden Räumen der kammartigen Baustruktur liegen Veranstaltungssäle, Konferenzräume, weitere Ausstellungshallen und das Café. Die zweite Ausbaustufe – konzipiert von Assmann, Salomon und Scheidt – umfaßt die Aufstockung des Daches sowie die Erweiterung des Westkammes und des Mittelkammes: hier liegen 17 Wohnungen und zehn weitere Büroräume. Die Wohnungen sind als Ost-West-Typen ausgebildet, wobei die Wohnräume und Terrassen nach Westen und alle anderen Räume nach Osten orientiert sind.

This building, which contains offices and ateliers of architects, artists and designers, is also the headquarters of the German Architecture Centre (DAZ) and the Association of German Architects (BDA). It is part of a complex which, before the destruction in the war, comprised a residential building on Köpenicker Strasse and a five-storey factory building with six courtyards in the centre of the block. The buildings are built of solid masonry and faced with decorative tiles, white glazed facing bricks and green, stepped pilasters. The most striking architectural intervention by the architect Claus Anderhalten, who was responsible for the first extension phase, can be seen on the west façade. Here, a steel skeleton has been inserted centrally into the building, with an external steel and glass façade over the full height of the building. The three top storeys have narrow balconies in front of this glass structure. On the ground floor, a concrete cube protrudes out of this glass surface, marking the entrance to the architecture centre and representing both a windbreak and a symbol. From their, a staircase with a filigree structure leads to the BDA rooms. The ground floor houses the exhibition area of the DAZ. The following rooms in the comb-like building structure contain meeting halls, conference rooms, more exhibition rooms and the café. The second extension phase – designed by Assmann, Salomon and Scheidt – involves building upwards on the roof and an extension of the west wing and the central wing: here, there are 17 apartments and ten additional offices. The apartments are arranged on an east-to-west pattern, with the living rooms and terraces facing west and all other rooms facing east.

Claus Anderhalten, Berlin; Dachaufstockung: Assmann, Salomon & Scheidt Erwerbergemeinschaft Köpenicker Straße Büro, Atelier ⊞ 4.028 m² ⚒ 1995–1996

Königstadt-Terrassen / Königstadt terraces

Schönhauser Allee 10–11 | U 2 Senefelder Platz | 10119 Prenzlauer Berg

Das großvolumige Gebäude ergänzt das Gelände der ehemaligen Königstadt-Brauerei. Ein Großteil der Gebäude aus dem 19. Jahrhundert wurde im Krieg zerstört oder in den 60er Jahren abgerissen; die noch vorhandenen sind unter Denkmalschutz gestellt. Das neue Büro- und Geschäftshaus besteht aus zwei L-förmigen Baukörpern, die so angeordnet sind, daß an der Biegung Schönhauser Allee und Senefelder Platz eine U-förmige Anlage entstanden ist: Zwei schmale Gebäudekanten stehen direkt an der Straße und fassen einen Hofraum, der hinter einer eingeschossigen Bebauungsstruktur liegt, die als transparente Sockelzone mit Ladeneinheiten ausgebildet ist. Auf diesem eingeschossigen Baukörper liegt eine große bepflanzte Terrasse hinter einer pergolaartig angeordneten Luftbalkenstruktur. Im hinteren Grundstücksbereich ist ein weiterer schmaler Hofraum entstanden, der ebenfalls begrünt ist. Die unterschiedlich tiefen Baukörpervolumen sind architektonisch einheitlich durchgebildet: Auf der Straßenseite haben die Fassaden durchgehende Bandfenster und rot verklinkerte Brüstungsbereiche, wodurch eine starke horizontale Gliederung und Linienführung entstanden ist. Die Seiten- und Rückfassaden, die mit einer Ziegelvorblendschale versehen sind, weisen dagegen großformatige Lochfenster auf. Die Bürogeschoßebenen sind zweihüftig, in dem parallel zur Straße stehenden Baukörper dreihüftig organisiert.

The large volume of this building supplements the development on the grounds of the former Königstadt brewery. A large proportion of the buildings dating from the 19th century were destroyed in the war or demolished in the 1960s. The buildings that still exist are protected architectural monuments. The new office and shop building consists of two L-shaped blocks which are so arranged that a U-shaped complex has been created at the bend of Schönhauser Allee and Senefelder Platz. Two narrow building blocks are situated directly on the street front and enclose a courtyard area behind a single-story building which is designed as a transparent base zone containing shop units. On this single-story block is a large, vegetated terrace behind a pergola-type overhead beam structure. In the rear part of the land, there is another narrow courtyard area which is also vegetated. The building structures differ in depth, but they are uniformly designed in their architecture. On the street side, the façades have continuous, band-type windows and red facing clinkers on the breastwork, which creates a strong horizontal line structure. The side and rear façades, which have a facing brick façade, have large-format window perforations. The office storeys are arranged around a central corridor; in the block parallel to the street, they are in three rows along two corridors.

◢ Thomas Müller, Ivan Reimann, Berlin ◆ Zweite Bürohaus Immobilienverwaltungs KG, Berlin ☞ Büro, Gewerbe ⊞ 22.300 m²
🏃 1995–1997

Max-Schmeling-Halle / Max-Schmeling sports hall

Friedrich-Ludwig-Jahn-Sportpark, Cantianstraße 24 | U 8 Bernauer Straße, U 2 Eberswalder Straße, Tram 50, 53 |
10437 Prenzlauer Berg

Wie das benachbarte Ludwig-Jahn-Stadion ist auch die Max-Schmeling-Halle Teil eines aufgeschütteten Geländes, das als sogenannter ›Trümmerberg‹ an der ehemaligen Sektorengrenze liegt. Die neue Sporthallenanlage ist in diesen Berg bzw. in die Böschung der Nordkurve des Stadions eingebettet und bildet eine ›grüne Brücke‹ zwischen den Stadtteilen Wedding und Prenzlauer Berg. Auf dem benachbarten ehemaligen Grenzstreifen befindet sich jetzt der »Mauerpark«. Ähnlich wie bei der Rad- und Schwimmsporthalle von Perrault bildet das Dach, in diesem Falle eine schwebende Stahlkonstruktion, den sichtbarsten Teil der Architektur. Diese Konzeption des Eingrabens und eine Vielzahl technischer Einzelmaßnahmen begünstigte eine Energieeinsparung von mehr als 70 Prozent gegenüber vergleichbaren Sportbauten. Es ist eine dreischiffige Anlage mit einer großen zentralen Halle als Mittelschiff und drei ›unterirdischen‹ Dreifachsporthallen in den Seitenschiffen. Der Hauptzugang erfolgt vom Falkplatz. Diese vollständig verglaste Schauseite öffnet die zentrale Halle zum Außenraum. Hier finden, je nach Bestuhlung, bis zu 10.000 Zuschauer Platz. Die zwei Ränge der Zuschauertribünen werden über außenliegende, breite Gänge erschlossen. Die Stahlfachwerk-Konstruktion scheint über einem umlaufenden Lichtband zu schweben. Durch dieses und das teilverglaste Dach ist die Halle bei Tag lichtdurchflutet und wirkt nie eng. Die Arena mißt 30 mal 50 Meter und eignet sich durch die Höhe von 18 Metern für alle Kampf- und Ballsportarten. Das Nutzungskonzept der Halle gewährleistet eine hohe Flexibilität durch separate Zugänge und eine Schaltbarkeit der einzelnen Bereiche untereinander.

Like the Ludwig-Jahn stadium next to it, the Max-Schmeling sports hall also forms part of a filled-in area which is a so-called ›hill of rubble‹ on the former boundary between the East and West of Berlin. The new sports hall complex is integrated into this hill and the embankment of the northern bend of the stadium, and it forms a green link between the districts of Wedding and Prenzlauer Berg. The adjoining former border strip is now the site of the »Wall Park«. Like in the cycling and swimming hall designed by Perrault, the roof, which in this case is a suspended steel structure, is the most visible part of the architecture. This concept of digging down into the ground, in conjunction with a host of individual technical measures, enabled energy savings of over 70 per cent to be achieved in comparison with comparable sports buildings. The complex is a three-fold nave and aisle concept, with a large central hall as the nave and three ›subterranean‹ triple sports halls in the side aisles. The main entrance is from Falkplatz. This completely glazed display and façade side opens up to the central sports hall to the outside. Depending on the seating, up to 10,000 spectators can be accommodated here. The two spectator terraces are reached via wide external gangways. The steel framework structure seems to float above a surrounding band of light. Because of this natural lighting and the partly glazed roof, the hall is flooded with light by day, and never seems to be cramped. The arena is 30 by 50 metres, and with its height of 18 metres it is suitable for all fighting sports and ball sports. The concept for the use of the hall ensures a high degree of flexibility due to the separate entrances and the option of combining the individual sections.

◢ Joppien Dietz Architekten, Berlin/Frankfurt/Main, Anett-Maud Eisen-Joppien, Jörg Joppien, Albert Dietz mit Weidleplan Consulting GmbH; Projektleitung: Jörg Joppien ↔ OSB Sportstättenbauten GmbH, Berlin im Auftrag des Landes Berlin, Senatsverwaltung für Bauen, Wohnen und Verkehr ☞ Multifunktionale Veranstaltungshalle für Sport und Kultur; Landesleistungszentrum für den Breitensport ⊞ 44.300 m² ⚒ 1993–1997

Velodrom und Schwimmsporthalle / Velodrom and swimming hall Prenzlauer Berg

Landsberger Allee/Paul-Heyse-Str. | S 8, 10, Landsberger Allee, Tram 5, 6, 7 | 10407 Prenzlauer Berg

Erst ein Geländeschnitt und eine Ortsbegehung machen das besondere, originäre städtebauliche bzw. architektonische Konzept der beiden Sporthallen deutlich: Sie sind in das leicht angeschüttete Gelände 17 Meter tief eingegraben und bestehen im Stadtraum eigentlich nur aus den gestalterisch artifiziell durchformten Dächern, die als frei tragende Stahlkonstruktionen ausgebildet sind. Deren metallen-glatte Oberflächen sorgen für einen Effekt, der an Seen in einer urbanen Parklandschaft denken läßt. Dieser Parkraum, bestehend aus Apfelbäumen auf ebenen Rasenflächen, ist durch einen zwei bis fünf Meter hohen Treppen- und Rampenkranz eingefaßt. Aufragende Fassaden bzw. den Stadtraum markierende und Straßenräume definierende Gebäude mit Schauseiten – die Merkmale von Architektur also, über die man gewöhnlich spricht und schreibt – existieren nicht. Der Standort direkt neben den S-Bahn-Gleisen machte es möglich, daß die Foyers dieser ›unsichtbaren‹ Sportanlage einen direkten Zugang zu den Gleisen haben. Mit seinen Abmessungen von 40 mal 80 und einer Höhe von 13 Metern ist die Arena für alle Hallensportarten geeignet; hier besticht vor allem die Untersicht auf die filigrane, kreisrunde Dachkonstruktion mit ihren Stahlfachwerkbindern. Rad- und Schwimmsporthalle, beide auf technisch höchstem Niveau und funktional übersichtlich gegliedert, sind auf drei Ebenen so miteinander verbunden, daß unterschiedlichste, sogar sportfremde Veranstaltungen durchgeführt werden können. Alle Gebäudeteile zeugen von einer hohen architektonischen Qualität, die Konstruktionen sind sorgfältig bis ins Detail – insgesamt herrscht ein hoher technischer und funktioneller Standard vor.

A cross section and a close inspection of the site are necessary to make the special, original urban design and architectural concept of these two sports halls clear. They are inserted 17 metres deep into the slightly raised land area, and in the urban scene they are only really noticeable by their artificially shaped roofs, which are constructed as self-supporting steel structures. Their smooth metallic surfaces create an effect similar to ponds in an urban park. The park-like area, which consists of apple trees on level glass surfaces, is surrounded by a five metre high rim with steps and ramps. There are no towering façades and no buildings with display sides which mark and define the street setting, in other words none of the buildings that are normally spoken and written of. Because of the location directly next to the urban railway (S-Bahn), it is possible for the foyers of this ›invisible‹ sport complex to have direct access to the platforms. With its size of 40 by 80 metres and a height of 13 metres, the arena is suitable for all indoor sports. The most striking feature from the inside is the view of the filigree, circular roof structure with its steel frame binders. The cycling hall and the swimming hall are both on the highest level of technology and functionally clear in their layout, and they are linked to each other on three levels in such a way that it is possible to hold different types of events, even events which have nothing to do with sports. All parts of the buildings have a high architectural quality and are carefully constructed down to the last detail – they are characterised by a high overall technical and functional standard.

⌲ Dominique Perrault, Paris, Berlin, mit APP Berlin (Reichert-Pranschke-Maluche Architekten GmbH und Architekten Schmidt-Schicketanz und Partner GmbH, München, und Landschaft Planen und Bauen, Berlin) ↭ OSB Sportstättenbauten GmbH, Berlin, im Auftrag der Senatsverwaltung für Bauen, Wohnen und Verkehr ☞ Multifunktionale Veranstaltungshalle, Schul-, Breiten- und Leistungssport ⊞ Velodrom 55.208 m², Schwimmsporthalle 42.811 m² ⚒ Velodrom:1993–1997, Schwimmsporthalle: 1994–1998

**Wohn- und Geschäftshaus Adalbert-
straße 42**
- Adalbertstraße 42
- U8 Heinrich-Heine-Straße, Bus 147
- Bezirk Mitte, PLZ 10179
- Voidl Tatic, Berlin
- TURM Bau- und Projektentwicklungs
GmbH, Berlin
- Wohnen, Gewerbe
- 1.875 m²
- 1996–1997

**Büro- und Geschäftshaus Alte Jakob-
straße 83–84**
- Alte Jakobstraße 83–84
- U6 Kochstraße, U8 Moritzplatz
- Bezirk Mitte, PLZ 10178
- Neufert, Mittmann und Partner,
Berlin
- Concordia Bau- und Boden AG, Köln
- Büro, Gewerbe
- 5.333 m²
- Fertigstellung 1996

**Wohn und Geschäftshäuser Alte Jakob-
straße 87–88**
- Alte Jakobstraße 87–88
- U2 Spittelmarkt
- Bezirk Mitte, PLZ 10179
- Jakob Lehrecke, Berlin
- Alte Jakobstraße Grundstücksgesell-
schaft mbH & Co. KG
- Wohnen, Einzelhandel, Büro, Gewerbe
- 4.900 m²
- 1997–1998

**Umspannwerk Spittelmarkt (Umbau
Bürogebäude)**
- Alte Jakobstraße 90–91
- U2 Spittelmarkt
- Bezirk Mitte, PLZ 10179
- Schmalz und Galow, Berlin
- BEWAG, Berlin
- Umspannwerk, Büro
- 5.554 m²
- 1996–1998

Zwei Wohngebäude, Alt-Stralau 7–9
- Alt-Stralau 7–9
- S3, 5, 6, 7, 8, 9, 10, 75, Ostkreuz
- Bezirk Friedrichshain, PLZ 10245
- Steffen Lehmann & Partner, Berlin
- Hanseatica Wohnungsbaugesell-
schaft mbH, Berlin
- Wohnen
- 5.500 m²
- 1998–2000

City Carré II
- Andreasstraße 7–12/Langestraße
- S3, 5, 7, 9 Hauptbahnhof
- Bezirk Friedrichshain, PLZ 10243
- Fischer + Fischer, Köln
- DGI Deutsche Gesellschaft für
Immobilien
- Büro
- 28.500 m²
- 1995–1997

Gewerbezentrum »Weiberwirtschaft«
- Anklamer Straße 38–40
- U8 Bernauer Straße
- Bezirk Mitte, PLZ 10119
- Inken Baller, Berlin
- Weiberwirtschaft e. G.
- Wohnen, Gewerbe
- 9.200 m²
- 1993–1996

Wohngebäude Auerstraße 27–39
- Auerstraße 27–37 (39)
- U5 Weberwiese
- Bezirk Friedrichshain, PLZ 10249
- Borck, Boye, Schäfer, Berlin (Pla-
nungsgruppe B 12)/Eva-Maria Jockeit-
Spitzner
- GSW
- Wohnen, Gewerbe
- ca. 6.850 m²
- 1995–1996

Bürogebäude Barmer Ersatzkasse
- Axel-Springer-Straße 48–50
- U2 Spittelmarkt, U6 Kochstraße
- Bezirk Kreuzberg, PLZ 10696
- Rupert Ahlborn & Partner, Berlin
- Barmer Ersatzkasse Wuppertal
- Büro
- 12.690 m²
- 1994–1996

**»Ort der Erinnerung«, ehemalige
Synagoge Lindenstraße**
- Axel-Springer-Straße 48–50
- U2 Spittelmarkt, U6 Kochstraße,
Bus 129
- Bezirk Kreuzberg, PLZ 10969
- Zvi Hecker, Micha Ullman, Eyal Weiz-
man, Berlin, Rupert Ahlborn und Partner,
Berlin
- Barmer Ersatzkasse, Wuppertal
- Gedenkstätte
- 1996–1997

Bürogebäude Bachvogelstraße 1
- Bachvogelstraße 1
- U1, 6, 15 Hallesches Tor
- Bezirk Kreuzberg, PLZ 10961
- Ahlhorn, Rupert & Partner, Berlin
- privat
- Büro
- 4.871 m²
- 1994–1995

Reuterhaus/Chor- und Orchesterraum
- Bauhofstraße 9
- S1, 2, 3, 5, 7, 9, 75, U6 Friedrich-
straße, Bus 147
- Bezirk Mitte, PLZ 10117
- Abelmann + Vielain, Berlin
- Humboldt-Universität zu Berlin,
Bauabteilung
- Chor- und Orchesterprobenraum,
Studiobühne, Institutsräume
- Gesamtgebäude: ca. 3.200 m²
- 1994–1995 (Orchesterprobenraum)

Sanierung Bergmannstraße 102–103
- Bergmannstraße 102–103
- U6, 7 Mehringdamm
- Bezirk Kreuzberg, PLZ 10961
- Ingo Horn, Berlin
- Wertbau AG
- Wohnen, Gastronomie, Gewerbe
- 1992–1996

**Zwei Wohn- und Ateliergebäude mit
Hof, Bergstraße 23/24**
- Bergstraße 23/24
- S1, 2 Nordbahnhof
- Bezirk Mitte, PLZ 10115
- Steffen Lehmann & Partner, Berlin
- Bergstraße GbR, Berlin
- Wohnen, Gewerbe, Einzelhandel
- Sanierung: 800 m², Neubau: 500 m²
- 1998–2000

Gedenkstätte Berliner Mauer
- Bernauer Straße/Ackerstraße, Am
Sophienfriedhof
- S1, 2 Nordbahnhof
- Bezirk Mitte, PLZ 10115
- Kohlhoff & Kohlhoff Architekten (mit
Henning Ehrhardt), Stuttgart; Andreas
Zerr, Berlin
- Bundesrepublik Deutschland, vertre-
ten durch die Senatsverwaltung für kultu-
relle Angelegenheiten, Berlin
- Gedenkstätte
- 1998–1999

»Die Zickenhöfe«

- Boppstraße 7
- U7, 8 Herrmannplatz, U8 Schönleinstraße
- Bezirk Kreuzberg, PLZ 10967
- Gutzeit Beyer, Berlin
- Voigtländer Grundstücks- und Verwaltungs GmbH
- Büro, Einzelhandel, Wohnen
- 3.504 m²
- 1994–1995

Jannowitz Center

- Brückenstraße
- S3, 5, 7, 9, 75, U8 Jannowitzbrücke
- Bezirk Mitte, PLZ 10179
- HPP Hentrich-Petschnigg & Partner, Düsseldorf
- Internationales Immobilien-Institut GmbH
- Büro, Einzelhandel, Wohnen
- 30.000 m²
- 1993–1997

Wohnanlage Brunnenstraße 31

- Brunnenstraße 31/Anklamer Straße
- U8 Bernauer Straße
- Bezirk Mitte, PLZ 10119
- Birgit Hansen/Barbara Kellig, Berlin
- Trigon Consult GmbH
- Wohnen, Gewerbe
- 1995–1996

Charlotten-Palais

- Charlottenstraße 35/36
- U6 Französische Straße
- Bezirk Mitte, PLZ 10117
- Patzschke, Klotz + Partner, Berlin
- Bauwert GmbH, München
- Büro, Einzelhandel, Wohnen
- 1996–1997

Büro- und Geschäftshaus Charlottenstraße 80

- Charlottenstraße 80/Zimmerstraße 77
- U2, 6 Stadtmitte
- Bezirk Mitte, PLZ 10117
- Arno Bonanni mit Klaus Lattermann, Berlin
- Hübner & Weingärtner GbR
- Büro, Einzelhandel
- 7.600 m²
- 1993–1995

Bürohaus Chausseestraße 23-24

- Chausseestraße 23–24/Zinnowitzer

Straße 2–6
- U6 Zinnowitzer Straße, S1, 2 Nordbahnhof
- Bezirk Mitte, PLZ 10115
- Kny & Weber, Berlin
- A.L.E.X. Bau, Kilian Wohnbauten
- Büro, Gastronomie
- 26.800 m²
- 1997–1998

Umbau Büro- und Geschäftshaus Dessauer Straße 1–2

- Dessauer Straße 1–2
- U2, S1, 2 Potsdamer Platz
- Bezirk Kreuzberg, PLZ 10963
- Alsop & Störmer, Hamburg/London
- Miteigentümergemeinschaft Allianz Lebensversicherung AG/ Deutsche Krankenversicherung AG (vertreten durch: Allianz Grundstück GmbH)
- Büro, Einzelhandel
- 5.208 m²
- 1997–1998

Büro- und Wohngebäude Dircksenstraße 42–44

- Dircksenstraße 42–44
- U2, 5, 8, S3, 5, 7, 9, 75 Alexanderplatz
- Bezirk Mitte, PLZ 10178
- Urs Müller, Thomas Rhode, Jörg Wandert, Berlin
- Bürogebäude: c/o Deutsche Immobilienanlagegesellschaft mbH
Wohngebäude: KR-Bauplanungs- und Projektierungsgesellschaft mbH, München
- Büro, Wohnen
- 11.500 m²
- 1995–1997

Universitätsbibliothek der HU

- Dorotheenstraße 27
- S1, 2, 3, 5, 7, 9, 75, U6 Friedrichstraße, Bus 147
- Bezirk Mitte, PLZ 10117
- Abelmann + Vielain, Berlin
- Humboldt-Universität zu Berlin, Bauabteilung
- Eingangshalle, Bibliotheksflächen, Lesesäle
- Gesamtfläche: ca. 12.000 m², Umbaufläche: ca. 1.200 m², Vestibül: ca. 200 m²
- 1996–1997

Boarding House Dorotheenstraße

- Dorotheenstraße 39–43
- S1, 2, 3, 5, 7, 9, U6 Friedrichstraße

- Bezirk Mitte, PLZ 10117
- Mario Campi/Franco Pessina (mit Christian Volkmann), Lugano
- Peter Dussmann, Berlin
- Wohnen, Einzelhandel
- 2.900 m²
- 1995–1997

Wohnungsbau Dresdener Straße

- Dresdener Straße 36–38
- U8 Heinrich-Heine-Straße
- Bezirk Mitte, PLZ 10179
- Kny & Weber, Berlin
- CENTRUM Liegenschaften GmbH, Viadukt Bauträgergesellschaft mbH
- Wohnen, Gewerbe
- 14.238 m²
- ca. 1997–1998

Wohn- und Geschäftshaus Dresdener Straße 116

- Dresdener Straße 116
- U1, 15, 8 Kottbusser Tor
- Bezirk Kreuzberg, PLZ 10969
- tgw Markus Torge, Sebastian Gaa, Klaus Wercker, Berlin
- BeWoGe
- Wohnen, Einzelhandel
- 1.530 m²
- 1995–1996

Schlachthof Eldenaer Straße

- Eldenaer Straße
- S8,10 Landsberger Allee/Storkower Straße
- Bezirk Prenzlauer Berg, PLZ 10247
- Trojan, Trojan + Neu, Darmstadt (mit Landschaftsarchitekt Michael Palm, Weinheim)
- Treuhänderische Entwicklungsträger SES Stadtentwicklungsgesellschaft Eldenaer Straße mbH, Berlin
- Wohnen, Gewerbe
- 533.000 m²
- 1997–1999

»Alleepassage Friedrichshain«

- Frankfurter Allee 33–35/Gabelsberger Straße 14–15
- U5 Samariterstraße
- Bezirk Friedrichshain, PLZ 10247
- Gerhard Bremmer, Bernhard Lorenz und Michael Frielinghaus, Friedberg
- Bayerische Hausbau GmbH & Co., München
- Büro, Einzelhandel, Wohnen, Gastronomie

⊞ 31.164 m²
👤 1995–1997

BWGH »Frankfurter Allee Plaza«
▢ Frankfurter Allee 71–77
🚇 U5 Samariterstraße
✉ Bezirk Friedrichshain, PLZ 10247
✒ Voidl Tatic, Berlin
✎ FUNDUS-Gruppe
☞ Büro, Wohnen, Einzelhandel
⊞ 90.000 m²
👤 1994–1995

Büro- und Geschäftshaus »Ringcenter«
▢ Frankfurter Allee 105
🚇 S 8, 10, U5 Frankfurter Allee, U5 Samariterstraßeп
✉ Bezirk Friedrichshain, PLZ 12247
✒ HPP Hentrich-Petschnigg & Partner, Berlin/SOM Skidmore, Owings & Merrill , Chicago
✎ Investor: ECE Projektmanagement GmbH, Hamburg
☞ Büro, Einzelhandel
👤 1993–1996

Umbau Haus Borchardt, Hofgarten am Gendarmenmarkt (Quartier 208)
▢ Französische Straße 47
🚇 U2, 6 Stadtmitte, U6 Französische Straße
✉ Bezirk Mitte, PLZ 10117
✒ Thomas Müller/Ivan Reimann Architekten, Berlin
✎ HINES Grundstücksentwicklung GmbH, Berlin
☞ Büro, Gastronomie
⊞ 4.000 m²
👤 1993–1996

Forum Friedrichshain
▢ Friedenstraße 84–93
🚇 Tram 5, 6, 8, 15
✉ Bezirk Friedrichshain, PLZ 10249
✒ gmp von Gerkan, Marg & Partner, Hamburg (Projektleitung: D. Heller, S. Winter)
✎ Büll + Dr. Liedtke
☞ Büro, Wohnen
⊞ 37.000 m²
👤 1995–1996

Wohnbebauung Forum Friedrichshain
▢ Friedenstraße 92–95
🚇 Tram 5, 6, 8, 15
✉ Bezirk Friedrichshain, PLZ 10249
✒ gmp von Gerkan, Marg & Partner ,

Hamburg (Projektleitung: D. Heller, S. Zittlau-Kroos)
✎ Büll + Liedtke, Friedenstraße 94/95; GSW Berlin
☞ Wohnen, Einzelhandel
⊞ 22.342 m²
👤 1994–1997

Maritim proArte
▢ Friedrichstraße 150–153
🚇 S1, 2, 3, 5, 7, 9, 75, U6 Friedrichstraße
✉ Bezirk Mitte, PLZ 10117
✒ Nettbaum & Partner, Berlin
✎ Hotel Metropol Berlin Grundstücks GmbH
☞ Hotel
⊞ 32.300 m²
👤 1993–1997

Wohngebäude Friedrichstraße 237–238
▢ Friedrichstraße 237–238
🚇 U1, 6, 15 Hallesches Tor, U6 Kochstraße
✉ Bezirk Kreuzberg, PLZ 10969
✒ Ralf Dähne, Helge Dahl, Berlin
✎ GSW
☞ Wohnen, Gewerbe
⊞ 6.550 m²
👤 1991–1993

Umbau Bahnhof Friedrichstraße
▢ Friedrichstraße/Georgenstraße
🚇 S1, 2, 3, 5, 7, 9, 75, U6 Friedrichstraße
✉ Bezirk Mitte, PLZ 10117
✒ Werner Weinkamm, Berlin
✎ Deutsche Bahn AG
☞ Fern- und S-Bahnhof, Einzelhandel, Gastronomie
👤 1995–1998

Büro- und Geschäftshaus Friedrichstraße 108-109
▢ Friedrichstraße 108–109/Johannisstraße
🚇 S1, 2, 3, 5, 7, 9, 75 Friedrichstraße, U6 Oranienburger Tor
✉ Bezirk Mitte, PLZ 10117
✒ gmp von Gerkan, Marg & Partner, Hamburg (Projektleitung: Ch. Hasskamp)
✎ Tekton GmbH – Baubetreuungs- und Immobiliengesellschaft mbH
☞ Büro, Einzelhandel
⊞ 3.224 m²
👤 1995–1997

Sanierung Mädler Haus
▢ Friedrichstraße 58/Leipziger Straße
🚇 U2, U6 Stadtmitte
✉ Bezirk Mitte, PLZ 10117
✒ Fischer + Fischer, Köln
✎ Unternehmensgruppe Kirschner, Dülmen
☞ Büro, Einzelhandel
⊞ 4.200 m²
👤 1996–1997

Büro- und Geschäftshaus »Checkpoint Arkaden«
▢ Friedrichstraße 45–46/Zimmerstraße 20–25/Charlottenstraße 31
🚇 U6 Kochstraße, U2, 6 Stadtmitte, Bus 129
✉ Bezirk Mitte, PLZ 10117
✒ Josef Paul Kleihues, Berlin
✎ GSW Unternehmensgruppe/Kap Hag Unternehmensgruppe/Württemberger Hypo
☞ Büro, Einzelhandel, Wohnen
⊞ 20.700 m²
👤 1994–1996

Um- und Ausbau Gipsstraße 3
▢ Gipsstraße 3
🚇 U8 Weinmeisterstraße, Tram 13, 53
✉ Bezirk Mitte, PLZ 10119
✒ Jürgen Pleuser, Berlin
✎ Eva und Lothar C. Poll, Berlin
☞ Wohnen, Gewerbe, Galerie, Ateliers
⊞ 1.650 m²
👤 1997–1998

Wohn- und Geschäftshaus Gipsstraße
▢ Gipsstraße 23 B
🚇 U8 Weinmeister Straße, Tram 13, 53
✉ Bezirk Mitte, PLZ 10119
✒ Karin Kupsch-Jindra, Berlin, Udo Wittner/ HPP, Düsseldorf
✎ Phillip Holzmann BauProjekt AG
☞ Wohnen, Einzelhandel, Büro
⊞ 2.079 m²
👤 1993–1995

Umbau Schwartzsche Villa
▢ Grunewaldstraße 55
🚇 U9, S1 Rathaus Steglitz
✉ Bezirk Steglitz, PLZ 12165
✒ Winfried Brenne, Berlin
✎ Bezirksamt Steglitz in Zusammenarbeit mit der Senatsverwaltung für Stadtentwicklung und dem Landesdenkmalamt Berlin
☞ Kulturhaus, »Steglitzer Kulturviertel«

⊞ 1.600 m²
⚒ 1992–1995

Wohn- und Geschäftshaus Gubener Straße 21/Torellstraße 7
⌗ Gubener Straße 21/Torellstraße 7
🚇 U5 Rathaus Friedrichshain
✉ Bezirk Friedrichshain, PLZ 10243
✏ Carlos Ewich
⟳ PHIDIAS GmbH
☞ Wohnen, Einzelhandel
⊞ 2.400 m²
⚒ 1995–1996

Wohn- und Geschäftshaus Hackescher Markt
⌗ Hackescher Markt 2–3
🚇 S3, 5, 7, 9, 75 Hackescher Markt
✉ Bezirk Mitte, PLZ 10178
✏ Grüntuch/Ernst, Berlin
⟳ B. Gantenbrink
☞ Büro, Gewerbe, Wohnen
⊞ 3.000 m²
⚒ 1998–1999

»BIC - Bürocenter in der City«
⌗ Hasenheide 23–31
🚇 U7 Südstern/Hermannplatz
✉ Bezirk Kreuzberg, PLZ 10967
✏ Manfred Pechtold, Berlin
⟳ KapHag Unternehmensgruppe
☞ Büro, Festsaal, Bibliothek
⊞ 30.000 m²
⚒ 1994–1995

Büro- und Geschäftshaus Hausvogteiplatz 2
⌗ Hausvogteiplatz 2
🚇 U2 Hausvogteiplatz
✉ Bezirk Mitte, PLZ 10117
✏ Pysall, Stahrenberg & Partner, Berlin
⟳ Industrie- und Wohnbau Groth + Graalfs GmbH
☞ Büro, Einzelhandel
⊞ 5.600 m²
⚒ 1993–1995

Wohnhaus Heidenfeldstraße 13–14
⌗ Heidenfeldstraße 13–14
🚇 S8, 10 Landsberger Allee
✉ Bezirk Friedrichshain, PLZ 10249
✏ Gerhard Pfannenschmidt, Berlin
⟳ GSW
☞ Wohnen
⊞ 2.700 m²
⚒ 1995–1996

Wohn- und Geschäftshaus Invalidenstraße 32/33
⌗ Invalidenstraße 32/33
🚇 U6 Zinnowitzer Straße, S1, 2 Nordbahnhof
✉ Bezirk Mitte, PLZ 10115
✏ Steffen Lehmann & Partner, Berlin
⟳ Hochtief Immobilien GmbH, Berlin
☞ Wohnen, Büro, Einzelhandel
⊞ 3.500 m²
⚒ 1998–2000

Restaurierung des Palais Mendelssohn
⌗ Jägerstraße 49/50
🚇 U2, 6 Stadtmitte, Hausvogteiplatz
✉ Bezirk Mitte, PLZ 10117
✏ Wolfgang-Rüdiger Borchardt, Berlin
⟳ FVH Frankfurter Vermögens-Holding GmbH, Frankfurt/Main
☞ Bank
⊞ 4.900 m²
⚒ 1991–1995

SAT 1-Sendezentrum
⌗ Jägerstraße/Taubenstraße
🚇 U2, 6 Stadtmitte
✉ Bezirk Mitte, PLZ 10117
✏ Hoffmann/Uellendahl, Berlin
⟳ SAT 1 Satelliten Fernsehen GmbH
☞ Sendezentrum
⊞ 16.500 m²
⚒ 1996–1999

Umbau des Roten Rathauses
⌗ Jüdenstraße/Rathausstraße
🚇 U2, 5, 8, S3, 5, 7, 9, 75 Alexanderplatz, Bus 100
✉ Bezirk Mitte, PLZ 10173
✏ Helge Pitz, Berlin
⟳ Land Berlin
☞ Rathaus (Regierender Bürgermeister)
⊞ ca. 25.000 m²
⚒ 1991–1998

Wohnbebauung Jungstraße 11
⌗ Jungstraße 11
🚇 U5 Samariterstraße
✉ Bezirk Friedrichshain, PLZ 10247
✏ Winfried Brenne (mit Rainer Berg), Berlin
⟳ WBF Wohnungsbaugesellschaft Friedrichshain mbH
☞ Wohnen, Gewerbe
⊞ 1.567 m²
⚒ 1993–1994

Wohnbebauung Kinzigstraße 37–39
⌗ Kinzigstraße 37–39
🚇 U5 Samariterstraße
✉ Bezirk Friedrichshain, PLZ 10247
✏ Winfried Brenne (mit Rainer Berg), Berlin
⟳ WBF Wohnungsbaugesellschaft Friedrichshain mbH
☞ Wohnen
⊞ 2.715 m²
⚒ 1993–1994

Lückenschließung Kollwitzstraße 4
⌗ Kollwitzstraße 4
🚇 S8, 10 Prenzlauer Allee
✉ Bezirk Prenzlauer Berg, PLZ 10405
✏ Feddersen, von Herder und Partner, Berlin
⟳ WIP – Wohnungsbaugesellschaft Prenzlauer Berg mbH
☞ Wohnen
⊞ 1.944 m²
⚒ 1994–1996

Hotel Industriel Berlin
⌗ Köpenicker Straße 10A–15
🚇 U1, 15 Schlesisches Tor
✉ Bezirk Kreuzberg, PLZ 10977
✏ BHHS & Partner, Berlin/MAIC Berlin GmbH, Berlin
⟳ Phidias Generalübernehmer für schlüsselfertiges Bauen mbH
☞ Hotel, Gewerbe
⊞ 59.650 m²

City-Carré I
⌗ Koppenstraße 93, Langestraße
🚇 S3, 5, 7, 9, 75 Hauptbahnhof
✉ Bezirk Friedrichshain, PLZ 10243
✏ Fischer+Fischer, Köln
⟳ Merkur Grundstücks-Gesellschaft
☞ Büro (Verwaltungszentrum Dresdner Bank), Hotel, Einzelhandel
⊞ 72.500 m²
⚒ 1994–1996

Wohn- und Geschäftshaus Krausnickstraße 23
⌗ Krausnickstraße 23
🚇 S1, 2 Oranienburger Straße
✉ Bezirk Mitte, PLZ 10115
✏ Hinrich Baller, Doris Piroth, Berlin
⟳ Hinrich Baller, Doris Piroth, Berlin
☞ Wohnen, Einzelhandel
⊞ 2.400 m²
⚒ 1996–1997

Erweiterung Krankenhaus Friedrichshain
- Landsberger Allee 49
- U5 Weberwiese, S8, 10 Landsberger Allee, Tram 5, 6, 8, 15, 20, Bus 100, 142, 340
- Bezirk Friedrichshain, PLZ 12049
- Höhne & Rapp, Berlin/Amsterdam
- Krankenhaus im Friedrichshain
- Krankenhaus
- 22.700 m²
- 1997–2001

Zwei Wohn- und Geschäftshäuser Legiendamm 2
- Legiendamm 2, Heinrich-Heine-Platz 13
- U8 Moritzplatz, Heinrich-Heine-Straße S 3, 5, 7, 9, 75 Jannowitzbrücke
- Bezirk Mitte, PLZ 10179
- Klaus Lattermann, Berlin
- Eckart Bauträger GmbH, München
- Wohnen, Einzelhandel
- 3.500 m²
- 1996–1997

Zwei Wohn- und Geschäftshäuser Legiendamm 14–16
- Legiendamm 14–16
- U8 Moritzplatz, Heinrich-Heine-Straße, S3, 5, 7, 9, 75 Jannowitzbrücke
- Bezirk Mitte, PLZ 10179
- Klaus Lattermann, Berlin
- E-E-T Grundstücksgesellschaft bR, München
- Wohnen, Einzelhandel
- 3.800 m²
- 1995–1997

Umbau Detlef-Rohwedder-Haus
- Leipziger Straße 5–7/ Wilhelmstraße
- U2 Mohrenstraße
- Bezirk Mitte, PLZ 10100
- Hentrich-Petschnigg & Partner (HPP), Berlin
- Bundesbaudirektion
- Bundesministerium für Finanzen
- 1997–2000

Wohnhaus Lenbachstraße 19
- Lenbachstraße 19
- S3, 5, 6, 7, 8, 9, 10, 75 Ostkreuz
- Bezirk Friedrichshain, PLZ 10245
- Joachim Schmidt
- GSW
- Wohnen, Gewerbe

- 2.422 m²
- 1995–1996

Jugendfreizeitheim, Lindenstraße
- Lindenstraße 40/41
- U2 Spittelmarkt, U6 Kochstraße
- Bezirk Kreuzberg, PLZ 10969
- Marion Drews, Berlin
- Bezirksamt Kreuzberg
- Jugendfreizeitheim
- Nutzfläche: 1.351 m²
- 1992–1995

Lindenpark
- Lindenstraße 58–63/ Schützenstraße 26–35/ Zimmerstraße 48a–53/ Jerusalemer straße 5–9
- U2 Spittelmarkt, U6 Kochstraße
- Bezirk Mitte, PLZ 10117
- Liepe & Steigelmann, Berlin, Martin & Pächter, Berlin, Baumann, Berlin, Ruschitzka & Trebs mit Jentzsch Architekten, Berlin, Achatzi Architekten, Berlin, Stepp, Berlin
- GbR Schützenstraße u.a.
- Büro, Einzelhandel, Wohnen
- 27.448 m²
- 1998–1999

Wohn- und Geschäftshaus Luisenstraße 48/52
- Luisenstraße 48/52/Schumannstraße 19
- S1, 2, 3, 5, 7, 9, 75, U6 Friedrichstraße, Oranienburger Tor
- Bezirk Mitte, PLZ 10117
- Werner Hülsmeier, Osnabrück
- Egon Geerkens, Osnabrück
- Wohnen, Einzelhandel
- 12.500 m²
- 1995–1996

Hunsrück-Grundschule
- Manteuffelstraße 80
- U1 Görlitzer Bahnhof
- Bezirk Kreuzberg, PLZ 10999
- Yoshimi Yamaguchi-Essig & Mathias Essig, Berlin
- Bezirksamt Kreuzberg
- Grundschule
- 9.090 m²
- 1996–2004

WFB Wissenschaftsforum Berlin am Gendarmenmarkt
- Markgrafenstraße 37/Taubenstraße 30

- U2 Stadtmitte, U6 Französische Straße
- Bezirk Mitte, PLZ 10117
- Wilhelm Holzbauer, Wien
- IVA Immobilien-Verwaltungs- und Anlagengesellschaft Dr. A. Steiger KG
- Kommunikationszentrum, Büro, Einzelhandel
- ca. 6.700 m²
- 1996–1998

Bahnhof Ostkreuz
- Marktstraße, Neue Bahnhofstraße 9–17
- S 3, 6, 5, 8, 7, 9,10, 75, Ostkreuz, U5 Frankfurter Allee
- Bezirk Friedrichshain, PLZ 10245
- J.S.K. Architekten, Berlin
- Deutsche Bahn AG
- Bahnhof
- 18.250 m²
- 1998–1999

Michaelbrücke
- Michaelkirchstraße
- S3,5,7,9,75 Jannowitzbrücke, U8 Heinrich-Heine-Straße
- Bezirk Friedrichshain, PLZ 10179
- Dörr-Ludolf-Wimmer, Berlin
- Land Berlin
- Brücke
- 1993–1995

Centre Paris
- Mollstraße 31, Hans-Beimler-Straße
- Tram 5, 6, 8, 15, Bus 340
- Bezirk Friedrichshain, PLZ 10249
- Claude Vasconi, Paris/Berlin
- EUWO-Holding GmbH, Berlin
- Wohnen, Einzelhandel
- 45.000 m²
- 1997–2000

Wohnanlage Müggelstraße 19–20
- Müggelstraße 19–20
- U5, S8, 10 Frankfurter Allee
- Bezirk Friedrichshain, PLZ 10247
- Gau & Servais mit Hassan Younesi, Berlin
- GSW
- Wohnen, Gewerbe
- 2.454 m²
- 1995–1996

Büro- und Geschäftshaus Neue Bahnhofstraße 9–17
- Neue Bahnhofstraße 9–17

S 3, 5, 6, 7, 8, 9, 10, 75 Ostkreuz, U5 Frankfurter Allee

✉ Bezirk Friedrichshain, PLZ 10245

◢ J.S.K. Architekten, Berlin

✎ GbR Büro- und Geschäftshaus Neue Bahnhofstraße Berlin, Frankfurt/Main

☞ Büro, Einzelhandel

⊞ 30.800 m²

⚒ 1993–1995

Kontorhaus am Spittelmarkt

▦ Neue Grünstraße 17–18/Alte Jakobstraße 85–86

🚊 U2 Spittelmarkt

✉ Bezirk Mitte, PLZ 10179

◢ M. König/v. Möllendorf, Berlin

✎ Immobilienfonds der Columbus Capital Vermögensanlagen GmbH

☞ Büro, Einzelhandel, Wohnen

⚒ 1992–1994

Wohn- und Geschäftshaus Seydelstraße

▦ Neue Grünstraße /Seydelstraße 38

🚊 U2 Spittelmarkt

✉ Bezirk Kreuzberg, PLZ 10969

◢ Günther Stahn, Berlin
Storr Consulting, München

✎ Concordia Bau & Boden AG

Wohnhaus Oranienburger Straße 19–20

▦ Oranienburger Straße 19–20

🚊 S1,2 Oranienburger Straße

✉ Bezirk Mitte, PLZ 10178

◢ Feddersen, von Herder und Partner, Berlin

✎ Multiplan + Lebenshilfe

☞ Wohnen

⊞ 3.726 m²

⚒ 1993–1995

Wohn-, Büro-, und Geschäftshaus Oranienburger Straße 65

▦ Oranienburger Straße 65

🚊 S1, 2 Oranienburger Straße, Tram 1,13

✉ Bezirk Mitte, PLZ 10115

◢ Sadowski und Lebioda, Berlin

✎ Colonia Lebensversicherung AG, Bauwert AG, München/Berlin

☞ Büro, Einzelhandel, Wohnen

⊞ 4.658 m²

⚒ 1994–1995

Wohnhaus Pappelallee

▦ Pappelallee

🚊 U2 Eberswalder Straße, Tram 13

✉ Bezirk Prenzlauer Berg, PLZ 10437

◢ Stankovic + Bonnen, Berlin

✎ WIR Wohnungsbaugesellschaft

☞ Wohnen

⊞ 3.206 m²

⚒ Fertigstellung 1997

Stadtbibliothek Friedrichshain

▦ Pettenkofer Straße

🚊 U5 Samariterstraße, S8, 10 Storkower Straße, Bus 257

✉ Bezirk Friedrichshain, PLZ 10247

◢ Arno Bonanni Architekten, Berlin

✎ Akzente GmbH

☞ Bibliothek, Wohnen

⊞ 10.700 m²

⚒ 1997–1999

Büro-, Wohn- und Geschäftshäuser am Platz vor dem Neuen Tor

▦ Platz vor dem Neuen Tor 1a,1b,2-3/ Hannoverische Straße 9

🚊 U6 Zinnowitzer Straße, S1, 2 Nordbahnhof

✉ Bezirk Mitte, PLZ 10115

◢ Josef Paul Kleihues, Berlin

✎ KG Bayerische Hausbau GmbH & Co., München

☞ Wohnen, Büro, Einzelhandel, Gastronomie

⊞ 15.950 m²

⚒ 1994–1998

Wohn- und Geschäftshäuser Reinhardtstraße 29 und 31

▦ Reinhardtstraße 29, 31

🚊 S1, 2, 3, 5, 7, 9, 75, U6 Friedrichstraße, Tram 1

✉ Bezirk Mitte, PLZ 10117

◢ Nr. 31: Bellmann & Böhm, Berlin
Nr. 29: Bellmann & Böhm und Krüger/Schuberth/Vandreike, Berlin

✎ Nr. 31: Erich Bonert/Allbau GmbH, Berlin
Nr. 29: GbR Reinhardtstraße (Initiator: Allbau GmbH, Berlin)

☞ Wohnen, Büro, Gewerbe, Probebühne des Deutschen Theaters (Nr. 29)

⊞ 2.667 m² (Nr. 31), 16.106 m² (Nr. 29)

⚒ 1996–1997 (Nr. 31), 1996–1998 (Nr. 29)

Bundespressekonferenz

▦ Reinhardtstraße 53/59

🚊 S1, 2, 3 Friedrichstraße, U6 Oranienburger Tor, Tram

✉ Bezirk Mitte, PLZ 10117

◢ Nalbach + Nalbach, Berlin

✎ Allianz Versicherungs AG vertreten durch die Allianz Grunstücks GmbH

☞ Bundespressezentrale

⊞ 128.056,80 m²

⚒ 1998–2000

Wohnungsbau Rigaer Straße

▦ Rigaer Straße 26

🚊 U5 Rathaus Friedrichshain, S 8,10 Frankfurter Allee

✉ Bezirk Friedrichshain, PLZ 10247

◢ Kny und Weber (mit Brenne, Schäfers, Betow), Berlin

✎ GSW Gemeinnützige Siedlungs- und Wohnungsbaugesellschaft Berlin mbH

☞ Wohnen, Gewerbe

⊞ 8.858 m²

⚒ 1994–1996

Wohnhaus Rigaer Straße 57, Waldeyerstraße 8

▦ Rigaer Straße 57/Waldeyerstraße 8

🚊 U5 Rathaus Friedrichshain

✉ Bezirk Friedrichshain, PLZ 10247

◢ Axel Schulz, Berlin

✎ Trigon Consult GmbH & Co.

☞ Wohnen, Einzelhandel

⊞ 3.183 m²

⚒ 1994–1995

Wohnhaus mit Kita, Zossener Straße 22–24

▦ Riemannstraße 1/Zossener Straße 22–24

🚊 U7 Gneisenaustraße

✉ Bezirk Kreuzberg, PLZ 10961

◢ Krogmann & Co, Berlin

✎ Immobilienfonds Zossener Straße GbR

☞ Wohnen, Diakoniestation

⊞ 3.534 m²

Verwaltungsgebäude Ritterstraße

▦ Ritterstraße 3

🚊 U1, 15 Prinzenstraße/ Kottbusser Tor, U8 Moritzplatz/Kottbusser Tor

✉ Bezirk Kreuzberg, PLZ 10969

◢ SJ Planungsgesellschaft mbH, Ratingen

✎ F. Aicher und Teilhaber GbR

☞ Büro

⊞ 7.000 m²

⚒ 1992–1994

Wohnanlage mit Kita Ritterstraße

▦ Ritterstraße 38–48/ Alexandrinenstraße

🚇 U8 Moritzplatz, Bus 129
✉ Bezirk Kreuzberg, PLZ 10969
🏛 Brandt & Böttcher, Berlin
👁 BeWoGe Berliner Wohn- und Geschäftshaus Gmbh
☞ Wohnen, Kindertagesstätte
🏃 1992–1995

Sanierung Bürogebäude Rungestraße 9
🏠 Rungestraße 9
🚇 U2 Märkisches Museum, U8 Janno-witzbrücke
✉ Bezirk Mitte, PLZ 10179
🏛 Fischer+Fischer, Köln
👁 Unternehmensgruppe Kirschner, Dülmen
☞ Büro
⊞ 3.700 m²
🏃 1995–1997

Wohn und Geschäftshaus Rungestraße 15–16
🏠 Rungestraße 15–16
🚇 U2 Märkisches Museum, S3, 5, 7, 9, 75, U8 Jannowitzbrücke
✉ Bezirk Mitte, PLZ 10179
🏛 König, Michael, Berlin
👁 Bauwert GmbH, Berlin/ München
☞ Wohnen, Gewerbe
⊞ 2.966 m²
🏃 1994–1995

Wohnbebauung Scharnweberstraße 36
🏠 Scharnweberstraße 36
🚇 U5 Samariterstraße
✉ Bezirk Friedrichshain, PLZ 10247
🏛 Winfried Brenne (mit Franz Jaschke), Berlin
👁 WBF Wohnungsbaugesellschaft Friedrichshain mbH
☞ Wohnen
⊞ 1.107 m²
🏃 1994–1995

Gewerbehof Schlesische Straße 27
🏠 Schlesische Straße 27
🚇 U1, 15 Schlesisches Tor, Bus 265
✉ Bezirk Kreuzberg, PLZ 10997
🏛 Wolfgang Scharlach/Wolfdietrich Max Vogt, Berlin
👁 GSG
☞ Gewerbe
⊞ 13.100 m²
🏃 1992–1995

Männerobdach Schlesische Straße 27 A
🏠 Schlesische Straße 27A

🚇 U1, 15 Schlesisches Tor, Bus 265
✉ Bezirk Kreuzberg, PLZ 10997
🏛 Meyer-Rogge + Partner, Berlin
👁 Bezirksamt Kreuzberg von Berlin, Abteilung Soziales
☞ Wohnheim für obdachlose Männer
⊞ 3.420 m²
🏃 1994–1997

Gewerbegebäude Schlesische Straße 28
🏠 Schlesische Straße 28
🚇 U1, 15 Schlesisches Tor
✉ Bezirk Kreuzberg, PLZ 10999
🏛 Ruiken & Vetter, Berlin
👁 VBG Verwaltung Berliner Grund-stücke
☞ Gewerbe
⊞ 700 m²
🏃 1994–1995

Grundschule/Sporthalle am Anhalter Bahnhof
🏠 Schöneberger Straße 23–24
🚇 S1, 2 Anhalter Bahnhof
✉ Bezirk Kreuzberg, PLZ 10963
🏛 Scharlach/Wischhusten, Berlin
👁 Bezirksamt Kreuzberg
☞ Grundschule, Sporthalle
⊞ 6.560 m²
🏃 1988–1991

Mosse-Zentrum
🏠 Schützenstraße 18–25
🚇 U6 Kochstraße, U2 Spittelmarkt, Bus 129
✉ Bezirk Mitte, PLZ 10117
🏛 Jürgen Fissler und Hans-Christof Ernst, Berlin; Bernd Kemper, Hannover; Dieter Schneider, Berlin; Hans D. Strauch (HDS), Boston
👁 Druckhaus Mitte GmbH, H.K. Roeder
☞ Büro, Gewerbe, Gastronomie
⊞ 69.159 m²
🏃 1993–1995

Wohn- und Geschäftshaus Simplon-straße 27
🏠 Simplonstraße 27/Seumestraße 31
🚇 S3, 5, 6, 7, 8, 9, 10, 75 Ostkreuz
✉ Bezirk Friedrichshain, PLZ 10245
🏛 Klaus W. Grashorn & Engelke Gras-horn-Wortmann, Berlin
👁 Alte Leipziger Versicherung AG, Oberursel
☞ Wohnen, Einzelhandel
⊞ 6.850 m²
🏃 1994–1995

Büro- und Geschäftshaus Skalitzer Straße 36
🏠 Skalitzer Straße 36
🚇 U1, 15 Görlitzer Bahnhof
✉ Bezirk Kreuzberg, PLZ 10999
🏛 Yoshimi Yamaguchi-Essig & Mathias Essig, Berlin
👁 GbR Manteuffelstraße, Hamburg
☞ Einzelhandel, Büro
⊞ 2.940 m²
🏃 1992–1994

Hofschließung Sophienstraße
🏠 Sophienstraße 29-33
🚇 S3, 5, 7, 9, 75 Hackescher Markt, U8 Rosenthaler Platz
✉ Bezirk Mitte, PLZ 10178
🏛 Hilmer & Sattler, München/Berlin, mit Partner Thomas Albrecht
👁 Grundstücksgemeinschaft Sophien-straße
☞ Büro, Wohnen
⊞ 1.400 m²
🏃 1991–1994

Wohn- und Geschäftshäuser am Spittel-markt
🏠 Spittelmarkt/Seydelstraße/Beuth-straße
🚇 U2 Spittelmarkt
✉ Bezirk Mitte, PLZ 10117
🏛 HPP Hentrich-Petschnigg & Partner, Berlin, Hans D. Strauch Associates, Boston
👁 Projektentwicklung DBM und Debis
☞ Wohnen, Einzelhandel

Z-förmiges Hochhaus Stralauer Platz
🏠 Stralauer Platz
🚇 S3, 5, 7, 9, 75 Hauptbahnhof
✉ Bezirk Friedrichshain, PLZ 10243
🏛 Helmut Jahn, Chicago
☞ Büro, Gewerbe
🏃 1998–2000

WGH Stresemannstraße 35–37/Groß-beerenstraße 94–96
🏠 Stresemannstraße 35–37/Großbee-renstraße 94-96
🚇 S1, 2 Anhalter Bahnhof, U1, 6, 15 Hallesches Tor
✉ Bezirk Kreuzberg, PLZ 10963
🏛 Ulrich Grünberg & Partner
👁 GSW
☞ Wohnen, Gewerbe
🏃 1993–1995

Umspannwerk/Kältezentrale Potsdamer Platz
- Stresemannstraße 126
- S1, 2, U2 Potsdamer Platz
- Bezirk Mitte, PLZ 10785
- Hilmer & Sattler, München/Berlin, mit Partner Thomas Albrecht
- BEWAG
- Umspannwerk, Kältewerk
- 7.900 m²
- 1995–1996

Bürohaus Taubenstraße 26
- Taubenstraße 26
- U2, 6 Stadtmitte
- Bezirk Mitte, PLZ 10117
- Jürgen Fissler und Hans-Christof Ernst, Berlin
- BIG Investment Gesellschaft KG
- Büro
- 2.180 m²
- 1992–1995

Bürohaus Tempelhofer Ufer
- Tempelhofer Ufer 8/9
- U1, 7, 15 Möckernbrücke, U1, 6, 15 Hallesches Tor
- Bezirk Kreuzberg, PLZ 10963
- Manfred Pechtold, Berlin
- KapHag Unternehmensgruppe
- Büro
- 7.300 m²
- 1994–1995

Bürogebäude Torstraße 6
- Torstraße 6
- U2 Rosa-Luxemburg-Platz
- Bezirk Mitte, PLZ 10119
- Pysall, Stahrenberg & Partner, Berlin
- Industrie- und Wohnbau Groth & Graalfs GmbH
- Büro, Einzelhandel
- 6.000 m²
- 1992–1994

Bürocenter Schönhauser Tor
- Torstraße 49/Schönhauser Allee 1
- U2 Rosa-Luxemburg-Platz
- Bezirk Mitte, PLZ 10119
- Giese, Bohne und Partner, Karlsruhe
- Schönhauser Tor BV
- Büro, Einzelhandel
- 15.000 m²
- 1993–1995

Institutsgebäude der HU
- Universitätsstraße 3b
- S1, 2, 3, 5, 7, 9, 75 Friedrichstraße, U6 Französische Straße, Bus 100, 157
- Bezirk Mitte, PLZ 10117
- Abelmann + Vielain, Berlin
- Humboldt-Universität zu Berlin, Bauabteilung
- Bibliothek, Hörsäle, Seminar- und Institutsräume
- ca. 6000 m²
- 1996–1999

ZDF-Umbau im Zollernhof
- Unter den Linden 36–38
- S1, 2 Unter den Linden
- Bezirk Mitte, PLZ 10117
- Thomas Baumann, Berlin
- Projektgemeinschaft ZDF VEBA
- Fernsehstudios, Büro, Einzelhandel
- ca. 35.000 m²
- 1997-1999

Hotel Unter den Linden
- Unter den Linden/Friedrichstraße
- S1, 2, 3, 5, 7, 9, 75, U6 Friedrichstraße, Bus 100
- Bezirk Mitte, PLZ 10117
- Steinebach & Weber, Berlin
- Trigon-Gruppe, Berlin
- Hotel, Gastronomie
- ca. 42.000 m²
- 1998–2000

Bürogebäude Warschauer Straße 31/32
- Warschauer Straße 31/32
- S3, 5, 7, 9, 75, U1, 15 Warschauer Straße
- Bezirk Friedrichshain, PLZ 10243
- Pudritz + Paul, Berlin
- DIG Deutsche Immobilien GmbH
- Büro, Einzelhandel
- 7.300 m²
- 1994–1995

Umbau und Erweiterung Warschauer Straße 31–32
- Warschauer Straße 31–32/Revaler Straße 100
- S3, 5, 7, 9, 75, U1, 15 Warschauer Straße
- Bezirk Friedrichshain, PLZ 10247
- Gerold Otten, Westerstede
- Deutsche Immobilien Vertriebs GmbH
- Büro, Einzelhandel
- 7.200 m²
- 1994–1995

»Die Wallhöfe« Büro- und Geschäftshaus, Wallstraße 23–24
- Wallstraße 23–24
- U2 Spittelmarkt
- Bezirk Mitte, PLZ 10179
- Giffey und Thüs, Hamburg
- Deutsche Immobilienfonds AG
- Wohnen, Gewerbe
- 8.000 m²
- 1995–1996

Seniorenresidenz »Wilhelm Eck«
- Wilhelmstraße 72/Behrenstraße
- U2 Mohrenstraße
- Bezirk Mitte, PLZ 10117
- Peichl & Partner, Wien
- Prinz zu Hohenlohe-Jagstberg & Banghard Beratungs GmbH & Co KG (vertreten durch GbR Wilhelmstraße 72/Uhlandstraße 175, Berlin)
- Wohnen (Seniorenheim), Einzelhandel
- ca. 7.000 m²
- 1997–1999

Wohn- und Geschäftshaus Wrangelstraße 55
- Wrangelstraße 55
- U1, 15 Görlitzer Bahnhof
- Bezirk Kreuzberg, PLZ 10997
- Koch und Gräfe, Berlin
- CRE Real Estate GmbH
- Wohnen, Gewerbe
- ca. 600 m²

Schulanlage Block 90, Mariannenplatz
- Wrangelstraße 136
- U1, 8, 15 Kottbusser Tor, Bus 140
- Bezirk Kreuzberg, PLZ 10997
- Georg Bumiller, Berlin
- Land Berlin
- Dreifachsporthalle
- 4.300 m²
- 1996–2000

Wohnhaus Zionskirchstraße 65
- Zionskirchstraße 65
- U8 Rosenthaler Platz, Tram 13, 50
- Bezirk Prenzlauer Berg, PLZ 10119
- Meyer-Rogge + Partner, Berlin
- WIP-Wohnungsbaugesellschaft Prenzlauer Berg mbH
- Wohnen
- 982 m²
- 1995–1996

Friedrichstadt-Passagen, Quartier 206 (S. 65)

Friedrichstadt-Passagen, Quartier 205 (S. 66)

Quartier Schützenstraße, Fassade (S. 85)

Erweiterung GSW-Hauptverwaltung (S. 87)

Network Office, Checkpoint Charlie, Quartier 105 (S. 90)

Triangel (S. 88)

Springer-Medien-Haus, links Altbau, rechts Erweiterung (S. 95)

Erweiterungsbau Deutsches Historisches Museum (S. 100)

Pariser Platz mit Haus Liebermann, Wohn- und Geschäftshaus 6a und Dresdner Bank (S. 27-29)

Radsporthalle an der Landsberger Allee im Bauzustand (S. 129)

Olympiastadion (S. 176)

Spree-Bogen-Türme (S. 152)

Kantdreieck (S. 158)

Oben: Familiengericht (S. 115)
Mitte: Wohnbebauung Nelly-Sachs-Park (S. 166)
Rechts: Erweiterung Berlin Museum (S. 116)

Büro- und Geschäftshaus Kranzler Eck / Office and shopping building Kranzler Eck

Kurfürstendamm/Joachimstalerstraße | S3, 5, 7, 75, 59, U9, 15, Bus 119, 129 | 10719 Tiergarten

Das Projekt zur Bebauung dieses zentralen Ortes in der City-West war lange Zeit umstritten, sowohl aus politischen als auch aus städtebaulich-architektonischen Gründen. Die Baugenehmigung erfolgte nämlich aufgrund von Zusagen seitens des Grundstückseigners, die dieser nicht einhielt. Darüber hinaus ist die Dimension der Bebauung aufgrund des baulich-räumlichen Kontextes am Kurfürstendamm nicht unproblematisch. Das über 50 Meter hohe Gebäude besetzt ein langgestrecktes Grundstück, das vom Kurfürstendamm bis zur Kantstraße reicht. In den unteren Geschossen, einer auf Stützen ruhenden Ladenzeile, befinden sich Geschäfte und Restaurants. In den übrigen Geschossen sind Büroeinheiten unterschiedlicher Größe angeordnet. Die Grundfläche dieses großen Gebäudekörpers ist unregelmäßig zugeschnitten. An der Schmalseite am Kurfürstendamm läuft das Gebäudevolumen zu einem spitzen Winkel zusammen. An einigen Stellen wird es von doppelgeschossigen Freiräumen durchbrochen, so daß hier freie Terrassen entstehen. Ein anderer, etwas niedrigerer Gebäudeteil ist im hinteren Grundstücksbereich rechtwinklig an den großen Riegel angeschlossen; auch in diesem sind in den unteren Geschossen Läden, darüber Büroräume angeordnet. Die Fassade besteht aus Stahl und Glas, wobei einige Bauteile — wie Terrassen, Austritte und brückenartige Stege — einer etwas verspielten und architektonisch nicht immer nachvollziehbaren Inszenierungslogik unterliegen. Der Architekt folgt damit aber der gleichen Entwurfsstrategie wie bei seinen anderen beiden Bürohäusern, die in den letzten Jahren am Kurfürstendamm entstanden sind.

The construction project for this central site in the western City was a subject of controversy for a long time, both for political reasons and for urban planning and architectural reasons. The building permit was issued on the basis of promises that were made by the owner of the plot – but not kept. And the dimension of the building project is not without its problems because of the context on Kurfürstendamm. The building is over 50 metres high and occupies an elongated plot that reaches from Kurfürstendamm to Kantstrasse. The lower storeys contain a row of shops and restaurants resting on pillars. The other storeys contain office units of different sizes. The ground layout of this large building is irregular in shape. At the narrow end facing Kurfürstendamm, the building has a pointed end. At several points, the building is interrupted by open spaces spanning two storeys and creating free terraces. Another part of the building, which is rather lower, is attached at right angles to the large block on the rear part of the plot. Here, again, the lower storeys contain shops, with offices above them. The facade consists of steel and glass, although some parts of the building – such as terraces, balconies and bridge elements – follow a rather playful dramatic logic that often seems to be for no reason. In this, however, the architect follows the same design strategy as in the two other office buildings designed by him which have been built on Kurfürstendamm over recent years.

⊿ Murphy/Jahn, Helmut Jahn, Chicago ✎ DIFA Deutsche Immobilienverwaltung ☞ Zentralverwaltung, Büro, Einzelhandel, Gastronomie ⊞ 30.000 m² ⚘ 1998–2000

Ku'damm-Eck / Ku'damm-Corner

Kurfürstendamm/Joachimstalerstraße | S3, 5, 7, 75, 59, U9, 15, Bus 119, 129 | 10719 Tiergarten

Das Hotel- und Geschäftshaus ersetzt das erste Shop-in-Shop-Einkaufszentrum Berlins, das in den Jahren 1969-72 nach einem Entwurf von Werner Düttmann gebaut wurde. Das Grundstück umfaßt die komplette Ecke Kurfürstendamm/ Joachimsthaler- und Augsburger Straße. Das große Gebäude nimmt ein Hotel auf und, vom ersten bis zum zweiten Obergeschoß, unterschiedlich große Ladenflächen und gastronomische Einrichtungen. Das Hotel wird über die Augsburger Straße erschlossen, von wo aus die Lobby im 3. Obergeschoß erreicht werden kann. Hier liegen die Hotelverwaltung, Konferenzräume und eine Kunstgalerie. Vom 4. bis zum 10. Obergeschoß erstrecken sich die insgesamt 320 Hotelzimmer. Die Eingänge zu den Ladenflächen befinden sich dagegen am Kurfürstendamm. Das bislang im Ku'Damm-Eck befindliche Panoptikum (Wachsfigurenkabinett) wird im 2. Obergeschoß integriert. Auffallend ist die skulpturale Ausbildung des Gebäudekörpers als große urbane, geschwungene, plastische Form. Diese nimmt Bezug auf traditionelle Berliner Ecklösungen, wie sie zum Beispiel von Emil Fahrenkamp (Shell-Haus) und von Erich Mendelsohn (Mossehaus) entworfen wurden: Die einzelnen Höhenschichten erscheinen sichtbar als horizontal profilierte, gestapelte Geschosse mit versetzten Fensteröffnungen, deren Fassaden aus bearbeitetem Naturstein und Bauteilen aus Bronze bestehen. Dabei scheint die große architektonische Form mit den Obergeschossen aus einem polygonal konfigurierten Sockel herauszuwachsen. Sich aus der Grundrißkonzeption ergebene Terrassen sollen mit Skulpturen bestückt werden und das Gebäude nobilitieren.

The hotel and shopping building replaces the first shop-in-a-shop shopping centre of Berlin, which was built from 1969-72 to a design by Werner Düttmann. The site comprises the complete corner of Kurfürstendamm, Joachimstaler Strasse and Augsburger Strasse. The large building includes a hotel and, from the first to the second floor, shops and restaurant establishments of different sizes. The hotel is entered from Augsburger Strasse, and the lobby on the third floor is reached via this entrance. The third floor houses the hotel administration, conference rooms and an art gallery. The 320 hotel rooms are situated on floors 4 to 10. The entrance to the shops is from Kurfürstendamm. The »Panoptikum« (waxworks), which was housed in the former building on Ku'damm Corner, will be integrated into the 2nd floor. A striking feature is the sculptural design of the building structure as a large urban, flowing three-dimensional form. This form reflects traditional corner solutions in Berlin designed by such architects as Emil Fahrenkamp (Shell-Haus) and Erich Mendelsohn (Mossehaus). The individual levels are visibly marked as horizontally stacked storeys with offset window apertures and a facade of hewn natural stone, with bronze structural elements. The large architectural form of the upper storeys seems to grow out of a polygonal pedestal configuration. The terraces that arise from the floor plan design are planned to contain sculptures, which is intended to give the building a noble flair.

gmp von Gerkan, Marg & Partner, Hamburg (Projektleitung: O. Dorn) ✏ Grothe Ku'damm-Eck KG ☞ Hotel, Einzelhandel, Kunstgalerie ⊞ 32.500 m² ♣ 1998–2001

Berlin Hotel

Schillstraße 8 | U1, 2, 4, 15 Nollendorfplatz, Bus 119, 341 | 10785 Schöneberg

Der achtgeschossige Erweiterungsbau für das Hotel Berlin steht parallel zur Schillstraße und gibt dieser erstmals eine räumliche Fassung auf dieser Straßenseite. In der städtebaulich eher unangenehm wirkenden Gemengelage aus Hochhäusern übernimmt das Gebäude vor allem auch eine ordnende Funktion. Es verbindet die beiden Hotelriegel aus den 50er und den 80er Jahren und komplettiert somit den Baublock Lützowplatz, Einem-, Kurfürsten- und Schillstraße zu einem reinen Hotelensemble. In dem Neubau sind im Erdgeschoß, das durch eine eingeschossige Arkade gebildet wird, eine Lounge und ein Autosalon untergebracht. In den übrigen Geschossen sind insgesamt 210 Doppelzimmer in Ergänzung zum Bestand von knapp 500 Zimmern angelegt. Im Kontext der umliegenden heterogenen Bebauung aus den sechziger und siebziger Jahren fällt der Baukörper mit seinem linearen und klar konfigurierten Volumen und der ausgewogen proportionierten Lochfassade besonders auf. Dabei liegen die Fenster tief in den Laibungen, so daß im Zusammenspiel mit den metallenen Markisen ein reichhaltiges und spannungsreiches Spiel von Licht und Schatten die Fassadenfläche belebt. Das Fehlen jeglicher Schmuckteile, wie Verdachungen, Fenstersohlbänke oder anderer vorstehender Bauteile, verstärkt den Eindruck der scharf in die Fläche aus Steinplatten geschnittenen Öffnungen. Farbe und Fugenbild der Steinverkleidung tragen zum klaren Gesamteindruck bei. Das oberste Geschoß ist verglast und zurückversetzt; auf ihm ruht das weitauskragende flache Dach, das dem ruhig gegliederten Baukörper den architektonisch notwendigen Abschluß verleiht.

The eight-storey extension building for the Hotel Berlin runs parallel to Schillstrasse, creating a visual boundary on this side of the road for the first time. By comparison with the rather unattractive urban pattern of high rise buildings, the building particularly gives structure to the context. It links the two hotel blocks dating from the 1950s and 1980s, and thus it makes the block consisting of Lützowplatz, Einemstrasse, Kurfürstenstrasse and Schillstrasse into a pure hotel ensemble. The ground floor of the new building, which consists of a single-storey arcade, contains a lounge and a car salesroom. The other storeys contain a total of 210 double rooms, in addition to the previous almost 500 rooms. In the context of the surrounding heterogeneous structures dating from the 1960s and 1970s, the building is particularly prominent with its linear, clearly configured volume and the balanced proportions of its perforated facade. The windows are set deep into the recesses, which means that in the interplay with the metal blinds, a rich and contrasting pattern of light and shade enlivens the facade. The lack of any decorative elements such as canopies, window ledges and other protruding features, reinforces the impression of the openings that cut sharply into the facade of stone panels. The colour and joint pattern of the facing stone also contribute to the clear overall impression. The top storey is glazed and set back, and on this storey rests the wide overhang of the flat roof, which provides an architecturally necessary finishing touch to the calmly structured building.

Michael König, Berlin/Betz + Partner, München/Berlin für die Fassade, Hotel Berlin AG Hotel 1995–1996

Wohn- und Geschäftshaus / Residential and shopping building Turmstraße 34

Turmstraße 34/Jonasstraße 1/Bredowstraße 48–50 | U9 Turmstraße | 10551 Tiergarten

Das Gebäude komplettiert an dieser Stelle die Stirnseite eines extrem schmalen Häuserblocks und zugleich die durchgehende Straßenrandbebauung der Turmstraße. Es handelt sich im Grunde um drei U-förmig angeordnete Gebäudevolumina, die in ihrer Zusammensetzung der traditionellen Berliner Mietshauskonzeption von Vorderhaus mit zwei Seitenflügeln folgen, nur daß hier auch die beiden Seitenflügel zur Straße orientiert sind. An der Turmstraße steht das große Volumen als ›Vorderhaus‹ mit einem Laden- und einem Bürogeschoß; es wird aus der Verschränkung eines verglasten mit einem massiven Baukörper gebildet, wobei sich hinter der vollverglasten Wand ausschließlich Wohnräume befinden. Die beiden straßenseitigen ›Seitenflügel‹ haben ebenfalls in den unteren Geschossen Läden und Büros, darüber wiederum Wohnungen. Diese Gebäude sind durch großzügig verglaste und filigran konstruierte Treppenhäuser mit dem Gebäude an der Turmstraße verbunden. Damit wird das zugrundeliegende Entwurfskonzept der räumlichen Zerlegung, der Schaffung von Einzelbaukörpern in einer zeitgenössischen Architektursprache für drei unterschiedliche Straßen und die anschließende Zusammensetzung dieser stereometrischen Körper sinnfällig in Szene gesetzt. Im Vorderhaus befinden sich vier Wohnungen in jedem Geschoß, in den Seitenflügeln je eine; die Wohn- und Eßbereiche liegen jeweils zur Straße orientiert. Durch die Anordnung der Volumen, die Verglasung der Treppenhäuser und die Anordnung von Wintergärten ist zudem ein angenehmer, ruhiger Hofbereich entstanden.

On this site, the building completes the end of an extremely narrow block of buildings and, at the same time, the continuous line of buildings along the street front of Turmstrasse. It basically consists of building structures arranged in a U shape. In their combination, they follow the traditional Berlin rented building concept of a front building with two side wings, only in this case the two side wings face the street. On Turmstrasse is the large block, the ›front building‹ with a shop floor and an office floor. It combines a glass-faced structure with a solid building structure, and behind the fully glazed wall there is only residential accommodation. The two ›side wings‹ facing the street also have shops and offices on the lower floors, and above them there are also apartments. These buildings are linked to the building on Turmstrasse by generously glazed staircases with a filigree framework. This appropriately articulates the underlying design concept of spatial fragmentation, of creating single buildings in a modern architectural language for three differing streets, and the subsequent combination of these stereometric blocks. The front building contains four apartments on each storey, and each side wing has one apartment per storey. The living and dining areas of all apartments are arranged facing the street. The arrangement of the structural volumes, the glazing of the staircases and the arrangement of winter gardens also creates a pleasant and quiet inner courtyard.

Mirjam Blase/Osman Kapici, Berlin ✏ DEGEWO ☞ Wohnen, Gewerbe, Einzelhandel ⊞ 5.010 m² ⚘ 1993–1995

Wohnhaus (Schnecke) / Apartment building (Snail) Holsteiner Ufer 46

Holsteiner Ufer 46 | S3, 5, 7, 9 Bellevue | 10557 Tiergarten

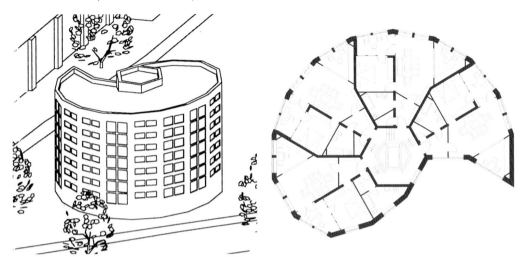

Das achtgeschossige Gebäude besetzt gemeinsam mit einem Terrassenwohnhaus ein dreieckiges Gelände zwischen dem Hochbahnviadukt der S-Bahn und dem hier bogenförmigen Flußlauf der Spree. Seine Lage und sein ausgesprochener Solitärcharakter, unterstützt durch eine eigenwillige Konfiguration ohne eindeutige Hierarchien von vorn und hinten, heben es aus dem städtebaulichen Kontext heraus. Dem Entwurfskonzept liegt eine Kreis- bzw. Drehbewegung des Grundrisses zugrunde, der nunmehr als Schneckenform erscheint, in die die Wohnungen wie addierte Raummodule eingelagert sind. Damit löst sich das Gebäude aus dem Raster der orthogonalen Bebauung der Stadt und erlaubt es außerdem, alle Wohnungen zur Spree und zum nahe gelegenen Tiergarten auszurichten. Angelegt sind die einzelnen Wohnungen um ein mittig gelegenes, großes, villenartiges Treppenhaus; sie schrauben sich gleichsam um diesen Kern, dieses Raumzentrum herum, wobei das Niveau von Wohnung zu Wohnung um jeweils ca. 70 Zentimeter steigt. Vier Wohnungen liegen jeweils nebeneinander; alle Grundrißfiguren sind, trotz der eigenwilligen Grundrißdisposition und Erscheinungsform des Hauses, nach einem gleichen, asymmetrisch konfigurierten Raumschema organisiert: Entrée, ein großer und ein kleinerer Raum, geschaltet mit einem Wintergarten, Küche und Bad. Das Erdgeschoß ist Neben-, Keller- und Fahrradabstellräumen sowie Garagenplätzen vorbehalten, um eine tiefere Gründung zu vermeiden.

The eight-storey building, together with a terrace apartment building, occupies a triangular plot of land between the overground viaduct of the S-Bahn urban railway and the meander of the river Spree. Its position and its marked solitary character, in combination with its unconventional configuration without any clear hierarchy at the front or rear, give it a separate identity from the urban context. The design concept is based on a circular or rotating motion of the ground layout, which appears as a snail-like form and into which the apartments are inserted, like cumulated room modules. This marks the building off from the orthogonal building pattern in the city and also makes it possible to arrange all the apartments facing the river Spree and the nearby Tiergarten. The individual apartments are arranged around a central large villa-style staircase; they »rotate« around this core, this focal area, and the floor level rises by about 70 centimetres from one apartment to the next. The apartments are next to each other in groups of four. In spite of the eccentric layout and appearance of the building the floor layout of all apartments is arranged on an identical, asymmetrically configured pattern: the entrance, one large room, one smaller room, a winter garden, kitchen and bathroom. The ground floor is reserved for auxiliary rooms, basement and bicycle rooms and garage spaces to avoid the necessity of deeper excavations and foundations.

Benedict Tonon, Berlin 〜 WIR Wohnungsgesellschaft in Berlin mbH, Berlin ☞ Wohnen ⊞ 3.300 m²

Bürohaus (Das Blaue Haus) / Office building (The blue house) Perleberger Brücke

Lehrter Str. 46/Perleberger Str. | S3, 5, 7, 9, 75 Lehrter Stadtbahnhof, Bus 127, 227, 245, 327 | 10557 Tiergarten

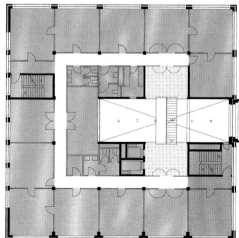

An einer Kreuzung und Bahnschneise gelegen, markiert das siebengeschossige Bürogebäude eine Torsituation zwischen den Stadtteilen Wedding und Tiergarten. Es ist der Kopfbau einer sich in die Lehrter Straße erstreckenden Bebauungsstruktur, die vom selben Architekten entwickelt wurde. Durch seine kubische, stereometrische Form mit den Abmessungen der Seitenlängen von 27 mal 27 Metern und einer Höhe von 25 Metern und durch die dunkle Farbe erscheint es als hermetische, schwere, in sich ruhende Figur. Die repetitive Befensterung, die an der stark befahrenen Straße und an der Bahnschneise als Kastendoppelfenster ausgebildet ist, unterstützt diese Wirkung. Die Stahlbetonskelett-Konstruktion ist mit dunkelblau eingefärbten Betonelementen verkleidet, die, als Winkelform, gemeinsam mit den Fenstern jeweils ein liegendes Format aufweisen. Im Eingangsbereich ist das Material geschliffen. Der äußeren Erscheinung, die einem Maßsystem unterworfen ist, entspricht die innere Struktur, die auf einem quadratischen Rastermodul basiert. In das Bauwerk eingelassen ist ein gebäudehohes Atrium, um das herum die Büroräume geschoßweise organisiert sind; dieser hohle Nukleus sammelt und konzentriert alle Raummodule. In einem Gebäudekern liegen die Sanitäranlagen und weitere Nebenräume. Ein Treppenhaus mit Stegen zu den Geschoßebenen strukturiert den hohen Raum des Atriums, das in der Fassade durch ein über drei Geschosse reichendes großes Fenster ab dem vierten Geschoß im Stadtraum kenntlich gemacht wird. Zwei an der Fassade liegende Treppenhäuser und eine Aufzuganlage übernehmen die vertikale Erschließung. Tektonisch wird, durch den Einsatz von additiv gesetzten gleich großen Tafeln für die Hülle, ein hoher Abstraktionsgrad erreicht.

This seven-storey office building is situated on a cross-roads and a railway line and represents a gateway setting between the suburbs of Wedding and Tiergarten. It is the end building of a development structure which extends into Lehrter Strasse and was developed by the same architect. With its cubic, stereometric form with side lengths of 27 by 27 metres and a height of 25 metres and its dark colour, it appears as a hermetic, heavy and self-contained structure. The repetitive window pattern facing the busy road, which consists of box-type double windows, underlines this effect. the reinforced concrete skeleton is faced with dark-blue stained concrete elements, which are angular in form and have a horizontal format in conjunction with the windows. The material is ground smooth in the entrance area. The outer appearance, which is subject to a dimension system, matches the interior structure which is based on a square grid module. Inserted into the building is an atrium spanning the height of the building, around which the offices are arranged on each floor; this hollow nucleus collects and concentrates all spatial modules. A core building contains the sanitary facilities and other auxiliary rooms. A staircase with walkway links to each floor lends structure to the high space of the atrium, which is marked in the urban appearance of the façade by a large window covering three stories from the fourth floor upwards. Vertical access is provided by two staircases next to the façade and one lift installation. A high degree of tectonic abstraction results from the use of cumulatively set panels of equal size on the exterior.

◢ Jörg Pampe, Berlin ◔ HaBe Bauträger GmbH, Berlin ☞ Büro ⊞ 5.195 m² ⚘ 1994–1996

Alte Meierei mit Sorat Hotel / Old dairy with Sorat Hotel

Alt-Moabit 98–104 | U9 Turmstraße, Bus 245, 347 | 10559 Tiergarten

Die »Alte Meierei« ist ein 190 Meter langes Gebäude aus den 60er Jahren des 19. Jahrhunderts; es erstreckt sich von der Straße Alt-Moabit bis an die Spree. Dieses Gebäude mit seiner Backsteinfassade, Rundbogenfenstern, Lisenen und konstruktiv mit Preußischen Kappen versehen, wurde im Inneren völlig umstrukturiert; dabei erhielt das Erdgeschoß auf der ganzen Länge Ladeneinbauten. An der Spreeseite wurde dieses Gebäude um einen ambivalent gestalteten Hotelneubau erweitert. Ein Gebäudeteil dieses Neubaus ist aus der inneren Organisation und der äußeren Form des Altbaus heraus generiert worden, folgt dessen linearer Struktur und wird fünfgeschossig mit seiner Backsteinfassade um die Ecke geführt. An der Spreeseite erscheint das Gebäude somit als aus zwei unterschiedlichen Körpern zusammengesetztes Volumen: diesem steinernen und einem anderen gläsernen. Letzteres basiert auf einer zehngeschossigen, grüntürkis gestrichenen Stahlkonstruktion mit großflächiger Verglasung, wobei hinter jedem Konstruktionsfeld zwei Geschosse liegen. Das seitlich zurückgesetzte oberste Geschoß erhielt ein tonnenartiges Dach. Auf den Geschoßebenen sind Alt- und Neubau miteinander verbunden, wobei der Altbau hauptsächlich Konferenzräume u.ä. aufweist. Ein Treppenturm ergänzt diese Seite des Hotels. Dem Ensemble fehlen allerdings eine nachvollziehbare konzeptionelle wie architektonische Logik sowie formale Klarheit: Auf der Rückseite wird ein zweigeschossiger Teil des Neubaus mittels einer Stahlkonstruktion auf die fünfte Geschoßebene angehoben; gegenüber wiederum befindet sich ein weiteres Gebäudeteil mit einer runden Fassadenfront zur Spreeseite.

The »Old dairy« is a 190 metre long building dating from the 1860s; it extends from the street Alt Moabit to the river Spree. This building, with its brick façade, arched windows, pilasters and Prussian rooftops, has been completely reorganised in its interior. The ground floor has been fitted with shops over the entire length. On the Spree side, this building has been extended by the addition of an ambivalently designed new hotel building. One part of this new building has been generated out of the interior organisation and exterior form of the old building, follows its linear structure and continues its brick façade around the corner on five storeys. On the Spree side, the building thus appears to consist of two blocks that have been put together – one of brick and another of glass. The latter is based on a ten-storey steel structure painted turquoise, with large areas of glass, which has two storeys behind each structural panel. The top storey, which is set back at the side, has a barrel-type roof. The old and new buildings are combined on the individual storeys, the old building mainly containing conference rooms and similar facilities. A staircase tower supplements this side of the hotel. However, the complex lacks any clearly traceable conceptional and architectural logic and formal clarity; at the rear, a two-storey part of the new building is raised to the level of the fifth floor by a steel structure, but opposite this structure is a further part of the building with a round façade front on the Spree side.

◢ Wolfgang-Rüdiger Borchardt, Berlin ◥ Ernst Freiberger ☞ Hotel, Einzelhandel, Gastronomie, Büro, Theater ⊞ Sorat Hotel: 15.305 m², Alte Meierei: 18.177 m² ⚒ 1993–1995

Spree-Bogen: Alte Meierei Bolle / Old Bolle dairy in the meander of the river Spree

Alt-Moabit 98 | U9 Turmstraße, Bus 123, 227, 245 | 10559 Tiergarten

 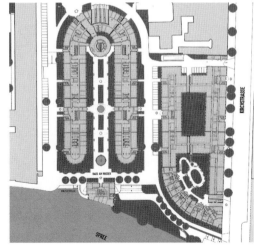

In unmittelbarer Nähe des Industriekomplexes auf dem Kampfmeyer-Areal aus den 80er Jahren (Architekten: Ganz und Rolfes) und in Nachbarschaft zum Hotel-Erweiterungsbau auf dem Gelände der Alten Meierei (Architekt: Borchardt) stehen die etwas fremd und monumental wirkenden, weithin das Bild des Ortes dominierenden Spree-Bogen-Türme. Von der Straße Alt-Moabit aus gesehen liegt das im Grundriß wie ein gigantisches U gebogene Bürohaus quasi im Hinterhof. Mit seinen Schenkeln öffnet es sich zur Spree, wobei ein umgebautes Industriegebäude aus dem 19. Jahrhundert die Sicht vom Innenhof auf den Fluß verstellt. Dieses ›Haus am Wasser‹ ist, um einen Glaskörper erweitert, leider ziemlich kaputtrestauriert worden. Das große Bürohaus wird vom Gelenk – dem sogenannten »Bogen« – aus erschlossen: Von hier betritt man ein Foyer und anschließend eine im Durchmesser 20 Meter messende Rotunde, die zugleich den Mittelpunkt zwischen den beiden Gebäudeschenkeln bildet. In diesen langgestreckten Gebäudeteilen sind auf allen Etagen Büroräume untergebracht, die in unterschiedlich große Einheiten aufgeteilt werden können. In vertikaler Abfolge ergibt sich durch die Additionslogik einzelner Hausabschnitte auch die Möglichkeit, ganze Hauseinheiten vom Gesamtorganismus des Inneren abzutrennen. Die uninspiriert erscheinende Lochfassade der Hauptbaukörper besteht aus hellbraunem Granit mit fast bündig in der Fläche liegenden großen Fenstern; die letzten drei Geschosse sind gänzlich verglast. An der Spreeseite bilden 13geschossige Glaszylinder die Kopfenden der Bauten, wobei die Lochfassaden mit der Steinverkleidung wie eine Manschette die Geschosse neun bis elf umschnüren. Diese Türme beeinträchtigen nachhaltig den ruhigen Rhythmus der großen kubischen Volumen am Spreeufer.

In the direct proximity of the industrial complex on the Kampfmeyer site dating from the 1980s (architects: Ganz and Rolfes) and next to the hotel extension on the land of the old dairy (architect: Borchardt) are the Spree meander towers, which appear rather incongruous and monumental and dominate the visual identity of the site. Seen from the street Alt-Moabit the office building, which is shaped like a gigantic U, is more or less in the rear courtyard. The wings of the building open out to the Spree, although a converted industrial building dating from the 19th century blocks the view from the inner courtyard to the river. Unfortunately, this ›house by the water‹, which has been extended by the addition of a glass structure, has been largely ›renovated to death‹. The entrance to the large office building is from the joint – the so-called ›arch‹. This gives access to a foyer and then a rotund with a diameter of 20 metres which is also the central point between the two wings of the building. These elongated building sections contain offices on all floors, which can be divided into units of various sizes. In a vertical sequence, the cumulative logic of individual building sections also provides the possibility of separating whole building units from the total inner organism. The uninspiring perforated façade of the main buildings consists of light brown granite with large windows fitted flush in the façade. The top three storeys are fully glazed. On the river side, 13-storey glass cylinders form the ends of the buildings, and the perforated, stone-clad façade is like a collar that closes around storeys nine to eleven. These towers considerably impair the calm rhythm of the large cubic structural blocks on the bank of the Spree.

◢ Kühn-Bergander-Bley, Berlin ◆ Ernst Freiberger ☞ Bundesministerium des Innern, Gewerbe, Büro, Wohnen ⊞ 110.000 m²

🏃 1992–1994

Focus-Teleport

Alt-Moabit 91–96 | U9 Turmstraße, Bus 245, 347 | 10559 Tiergarten

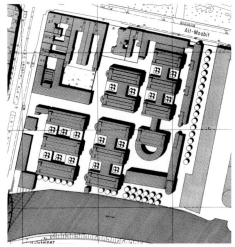

Diese im besten Sinne an die Berliner Industriebautradition anknüpfende Gebäudegruppe besetzt das Areal der ehemaligen Kampfmeyer-Mühlen. Schon Ende der 80er Jahre wurden ein sechsgeschossiger Büroturm, ein viergeschossiges Bürogebäude an der Stromstraße und eine zweigeschossige Produktionshalle mit viergeschossigen Kopfbauten errichtet. Der Turm und das straßenseits stehende Haus formulieren eine Torsituation zum Stadtteil Moabit sowie den Eingang zu dem Gebäudekomplex. In den 90er Jahren wurde eine Reihe von Gebäuden errichtet, die aufgrund der rhythmischen Anordnung und der modularen Durchbildung der Architektur auffallen. Sie folgen dem gleichen Schema: Auf einem orthogonal konfigurierten zweigeschossigen Sockelgebäude erheben sich viergeschossige Baukörper, die eine doppelkammförmige Struktur aufweisen. Dadurch entstehen nach Osten und Westen jeweils kleine quadratische Terrassengärten. Darüber wiederum verlaufen in Ost-West-Richtung eingeschossige ›Dachbüro‹-Trakte, ebenfalls mit vorgelagerten Terrassen. Diese Grundstruktur, die auf dem Modul des Quadrates beruht, beherrscht die innere Struktur der Gebäude und die Dimensionen der Räume ebenso wie die formale Ausarbeitung der Fassaden mit einem Rastersystem: Ein blau gestrichenes Stahlgerüst bildet mit seinem ruhigen Liniengeflecht die Grundstruktur; diese ist quadratisch ausgefacht mit Terrakottaelementen oder mit einer durchmodulierten Fensterstruktur. In Nord-Süd-Richtung werden die Blöcke bzw. Hauseinheiten ebenso durch Wege und Erschließungsstraßen erschlossen wie in Ost-West-Richtung. Der Spreebogen ist mit dieser Anlage um eine ruhige und in seiner abstrakten Körperhaftigkeit angenehme Industriearchitektur bereichert worden.

This striking group of buildings, which follows the Berlin industrial building tradition in the best sense, occupies the land of the former Kampfmeyer mills. At the end of the 1980s, a six-storey office tower, a four-storey office building on Stromstrasse and a two-storey production hall with four-storey end structures were built. The tower and the building on the street side create an entrance setting for the district of Moabit and the entrance to the complex of buildings. Then a series of buildings were constructed during the 1990s which are noticeable because of the rhythmic arrangement and modular design of the architecture. They follow the same principle: on an orthogonally designed two-story pedestal building, four-storey structures are erected which have a double comb-type structure. This creates small square terrace gardens to the east and west. Over them, in an east to west direction, there are also single-storey ›roof offices‹ which also have terraces. This basic structure, based on a square module, dominates the internal structure of the buildings, the dimensions of the rooms and the formal design of the façades on a grid system. A blue painted steel frame, with its calm and well proportioned lines, forms the basic structure, which is filled in with terracotta elements or a module window structure in square formats. These blocks and building units are reached by paths and access roads in a north to south direction and an east to west direction. With this complex, the meander of the Spree has gained an industrial architectural development which is peaceful and pleasant in its abstract physical structure.

✎ Ganz & Rolfes, Berlin ❧ ITAG Immobilien-Treuhand und Vermögensanlagen AG ☞ Büro, Gewerbe ⊞ 130.000 m² ♠ 1988–1992

Oberstufenzentrum Kfz-Technik (Porsche-Schule) /

Upper school for automobile technology (Porsche School)

Gierkeplatz/Kaiser-Friedrichstr. 96 | U7 Richard-Wagner-Platz, Bus 109 | 10585 Charlottenburg

Das Schulgebäude ergänzt eine bestehende Schulanlage aus den 70er Jahren, die sich bis zum Gierkeplatz erstreckt. Der Gebäudekörper besteht aus einem zum Teil mit grauweißen Betonwerksteinen verkleideten kubischen Volumen, das durch eine Glaswand in zwei ungleich große Abschnitte geteilt ist. Straßenseitig ist es mit einer über die drei oberen Geschosse reichenden Glasfassade versehen, deren gitterartige Rasterstruktur mit sichtbar stark hervortretenden Sonnenschutzlamellen gegliedert ist. Dahinter sind die Sammlungsräume untergebracht, deren Gegenstände wie in einer Vitrine sichtbar sind. Die Klassenräume liegen an der Rückseite und sind dadurch von der Straße abgekoppelt. Auffallendstes Element ist das über alle Geschosse einschalig verglaste Treppenhaus, das vom Straßenraum aus den Blick in die Tiefe des Gebäudes zuläßt. Erschlossen werden die Normalgeschosse vertikal über dieses Treppenhaus, das allerdings nicht vom Straßenraum, sondern von der Rückseite aus zugänglich ist, und über eine gebäudehohe Erschließungshalle, die den Gebäudekörper in Längsrichtung teilt und sie an den Giebelseiten durchstößt. Eine eingestellte Treppenanlage, Galerien und Brückenelemente gliedern die lichtdurchflutete Halle. Im Erdgeschoß ist eine wie eingeschoben wirkende ellipsoide Glasbausteinwand zu erkennen, hinter der sich ein Vortragssaal befindet. Dieses architektonisch nicht eindeutig ausformulierte Erdgeschoß mit seinen die Glaskonstruktion tragenden Stützen, seinem gläsernen Vordach und den Einschnitten sowie das erste Obergeschoß mit den Bandfenstern wirken etwas unbefriedigend im Sinne einer den urbanen Straßenraum ergänzenden Bebauung.

The school building replaces an existing school complex dating from the 1970s, which extends to Gierkeplatz. The building structure consists of a cubic volume which is partly clad with grey-white concrete blocks and is divided into two parts of unequal sizes by a glass wall. On the street side, the building has a glass façade which spans the top three storeys, with a grid type frame structure which is sub-divided by prominently visible sunshade louvres. Behind this façade are the collection rooms, with objects which are visible as if in a glass showcase. The classrooms are at the rear, and are thus separated from the street. The most striking element is the single-glazed staircase, which serves all storeys and provides a view into the depths of the building from the street. Vertical access to the normal storeys is via this staircase, although the staircase itself is not reached from the street but from the rear, and via an entrance hall which is as high as the whole building, divides the building along its length and penetrates it at the ends. This entrance hall, which is flooded with daylight, is sub-divided by an inserted staircase, galleries and bridge elements. On the ground floor, an elliptical wall of glass blocks can be seen, which almost seems to have been inserted retrospectively and behind which there is a lecture room. The ground floor – which is not clearly architecturally formulated with its supports bearing the glass structure, its glass porch and the cutaways – and the first floor – with its horizontal window elements – have a rather unsatisfactory effect in the sense of a building which is meant to supplement the urban street setting.

Quick, Bäckmann, Quick, Berlin ➤ Senatsverwaltung für Schule, Jugend und Sport ☞ Erweiterung und Umbau des Oberstufenzentrums KfZ-Technik ⊞ 6.300 m² 🏃 1993–1995

Bürohaus / Office building Bismarckstraße 101

Bismarckstraße 101 | U2 Deutsche Oper | 10625 Charlottenburg

Das Grundstück an der Ecke Bismarck- und Weimarer Straße ist schmal und lang. Das Büro- und Geschäftshaus reagiert auf diesen Zuschnitt mit einer schlanken Baufigur, die an der Straßenecke durch eine markante Rundung ein größeres Volumen erhält. Die durch diese Rundung hervorgerufene, nichtsdestotrotz zurückhaltende Dynamik ist dem Kontext zwar fremd, wirkt hier aber ausnahmsweise erfreulich, angemessen. Alle Bauglieder, Profile und Details des Gebäudes wiederholen bzw. deklinieren die Themen ›Schlank‹ und ›Schmal‹ – in der Summe wirkt es dadurch angenehm leicht. Die Binnenorganisation basiert auf einem Zweibund- bzw. Mittelgangsystem, wobei die Räume auf der Rückseite in den oberen Geschossen immer weniger tief sind, da das Gebäude hier stark terrassiert ist. Damit reagiert diese Rückseite auf die zum Hof hin orientierte Nachbarbebauung aus Wohnhäusern. Die Erschließung erfolgt über ein zentrales Treppenhaus mit Aufzügen und über Fluchttreppen an den Stirnseiten. Die Stahlbetonkonstruktion mit den dünnen Decken, deren Stirnseiten mit ellipsoiden Elementen versehen sind und somit die Fassade horizontal strukturieren, ist in den Normalgeschossen mit raumhohen Glaselementen versehen. Diese sind im Wechsel mit Glastüren, die sich öffnen lassen, und zwischen Aluminiumpfosten, die im Inneren profiliert sind, angeordnet. Trotz seiner unaufdringlichen, aber perfekten Modernität gliedert sich das Gebäude traditionell in drei Zonen: ein Ladengeschoß (als Sockel), das durch die Schaufenstersprossen horizontal gegliedert wird, eine aufgehende Bürogeschoßzone, die gleichmäßig rhythmisiert ist, und eine akzentuierte, zurückversetzte Dachgeschoßzone mit einem etwas ausladenden flachen Dach.

The plot on the corner of Bismarckstrasse and Weimarer Strasse is narrow and long. The office and commercial building reacts to this arrangement with a slender building structure, which is given a larger volume at the corner by a striking round shape. The dynamism caused by this roundness, which is nevertheless restrained, is foreign to the context, but here, for once, it appears attractive and appropriate. All the elements, profiles and details of the building repeat and decline the themes of ›slender‹ and ›narrow‹ – and as a result, it is pleasantly light in appearance. The interior organisation is based on a dual bonding or central corridor system, although the rooms at the rear in the upper storeys have progressively less depth because of the marked terracing structure of the building on these storeys. In this way, the rear is in keeping with the residential accommodation in the adjacent buildings facing inwards. Access to the upper storeys is via a central staircase with lifts, and there are escape staircases at the ends of the building. The reinforced concrete structure with the thin ceilings, and with ends bearing elliptical elements and thus giving the façade a horizontal structure, has floor-to-ceiling glass elements on the normal storeys. These elements are arranged alternatively with glass doors which can be opened, and between aluminium frame posts which have a sectional profile on the inside. In spite of its unobtrusive but perfect modernness, the building follows the traditional structural division into three zones: a ground floor with shops (as a pedestal), which is sub-divided horizontally by the shop window frames, an ascending office storey zone with a regular rhythm and a highlighted, retreating attic zone with a slightly overhanging flat roof.

Kohn, Pedersen, Fox, London   Ferinel Deutschland   Büro, Einzelhandel   6.500 m²   1993–1995

Zwei Bürogebäude / Two office buildings Carnotstraße

Carnotstraße 4–7 | Bus 101, 245 | 10587 Charlottenburg

Die städtebauliche Situation ist gekennzeichnet durch eine Reihe weiterer Büro-, Dienstleistungs- und Gewerbebauten. Beide sechsgeschossigen Baukörper stehen tangential zur Spree und bilden die Raumkante für einen teilweise schon angelegten Grünzug entlang des Flusses. Sie stehen spiegelsymmetrisch, aber leicht verdreht zueinander und zeichnen sich durch ihre abstrakten Flächen und scharf in den Raum gezeichneten Volumen aus. Jedes der Gebäude wird über zwei Lobbies erschlossen, je vier Aufzugsanlagen erschließen die Geschosse in der Vertikalen. Sie sind im Inneren als Dreibundanlagen angelegt, das heißt, daß zwischen den außen liegenden Büroräumen eine Mittelzone mit Nebenräumen, Treppenhäusern und den Sanitärbereichen liegt. Die Grundrisse sind durch das modulare Rastermaß flexibel in größere und kleinere Räume und Einheiten einteilbar. Die Stahlbetonkonstruktion, die ab dem ersten Obergeschoß aus Fertigteilen besteht, ist mit vorgehängten Aluminiumblechen verkleidet. Deren anthrazitgraue Beschichtung läßt innerhalb der Fassadenflächen die Fugen fast verschwinden und nur die großflächigen, horizontal gegliederten Fenster mit den mattsilberfarbenen Aluminiumrahmen hervortreten. Sämtliche Abstände zwischen den Fenstern, sowohl in der Horizontalen als auch in der Vertikalen und an den Ecken, sind – durch das einheitliche Modulmaß der Bleche vordefiniert – gleich groß; das Gebäude hat keinen erkennbaren Sockel und keinen erkennbaren Dachabschluß, es gibt keine gestalterischen Maßnahmen, die oben und unten oder auch die Gebäudeecken kennzeichnen. Die vier Fassaden beider Gebäude leben von einem Rhythmus. Es gibt kaum ein Gebäude in der Stadt, das einen ähnlich hohen Abstraktionsgrad aufweist wie diese beiden sich gegenseitig ausbalancierenden, großen urbanen Baukörper.

The urban environment is characterised by a number of other office, service and commercial buildings. The six-storey buildings are at right angles to the Spree and form the edge of a green strip which has already partly been established along the river. They are in mirrored symmetry but slightly at an angle to each other, and they are characterised by their abstract surfaces and striking volume. Each of the buildings is entered via two lobbies and has four lift systems to provide vertical access to the storeys. On the inside they are structured as three-fold units, i.e. between the offices on the outside there is a central zone with ancillary rooms, staircases and the sanitary facilities. Because of the modular grid structure, the floor layouts can be divided flexibly into larger and smaller rooms and units. The reinforced steel structure, which consists of prefabricated parts from the first floor upwards, is faced with suspended aluminium sheeting. The anthracite coloured coating of this sheeting makes the joints almost disappear in the façade surface, so that only the large, horizontally divided window areas with the matt silver aluminium frames are prominent. All horizontal and vertical gaps between the windows and at the corner are of equal size – predefined by the uniform module dimensions of the metal sheeting panels. The building has no recognisable pedestal or roof structure, and there are no design features which mark the top and bottom or the corners of the building. The four façades of the two buildings are characterised by their rhythm. There are hardly any other buildings in the city which have such a high degree of abstraction as these two large urban structures which counterbalance each other.

◿ Jürgen Sawade, Berlin ◄► GFI Immobiliengesellschaft mbH & Co, Spreebogen KG ☞ Büro ⊞ 23.425 m² 🏃 1994–1996

Ludwig Erhard Haus | Börse

Fasanenstr. 83/84 | U2, 9, S3, 5, 7, 9, 75 Zool. Garten, U9 Kurfürstendamm, Bus 149 | 10623 Charlottenburg

Das Gebäude steht in zentraler Lage in der City West und ist eine Erweiterung der Industrie- und Handelskammer, die ihren Hauptsitz um die Ecke in der Hardenbergstraße hat. Die verschiedenen Nutzungen machten ein kompliziertes und komplexes Raumprogramm nötig, das zugleich in einem kompakten Baukörper unterzubringen war. Sowohl von außen als auch im Inneren fällt zunächst die stark geschwungene Stahlbinderkonstruktion auf, die weit über die Traufhöhe hinausreicht. Dieser Form lag als Motiv, als Image, ein Gürteltier zugrunde – mithin das Bild einer organischen, lebendigen Form. Diese expressiv gerippte Bogenform sollte ursprünglich in der Fasanenstraße auch als Fassade zu sehen sein. Im Laufe der Diskussion erhielt das Gebäude aber an dieser Stelle eine den Straßenraum begleitende siebengeschossige Fassade, die die Bogenkonstruktion durchstößt und unterbricht. In den ersten beiden Geschossen begleitet die Straße eine öffentlich zugängliche ›interne‹ Straße, von der man einen Einblick in den Börsensaal hat. Zugleich befinden sich hier die Zugänge zu einem Konferenzzentrum, einem Restaurant und zu den Büros. In den übrigen Geschossen sind verschieden große und miteinander schaltbare Büroräume untergebracht. Zwischen diesen zu Büroeinheiten zusammengefaßten Räumen liegen wiederum nach oben offene und verglaste Atrien, die spannende Raumsequenzen und -einblicke schaffen. Die tragende Konzeption einer expressiven Stahlkonstruktion, die der High-Tech-Idee verpflichtet ist, bleibt dabei immer sichtbar und erlebbar.

The building is in a central location in the City West, and it is an extension of the Chamber of Commerce and Industry, which has its main headquarters around the corner in Hardenbergstrasse. The variety of uses make a complicated and complex range of rooms necessary, but these rooms had to be accommodated in a compact building structure. From both the outside and inside, the first element that is noticed is the distinctly curved steel truss structure which reaches way above the eaves height. The motif and image for this form was an armadillo – a symbol of an organic life form. This expressively ribbed arched structure was originally intended to be visible as a façade from Fasanenstrasse, too. But in the course of the discussion, a seven-storey façade along the street was added at this point, joining and interrupting the arched structure. On the first two floors, parallel to the street, is a public ›inner‹ street from which it is possible to look into the stock market hall. Here, there are also the entrances to a conference room, a restaurant and the offices. The other storeys have offices of different sizes which can be combined into larger units. Between these suites of offices there are glass-covered atriums with high overhead spaces, creating exciting space sequences and views. The load-bearing design, consisting of an expressive steel structure on high-tech principles, can always be seen and experienced.

Grimshaw & Partners, London/Berlin ❧ Industrie- und Handelskammer zu Berlin ☞ Kommunikations- und Dienstleistungszentrum, Börse ⊞ 36.200 m² ⚒ 1994–1997

Kantdreieck

Fasanenstr. 81 | U2, 9 Zool. Garten, S 3, 5, 7, 9, 75 Savignyplatz, Zool. Garten | 10623 Charlottenburg

Dieses 1994 mit dem BDA-Architekturpreis ausgezeichnete Bürogebäude besetzt ein dreieckiges Grundstück zwischen der Ecke Kant- und Fasanenstraße und der hier geschwungenen S-Bahn-Trasse. Es besteht aus zwei Gebäudekörpern: ein auf dem Modul des Quadrates aufbauender, elfgeschossiger Turmbau und ein dreieckiger, fünfgeschossiger Glasbaukörper. Die Erschliessung erfolgt über die Kantstraße in den Turmbau; hier befindet sich die vertikale Erschließung für beide Gebäude. Im Hochhaus liegt im Inneren auf jeder Etage eine Lobby, an die Bürozellen anschließen. Über eine kleinere Lobby betritt man die Großraumbüros des dreieckigen Gebäudes. In diesem sind, entlang der Bahntrasse, außerdem noch kleinere Büros untergebracht. Wie die Grundrisse sind Konstruktion und Durchbildung der Hochhausfassaden einer strengen, modularen Ordnung unterworfen: Über einem dunklen Steinkubus (fünfgeschossig) aus Gneis, einem kristallinen Schiefer, erscheint die sechsgeschossige, außen liegende, helle Stahlkonstruktion, die mit Diagonalstreben als Auffang der Windlasten kenntlich gemacht wird. Der flache Baukörper erscheint im Straßenraum als elegante Glaselementfassade mit horizontalen Lamellen zur Entrauchung. Entlang der S-Bahn-Bögen zeigt er sich steinern und rhythmisch ruhig. Bekrönt wird das ursprünglich viel höher geplante Gebäude, weithin im Stadtraum sichtbar, durch ein gigantisches dreieckiges Windsegel, dessen Form den Grundstückszuschnitt widerspiegelt, das Gebäude aber auch etwas gedrungen erscheinen läßt. Die sichtbaren Befestigungsschrauben für die Steinverkleidung verleihen ihm allerdings eine gewisse Eleganz.

This office building, which was awarded the 1994 prize of the German Association of Architects, occupies a triangle plot between the corner of Kantstrasse and Fasanenstrasse and the bend of the railway line. It consists of two elements – an eleven-storey tower built on a square module and a five-storey triangular glass structure. The entrance is from Kantstrasse into the tower block, and from here, vertical access is provided to both buildings. The tower block has a lobby on each floor, giving access to the office accommodation. A smaller lobby provides access to the open-plan offices of the triangular building. Along the railway front, this building also has smaller offices. Like the ground plan, the structure and layout of the tower block façades also follow a strict modular pattern. A five-story stone cube of gneiss, a crystalline type of slate, serves as a base for a six-storey light-coloured exterior steel structure, underlined by diagonal girders which absorb the strain of the wind. From the street, the lower building can be seen as an elegant glass element façade with horizontal slits for smoke extraction. The building, which was originally planned to be much higher, is crowned by an enormous triangular wind sail which has the same shape as the plot on which the building stands and can be seen from afar in the city, but which also gives the building a rather squat appearance. However, the visible mounting bolts for the stone facing create a certain elegance.

◢ Josef Paul Kleihues, Berlin ◆ KapHag Unternehmensgruppe ☞ Büro, Einzelhandel, Gewerbe ⊞ bei derzeitiger Höhe von 36 m: 8.050 m², geplant: 9.840 m² ⚒ 1992–1995

Wohn- und Geschäftshaus / Residential and business building Mommsenstraße 73

Mommsenstraße 73 | U15 Uhlandstraße, S3, 5, 7, 9, 75 Savignyplatz, Bus 119, 129 | 10629 Charlottenburg

Das Gebäude schließt eine Baulücke innerhalb eines innerstädtischen Blockes mit einzelnen Parzellen, wobei es galt, zu dem bestehenden Büro- bzw. Eckhaus eine Verbindung herzustellen. Der Lage und dem Zuschnitt des Grundstückes entsprechend mußte die Tiefgarageneinfahrt und die Zufahrt zum Hof erhalten bleiben. Die Konzeption des Gebäudes beruht auf der Verschränkung von zwei Baukörpern. Der eine schließt an die benachbarte Brandwand an, nimmt die Berliner Traufhöhe auf und thematisiert im Erd- und im Dachgeschoß die sichtbare Verklammerung mit dem anderen Baukörper. In diesem Bauteil liegen die Eingangshalle und die Vertikalerschließung mit Treppenhaus und Fahrstuhl. Im Erdgeschoß befindet sich ein Ladengeschäft und im Dachgeschoß liegt eine Wohnung. Die Fassade ist verputzt und hat schmale, liegende Treppenhausfenster. Der andere Bauteil ist ein prismatischer Körper, der vier Bürogeschosse aufnimmt; dem Eckhaus gegenüber verhält er sich als Brückenhaus mit drei verbindenden Stegen; der Wohnung dient das Dach als Terrasse. Die Stützenkonstruktion erlaubt im Inneren eine weitgehend freie Einteilung. Zur Straßenfront ist dieser Teil mit einer leicht in den Straßenraum ragenden Stahl-Glas-Konstruktion versehen, die durch ihre wohlproportionierte Linienführung der Stahl- bzw. Fensterprofile angenehm auffällt. Im rückwärtigen Hofbereich hat dieser Bauteil eine im Grundriß geschwungene, gelb verputzte Lochfassade. Das Gebäudekonzept der Verschränkung unterschiedlicher Körper wird durch ein verhalten angewandtes Farbkonzept unterstrichen. Das Haus besticht durch seine wohltuend moderne Konzeption und seine formal zurückhaltend, aber doch überzeugende Erscheinung.

This building closes a gap within an inner city block with individual plots of land, and it fulfils the function of creating a link to the existing office and corner building. In keeping with the position and the shape of the plot, the entrance to the underground car park and courtyard had to be preserved. The concept of the building is based on a joining of two building structures. One structure is connected to the adjacent fire wall, follows the normal Berlin eaves height, and integrates a visible link to the other structure at the attic level. This part of the building contains the entrance hall and the vertical access with the staircase and lift. The ground floor contains a shop, and the attic contains an apartment. The façade is rendered and has narrow, horizontal staircase windows. The other part of the building is a prismatic structure which contains four office storeys; it is opposite the corner building and acts as a bridge with three linking corridors, with the roof serving as a terrace for the apartment. The support construction permits a largely free use of space in the interior. On the street side, this part has a steel and glass structure which protrudes slightly into the street and is pleasantly conspicuous because of the well-proportioned lines of the steel and window profiles. At the rear facing the courtyard, this part of the building has a curved shape with a yellow rendered perforated façade. The concept of the linking of different structures into one building is underlined by a restrained colour concept. The building is striking in its attractively modern design and its restrained but convincing formal appearance.

⚐ Hartmut Behrendt/Christoph Stutzer, Berlin ⚓ Nürnberger Allgemeine Versicherungs AG ☞ Einzelhandel, Büro, Wohnen
⊞ 1.200 m² ⚒ 1991–1993

Leibnizkolonnaden

Wielandstraße 19–22, Leibnizstraße 49–53 | U7 Adenauerplatz, Bus 119, 129, 219 | 10629 Charlottenburg

Das Projekt besteht aus zwei U-förmigen Gebäuden, die sich gegenüberstehen und von der Leibnizstraße bis zur Wielandstraße auf einem vormals als Parkplatz genutzten Gelände erstrecken. Beide Gebäude schließen jeweils an bestehende Brandwände an und bilden auf ihren Rückseiten kleine, schmale Höfe aus. Zwischen den sieben- bis achtgeschossigen Gebäuden wird ein neuer Stadtplatz formuliert, der seine ›urbanen‹ Qualitäten unter anderem aus der Ausbildung von beidseitig angeordneten zweigeschossigen Arkaden bezieht, in denen Läden und Restaurants liegen. Der Platz ist autofrei; eine Brunnenanlage fängt den Verkehrslärm von der Leibnizstraße ab. Die beiden untersten Geschosse sind Läden vorbehalten, in den Obergeschossen liegen Wohnungen und einige wenige Büroeinheiten. Im Südflügel ist unter anderem eine Kindertagesstätte untergebracht; an der Leibnizstraße, wo die Bebauung um drei Geschosse höher ist als auf den Platzseiten, liegen ein Hotel und eine Hauseinheit mit Arztpraxen. Die beiden ›großstädtischen‹ Baufiguren haben Fassaden aus einer hellen Natursteinverkleidung, deren einzelne Elemente nach einem tektonischen Prinzip angeordnet sind, wodurch sich eine plastische, reliefartige Körperhaftigkeit ergibt, die durch die durchgehenden Konsolen aus Betonwerkstein gestärkt wird. Durch die Gleichheit beider Gebäude ergibt sich zudem ein stringent ausformulierter und ruhiger Platzraum, dessen Typus in Berlin bislang zwar fremd ist, in der Platztypologie der europäischen Großstädte aber einen klar umrissenen Topos einnimmt.

The project consists of two U-shaped buildings which are situated opposite each other and extend from Leibnizstrasse to Wielandstrasse on land which was formerly used as a car park. Both buildings are built against existing fire walls and form narrow courtyards to the rear. Between the seven to eight storey buildings, a new square is formed which has an urban character because it contains two-storey arcades on both sides containing shops and restaurants. The square is free from traffic, and a fountain serves to absorb the noise of the traffic on Leibnizstrasse. The two lower storeys are reserved for shops, the upper storeys contain apartments and a small number of offices. The south wing includes a kindergarten, among other things. On Leibnizstrasse, where the buildings are three storeys higher than on the side facing the square, there is a hotel and a building unit containing doctors' practices. The two ›big city‹ building structures have façades with a light-coloured natural stone facing, with individual elements arranged on a tectonic principle, thus creating a highlighted, relief-type physical character which is underlined by the continuous consoles made of concrete blocks. The great similarity between the two buildings also creates a stringently formulated, peaceful atmosphere in the square, which is a type that is not common in Berlin, but which is a clearly defined topos in the typical squares in major European cities.

⌖ Kollhoff & Timmermann, Berlin (mit Jean Lamborelle, Bärbel Müller, Norbert Hemprich, Mats Fahlander) ✎ Grundstücksgemeinschaft Stadtplatz Charlottenburg GbR c/o Hanseatica, Unternehmens Consulting GmbH, Berlin ☞ Wohnen, Büro, Gewerbe, Hotel, Kita ⚒ 1998 – ca. 2000

Bürohaus / Office building Halenseestraße

Kronprinzendamm 15 | S45, 46 Halensee, Bus 119 | 10711 Charlottenburg

Das Gebäude steht am Kronprinzendamm 15, gegenüber dem Halensee, auf einem Grundstück, das bislang als unbebaubar galt, weil es direkt an der sehr stark befahrenen Stadtautobahn liegt. Die Architekten konzentrieren das Gebäudevolumen auf der Spitze dieses Grundstückes und lassen es sechs Meter über der Autobahn auskragen. Zur Kompensation der Emissionen hat das Gebäude auf der der Autobahn zugewandten Rückseite eine doppelschalige Glasfassade aus einer Einscheiben-Sicherheitsverglasung und einer raumhohen Verglasung aus Schiebeelementen. Dieses System sichert den Büroräumen eine natürliche Belichtung und trotzdem eine Belüftung unter Ausschluß der Verschmutzung und des Lärms. Auffallend im Stadtraum ist zunächst die dynamisch geschwungene und elegant wirkende Gebäudeform, die sich aus dem unregelmäßig gekurvten Grundriß ergibt, die aufgestelzte Konstruktion mit der Wand als Sockel an der Autobahn sowie die transluzente Fassadenschichtung. Von vorne ist von dieser Eleganz leider nicht mehr ganz so viel zu spüren: Die Aufstelzung, die Gebäudeplatte des siebengeschossigen Hochhauses und der architektonisch modern konzipierte, aber losgelöste Eingangsbereich kommen baulich-räumlich und konstruktiv nicht zusammen. Auch wirkt die Glasfassade von hier aus schwer und undurchdringlich statt leicht und durchlässig wie auf der Rückseite. Vom großzügigen Entrée aus erreicht man über in der Gebäudemitte gelegene Treppen und Fahrstühle die Büroetagen mit den konzentrisch nach außen liegenden Büroräumen. Diese sind untereinander schaltbar und somit variabel in der Nutzung als kleine oder große Büroeinheiten.

The building is somewhat concealed at Kronprinzendamm 15, opposite Halensee lake on a plot which has hitherto been thought to be unsuitable for building because it is directly adjacent to the heavily frequented motorway. The architects concentrate the volume of the building on the narrow end of this plot, and they let it project six metres over the motorway. To compensate for emissions, the rear of the building facing the motorway has a double-shell glass facade of single-glazed safety glass and room-high sliding glass elements. This system ensures that the office rooms have natural light and ventilation without the pollution and noise. The building is striking in its architectural effect with its dynamically flowing, elegant shape resulting from its irregular, curved ground plan, its stilt-like structure with the wall as a base by the motorway and with its translucent façade structure. From the front this elegance is unfortunately hardly in evidence. The stilt structure, the building base of the seven-storey tower block and the entrance area with its modern but separate design are not coherent in their spatial and structural identity. From this side, the glass façade appears heavy and impenetrable instead of light and translucent like at the rear. The generous entrance area provides access to the staircases and lifts in the centre of the building, which lead to office storeys with office rooms arranged concentrically outwards. These office rooms can be combined, thus providing variable use as small or large office units.

Hilde Léon, Konrad Wohlhage, Berlin ✆ MÜBAU, Münchener Baugesellschaft mbH Frankfurt a.M., Berlin ☞ Büro ⊞ 13.800 m²
1994–1996

Bürohaus / Office building Kurfürstendamm 70

Kurfürstendamm 70 | U15 Uhlandstraße, Bus 109, 119, 129, 219 | 10711 Charlottenburg

Dieses wohl schmalste Bürohaus Berlins steht am Adenauerplatz, Ecke Kurfürstendamm und Lewishamstraße. Seine Grundfläche von 2,7 mal 20 Metern ist eine Restfläche, die nach der städtebaulichen Neuordnung dieses Bereichs in den 70er Jahren übriggeblieben ist. Nachdem die dekonstruktivistisch arbeitende Architektin Zaha Hadid mit ihrem berühmt gewordenen Entwurf für dieses Grundstück gescheitert war, wurde Jahn beauftragt, ein sieben Geschosse hohes Bürohaus zu errichten. Das Erdgeschoß ist leider nur mit einem Müllraum, einer Treppe und einem Fahrstuhl besetzt; es hat, was am Kurfürstendamm angemessen wäre, keine öffentliche Nutzung wie Läden, Restaurants oder ähnliches. Die Vertikalerschließung der Etagen ist an der Brandwand entlang organisiert, die einzelnen, fünf Meter über die Bauflucht auskragenden Etagen bestehen aus durchgehenden, die ganze Grundstücksfläche einnehmenden Büroflächen von je 120 qm. Die Architektursprache operiert mit verschiedenen konstruktivistischen und dekorativen Zitaten: Zur Nachbarbebauung am Kurfürstendamm und in den Obergeschossen sind kühlrippenähnliche Lamellen angebracht und eine ›nachrichtenspendende‹ Lichtwand, die Tag und Nacht beschickt wird. Die Stahl-Aluminium-Glaskonstruktion, die fassadenseitig in kleinere und größere Quadrate aufgeteilt ist, und die mit Punktmustern bedruckten Glasscheiben verundeutlichen eher die innere Bau- und Nutzungsstruktur des Gebäudes, als daß sie sie kenntlich machen. Auch die aufdringlich und unproportioniert in den Stadtraum ragende Antenne mit dem Firmenlogo des Eigentümers ist eher ein dekoratives als ein sinnvolles Architekturelement.

This building, which must be the narrowest office building in Berlin, is situated at Adenauerplatz on the corner of Kurfürstendamm and Lewishamstrasse. Its ground area of 2.7 metres by 20 metres is a spare plot which was left over after urban reorganisation in the 1970s. After the deconstructivist architect, Zaha Hadid, had been unsuccessful with her famous design for this plot, Jahn was commissioned to build a seven storey office building. Unfortunately, the ground floor only contains a waste disposal room, a staircase and a lift; it does not have the public use which would be fitting at Kurfuürstendamm such as shops, restaurants or similar. The vertical access to the upper storeys is arranged along the fire wall, the upper storeys, which project five meters over the building alignment line, each consist of a continuous office area of 120 square metres. The language of the architecture works with various constructivist and decorative quotations. Next to the adjacent building on Kurfürstendamm and in the upper storeys there are horizontal fins which look like refrigeration fins and a ›news‹ display area which is supplied with text day and night. The steel, aluminium and glass structure, which is subdivided into smaller and larger squares on the façade side, and the glass surfaces with the dot patterns are symbolic of the interior structure and use, rather than showing it clearly. The antenna with the company logo of the building owner, which is rather disproportionate and figures prominently in the visual identity of this part of the city, is a decorative architectural element with no functional use.

Helmut Jahn (Murphy/Jahn Architects), Chicago ❧ EUWO Unternehmensgruppe ☞ Büro ⊞ 1.142 m² ⚒ 1992–1994

Wohnanlage / Residential building Seesener Straße 70 a–f

Seesener Straße 70a–f | S9 Halensee, Bus 204 | 10709 Wilmersdorf

Das Wohnhaus steht an einem problematischen Ort direkt an der Stadtkante mit einer Längsseite zur Autobahn und zur S-Bahn-Trasse. Deshalb galt das Grundstück auch jahrzehntelang als unbebaubar. Vordringliche Aufgabe war es, den Verkehrslärm und die Emissionsbelastung innerhalb der Wohnungen möglichst gering zu halten. Das Gebäude schließt zugleich eine Baulücke innerhalb der vorhandenen Bebauungsstruktur, wodurch zunächst ein ruhiger, vom Verkehr abgekoppelter Binnenbereich entsteht. Alle Wohnungen sind als Durchsteckwohnungen mit innen liegenden Küchen und Bädern organisiert, so daß sie sowohl an diesem Binnenhof partizipieren als auch eine Sicht auf die Verkehrsstraße bzw. die weite Stadtlandschaft erlauben. An dieser Seite ist eine große, schützende, in sich gefaltete Glaswand mit dünnen Stahlprofilen angebracht, die zugleich als Wintergartenverglasung dient. Der mit rotbraunen Klinkern verkleidete Gebäudekörper ist zudem in der Mitte minimal eingeknickt, so daß sich, im Zusammenspiel von Stein- und Glaswand, eine markante Baufigur ergibt. Die Gebäudeseite, die zum Hof orientiert ist, hat eine klare, einfache Lochfassadenordnung mit Holzfenstern. Auffällig sind hier die großen Treppenhausfenster und die Hauseingänge, die mit einer grünlichen Steinverkleidung eine einprägsame Sockelzone bilden.

This residential building is in a problematical location, directly at the edge of the urban area with one side facing the motorway and the S-Bahn urban railway. Therefore, the plot was regarded for many decades as being unsuitable for building. The main task was to keep the traffic noise and pollution level within the apartments as low as possible. The building also closes a gap within the existing building structure, and it creates a quiet internal area which is isolated from the traffic. All the apartments are constructed through the entire width of the building with internal kitchens and bathrooms, so that they can benefit from this internal courtyard and also have a view of the traffic thoroughfare and the wide urban scene. On this side, a large protective glass wall with a folded structure is fitted with thin steel sections, and this glass wall also serves as winter garden glazing. The building structure is faced with red-brown facing bricks and has a slight fold at the centre, which means that the combination of brick and glass creates a striking structure. The side of the building facing the courtyard has a clear and simple perforated façade structure with wooden window frames. Noticeable features here are the large staircase windows and the building entrances, which have greenish facing bricks and form a marked base area.

Kollhoff & Timmermann, Berlin • Onnasch Baubetreuung GmbH & Co, Berlin • Wohnen ⊞ 4.444 m² 1992–1994

Hauptpumpwerk Wilmersdorf / Wilmersdorf main pumping station

Hohenzollerndamm 208 | U1 Hohenzollernplatz, Bus 204 | 10717 Wilmersdorf

164

CITY WEST

Bei dem Industriegebäude handelt es sich um eine Erweiterung des bestehenden Pumpwerkes, das den Berliner Wasserbetrieben nach Fertigstellung des Neubaus als Museum dient. Der Altbau aus den Jahren 1905/1906, der im Zuge der Neubaumaßnahmen einen Anbau für Sozialräume und ähnliches erhält, lehnt sich mit dem Motiv eines Triumphbogens, seinen Rundbogenfenstern, Ziegeln, stilisierten Konsolen und Zinnen an die märkische Backsteingotik an. Der Neubau besteht aus einem dreigeschossigen Unterbau unter der Nullebene und einem zweigeschossigen Hallenbau in Leichtbauweise, der mit seinen Besuchergalerien über den Arbeitsbereichen einen Einblick in die Technik des Gebäudes erlaubt. Im Straßenraum wirkt das Gebäude wie eine große, fein konstruierte ›technische Vitrine‹. Die eigentliche Maschinentechnik der Pumpanlage ist, im Gegensatz zum bestehenden Altbau, in den Untergeschossen untergebracht. Die vollständig transparenten Glasfassaden hüllen einen rechteckig konfigurierten Baukörper ein. Dieser besteht konstruktiv aus einem Tragwerk aus vier 36 Meter langen, selbststehenden und vollständig ausgesteiften Stahlböcken mit Dreigurtbindern und formal auffällig gespreizten Kragarmen. Der Einsatz technologischer Mittel soll ein Optimum an Transparenz und Leichtigkeit der Konstruktion vermitteln. Der Fassadenaufbau wiederum wird den Anforderungen des Schallschutzes und der passiven Solarenergienutzung gerecht; er erlaubt zudem eine große Kostenersparnis durch eine optimierte Tageslichtausnutzung auch in den tiefer liegenden Bereichen.

This industrial building is an extension to the existing pumping station which will serve the Berlin Water Board as a museum after the completion of the new building. The old building, which dates from 1905/1906 and will be extended during the building work by the addition of an annexe for recreation and similar rooms, follows the brick Gothic style of the Mark Brandenburg, with the motif of a triumphal arch, its round arched windows, tiles, stylised consoles and battlements. The new building consists of a three-storey base below grond and a lightweight construction two-storey hall which contains visitors' galleries over the working areas, thus giving an insight into the technical facilities of the building. In the street context, the building appears like a large, finely designed ›technical showcase‹. By contrast with the existing old building, the actual machine technology of the pumping station is accommodated in the storeys below ground level. The completely transparent glass façades enclose a rectangular building structure which consists of a load-bearing structure of four 36 metre long, self-supporting and completely stiffened steel frames with triple trusses and formally striking cantilever arms. The use of technological devices is intended to create a maximum of transparency and lightness of the construction. The façade structure, on the other hand, meets the requirements of noise protection and passive use of solar energy, and it permits major cost savings by an optimised use of daylight even in the underground areas.

⬚ Ackermann und Partner, München ⬚ Berliner Wasser Betriebe, Abteilung Bau ⬚ Pumpwerk zur Abwasserbeseitigung
⊞ ca. 1.560 m² ⬚ 1993–1997

Umbau und Erweiterung Finow-Grundschule / Alterations and extension of Finow primary school

Welserstraße 16–22 | U4 Viktoria-Luise-Platz | 10777 Schöneberg

Ziel dieses Projekts war es, ein vorhandenes Schulgebäude umzubauen und zu erweitern. Die Schule – gebaut in den 70er Jahren – besteht aus ein- bis viergeschossigen Baukörpern, die pavillonartig ohne erkennbare Regeln und ohne ein nachvollziehbares Ordnungsschema um Freizonen bzw. Innenhöfe herum gruppiert sind. Jene Anlage steht im hinteren, dicht begrünten Grundstücksbereich einer zur Straße hin offenen Baulücke und ist somit im Straßenraum nicht präsent. Die unbefriedigende Erschließung und die Schaltung der Klassenräume untereinander sollten verbessert werden.Dies geschah durch eine neue Wegführung und durch eine typologische Weiterentwicklung des Pavillonsystems. Zentrales Element innerhalb der alten Anlage ist nunmehr eine nach oben verglaste Halle, die die Verteilerfunktion übernimmt. In der Verlängerung des Eingangs dieser Halle zur Straße hin wurde ein neuer öffentlicher Zugangsbereich formuliert: ein das Straßenbild komplettierendes neues Schulgebäude und eine Pergolastruktur entlang der Straße, die sich aus plastischen Elementen des Neubaus heraus entwickelt. Das fünfgeschossige Gebäude nimmt ab dem ersten Obergeschoß je drei Klassenräume pro Ebene auf. Der Eingang in das Gebäude erschließt als durchgesteckte Zone zugleich vorhandene Klassenräume im hinteren alten Bauteil. Die Architektursprache des stereometrischen, aber aufgelösten, aufgebrochenen Baukörpers ist der Klassischen Moderne entlehnt: Er ist zusammengesetzt aus einem schlanken Stützensystem, Wandscheiben, Glasflächen und gegliedert durch transparente und in die Tiefe gestaffelte Raumschichten. Das additive System der architektonischen Elemente bezieht sich ausdrücklich auf die unverbindliche Anordnung des vorhandenen Pavillonsystems.

The aim of this project was to alter and extend an existing school building. The school, which was built in the 1970s, consists of structures of one to four storeys which are grouped around open spaces and inner courts in pavilion style without any recognisable rules or organisational principle. The existing complex is at the rear in the densely vegetated part of a building gap which opens to the street, and is thus not present in the street environment. The aim now was to improve the unsatisfactory entrance situation and the connections between the classrooms; this is done by a new path layout and a typological development from the pavilion system. The central element within the old complex is now a hall with a glass roof, which fulfils the distribution function. The extension of the entrance of this hall towards the street now contains a newly designed public access area: a new building which completes the street environment and a pergola structure along the street which grows out of striking features of the new building. From the first floor, the five-storey building has three classrooms on each floor. The entrance into the building is also a through-zone giving access to the classrooms in the old complex at the rear. The architectural language of the stereometric structure, which is nevertheless loosened and varied in its appearance, is borrowed from modern classicism. It is composed of a slender column system, wall slabs and glass surfaces, and it is sub-divided by transparent spatial layers which are staggered in depth. The cumulative system of architectural elements is an express reference to the loose arrangement of the existing pavilion system.

BHHS Bayerer Hanson Heidenreich Schuster + Partner, Berlin ❧ Bezirksamt Schöneberg ☞ Grundschule ⊞ 7.502 m² ♁ 1992–1997

Wohnbebauung / Residential development by Nelly-Sachs-Park

Dennewitzstraße/Nelly-Sachs-Park | U1, 15 Kurfürstenstr., U2 Bülowstr., Bus 119, 148 | 10785 Schöneberg

Die Bebauung bildet den östlichen Abschluß des Nelly-Sachs-Parks und grenzt diesen zugleich vom Gelände des ehemaligen Potsdamer Bahnhofs ab. Die Wohnanlage besteht aus zwei fünfgeschossigen Stadthäusern mit Dachterrasse in Nachbarschaft zu einem Altbau – dem Rest einer Straßenrandbebauung –, mit dem sie rhythmisch, entlang der Dennewitzstraße, eine Einheit bilden. Auf der anderen Seite des Altbaus steht eine neue, viergeschossige Kindertagesstätte, die als Eckbebauung zu den anderen Gebäuden der Anlage überleitet. Diese – zwei gleichartige, langgestreckte, sechsgeschossige Gebäudekörper – weisen jeweils auf der Ostseite eine Lochfassade auf. Von hier aus werden die grundsätzlich West-Ost-orientierten Wohnungen auch erschlossen. Die westlichen, zum Park hin orientierten Fassadenseiten sind im Grundriß wellenartig ausgebildet, wodurch ein weicher Übergang zum Grünraum formuliert wird. Der Wohnungsmix entspricht der üblichen Variationsbreite im sozialen Wohnungsbau. Die beiden objekthaft freistehenden Stadthäuser sind kubische, gleich dimensionierte Baukörper mit einem glatten, weißen Verputz. Die Fassaden sind durchweg unterschiedlich perforiert: Wintergartenverglasungen, Treppenhausfenster und die Fenster der anderen Räume folgen einem Kompositionsgedanken und nicht immer der inneren Struktur und auch nicht einer stadträumlichen Hierarchie oder Idee, wie das zum Beispiel bei dem benachbarten Altbau mit seiner eindeutigen Straßenfassade der Fall ist. Das Freiraumkonzept der Wohnanlage wurde in Anlehnung an die Gestaltung und als Ergänzung des Nelly-Sachs-Parks entwickelt.

The building project forms the eastern boundary of the Nelly-Sachs-Park, and at the same time separates it from the area of the former Potsdam Station. The residential complex consists of two five-storey town houses with roof terraces alongside an old building – the remains of the former street front development – with which it forms a rhythmic unit along Dennewitzstrasse. On the other side of the old building is a new, four-storey kindergarten building, which is the corner building and thus forms a transition to the other buildings in the complex. The complex itself – two similar, elongated six-storey buildings – has a perforated façade on the east side of each building. This is also the side which provides access to the apartments, which are arranged on an east-to-west basis. The ground layout of the western sides of the façade facing the park is wavy, which creates a gentle transition from the building to the park. The residential mix corresponds to the normal range in subsidised residential projects. The two detached, separate town house blocks are cubic, equally sized structures with a smooth, white rendered wall finish. The façades have varying perforations throughout: the winter garden windows, staircase windows and the windows of the other rooms are based on a composition concept, not always on the interior structure or an urban design hierarchy or idea, by contrast with the neighbouring old building with its clear street façade. The concept for the use of open spaces in the residential complex was developed to match and supplement the design of the Nelly-Sachs-Park.

Rainer Oefelein, Berlin ◆ WIR Wohnungsbaugesellschaft mbH ◆ Wohnen ⊞ 18.814 m² ⚒ 1995–1997

Neugestaltung des Breitscheidplatzes / New design of Breitscheidplatz

Breitscheidplatz | S 3, 5, 7, 75, U2, 9 Zoologischer Garten, Bus 119, 129, 219 | 10789 Charlottenburg

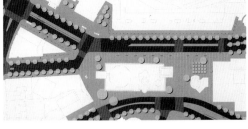

Das Ensemble rund um den Breitscheidplatz zählt zu den Besuchermagneten der Stadt. Allerdings sind die baulich-räumlichen Qualitäten in den letzten Jahren sehr vernachlässigt worden. Eines der größten Hindernisse, den Platz und sein urbanes Umfeld zu erleben, liegt in der Straßenunterführung, die hier als Tunneleinfahrt beginnt und den Platz von der Nordrandbebauung – dem »Bikini-Haus« an der Budapester Straße – abkoppelt. Die Neugestaltung sieht mehrere Maßnahmen vor, diesen Innenstadtplatz attraktiver zu gestalten. Zunächst soll der Autotunnel zugedeckelt werden und die den Platz tangierenden und auf ihn zuführenden Straßenabschnitte sollen alleenartig bepflanzt werden. An der Westseite sollen zwei neue Hochhäuser die jetzige Silhouette des Schimmelpfenghauses ersetzen, das bislang noch die Kantstraße überspannt. Der Platz selbst soll von einigen wahllos gepflanzten Bäumen, von den hochgestellten Blumenrabatten und -kübeln und von den ungeordnet aufgestellten Sitzbänken befreit werden. Er wird in seiner flächenhaften Erscheinung mehr oder weniger bereinigt, seine räumliche Tiefenstaffelung wird künstlerisch überhöht. Der Neugestaltungsplan sieht nämlich vor, bänderartig angeordnete Leuchtdioden in vorhandene Pflasterfugen einzulassen, die den Platz in den Abendstunden und in der Nacht in ein gleichmäßiges Licht hüllen sollen. Eines der zentralen Wahrzeichen der Stadt – die Gedächtniskirche – wird somit eine neue Fassung erhalten und zum Nukleus dieser Lichtinszenierung werden.

The ensemble around Breitscheidplatz is one of the main attractions for visitors to the city. But the architectural and spatial quality has been much neglected in recent years. One of the main obstacles which prevents people from enjoying the open space and its urban context is the road underpass, which begins here as a tunnel entrance and cuts off the open space from the building along its north side – the »Bikini-Haus« on Budapester Strasse. The new design envisages several measures to increase the attractiveness of this inner city open space. First of all, a roof will be built over the road tunnel and the streets around and leading to the open space will be made into tree-lined avenues. On the western side, two new tower buildings will replace the present silhouette of the Schimmelpfeng building which currently spans Kantstrasse. On Breitscheidplatz itself, the randomly planted trees, the raised flower beds and tubs and the untidy arrangement of benches will be removed. The whole area will be more or less cleared in its appearance, and its spatial depth will be artistically emphasised. The new design proposes setting lighting strips into the present joints in the paving in order to bathe the open space in an even light during the evening and at night. One of the central symbols of the city – the Kaiser Wilhelm Memorial Church – will thus be framed in a new environment and will become the nucleus of the illuminated setting.

⊿ Landschaftsarchitekten Heike Langenbach und Roman Ivancsics, Berlin/Wien ➣ Land Berlin (vertreten durch die Senatsverwaltung für Stadtentwicklung) ⚗ 2002–2003

Umbau und Erweiterung Agrippina-Haus / Conversion and extension of the Agrippina building

Rankestr. 5–6 | U2, 9 Zool. Garten, U9 Kurfürstendamm, Bus 119, 129 | 10789 Charlottenburg

 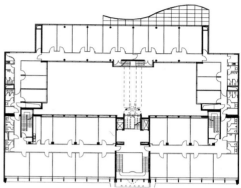

Das Haus an der Rankestraße wurde in den 50er Jahren nach Plänen von Paul Schwebes errichtet. Im Zuge des rückwärtigen Erweiterungsbaus wurden im Inneren Wohnungen um- und im sechsten Obergeschoß strassenseitig eingebaut. Die Erweiterung umfaßt einen parallel zum Schwebes-Bau stehenden viergeschossigen Gebäudekörper und zwei den Altbau und den Neubau verbindende sechsgeschossige Seitenflügel. Alt- und Neubau umschließen somit einen jetzt begrünten Hofraum. Vorder- und Hinterhaus sind allerdings durch eine gläserne Brücke im zweiten und dritten Obergeschoß miteinander verbunden, so daß diese Brücke den Hof in zwei Bereiche teilt. Im Erweiterungsbau liegen auf allen Geschossen variabel nutzbare Büroräume, die jeweils einhüftig organisiert und über die gesamte Raumbreite verglast sind. Im Erdgeschoß befinden sich Schulungsräume und ein Casino, dessen Volumen etwas aus dem Gebäudekörper herausgedreht und im Grundriß mit einer leicht gewellten Außenfront versehen ist. Der Neubau ist als Stahlbetonkonstruktion ausgeführt, wobei die Fassade aus einer leicht erscheinenden Aluminium-Pfosten-Riegel-Konstruktion besteht; die Fenster sind als Bandfenster ausgeführt. Die Formensprache der Architektur schwankt zwischen zeitgenössischer und 50er-Jahre-Moderne – ohne anbiedernd zu sein –, um sich mit dem Altbau auf formaler Ebene zu verbinden. Die geschlossenen Wandflächen sind mit hellem Sandstein verkleidet, die Brüstungen bestehen aus eisblauen Glaselementen. Der große Anteil an transparent verglasten Flächen in Verbindung mit den blauen Glaselementen schafft im Hofraum eine angenehm lichte Atmosphäre.

This building on Rankestrasse was built in the 1950s to plans by Paul Schwebes. In the course of the extension work to the rear, the interior was converted, and apartments were added on the street side on the sixth floor. The extension consists of a four-storey building standing parallel to the Schwebes building and two six-storey side wings linking the old and new buildings. The old and new buildings thus enclose a courtyard which is now vegetated. However, the front and rear buildings are linked by a glass bridge on the second and third floor, so that this bridge divides the courtyard into two parts. The extension building contains offices on each floor which can be used flexibly, are arranged on one side of the corridor and have floor-to-ceiling windows. The ground floor contains seminar room and a casino which is slightly rotated out of the building structure, and which has a slightly curved ground layout in its front wall. The new building is designed as a reinforced concrete structure, and the façade consists of an apparently lightweight aluminium post and infill construction with band-type windows. The forms used by the architect vary between a contemporary architectural language and 1950s modernism – without being patronising – in order to establish a formal link with the old building. The solid wall areas are faced with light-coloured sandstone, the breastwork consists of ice-blue glass elements. The large proportion of transparently glazed surfaces in conjunction with the blue glass elements creates a pleasantly light atmosphere in the courtyard.

⬧ Ulrich Findeisen & Sedlacek, Köln Agrippina Lebensversicherungs AG, Köln/Berlin Büro, Einzelhandel 6.794 m² 1993–1997

Büro- und Geschäftshaus / Office and shop building, Wexstraße 2

Wexstraße 2 | U4 Innsbrucker Platz, Bus 105 | 10825 Schöneberg

Das sechsgeschossige Gebäude gegenüber der S-Bahn, unmittelbar am Innsbrucker Platz gelegen und dessen Erscheinungsbild mitprägend, komplettiert einen traditionellen Berliner Baublock, der nach dem Kriege allerdings zum Teil eine neue Textur erhalten hat. Unter anderem sollten die beiden Nachbargebäude als Solitäre innerhalb des Verbandes wirken. Das Entwurfskonzept beruht auf zwei Prämissen: Vervollständigung der Bebauung entlang der Erfurter Straße mit einem kubisch-stereometrisch geschnittenen Baukörper und Überleitung zu dem unregelmäßig konfigurierten Innsbrucker Platz durch einen geschwungenen Baukörper. Diese beiden Baukörper, architektonisch und städtebaulich zwei unterschiedliche Haltungen präsentierend, werden im Hofbereich durch ein gemeinsames, turmartiges Treppenhaus erschlossen; auch auf den Ebenen der Bürogeschosse handelt es sich um eine bauliche Einheit. Der kubische Baukörper ist als Dreibundanlage mit einer innen liegenden Sanitärzone organisiert; der andere besteht, basierend auf dem Mittelgangtyp, aus Einzel- und Großraumbüros. Die Fassade des blockhaften Körpers ist als Lochfassade mit dunkler Klinkerverblendung ausgeführt; der andere Baukörper hat eine horizontal geschichtete Fassadengliederung mit Bandfenstern und natursteinverkleideten hellen Brüstungsbändern. Das zurückversetzte und zu der Nachbarbebauung auf Distanz gehaltene Dach vereinigt die beiden Baukörper, die leicht hinter die Bauflucht zurücktreten, und versucht, sie visuell zusammenzuschalten.

This six-storey building opposite the urban railway is situated directly on Innsbrucker Platz and has a major impact on its appearance. It completes a traditional Berlin block of buildings which has to some extent acquired a new structure since the war. Among other concerns, the two neighbouring buildings were to appear as solitary blocks within the block structure. The design concept is based on two premises: the completion of the building structure along Erfurter Strasse with a cubic, stereometrically formed structure, and a transition to the irregular development on Innsbrucker Platz by means of the curvature of the building. These two building structures, which present two different architectural and urban planning approaches, are reached from the courtyard via a shared, tower-like staircase; they also form a single unit on the level of the office storeys. The cubic building is organised as a three-sided complex with an interior sanitary zone, and the other building consists of open plan and single offices which are based on the principle of a central corridor. The façade of the block-type structure is designed as a perforated-façade with dark clinker brick facing; the other structure has horizontal façade layers, with band-type windows and light-coloured natural stone breast-work bands. The roof, which is set back and kept apart from the neighbouring buildings, unites the two buildings, which retreat slightly behind the building alignment line, and attempts to combine them visually.

⊿ Maedebach, Redeleit & Partner, Berlin ⬥ BB Grundfonds GmbH & Co. KG ☞ Büro, Einzelhandel ⊞ 5.000 m² 🏃 1992–1993

Neubau und Erweiterung Ausländerbehörde /
New building and extension to the foreign persons' registration authority

Friedrich-Krause-Ufer 24 | U9 Amrumer Straße | 13353 Tiergarten

Das neue Verwaltungsgebäude für die Ausländerbehörde ist funktional und architektonisch-volumetrisch ein Anbau an das von Egon Eiermann im Stile der Neuen Sachlichkeit in den Jahren 1937/1938 in Backstein errichtete Fabrikgebäude der Auer-Gesellschaft, das jetzt ebenfalls als Büro- und Verwaltungsgebäude genutzt wird. Es gliedert sich in einen langgestreckten viergeschossigen Gebäudeteil und einen siebengeschossigen Gebäudekörper, der mit dem anderen einen Winkel bildet. Ein weiterer zweigeschossiger Gebäudekörper, aus dem großen Volumen herausgedreht, ergänzt den Bau. Der Baukörper orientiert sich an den Geschoß- und Anschlußhöhen des Eiermann-Baus. Im viergeschossigen Teil ist das Landeseinwohneramt, im siebengeschossigen das Landesamt für Soziale Aufgaben untergebracht. Die Grundrisse sind einfach und übersichtlich nach dem Mittelgangtyp organisiert; zwei Kerne mit außen liegenden Treppenhäusern übernehmen die vertikale Erschließung. Zwischen ihnen liegen jeweils die großzügig zum Garten hin verglasten Warte- und Orientierungszonen. Eine Passage, mittig in dem hohen Gebäudeteil gelegen, erschließt den rückwärtigen Grundstücksteil, den Gartenpark. Die Stahlbetonkonstruktion ist mit einer Vormauerschale aus sizilianischer Basaltlava verkleidet. Die Fenster, schmal profilierte Stahlkonstruktionen mit weißer Einbrennlackierung, liegen bündig in der Außenhaut. Dadurch entsteht eine große Ruhe und Klarheit, vergleichbar dem Anliegen der Neuen Sachlichkeit. Die formale Konsequenz der eindeutigen Volumen und die serielle Befensterung verweisen somit in architektonischer Hinsicht auf die Verwandtschaft zum benachbarten Industriebau.

In terms of its function, its architectural design and its volume, the new administrative building for the foreign persons' registration authority is an extension to the brick factory building erected in 1937/1938 by Egon Eiermann for the ›Auer-Gesellschaft‹ in the new functionalist style, which is now also used as an office and administrative building. It is sub-divided into an elongated four-storey building and, at an angle to it, a seven-storey building. A further two-storey building structure, which projects from the large volume, supplements the building. The building maintains the height of the storeys and connections from Eiermann's building. The four-storey section houses the state registration authority and the seven-storey section houses the state office for social welfare. The floor layouts are organised simply and clearly on the principle of a central corridor; vertical access is via two access shafts with external staircases. Between them are the respective waiting and access zones, which are generously glazed on the garden side. A passage through the centre of the high block provides access to the rear of the plot, the garden park. The reinforced concrete structure is has an outer masonry shell of Sicilian basalt lava. The windows, which are narrow framed steel structures with white enamelling, are flush with the outer shell. That provides the building with a great peace and clarity which is comparable with the concerns of new functionalism. The formal consistency of the clear volumes and the serial window arrangement thus represents an architectural reference to its relationship with the adjacent industrial building.

⊿ Walter A. Noebel, Berlin ⟳ Land Berlin (vertreten durch die Senatsverwaltung für Inneres, vertreten durch die Senatsverwaltung für Bauen, Wohnen und Verkehr) ☞ Büro, Archiv, Cafeteria ⊞ 11.000 m² ⚒ 1994–1996

Heinz-Galinski-Schule / Heinz-Galinski School

Waldschulallee 73–75 | S9, 75 Westkreuz, Bus 219 | 14055 Charlottenburg

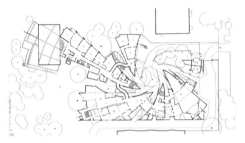

Das Schulgebäude steht am Rande eines ruhigen Villen- viertels. Den Kontext bilden vereinzelte Gebäude auf san- digen Grundstücken zwischen Bäumen. Es hat eigentlich keine Schau- oder Fassadenseiten, sondern besteht aus keilförmigen, pavillonartigen, dreigeschossigen Gebäu- deteilen, die mit ihren Spitzen um einen Platz gruppiert sind. Zwischen diesen Pavillons gehen Gänge, Passagen, Wege (sogenannte ›Straßen‹) in die hinteren, durch die Krümmung der Gebäudeteile nicht sichtbaren Bereiche; hier wiederum sind diese Wege durch quer gelegene, sich schlangenartig windende Gänge miteinander verbunden. Die architektonischen Themen der Schule sind also fließende Räume, undefinierte Zwischenräume, formlose Flächen, das Labyrinth. Die Anlage erinnert nirgends an den klassischen Typus Schule, sondern eher an ein Alt- stadtviertel mit verwinkelten Gassen. Dynamik, Bewe- gung und der daraus sich ergebende unerwartete Blick sind vorherrschende Momente, nicht Statik, Ordnung und eindeutige Zuweisung orthogonal addierter Räume. Erst ein Blick auf den Grundriß erschließt die dahinter stehende Logik: ein Drehmoment, der die konzentrisch um einen leeren Mittelpunkt versammelten Baulichkeiten bündelt und ›ordnet‹. Leider ist der an sich interessante ›organische‹ Ansatz bis an die Grenze ausgereizt und nicht kontrolliert. Kompromisse in der Raumdisposition sind überall spürbar: Zum Beispiel sind die Gangfenster zu klein, was eine räumliche Enge bewirkt. Auch werden die ›leeren‹ Außenräume, das spannende Hauptthema des Entwurfes, zu wenig räumlich betont und inszeniert – es sind jetzt nurmehr spannungslose Restflächen. Das Provisorische schlägt sich leider in der schlechten Aus- führungsqualität nieder, was etwas lieblos wirkt, wie zum Beispiel bei dem sichtbar belassenen Beton.

The school building is situated at the edge of a peaceful district of villas. The context is formed by a number of indi- vidual buildings on sandy plots between trees. It does not have any display or façade sides, instead it consists of wedge-shaped, pavilion-type, three-storey building sec- tions which are grouped with their pointed sides around a central square. Between these pavilions there are corri- dors, passages, paths (so-called ›streets‹) which lead to the rear areas which are concealed by the curvature of the building sections; here again, these paths are connected to each other by meandering traverse corridors. The archi- tectural themes of the school are therefore flowing spaces, undefined voids, shapeless surfaces, a labyrinth. Nowhere does the overall complex remind the beholder of a school of the classical type, rather it reminds us of an old part of a city, with winding alleyways. The dynamism and movement and the resulting unexpected view are the predominant elements, not the motionlessness, order and clear interre- lationship of orthogonally cumulative spaces. It is only when we look at the ground layout that we comprehend the underlying logic: a circular momentum which groups and ›organises‹ the buildings around an empty centre. Unfor- tunately, the ›organic‹ approach, which is interesting in it- self, is followed through to the limit, exaggerated and not controlled. The compromises in the use of space can be sensed on every hand. For example, the corridor windows are too small, which creates a cramped atmosphere. And the ›empty‹ outdoor spaces, the exciting main theme of the design, are insufficiently emphasised and arranged in their spatial dimension – they are just unexciting left-over spaces. This provisional element is also reflected in the poor quality of the finish, which seems rather heartless, such as the concrete which is left bare and visible.

Zvi Tadeusz Hecker, Berlin/Tel Aviv (Projekt- und Baudurchführung: Inken Baller, Berlin) Jüdische Gemeinde zu Berlin (Oberleitung: Senatsverwaltung für Bauen, Wohnen und Verkehr) Grundschule ca. 8.000m² 1993–1995

Messe Berlin – Messe-Erweiterung Süd / New buildings for the exhibition centre

Messedamm 22 | U2 Kaiserdamm, S 45, 46 Witzleben | 14055 Charlottenburg

Zwischen Hammarskjöldplatz, Messedamm und der südlichen S-Bahn-Trasse, und gegenüber dem berühmten Rundfunkhaus von Hans Poelzig aus den 20er Jahren, entsteht seit Jahren die Erweiterung des Berliner Messegeländes. Ungers versteht sein Konzept als Neuordnung des seit den 50er Jahren planlos erweiterten und überformten Geländes, das von Martin Wagner und Hans Poelzig in den 20er Jahren geplant und von Richard Ermisch in den 30er Jahren ergänzt wurde. Der Architekt bewerkstelligt diese Neuordnung mittels einer großen Baufigur und der Verlegung der Jafféstraße nach Süden. Der Bereich zwischen dem alten Sommergarten und der Deutschlandhalle wird nach dem Abriß der alten Hallen nunmehr besetzt von einer übergeordneten Baustruktur, die aus drei Gebäuderiegeln (zweigeschossige Messehallen) in Ost-West-Richtung besteht. An der westlichen und östlichen Seite dient je ein schmaler Gebäuderiegel zur Erschließung der Hallen untereinander. Parallel zum Messedamm begrenzen ein weiterer großer Hallenkomplex und ein Verwaltungsgebäude das Gelände. In der Folge erhält das Messegelände im Süden einen eigenen S-Bahn-Anschluß, einen neuen Eingangsbereich und einen in das Innere des Geländes führenden Gleiskörper zur Ver- und Entsorgung. Diese Gebäudestruktur der grossen Hallen beruht auf einer klaren modularen Durchbildung eines Stahlbetonskeletts, dessen architektonische Ordnung auch auf den Fassaden ablesbar ist. Diese zeigen ein modulares Stahlskelett mit Fenster- oder geschlossenen Flächen, was am besten vom Sommergarten aus sichtbar ist. Die Flächen sind mit rotbraunen Ton-Keramik-Platten verkleidet. Die Architektur ist sachlich, rational und funktional und knüpft somit an die große Industriebautradition von Berlin an.

Between Hammarskjöldplatz, Messedamm and the southern S-Bahn urban railway, opposite the famous radio building designed by Hans Poelzig in the 1920s, work has been in progress for some years on the extension of the Berlin exhibition centre. The exhibition centre was planned in the 1920s by Martin Wagner and Hans Poelzig and supplemented by Richard Ermisch in the 1930s. Now, Ungers sees his concept as a reorganisation of the haphazard extension and rearrangement which has been undertaken since the 1950s. The architect is implementing this rearrangement by adding a large building structure and moving Jafféstrasse to the south. After the demolition of the old halls, the area between the old summer garden and the Deutschlandhalle will now be taken up by a building made up of three blocks (exhibitions halls on two floors) which are oriented in an east-west direction. At the western and eastern sides there will is a narrow building block which provides a link between the halls. Parallel to Messedamm, there is a further large hall complex and an administrative building to round off the centre. In a subsequent step, the exhibition centre will have its own S-Bahn station, a new entrance area and a railway line entering the grounds for the supply and removal of resources. The composition of the large halls is based on a clear modular structure with a reinforced steel skeleton. This architectural structure is also seen on the façade, which consists of a modular steel frame with windows and closed wall surfaces and can best be seen from the summer garden. The wall surfaces are clad with red-brown clay ceramic panels. The architecture is rational and functional, and is thus consistent with the great industrial building tradition of Berlin.

◢ Oswald Mathias Ungers, Köln ◷ Land Berlin ☞ Messe ⊞ 3. und 4. Bauabschnitt: 275.000 m² 🏃 1990–1999

Grundschule/ Primary school, Kuno-Fischer-Straße

Kuno-Fischer-Straße 22-26 | U7, U2, S 45,46 Bus 119, 129 | 14057 Charlottenburg

Die Neubebauung, bestehend aus einem Schulgebäude und einer doppelgeschossigen Sporthalle, besetzt ein bislang unbefriedigend – mit Kleingärten – genutztes Gelände und ordnet dieses neu. Durchwegung und Nutzung des Bereichs zwischen Kuno-Fischer- und Trendelenburgstraße sind unmittelbarer Bestandteil der Neubaumaßnahme. Parallel zur Kuno-Fischer-Straße erstreckt sich der Schulneubau, dessen lineare innere Struktur bzw. Grundrißorganisation sich in seiner Erscheinungsform widerspiegelt. Hinter dem zwei-geschossigen Sockel, gebildet aus den mit Okuli versehenen Wandelementen und den großflächig verglasten Bauteilen, liegen die Foyers und Verteilerzonen sowie die Treppenhäuser; im hinteren Grundstücksbereich sind in dieser Zone ein größerer Versammlungsraum und andere Räume quasi ›eingeschoben‹, sie ragen nämlich aus der Fassadenfläche mit Wandscheiben und Treppen heraus. In den Normalgeschossen sind die Klassenräume einhüftig zum Blockinnenbereich angeordnet, parallel zur Straße, mithin auch entlang der Fassade, liegt der Erschließungsgang; dies kommt in den horizontalen, wie den durch Bandfenster organisierten Fassadenöffnungen zum Ausdruck. An der Ecke zur Neuen Kantstraße entsteht die doppelgeschossige Sporthalle. Sie ist eingespannt zwischen der bestehenden Bebauung an der neuen Kantstraße, sowie einem neuen Eckbauteil, das sowohl Nebenräume und die Erschließung für die Sporthalle aufnimmt als auch, im vierten Obergeschoß, eine Hausmeisterwohnung. Für die 27 Meter weit gespannte Deckenkonstruktion dieser Halle wurden spezielle Stahl-Beton-Verbundträger mit Schwingungsdämpfern entwickelt, um die dynamischen Belastungen auszugleichen, die sich durch die Stapelung ergeben.

The new building project, which consists of a school building and a double-storey sports hall, occupies a plot that was previously only unsatisfactorily utilised – with allotment gardens – and gives it a new structure. The paths and land utilisation between Kuno-Fischer-Strasse and Trendelenburgstrasse are a direct part of the new construction project. The new school building runs parallel to Kuno-Fischer-Strasse, and its linear interior structure and floor layout is reflected in its exterior appearance. Behind the two-storey pedestal, which is made up of wall elements with oculars and sections with large glass areas, are the foyers and distribution zones and the staircases, and at the rear of the plot, a large meeting hall and other rooms are more or less »inserted« into this zone, jutting out of the facade area with their wall slabs and staircases. The normal storeys contain classrooms aligned along one side facing the centre of the block, and parallel to the road along the facade are the access corridors, which are reflected in the horizontal facade openings with band-type windows. The double-storey sports hall is being built on the corner of Neue Kantstrasse. It is fitted between the existing buildings on Neue Kantstrasse and a new corner building containing auxiliary rooms, the access to the sports hall and a caretaker's flat on the fourth floor. The 27 metre span of the ceiling construction for this hall contains specially developed reinforced concrete composite beams with vibration absorbers to compensate for the dynamic stress which arises from the cribwork structure.

Freitag Hartmann Sinz, Berlin ☛ Bezirksamt Charlottenburg, Abteilung Jugend und Sport, Abteilung Bau- und Wohnungswesen ☞ Grundschule ⊞ ca. 6.500 m² ⚒ 1995–1997

Büro-, Wohn- und Geschäftshaus / Office, residential and shop building Kaiserdamm 97

Kaiserdamm 97/Riehlstraße 1 | U2 Kaiserdamm, S45, 46 Witzleben | 14057 Charlottenburg

Wie einige andere Grundstücke entlang der Stadtautobahn galt auch dieses wegen der Emissionen und der Belastung durch die Autobahngeräusche als schwer oder gar nicht bebaubar. Die neue Bebauung, die den Straßenraum an dieser Stelle komplettiert, reagiert auf diesen Umstand mit einem besonderen Konzept und einer ungewöhnlichen Maßnahme: Das Gebäude besteht aus zwei zusammengeführten Körpern. Ein im Grundriß rhombenförmiger Bau steht am Kaiserdamm, er nimmt die Laden- und Büroflächen auf, die in den Normalgeschossen über einen Mittelgang organisiert werden. Die Lärmschutzfassade besteht hier aus einer symmetrisch angelegten Fensterbandfassade mit einer Fliesenverblendung. Der andere Baukörper, das achtgeschossige Wohnhaus, steht parallel zur Stadtautobahn und wird über eine Verlängerung des Mittelganges des Bürohauses zum Außen- bzw. Laubengang erschlossen. Dieses Gangsystem liegt direkt an bzw. schwebt über der Autobahn. Die Industrieverglasung, die sich an dieser Stelle über einem schallschluckenden Sockel aus Lochziegeln erhebt, schirmt die Wohnungen gegenüber dem Lärm ab. Komplementär zu dieser großen Glaswand, hinter der man die Laubengänge sieht, ist die rückwärtige Wohnhausfassade als Lochfassade mit immer gleich großen französischen Fenstern und Wintergärten durchgebildet. Es gibt nur einen Wohnungstyp, der mittig erschlossen wird und mit seinen großen französischen Fenstern alle Räume auf den ruhigen Wohnhof orientiert. Das Gebäude ist geprägt durch die Konzentration aller architektonischen Maßnahmen auf einen pragmatischen, sachlichen und rationalen Kern.

Like a number of other land plots along the urban motorway, this plot was also considered as difficult or impossible to build on because of emissions and the noise of the motorway traffic. The new building, which supplements the street setting at this point, reacts to this setting with a special and unusual concept: the building is made up of two combined structures. A building with a rhomboidal ground plan faces Kaiserdamm and accommodates the shop and office areas, which are reached on the normal storeys via a central corridor. The sound protection façade consists here of a symmetrically designed band-type window facade with tile facing. The other building structure, the eight-storey residential building, is parallel to the urban motorway and is reached via an extension of the central corridor of the office building to the outdoor arbour path. This access system is directly adjacent to and suspended above the motorway. The industrial glass which rises at this point above a sound absorbing base of perforated tiles, shields the apartments from the noise. Matching this large glass wall, behind which the arbours can be seen, the rear façade of the residential building is designed as a perforated façade with identically sized French windows and winter gardens. There is only one type of apartment, which is reached from the centre of the building, and which has large French windows orienting all rooms towards the quiet residential courtyard. The building is characterised by the concentration of all architectural features towards a pragmatic, functional and rational core.

✎ Jürgen Sawade, Berlin ⟐ Charlottenburger Baugenossenschaft e.G. ☞ Wohnen, Büro, Einzelhandel ⊞ 6.318 m² ♞ 1991–1993

Engelhardt-Höfe

Danckelmannstraße 9/Christstraße 30 | U2 Kaiserdamm | 14059 Charlottenburg

Das ehemalige Gelände einer Brauerei liegt in einem dichten innerstädtischen Quartier. Nach Beseitigung der Altbauten wurden hier ein neues Wohnhaus an der Christstraße, ein Bürohaus an der Danckelmannstraße und ein weiteres Bürogebäude im Blockinnenbereich errichtet. Die Struktur der Bürogebäude besteht aus einem Stahlbetonskelett mit vorgeblendeten, in der Farbe stark changierenden Backsteinen; das Wohnhaus ist traditionell gemauert, verputzt und im Sockelbereich mit dem gleichen Stein verkleidet. Das Bürogebäude an der Straße ist ein kubischer Baukörper mit einer an drei Seiten umlaufenden vorgehängten Glasfassade, hinter der auf den Normalgeschossen je drei Büroräume liegen. Das Gebäude im Hofbereich, Herzstück des Ensembles, umschreibt mit seiner U-Form einen großen, ruhigen Innenhof. Hier sind in den Normalgeschossen großzügig verglaste Büroräume untergebracht, die entweder zum Hof oder zu dem gegenüberliegenden neuen Wohnhaus orientiert sind. Dieses Bürogebäude ist über gläserne Brücken mit dem Neubau an der Straße und dem älteren Eckgebäude verbunden. Auf der Rückseite ist das Wohnhaus – wie die Bürogebäude – mit Backsteinen verkleidet, wodurch es sich als zum Ensemble zugehörig ausweist. Zur Straße hin erscheint dieses Wohnhaus als modernes Haus, das aber mit den im Quartier vorhandenen Typologien spielt: Sockel, Normalgeschosse mit Kastendoppelfenstern, einfache Reihung und ruhige Rhythmisierung der Öffnungen. Das Ensemble wurde wegen seiner vorbildlichen Architektur und der beispielhaften innerstädtischen Verdichtung bei der BDA-Architekturpreisverleihung 1996 mit einer Anerkennung ausgezeichnet.

This former brewery site lies in a dense inner-city area. After the demolition of the old buildings, a residential building was built in Christstrasse, an office block on Danckelmannstrasse and a further office building in the interior of the block. The structure of the office buildings consists of a reinforced concrete skeleton with facing bricks of widely differing colours; the residential building is made of traditional masonry, with rendered external walls and a facing of the same bricks in the pedestal area. The office building facing the road is a cubic building structure with a glass façade fitted to three sides, behind which there are three office rooms on each of the normal storeys. The building in the courtyard, which is the heart of the complex, is U-shaped and encloses a large, peaceful inner courtyard. The normal storeys here have generously glazed offices which face either towards the courtyard or towards the new residential building opposite. This office building is linked via glass bridges with the new building facing the street and the older corner building. At the rear, the residential building – like the office buildings – is faced with bricks, which marks it as part of the complex. On the street side, this residential building has the appearance of a modern building which makes playful use of the typical style of this area: pedestal, normal storeys with double box-type windows, a simple sequence and regular pattern of openings. Because of its fine architecture and exemplary inner city character, the complex was commended in the 1996 awards of the German Association of Architects.

⌂ Petra und Paul Kahlfeldt, Berlin ✆ Brau und Brunnen AG, Dortmund/Berlin ☞ Verwaltung, Büro, Wohnen, Einzelhandel
⊞ 6.500 m² ⚒ 1995–1996

Olympiastadion / Olympic Stadium

Olympischer Platz | U 2, S 3, 9 Olympiastadion | 14053 Charlottenburg

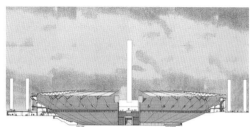

Das unter Denkmalschutz stehende Olympiastadion ist Teil des ehemaligen »Reichssportfeldes«, das den Nationalsozialisten 1936 als Kulisse für die Olympischen Spiele diente. Es wurde 1934–36 über einem elliptischen Grundriß errichtet, wobei sich der untere Zuschauerrang 12 Meter unter dem Eingangsniveau befindet. Auffälligstes Merkmal ist die das ganze Stadion umfassende offene Pfeilerhalle, die eine vorbildliche Raumorganisation und einen störungsfreien Besucherverkehr gewährleistet. Das Stadion soll zu einer modernen Multifunktions- und Fußballarena umgestaltet werden und zugleich den Forderungen der Denkmalpflege genügen. Der Oberrang wird saniert, der Unterring wird durch einen Neubau ersetzt; damit einher geht eine abermalige Absenkung des Spielfeldes, was den Abstand der neuen Ränge zum Fußballfeld verringert. Neben der infrastrukturellen Ergänzung und dem Einbau von gesondert zugänglichen VIP-Logen liegt die augenfälligste Baumaßnahme in einer neuen Tribünenüberdachung. Die feingliedrige Konstruktion aus Stahl – mit einer transluzenten Dachmembran versehen – wird als bewußt leicht gestaltetes Element der eher robusten Tektonik des Stadionunterbaus additiv hinzugefügt. Zum westlich gelegenen Marathontor bleibt diese Konstruktion ebenso offen wie das Stadionoval. Diese Maßnahme und die Minimierung der Stützkonstruktion gewährleistet eine optimale Konfliktlösung zwischen Denkmalpflege und den Erfordernissen an eine moderne Arena. Der gleichsam »schwebende« Charakter der Dachkonstruktion wird unterstrichen durch den behutsamen Anschluß der Auflage auf die bestehende Attika, durch eine spezielle Lichtgestaltung und durch die Integration der Spielfeldbeleuchtung und die Stadionbeschallung.

The listed Olympic Stadium is part of the former »Reichssportfeld« complex which the National Socialists used as the background for the 1936 Olympic Games. It was built from 1934–36 on an elliptical ground layout, and the lower edge of the spectator terraces is 12 metres lower than the entrance. The most striking element is the open pillar hall around the whole stadium, which permits an exemplary use of space and ease of access and movement for the spectators. The stadium is now being equipped as a multi-function arena and football stadium, while at the same time complying with the requirements of monument conservation. The upper terraces are being renovated and repaired, and the lower terraces are being replaced by a new structure. This also involves a further lowering of the level of the pitch, which means that the new terraces will be closer to the action at football matches. In addition to the extension of the infrastructure and the addition of extra VIP boxes with separate entrances, the most striking addition is the new roof over the stands. The slender steel structure – covered with a translucent roof membrane – is added to the rather robust mass of the stadium itself as an element with a deliberately lightweight design. This structure remains open above the Marathon Gate at the western end to match the opening in the oval form of the stadium. This measure and the minimisation of the supporting structure represent an ideal solution to the conflict of interests between monument conservation and the demands placed on a modern arena. The almost »floating« character of the roof structure is enhanced by the restrained joint between the new roof and the existing top of the building, by a special light design and by the integration of the pitch lighting and the stadium public address system.

gmp von Gerkan, Marg & Partner, Hamburg ☞ Bundesrepublik Deutschland, Land Berlin, Walter Bau-AG, Augsburg ☞ Sportstadion
🏃 2000–2004

Ingenieurzentrum
- 🏛 Am Karlsbad 11
- 🚇 U1, 2, 15 Gleisdreieck, Bus 129
- ✉ Bezirk Tiergarten, PLZ 10785
- 🏗 Maedebach, Redeleit & Partner, Berlin
- 🖙 BC Berlin Consult
- 🖙 Büro, Gewerbe
- ⊞ 13.500 m²
- 🏃 1992–1994

**Wohn- und Geschäftshaus
Babelsberger Straße 6**
- 🏛 Babelsberger Straße 6
- 🚇 U4, 7 Bayerischer Platz
- ✉ Bezirk Wilmersdorf, PLZ 10715
- 🏗 Barkow Leibinger Architekten, Berlin
- 🖙 Tessky Grundstücksverwaltung GbR Stuttgart
- 🖙 Einzelhandel, Büro, Wohnen
- ⊞ 1.450 m²
- 🏃 1994–1996

**Wohn- und Geschäftshaus
Badensche Straße**
- 🏛 Badensche Straße/Prinzregenten-straße
- 🚇 U9, S45, 46 Bundesplatz
- ✉ Bezirk Schöneberg, PLZ 10715
- 🏗 Urs Müller, Thomas Rohde, Berlin
- 🖙 ITAG
- 🖙 Wohnen, Einzelhandel
- ⊞ 4.000 m²
- 🏃 1991–1992

Wohngebäude Barstraße 35–39
- 🏛 Barstraße 35–39
- 🚇 U1, S45, 46 Heidelberger Platz
- ✉ Bezirk Wilmersdorf, PLZ 10713
- 🏗 Dagmar Bernardy, Berlin
- 🖙 GEHAG Gemeinnützige Heimstätten-AG, Berlin
- 🖙 Wohnen, Gewerbe
- ⊞ 17.000 m²
- 🏃 1995–1997

Bellevue-Brücke
- 🏛 Bartningallee
- 🚇 S3, 5, 7, 9, 75 Bellevue
- ✉ Bezirk Tiergarten, PLZ 10557
- 🏗 Baugestalterische Beratung: Dörr-Ludolf-Wimmer, Berlin Ingenieure: Krebs/Kiefer
- 🖙 Deutsche Bahn AG
- 🖙 Eisenbahnbrücke
- 🏃 1995–1997

Wohn- und Geschäftshaus Bismarck-straße 72/Fritschestraße 61
- 🏛 Bismarckstraße 72/Fritschestraße 61
- 🚇 U2 Sophie-Charlotte-Platz
- ✉ Bezirk Charlottenburg, PLZ 10627
- 🏗 Rainer Autzen, Bernd Reimers, Berlin
- 🖙 B. Prajs Grundbesitz
- 🖙 Wohnen, Gewerbe
- ⊞ 4.200 m²
- 🏃 1995–1996

Kita Bissingzeile 17–19
- 🏛 Bissingzeile 17–19
- 🚇 U1, 15 Kurfürstenstraße, Bus 148, 248, 348
- ✉ Bezirk Tiergarten, PLZ 10785
- 🏗 Helga Schmidt-Thomsen/Jörn-Peter Schmidt-Thomsen, Berlin
- 🖙 Bezirksamt Tiergarten
- 🖙 Kindertagesstätte
- ⊞ 1.652 m²
- 🏃 1993–1996

Konzertsaal HdK
- 🏛 Bundesallee 1–12
- 🚇 U1, 9 Spichernstraße
- ✉ Bezirk Charlottenburg, PLZ 10719
- 🏗 Nalbach + Nalbach, Berlin
- 🖙 HdK Berlin
- 🖙 Konzertsaal
- ⊞ 880 m²
- 🏃 1993–1996

Rückbau und Erweiterung des Stamm-gebäudes der Investitionsbank Berlin, Bundesallee 210
- 🏛 Bundesallee 210
- 🚇 U1, 9 Spichernstraße
- ✉ Bezirk Wilmersdorf, PLZ 10707
- 🏗 Stankovic + Bonnen, Berlin
- 🖙 Investitionsbank Berlin
- 🖙 Büro
- ⊞ ca. 18.500 m²
- 🏃 1996–1997

Wohn- und Geschäftshaus Cauerstraße 18–19
- 🏛 Cauerstraße 18–19
- 🚇 U2 Deutsche Oper, U7 Richard-Wag-ner-Platz
- ✉ Bezirk Charlottenburg, PLZ 10587
- 🏗 Olaf Gibbins, Jochen Bultmann und Partner, Berlin
- 🖙 DEGEWO, Berlin
- 🖙 Einzelhandel, Wohnen
- ⊞ 8.595 m²
- 🏃 1994–1996

Bürogebäude Cicerostraße 21
- 🏛 Cicerostraße 21
- 🚇 S9, 45, 46 Hohenzollerndamm
- ✉ Bezirk Wilmersdorf, PLZ 10709
- 🏗 Hinrich Baller, Doris Piroth, Berlin
- 🖙 Lagan International Amsterdam B. V.
- 🖙 Büro
- ⊞ 4.000 m²
- 🏃 1992–1993

Bürogebäude Cicerostraße 22
- 🏛 Cicerostraße 22
- 🚇 U7 Adenauerplatz
- ✉ Bezirk Wilmersdorf, PLZ 10709
- 🏗 Quick, Bäckmann und Quick, Berlin
- 🖙 Senon GmbH, Wolfgang Rinas
- 🖙 Büro
- ⊞ 3.000 m²
- 🏃 1993–1995

Bürogebäude Dovestraße 2–4
- 🏛 Dovestraße 2–4/Salzufer
- 🚇 Bus 101
- ✉ Bezirk Charlottenburg, PLZ 10587
- 🏗 Steinebach & Weber, Berlin, mit R. Roth
- 🖙 Büro
- ⊞ ca. 20.000 m²
- 🏃 1991–1993

Wohnhaus Durlacher Straße 3–5
- 🏛 Durlacher Straße 3–5
- 🚇 U4 Innsbrucker Platz, U9 Bundes-allee, S45, 46 Innsbrucker Platz/Bundes-platz, Bus 148, 185, 204
- ✉ Bezirk Wilmersdorf, PLZ 10715
- 🏗 Nalbach + Nalbach, Berlin
- 🖙 Becker + Kries Grundstücks GmbH & Co., Berlin
- 🖙 Wohnen
- ⊞ 3.349 m²
- 🏃 1991–1992

Haus des Bergbaus
- 🏛 Englische Straße 1–4
- 🚇 S3, 5, 7, 9, 75 Tiergarten
- ✉ Bezirk Charlottenburg, PLZ 10587
- 🏗 Jan Kleihues, Berlin
- 🖙 Debis Immobilienmanagement
- 🖙 Büro, Wohnen
- ⊞ 5.100 m²
- 🏃 voraussichtlich 1998-1999

Wohn- und Geschäftshaus Emser Straße
- 🏛 Emser Straße 4–11
- 🚇 U1 Hohenzollernplatz, Bus 101, 104, 115, 204

✉ Bezirk Wilmersdorf, PLZ 10179
✐ Nalbach + Nalbach, Berlin
➥ Henning, von Harlessem & Co. GmbH, Berlin
☞ Wohnen, Büro, Gewerbe
⊞ 19.248 m²
🏃 1997–1998

Bildungszentrum Emser Straße
🏛 Emser Straße 51–52
🚇 U1, 7 Fehrbelliner Platz, U1 Hohenzollernplatz
✉ Bezirk Wilmersdorf, PLZ 10707
✐ Geier, Maass, Niewenhuizen, Berlin
➥ Bezirksamt Wilmersdorf
☞ Schule, Bibliothek, Jugendfreizeitheim
⊞ 20.000 m²
🏃 1998 –ca. 2000

Bankhaus Löbbecke
🏛 Fasanenstraße 76/77
🚇 U2, 9, S3, 5, 7, 9, 75 Zoologischer Garten
✉ Bezirk Charlottenburg, PLZ 10623
✐ Entwurf: Stefan Schroth, Berlin Genehmigungs-, Ausführungsplanung, Bauleitung: W. -R. Borchardt, Berlin
➥ Bankhaus Löbbecke
☞ Bankhaus, Gastronomie, Einzelhandel
⊞ 8.000 m²
🏃 1992–1996

Bankhaus Löbbecke, Villa Ilse
🏛 Fasanenstraße 78
🚇 U2, 9, S3, 5, 7, 9, 75 Zoologischer Garten
✉ Bezirk Charlottenburg, PLZ 10623
✐ Wolfgang-Rüdiger Borchardt, Berlin
➥ Bankhaus Löbbecke
☞ Bankhaus
⊞ 1.380 m²
🏃 1990–1992

Bahnhof Papestraße (Südbahnhof)
🏛 General-Pape-Straße/Sachsendamm
🚇 S2, 25, 45, 46 Papestraße
✉ Bezirke Schöneberg/Tempelhof, PLZ 12101
✐ J.S.K. Perkins & Will, Berlin
➥ Deutsche Bahn AG
☞ S-, Regional- und Fernbahnhof
⊞ 100.000 m²
🏃 1998–1999

Wohn- und Geschäftshaus Georg-Wilhelm-Straße 1
🏛 Georg-Wilhelm-Straße 1/Kurfürstendamm 115B
🚇 S9, 45, 46 Halensee
✉ Bezirk Wilmersdorf, PLZ 10711
✐ Hinrich Baller, Doris Piroth, Berlin
➥ Phidias GmbH
☞ Wohnen, Einzelhandel
⊞ 5.500 m²
🏃 1995–1996

Wohnhaus mit Kita Haubachstraße 41
🏛 Haubachstraße 41
🚇 U2, 7 Bismarckstraße
✉ Bezirk Charlottenburg, PLZ 10585
✐ Rolf D. Weisse, Berlin
➥ Kita: Bezirksamt Charlottenburg, Wohnhaus: Charlottenburger Baugenossenschaft eG, Berlin
☞ Wohnen, Kindertagesstätte
⊞ ca. 4.876 m²
🏃 1995–1996

Bürocenter Innsbrucker Platz
🏛 Hauptstraße 65/66
🚇 U4 Innsbrucker Platz
✉ Bezirk Schöneberg, PLZ 12159
✐ Lothar Eckhardt/Elfi Alkewitz, Berlin
➥ Hauptstraße 65: GBR Berlin-Schöneberg Hauptstraße 65
Hauptstraße 66: GBR Schöneberg Hauptstraße 66
☞ Einzelhandel, Büro
🏃 Hauptstraße 65: 1993–1996, Hauptstraße 66: 1992–1994

Wohn- und Geschäftshaus Heerstraße 86, Reichssportfeldstraße
🏛 Heerstraße 86/Reichssportfeldstraße
🚇 Bus 149
✉ Bezirk Charlottenburg, PLZ 14055
✐ Carl August von Halle, Berlin
➥ Dr. Upmeier Heerstraße 86 KG
☞ Wohnen, Gewerbe
⊞ Grundstück: 3.085 m²
🏃 ca. 1995–1997

Wohnhaus Heerstraße 135/Scholzplatz
🏛 Heerstraße 135/Scholzplatz
🚇 Bus 149
✉ Bezirk Charlottenburg, PLZ 14055
✐ Kammann und Hummel, Berlin
➥ Volkswagenstiftung, Hannover, vertreten durch IVA KG, Düsseldorf
☞ Wohnen

⊞ 5.000 m²
🏃 ca. 1995–1997

Residenz des Neuseeländischen Botschafters
🏛 Herthastraße 15
🚇 Bus 119, 129, 110
✉ Bezirk Wilmersdorf, PLZ 14193
✐ Alten Architekten, Berlin/Sheppard & Rout LTD
➥ Regierung von Neuseeland
☞ Residenz des Neuseeländischen Botschafters
⊞ ca. 440 m²
🏃 1997–1998

Klinik Hohenzollerndamm
🏛 Hohenzollerndamm 28/Sächsische Straße 45–46
🚇 U1, 7 Fehrbelliner Platz
✉ Bezirk Wilmersdorf, PLZ 10713
✐ Arno Bonanni, Berlin
➥ Jürgen Kliche Verwaltungs GmbH, Berlin
☞ Klinik für ästhetisch-plastische Chirurgie und Seniorenresidenz
⊞ 4.060 m²
🏃 1997–1998

Büro- und Geschäftshaus Emser Platz
🏛 Hohenzollerndamm 187/Sigmaringer Straße
🚇 U1, 7 Fehrbelliner Platz, Bus 115
✉ Bezirk Wilmersdorf, PLZ 10713
✐ Arno Bonanni in Partnerschaft mit Klaus Lattermann, Berlin
➥ Delta Bauträger GmbH
☞ Büro, Einzelhandel, Wohnen
⊞ 8.000 m²
🏃 1993–1995

Wohn- und Geschäftshaus Huttenstraße 21
🏛 Huttenstraße 21/Wiebestraße
🚇 Bus 126, 127, 227
✉ Bezirk Tiergarten, PLZ 10553
✐ Klaus Meier-Hartmann, Berlin
➥ GbR Huttenstraße 21, vertreten durch Onnasch Baubetreuungs-GmbH
☞ Wohnen, Gewerbe
🏃 1993–1994

Wohn- und Geschäftshaus Leibnizstraße 77–78
🏛 Leibnizstraße 77–78
🚇 Bus 149
✉ Bezirk Charlottenburg, PLZ 10625

Helge Sypereck, Berlin
Gruppe Gädeke & Landsberg
Wohnen, Gewerbe
4.182 m²
1991–1992

Neubau Zentrale der Berliner Volks-bank, Kaiserdamm/Messedamm
Kaiserdamm/Messedamm
U2 Kaiserdamm, S9, 45,46 Witzleben
Bezirk Charlottenburg, PLZ 14057
Claude Vasconi, Paris, Berlin
Berliner Volksbank eG
Bank
46.400 m²

Büro- und Geschäftshaus »Atrium Char-lottenburg«
Kaiserin-Augusta-Allee 31/Goslarer Ufer 37–39
U7 Mierendorffplatz, Bus 126, 227
Bezirk Charlottenburg, PLZ 10589
Fin Bartels & Christoph Schmidt-Ott, Berlin, mit KMK Architekten
R.+J. Gutman, Berlin
Zentrale Forschungseinrichtungen der Deutschen Telekom
46.000 m²
1993–1996

Verwaltungsgebäude Vereinigte Haft-pflichtversicherung ZN Berlin
Kaiserin-Augusta-Allee 104
Bus 126, 127
Bezirk Tiergarten, PLZ 10702
SJ Planungsgesellschaft mbH, Ratingen
Vereinigte Haftpflichtversicherung
Büro
16.000 m²
1994–1997

Verwaltungsgebäude Klammt AG
Kaiserin-Augusta-Allee 112–113
Bus 126, 127
Bezirk Tiergarten, PLZ 10702
SJ Planungsgesellschaft mbH, Ratingen
Klammt AG/Medico Fond Nr. 34
Büro
12.000 m²
1994–1995

Bürogebäude der Deutschen Apotheker-und Ärztebank eG
Kantstraße
U7 Wilmersdorfer Straße
Bezirk Charlottenburg, PLZ 10623
Klaus Meier-Hartmann, Berlin

Deutsche Apotheker- und Ärztebank eG, Düsseldorf
Büro
4.480 m²
1991–1993

Bürogebäude Katharina-Heinroth-Ufer 1
Katharina-Heinroth-Ufer 1
Bus X9
Bezirk Charlottenburg, PLZ 10787
Architektengemeinschaft Bassenge, Puhan-Schulz, Heinrich, Schreiber, Berlin
Groenke & Guttmann Grundstücks-gesellschaft Trigon b.R.
Büro, Einzelhandel, Konferenzzentrum
27.000 m²
1991–1993

Umbau Hotel Consul
Knesebeckstraße 8-9
S3, 5, 7, 9, 75 Savignyplatz, U15 Uhlandstraße
Charlottenburg, PLZ 10623
Grüntuch + Ernst, Berlin
Hotel Consul Betriebs GmbH
Hotel
ca. 200 m²
1994

Atelier- und Wohnhäuser Knesebeck-straße 78–81
Knesebeckstraße 78–81
S3, 5, 7, 9, 75 Savignyplatz
Bezirk Charlottenburg, PLZ 10623
Josef Paul Kleihues/Hon Faia, Berlin
KapHag Savignyplatz KG/AVM Allge-meine Bau- Verwaltungs- und Manage-ment GmbH & Co. i.G.
Wohnen, Atelier
5.235 m²
1997 –ca. 2000

Landesversicherungsanstalt Berlin, Knobelsdorffstraße 92
Knobelsdorffstraße 92
U2 Kaiserdamm
Bezirk Charlottenburg, PLZ 14059
Steinebach & Weber, Berlin
LVA Berlin
Büro
ca. 42.000 m²
1994–1995

Residenz Koenigsallee am Hundekehle-see
Koenigsallee 77
S3, 7 Grunewald, Bus 119

Bezirk Wilmersdorf, PLZ 14193
Arno Bonanni mit Klaus Lattermann, Berlin
GbR Koenigsallee 77, Jürgen Kliche/ H.-D. Lorenz
Wohnen
6.000 m²
1990–1992

Deutsches Institut für Bautechnik, »Schöneberger Tor«
Kolonnenstraße
U7 Kleistpark, Bus 104
Bezirk Schöneberg, PLZ 10827
Marlies Haase, Berlin
Büro, Baulogistik-Zentrum
13.500 m²
1994 – ca.1997

Wohnungsbau Kolonnenstraße 8
Kolonnenstraße 8/Feurigstraße
S1, 45, 46 Schöneberg, Bus 104
Bezirk Schöneberg, PLZ 10827
ELW Eyl Georg,Weitz, Würmle & Part-ner
Stadt + Land, Berlin
Wohnen, Gewerbe
1.870 m²
1996–1997

Wohn-, Büro- und Geschäftshaus Kurfürstendamm 30
Kurfürstendamm 30
U15 Uhlandstraße, Bus 109,119, 129, 219
Bezirk Charlottenburg, PLZ 10719
Dan Lazar, Frankfurt/Main
Debeko Immobilien GmbH Grund-besitz O.H.G.
Büro, Einzelhandel, Wohnen
3.900 m²
1997–1998

BMW-Haus Kurfürstendamm
Kurfürstendamm 31
U15 Uhlandstraße, Bus 109, 119, 129
Bezirk Charlottenburg, PLZ 10719
Fischer, Krüder, Rathai + Partner, Wiesbaden
BMW Maschinenfabrik Spandau GmbH
Einzelhandel, Büro
1993–1994

Aufstockung Büro- und Geschäftshaus Kurfürstendamm 40–41
Kurfürstendamm 40–41/

Knesebeckstraße
🚋 S3, 5, 7, 9, 75 Savignyplatz, U15 Uhlandstraße, Bus 119, 129
✉ Bezirk Charlottenburg, PLZ 10719
🏛 Hartmut Behrendt/Christoph Stutzer, Berlin
🔧 Nürnberger Allgemeine Versicherungs AG
☞ Büro
⊞ 1.700 m²
🏃 1995–1997

Büro- und Geschäftshaus Kurfürstendamm 119
🏙 Kurfürstendamm 119
🚋 U15 Uhlandstraße, Bus 109, 119, 129, 219
✉ Bezirk Charlottenburg, PLZ 10711
🏛 Murphy/Jahn, Helmut Jahn, Chicago
☞ Büro, Gewerbe
🏃 1993–1995

Haus Fromberg, Um- und Neubau
🏙 Kurfürstenstraße 132
🚋 U1, 2, 15 Nollendorfplatz
✉ Bezirk Tiergarten, PLZ 10785
🏛 Reinhard Müller, Berlin
🔧 Wert=Konzept, Köln/Berlin
☞ Büro
⊞ zusammen 2.200m²
🏃 1993–1995

Umbau Ku'damm Karree (TEMA)
🏙 Kurfürstendamm 207–208
🚋 U15 Uhlandstraße, Bus 109, 119, 129, 219
✉ Bezirk Charlottenburg, PLZ 10719
🏛 Schmidt und Kraft, Berlin
☞ Technikkaufhaus
⊞ Verkaufsfläche: 7.700 m²
🏃 1995–1996

Wohnhaus Kurfürstenstraße 59
🏙 Kurfürstenstraße 59
🚋 U1, 15 Kurfürstenstraße, Bus 148, 348
✉ Bezirk Tiergarten, PLZ 10785
🏛 Hilmer & Sattler, München/Berlin
🔧 Finanz- und Handels AG, Berlin
☞ Wohnen
⊞ 1.400 m²
🏃 1989–1990

Verbandsgebäude der Deutschen Bau-industrie
🏙 Kurfürstenstraße 129
🚋 U1, 15 Kurfürstenstraße

✉ Bezirk Schöneberg/Tiergarten, PLZ 10785
🏛 Schweger & Partner, Hamburg/Berlin
🔧 Hauptverband der Deutschen Bau-industrie
☞ Bürogebäude Hauptverband der Deut-schen Bauindustrie
🏃 ca. 1996–1998

Dachausbau Lietzenseeufer 8
🏙 Lietzenseeufer 8
🚋 U2 Sophie-Charlotte-Platz
✉ Bezirk Charlottenburg, PLZ 14057
🏛 Hinrich Baller, Doris Piroth, Berlin
🔧 Hinrich Baller, Doris Piroth, Berlin
☞ Wohnen
⊞ 270 m²
🏃 1991

Wohnhaus Lüneburger Straße 14–20
🏙 Lüneburger Straße 14–20
🚋 S3, 5, 7, 9, 75 Bellevue
✉ Bezirk Tiergarten, PLZ 10557
🏛 Fissler und Partner, Berlin
🔧 R & W Immobilienanlagen GmbH
☞ Wohnen
🏃 1990–1992

Wohnhaus Lüneburger Straße 22
🏙 Lüneburger Straße 22
🚋 S3, 5, 7, 75 Bellevue, Bus 187
✉ Bezirk Tiergarten, PLZ 10557
🏛 Maedebach, Redeleit & Partner, Berlin
🔧 BEWOGE
☞ Wohnen
🏃 1992–1993

Bürohaus Lützowplatz
🏙 Lützowplatz
🚋 U1, 15 Nollendorfplatz, Bus 148, 187, 348
✉ Bezirk Tiergarten, PLZ 10785
🏛 Hilmer & Sattler, München/Berlin
🔧 Finanz- und Handels AG, Berlin
☞ Wohnen
⊞ 8.600 m²
🏃 1988–1990

Kita Lützowstraße 41/42
🏙 Lützowstraße 41/42
🚋 U1, 15 Kurfürstenstraße, Bus 148, 348
✉ Bezirk Tiergarten, PLZ 10785
🏛 Klaus Zillich/Jasper Halfmann, Berlin
🔧 Bezirksamt Tiergarten, vertreten durch die Senatsverwaltung für Bauen, Wohnen und Verkehr

☞ Kindertagesstätte
⊞ 1.164 m²
🏃 1989–1993

Wohnhaus Berghöfer, Lyckallee 13
🏙 Lyckallee 13
🚋 U2 Theodor-Heuss-Platz, Bus 149
✉ Bezirk Charlottenburg, PLZ 14055
🏛 Jürgen Pleuser, Berlin
🔧 Anne Berghöfer, Gunnar Berghöfer
☞ Wohnen
⊞ 510 m²
🏃 1997–1998

Büro-, Wohn- und Geschäftshaus Martin-Luther-Straße 48–50
🏙 Martin-Luther-Straße 48–50/ Speyerer Straße 26–28
🚋 U4 Viktoria-Luise-Platz, Bus 146
✉ Bezirk Schöneberg, PLZ 10179
🏛 Josef Paul Kleihues, Berlin
🔧 KS Capitol, Berlin/Köln
☞ Büro, Wohnen, Einzelhandel
⊞ 9.000 m²
🏃 1997–1999

Wohn- und Geschäftshaus Meinekestraße 21
🏙 Meinekestraße 21
🚋 U9, 15 Kurfürstendamm, Bus 109, 119, 129, 219
✉ Bezirk Charlottenburg, PLZ 10719
🏛 Wolfgang Scharlach, Berlin
🔧 EUWO Bauträger
☞ Gewerbe, Wohnen
⊞ 2.800 m²
🏃 1989–1991

Wohn- und Geschäftshaus Meinekestraße 22
🏙 Meinekestraße 22
🚋 U9, 15 Kurfürstendamm, Bus 109, 119, 129, 219
✉ Bezirk Charlottenburg, PLZ 10719
🏛 Rausch & Willems, Berlin
🔧 EUWO Bauträger KG, Berlin
☞ Wohnen, Einzelhandel
🏃 1989–1991

Sanierung und Umbau der Ausstellungs-hallen 18, 19, 20, Palais am Funkturm
🏙 Messedamm 22
🚋 U2 Kaiserdamm, S45, 46 Witzleben
✉ Bezirk Charlottenburg, PLZ 14055
🏛 Kühn-Bergander-Bley, Berlin
🔧 Senat von Berlin
☞ Ausstellung, Messe, Kongreß, Tanzver-

anstaltungen
⊞ 22.000 m²
⚒ 1988–1991

Wohnhaus Motzstraße 49
▢ Motzstraße 49
🚇 U4 Viktoria-Luise-Platz
✉ Bezirk Schöneberg, PLZ 10777
📐 ELW Eyl Georg, Weitz, Würmle & Partner
👁 Dietrich Jacob
☞ Wohnen
⊞ 350 m²
⚒ 1996–1997

Verwaltungsgebäude BEWOGE
▢ Otto-Suhr-Allee 30-34
🚇 U2 Ernst-Reuter-Platz
✉ Bezirk Charlottenburg, PLZ 10825
📐 Schattauer + Tibes, Berlin
👁 Berliner Wohn- und Geschäftshaus GmbH (BEWOGE)
☞ Verwaltung, Büro
⊞ 5.030 m²
⚒ 1993–1994

Sporthalle und Kindertagesstätte Pallasstraße
▢ Pallasstraße 15
🚇 U1, 2, 4, 12, 15 Nollendorfplatz
✉ Bezirk Schöneberg, PLZ 10781
📐 Hinrich Baller, Doris Piroth, Berlin
👁 Bezirksamt Schöneberg
☞ Sporthalle, Kindertagesstätte
⊞ 7.970 m²
⚒ Fertigstellung 1998

Wohnhaus Paulstraße 18
▢ Paulstraße 18
🚇 S3, 5, 7, 9, 75 Bellevue, Bus 100, 187
✉ Bezirk Tiergarten, PLZ 10557
📐 Fissler und Partner, Berlin
👁 R & W Immobilienanlagen GmbH
☞ Wohnen
⚒ 1991–1992

Wohn- und Geschäftshaus Pestalozzi-/Kaiser-Friedrich-Straße
▢ Pestalozzistraße/Kaiser-Friedrich-Straße
🚇 U2 Sophie-Charlotte-Platz
✉ Bezirk Charlottenburg, PLZ 10585
📐 Stankovic + Bonnen, Berlin
👁 WIR Wohnungsbaugesellschaft Berlin mbH
☞ Wohnen, Gewerbe

⊞ 7.200 m²
⚒ Fertigstellung 1993

Bürogebäude Pohlstraße 20
▢ Pohlstraße 20
🚇 U1, 15 Kurfürstenstraße
✉ Bezirk Tiergarten, PLZ 10785
📐 Patzschke, Klotz + Partner, Berlin
👁 Librum Buchhandels-GmbH c/o Speckerbauten GmbH
☞ Büro
⚒ 1994–1995

Zentrale der Köpenicker Bank
▢ Potsdamer Straße 76–80
🚇 U1, 15 Kurfürstenstraße, Bus 148, 348
✉ Bezirk Tiergarten, PLZ 10785
📐 Nalbach + Nalbach, Berlin
👁 Köpenicker Bank, Berlin
☞ Bank, Büro, Einzelhandel
⊞ 10.300 m²
⚒ 1997–1999

Gewerbehaus Rankestraße 21
▢ Rankestraße 21
🚇 Bus 109, 119, 129
✉ Bezirk Wilmersdorf, PLZ 10789
📐 Georg Heinrichs und Partner, Berlin
👁 Becker und Kries
☞ Büro
⊞ 5.200 m²
⚒ 1992

Wohn- und Geschäftshaus Reichsstraße 90–92A
▢ Reichsstraße 90–92A
🚇 U2 Theodor-Heuss-Platz, Neu-Westend, Bus 104
✉ Bezirk Charlottenburg, PLZ 14052
📐 Klaus Lattermann, Berlin
👁 Grundstücksgesellschaft Reichsstraße 90–93
☞ Wohnen, Einzelhandel
⊞ 2.200 m²
⚒ 1992–1996

Airport Bureau Center Tegel Saatwinkler Damm 42–43
▢ Saatwinkler Damm 42–43/Buchholzweg 7–9/Riedemannweg 56–60
🚇 Bus 123
✉ Bezirk Charlottenburg, PLZ 13627
📐 Lennart Stange, Berlin
👁 Areal-Finanzanlagen Consult Vermittlungs- und Baubetreuungs GmbH

☞ Büro, Einzelhandel, Gastronomie, Kindertagesstätte
⊞ 63.500 m²
⚒ 1993–1995

Städtebaulicher Entwurf und Rahmenplan Schöneberger Kreuz/Bahnhof Papestraße (Südbahnhof), ehemalige Kaserne Papestraße
▢ Sachsendamm/Tempelhofer Weg
🚇 S2, 25, 45, 46 Papestraße, S1, 2, 45, 46 Schöneberg
✉ Bezirke Schöneberg/Tempelhof, PLZ 12101
📐 Herbst und Lang, Berlin
👁 Land Berlin, Senat für Stadtentwicklung, Umweltschutz und Technologie
☞ Wohnen, Büro, Einzelhandel, Gewerbe, Hotel, S-, Regional- und Fernbahnhof
⊞ 580.000 m²
⚒ 1996–2020

Bürogebäude am Sachsendamm
▢ Sachsendamm 2–7
🚇 S1, 45, 46 Schöneberg
✉ Bezirk Schöneberg, PLZ 10829
📐 Jürgen Sawade, Berlin
👁 Grundstücksgesellschaft Sachsendamm 2–5 GmbH & Co. KG
☞ Büro
⊞ 19.967 m²
⚒ 1992–1994

Erweiterung Verwaltungsgebäude der DEVK
▢ Schöneberger Ufer 81–91
🚇 U1, 2, 15 Wittenbergplatz, Bus 129, U2, S1, 2 Potsdamer Platz, Bus 142
✉ Bezirk Tiergarten, PLZ 10785
📐 Fischer + Fischer, Köln
👁 DEVK Deutsche Eisenbahner Versorgungskasse
☞ Büro
⊞ 23.600 m²
⚒ 1993–1997

Alfa Romeo Centro Seesener Straße
▢ Seesener Straße 60–61
🚇 S9, 45, 46 Halensee
✉ Bezirk Wilmersdorf, PLZ 10709
📐 Jürg Steiner, Berlin
👁 VAR Deutschland Autohandel GmbH, Frankfurt/Main
☞ Autohaus mit Werkstatt
⚒ 1992

Erweiterung Georg-Kolbe-Museum
⌨ Sensburger Allee 25
🚊 U2 Olympiastadion, Bus 149
✉ Bezirk Charlottenburg, PLZ 14055
✐ Architektengruppe AGP, Heidenreich, Meier, Polensky, Zeumer, Berlin
✎ Land Berlin
☞ Ausstellungsstätte
🏃 1995–1996

LKW-Montage- und Fabrikationsgebäude Sophie-Charlotten-Straße
⌨ Sophie-Charlotten-Straße 25
🚊 S 45, 46 Westend
✉ Bezirk Charlottenburg, PLZ 14059
✐ BHHS Bayerer Hanson Heidenreich Schuster, Berlin
✎ ALEX Fahrzeugbau KG
☞ Gewerbe
⊞ 1.074 m²
🏃 1990–1992

Wohn- und Geschäftshaus Spandauer Damm 115/Soorstraße 89
⌨ Spandauer Damm 115/Soorstraße 89
🚊 S9, 75 Westend, Bus 145
✉ Bezirk Charlottenburg, PLZ 14050
✐ Thomas Baumann, Berlin
✎ Bauherrengemeinschaft Spandauer Damm 115 GbR
☞ Büro, Einzelhandel, Wohnen
⊞ 7.680 m²
🏃 1993–1995

Studentenwohnheim Spandauer Damm
⌨ Spandauer Damm 134–142
🚊 S 45, 46 Westend
✉ Bezirk Charlottenburg, PLZ 14050
✐ Yoshimi Yamaguchi-Essig & Mathias Essig, Berlin
✎ Studentenwerk Berlin
☞ Wohnen
⊞ 11.395 m²
🏃 1993–1995

Bürogebäude Spichernstraße 2
⌨ Spichernstraße 2
🚊 U1, 9 Spichernstraße
✉ Bezirk Wilmersdorf, PLZ 10777
✐ Pysall, Stahrenberg & Partner, Berlin
✎ Industrie- und Wohnbau Groth + Graalfs GmbH, Berlin
☞ Büro
⊞ 14.000 m²
🏃 1991–1993

Chemikalienlager des alten Chemiege-bäudes der TU Berlin
⌨ Straße des 17. Juni 135
🚊 U2 Ernst-Reuter-Platz
✉ Bezirk Charlottenburg, PLZ 10623
✐ Schiedhelm + Partner, Berlin
✎ Land Berlin
☞ Chemikalienlager
⊞ 380 m²
🏃 1992–1994

Bahnhof Charlottenburg
⌨ Stuttgarter Platz/Gervinusstraße
🚊 S3, 5, 7, 9, 75 Charlottenburg
✉ Bezirk Charlottenburg, PLZ 10627
✐ Bernd Albers, Berlin
✎ Grundeigentümer: Deutsche Bahn AG, Land Berlin
☞ S- und Regionalbahnhof
⊞ 25.000 m²
🏃 1999 - 2001

Büro- und Geschäftshaus Tauentzien-straße 7B/C
⌨ Tauentzienstraße 7B/C/Nürnberger Straße 9–11
🚊 U1, 2, 15 Wittenbergplatz, U9, 15 Kurfürstendamm, Bus 119, 129
✉ Bezirk Charlottenburg, PLZ 10789
✐ EMW Eller Maier Walter + Partner GmbH, Düsseldorf/Aachen/Berlin/Leipzig
✎ SYNCODATA GmbH EDV Systeme & Co. Handels KG, eine Tochtergesellschaft der INVESTA Unternehmensgruppe, München
☞ Gewerbe, Büro, Wohnen
⊞ 15.400 m²
🏃 1996–1999

Salamander-Haus
⌨ Tauentzienstraße 15/Marburger Straße
🚊 U1, 2, 15 Wittenbergplatz, U9, 15 Kurfürstendamm, Bus 119, 129
✉ Bezirk Charlottenburg, PLZ 10789
✐ gmp von Gerkan, Marg & Partner, Hamburg
✎ Salamander AG, Kornwestheim
☞ Büro, Einzelhandel, Gastronomie, Wohnen
⊞ 8.800 m²
🏃 1990–1992

Geschäftshaus Tauentzienstraße 17
⌨ Tauentzienstraße 17
🚊 U1, 2, 15 Wittenbergplatz
✉ Bezirk Charlottenburg, PLZ 10789
✐ Bernhard Binder, Berlin

✎ Gerd Seehafer, Berlin
☞ Einzelhandel, Büro, Wohnen
⊞ ca. 2.450 m²
🏃 1994–1995

Wohn- und Geschäftshaus Turmstraße 33
⌨ Turmstraße 33/Bredowstraße 1
🚊 U9 Turmstraße
✉ Bezirk Tiergarten, PLZ 10551
✐ Petzinka, Pink + Partner, Düsseldorf
✎ Landesbank Berlin
☞ Wohnen, Büro, Einzelhandel
⊞ 6.233 m²
🏃 1997–1999

Kempinski Plaza
⌨ Uhlandstraße 181–183
🚊 S3, 5, 7, 9, 75 Savignyplatz, U15 Uhlandstraße
✉ Charlottenburg, PLZ 10623
✐ Rolf Rave, Dieter Meisl, Roosje Rave, Jan Rave, Berlin
✎ Gruppe Gädeke & Landsberg
☞ Einzelhandel, Büro, Wohnen
⊞ 12.000 m²
🏃 1990–1993

Wohnhaus Viktoria-Luise-Platz 5
⌨ Viktoria-Luise-Platz 5
🚊 U4 Viktoria-Luise-Platz
✉ Bezirk Schöneberg, PLZ 10777
✐ Jan und Rolf Rave, Berlin
✎ Hilfswerksiedlungs GmbH
☞ Wohnen
🏃 1990–1991

Kindertagesstätte Warburgzeile 6–16
⌨ Warburgzeile 6–16
🚊 U7 Richard-Wagner-Platz
✉ Bezirk Charlottenburg, PLZ 10587
✐ Rolf D. Weisse, Berlin
✎ Bezirksamt Charlottenburg
☞ Kindertagesstätte
⊞ ca. 1.550 m²
🏃 1993–1995

Bürohaus und Dachaufstockung Wielandstraße 5A
⌨ Wielandstraße 5A/Kantstraße 35
🚊 S3, 5, 7, 9, 75 Savignyplatz, Bus 104, 149
✉ Bezirk Charlottenburg, PLZ 10625
✐ Fin Bartels & Christoph Schmidt-Ott, Berlin (mit KMK Architekten)
✎ Mina Rokeach, Dr. Leo Rokeach, Artur Süsskind, Berlin

☞ Büro

⊞ ca. 1.700 m²

🏃 1992–1994

Wohn- und Geschäftshaus
Winterfeldtstraße 39

⌨ Winterfeldtstraße 39

🚇 U4 Viktoria-Luise-Platz

✉ Bezirk Schöneberg, PLZ 10781

✍ Hinrich Baller, Doris Piroth, Berlin

⚓ TFG Treufonds GmbH & Co. Winterfeldtstraße KG

☞ Wohnen, Einzelhandel

⊞ 2.600 m²

🏃 1996–1998

Wohngebäude Württembergische
Straße 60-63

⌨ Württembergische Straße 60-63

🚇 U1, 7 Fehrbelliner Platz, U1 Hohenzollernplatz

✉ Bezirk Wilmersdorf, PLZ 10707

✍ Hinrich Baller, Doris Piroth, Berlin

⚓ Habarent Grundstücksgesellschaft
mbH

☞ Wohnen

⊞ 16.220 m²

🏃 1998 –ca. 2000

Wasserstadt am Spandauer See

Quartier Pulvermühle

U7 Haselhorst, Bus 133, 204 | 13599 Spandau

Quartier Parkstraße Süd Schultheiss

U7 Altstadt Spandau, Bus 131, 231, 331 | 13585 Spandau

Quartier Havelspitze

U7 Rathaus Spandau, Bus 131, 231, 331 | 13587 Spandau

Die Wasserstadt Oberhavel ist flächenmäßig und vom Bauprogramm her die größte der »Neuen Vorstädte«; sie erstreckt sich westlich, nördlich und östlich der Insel Eiswerder, die nördlich der alten Zitadelle Spandau in der hier stromartig breiten Havel liegt. Die Insel ist ebenfalls Bestandteil der Entwicklungsmaßnahme. Das Projektgebiet ist in verschiedene Planungsbereiche bzw. Quartiere aufgeteilt, in denen sich die Baumaßnahmen bis weit über das Jahr 2000 hinaus erstrecken werden. Der Gesamtrahmenplan wurde von Christoph Langhoff und Jürgen Nottmeyer, für die Quartiere Maselake-Nord und Haveleck, Klaus Zillich für Maselake-Zentrum, Nordhafen und Parkstraße sowie Hans Kollhoff für Insel Eiswerder, Pulvermühle und Salzhof. Diese Quartiere sind durch verschiedene städtebauliche Ansätze geprägt und weisen unterschiedliche Bebauungsstrukturen auf. Nutzungsziele sind ca. 13.000 Wohnungen, ca. 685.000 m² Bruttogeschoßfläche Dienst- leistungs- und Gewerbeflächen, sechs Grundschulen, drei Oberschulen, 22 Kindertagesstätten, drei Jugendfreizeitheime, ein Seniorenheim, ein Behindertenwohnheim, zwei Havelbrücken (siehe Spandauer See Brücke und Nordbrücke Wasserstadt am Spandauer See) und ca. 47 ha Grün- und Freiflächen.

In its area and the volume of the planned buildings, the Wasserstadt am Spandauer See is the largest of the »new suburbs«; it extends to the west, north and east of the island Eiswerder, which lies to the north of the old Spandau citadel in a very wide section of the river Havel. The island of Eiswerder is also part of the development project. The area covered by the development is divided into a number of planning sectors in which the building work will last way beyond the year 2000. Christoph Langhoff and Jürgen Nottmeyer are the planning directors for the sector of Maselake North and Haveleck, Klaus Zillich for Maselake Centre, Nordhafen and Parkstrasse, and Hans Kollhoff for the island of Eiswerder, Pulvermühle and Salzhof. These sectors are characterised by different urban development approaches and have different building structures. The utilisation objective is to provide approximately 13,000 residential units, 685,000 square meters of gross floor space for service and business premises, six primary schools, three secondary schools, 22 kindergartens, three youth leisure centres, one senior citizens' home, one home for the disabled, two bridges over the Havel (cf. North bridge and Spandauer See Brücke, »Wasserstadt am Spandauer See«) and about 47 hectares of vegetation and open spaces.

Quartier Pulvermühle

Die Bebauung dieses Quartiers, das auf der Grundlage eines städtebaulichen Konzeptes von Nalbach Architekten entsteht, wird in 2000 fertiggestellt sein; es liegt westlich der Insel Eiswerder. Unterschiedliche Bauformen wie Punkthäuser und kompakte L- oder U-förmige Blöcke prägen seinen Charakter. Ein gemeinsamer Nenner der Gebäude ist die Verwendung eines blau-bunten bis roten Backsteins für die Fassaden. Am einprägsam-

Quartier Pulvermühle

The construction of this sector, which is being developed on the basis of an urban planning concept by Nalbach architects, will be finished in 2000. The area is to the east of the island of Eiswerder. It is characterised by different building forms such as detached buildings and compact L-shaped or U-shaped blocks. A common element in the buildings is the use of brick colours ranging from blue to red for the façades. The most striking area is the area

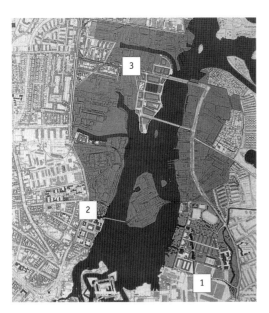

Quartier Pulvermühle

sten ist das Gebiet mit den Punkthäusern: Alle Häuser wurden auf der gleichen Grundfläche von 16 mal 16 Metern errichtet und sind gleich hoch; allein die Durcharbeitung der Grundrisse und die Fassadengliederung oblag den Architekten.

Nalbach Architekten entwickelten u.a. einen Nord-Süd-Typus, der verschiedene Fensterformate und -anordnungen innerhalb der gleich großen Fassadenflächen aufweist. Diese Variationen ergeben sich aus den unterschiedlich großen, zum Teil als Maisonetten organisierten Wohnungen. Auffällig ist die objekthaft inszenierte, schräg in das Treppenhaus eingestellte Treppe. Diese Häuser sind im gleichen Rhythmus teilweise entlang der Straße angeordnet.

ENSS Architekten gehen von einer struktural bereinigten und beruhigten Hausfigur aus: Sie ordnen alle hochstehenden Fenster nach dem Prinzip der repetitiven Reihung und schaffen somit homogen erscheinende, in sich ruhende Baukörpervolumen. Die Fassaden sind mit einer Ziegelvorblendschale versehen oder aber verputzt und dunkelrot gestrichen. Auf jeder Etage liegen drei Wohnungen; die Grundrisse sind übersichtlich und einfach strukturiert, weisen jedoch keine Balkone oder Loggien auf.

Das ästhetische Spiel mit der ›Ähnlichkeit‹ wird einzig von Carola Schäfers formal verfremdet. Sie führt eine horizontale Fassadengliederung innerhalb der kubischen Volumen ein, die aber von der Organisation der Grundrisse generiert wird: Sie organisiert eine vierräumige Enfilade plus Loggia entlang der Fassade; diese Logik von hintereinander geschalteten Räumen ist durch den wechselnden Rhythmus von Holzfenstern und -paneelen, die formal zu einem horizontalen Element zusammengefaßt sind, außen kenntlich gemacht. In den Wohnungen ergeben sich fließende Raumbezüge und interessante Blickbeziehungen.

with the detached buildings. All the buildings were built on the same ground area of 16 by 16 metres and are equal in height; merely the floor plans in the apartments and the façade structure was left at the discretion of the architects.

One building type developed by the Nalbach architects is a north-to-south type which has different window formats and arrangements within façade areas of identical size. These variations arise from the different sizes of apartments, some of which are organised as maisonettes. A striking feature is the extravagantly placed stairs set obliquely into the staircase. These buildings are located at regular intervals, some of them along the street. The ENSS architects base their designs on a structurally organised and peaceful building structure. They arrange all vertical windows on the principle of repetitive sequence, thus creating building volumes which appear homogeneous and self-contained. The façades either have facing bricks or are plastered and painted dark red. Each storey has three apartments; the floor layouts are clear and simple in structure, but they have no balconies or loggias.

The aesthetic play on ›similarity‹ is only distorted in its form by Carola Schäfers. She introduces a horizontal façade sub-division within the cubic volumes, but this horizontal structure is generated out of the organisation of the floor layouts. She creates a four-room enfilade along the façades, and this system of sequential rooms is recognisable on the outside by the alternating pattern of wooden windows and panels which are formally combined to a horizontal element. In the apartments, this arrangement creates flowing interrelationships between the rooms and interesting views.

In the direct vicinity are a number of large blocks designed by different architects, including an L-shaped block and a U-shaped block by Bernd Albers. They corre-

Quartier Pulvermühle: Wohnhaus, Carola Schäfers

Quartier Pulvermühle: Wohnhaus, Bernd Albers

Quartier Pulvermühle:
Links: Wohnhaus, ENSS,
Eckert, Negwer, Sommer,
Suselbeek

Rechts: Wohnhaus, Nalbach + Nalbach

In direkter Nachbarschaft sind einige große Blöcke von verschiedenen Architekten enstanden; unter anderem von Bernd Albers ein L- und ein U-förmiger Baukörper. Sie korrespondieren miteinander durch die gleiche Behandlung der Fassaden: eine einheitlich ›gewebte‹, reliefartig ausgebildete Fassadenstruktur, innerhalb derer die stehenden Fensterformate monotaktisch angeordnet sind. Die Unterschiede der Fenstertiefen bei dem L-förmigen Gebäude, das im Erdgeschoß Arkaden aufweist, ergeben sich aus der Funktion als Wohn-, Büro- und Geschäftshaus: Liegen die Fenster im ersten (Büro-)Geschoß bündig in der Fassade, so treten sie in den darüber liegenden Wohngeschossen um eine Austrittstiefe von 40 Zentimetern zurück. Der Wohnungsspiegel reicht hier von 1,5- bis zu 5-Zimmer-Wohnungen.

Quartier Parkstraße Süd Schultheiss

Das Quartier ist geprägt von den Industriebauten der ehemaligen Schultheiss-Brauerei; es liegt westlich der Insel Eiswerder und somit gegenüber dem Quartier Pulvermühle. Es wurde durch eine sechsgeschossige Bebauung ›verdichtet‹, die in ein orthogonales Straßenraster eingefügt ist. Struktur und Baukörperkonfigurationen ergaben sich aus der am Ort vorhandenen großvolumigen Bebauung, die vornehmlich in Back-

spond with each other in their equal treatment of the façades – a uniform, ›woven‹, relief-type façade structure within which the vertical windows are arranged in a regular pattern. The differences in the depths of the window recesses in the L-shaped building, which has arcades on the ground floor, results from its function as a residential, office and shop building. Where the windows on the first floor (office storey) are flush in the façade, in the residential storeys above that they have a recess of 40 centimetres. The apartments in the building range in size form 1.5 to 5 room apartments.

Quartier Schultheiss

This sector is characterised by the industrial buildings of the former Schultheiss brewery; it is west of the island of Eiswerder, and thus opposite the Pulvermühle development district. It has been made more dense by the addition of six-storey buildings which are fitted into an orthogonal street pattern. The structure and configurations of the buildings resulted from the large buildings which already existed on the site, which were mainly brick-built. In other words, the density and material of the development have merely been continued with the new construction.

The U-shaped block to the west, on Neuendorfer Strasse

Quartier Parkstraße Süd Schultheiss: Wohnhaus, Krüger, Schuberth, Vandreike

Quartier Parkstraße Süd Schultheiss: Wohnhaus, Benedict Tonon

stein ausgeführt ist; Dichte und Materialität werden mit der Neubebauung also nur fortgeschrieben. Von Benedict Tonon stammt der westliche U-förmige Block an der Neuendorfer Straße, südlich der ehemaligen Brauerei. Der siebengeschossige Baukörper – mit einem dreigeschossigen Anbau an einem Ende – ist vollständig mit rotem Ziegelstein verkleidet. In den vier durch Brandwände getrennten Nutzungsabschnitten liegen jeweils verschieden große Wohnungen, die meist einen Wintergarten aufweisen, der durch die französischen Fenster zu einer Loggia geschaltet werden kann; die Grundrisse sind rational, großzügig und offen organisiert. Die äußeren Fassaden der großen Baufigur zeichnen sich durch eine besondere Befensterung aus: Zwei Geschosse sind jeweils durch übereinander liegende Fenstergruppen visuell zusammengeschaltet, wobei die leicht auskragenden Bodenplatten der oberen Fenster – als französische Fenster mit Austritt ausgebildet – die Fassade zusätzlich rhythmisieren. Die monotaktisch gesetzten Fensterreihen sind zudem geschoßweise minimal gegeneinander versetzt, wodurch eine leicht bewegte und die Sehgewohnheiten irritierende Struktur entsteht. Im Innenhof ist der Block in den Ecken rund und an den Schenkelseiten gewölbt ausgebildet, wodurch eine ›organisch‹ konfigurierte Raumbildung entsteht, die durch eine im Abstand von drei Metern vor der Erdgeschoßzone angeordnete Pergola nachgezeichnet wird. Hier im Hof strukturieren im gleichen Rhythmus angeordnete französische Fenster und die auskragenden Austritt-Bodenplatten die Fassade. An den Kopfenden liegen zwei Staffelgeschosse, an den Längsseiten springt nur ein Geschoß zurück. Mit diesem Block ist bislang eine der spannungsreichsten und ›urbansten‹ Gebäude in der Wasserstadt entstanden.

Weiter östlich liegt ein weiterer, ähnlich dimensionierter Block; er wurde von den Architekten Krüger, Schuberth, Vandreike entworfen: eine fast geschlossene Hofbebauung, deren offene Seite zur Havel orientiert ist. Alle Fassaden sind durch vertikale Vorsprünge gegliedert, die die Innenräume erkerartig aufweiten. Auf diese Weise ist aus einigen Wohnungen ein offener Blick auf die Havel möglich. Das visuelle Zusammenspiel dieser ›gefalteten‹ Fassaden mit dem Verblendklinkermauerwerk ergibt als Bild eine architektonische Großform, die äußerlich zunächst an die deutsche ›expressionistische‹ Architektur der 20er Jahre erinnert.

south of the former brewery, was designed by Benedict Tonon. This seven-storey building – with a three-storey extension at one end – is completely faced with red bricks. Each of the four utilisation zones, which are separated by fire walls, contains apartments of different sizes, most of them with a winter garden which can be made into a loggia by opening the French windows. The floor plans are rational, generous and open in their arrangement. The outer façades of the large building are characterised by a special window design. The storeys are visually grouped into pairs by window groups which are arranged one above the other; the slightly overhanging floor slabs of the upper windows – as French windows with a small balcony – give the façade additional rhythm. The regular rows of windows are also slightly offset from one storey to the next, thus creating a slightly dynamic structure which irritates our normal perception habits. In the inner courtyard, the block is rounded at the corners and curved on the wing sides, thus creating an ›organically‹ arranged space, which is underlined by a pergola arranged three metres away from the ground floor zone. Here in the courtyard, French windows set in the same rhythm and the overhanging balcony floor slabs give structure to the façade. At the ends there are two staggered storeys, but on the long side only one storey is set back. This block is one of the most dynamic and ›urbane‹ buildings in the water city development area.

Further to the east is another block with similar dimensions, which was designed by the architects KSV – Krüger, Schuberth, Vandreike. It is an almost closed courtyard building, with its open side facing the river Havel. All façades are sub-divided by vertical projections which create bay-type extensions to the interior. In this way, some apartments have a freer view of the Havel. The visual interplay of these ›folded‹ façades with the facing clinker bricks creates a large architectural form which, in its external appearance, seems to recall the German ›Expressionist‹ architecture of the 1920s.

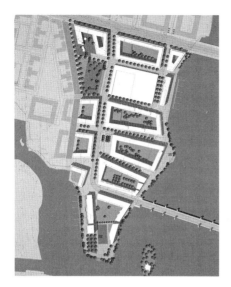

Quartier Havelspitze: Grundriß (links) und Wohnhaus Steidle (rechts)

Quartier Havelspitze

Das Quartier erstreckt sich von der Spandauer See Brücke bis zur Spitze der in die Havel ragenden ›Halbinsel‹, also bis zur Nordbrücke; sein Charakter ist geprägt durch eine 1928 von Hans Poelzig entworfene Produktionshalle, die unter Denkmalschutz steht. Die besondere Lage am Wasser soll durch die Bebauung überall spürbar sein, weshalb Blöcke bzw. Straßenräume konzipiert wurden, die sich konisch zur Havel hin aufweiten. Dieses städtebauliche Konzept stammt von den Architekten Kees Christiaanse/Astoc Planners & Architects.

Sie entwarfen darüber hinaus einen der ›Baublöcke‹, der aber eigentlich kein Block im traditionellen Sinne ist, sondern eine aus vier Riegeln zusammengesetzte Figur, die einen Hofraum umschließt. Diese Riegel sind wiederum durch Brandwände in einzelne Haus- bzw. Nutzungseinheiten geteilt: Im Straßenraum wird dieses ›Parzellensystem‹ dadurch unterstrichen, daß jede Hauseinheit gegenüber den Nachbarhäusern in der Höhe differiert. Das konzeptionell-städtebauliche und ästhetisch-architektonische Potential zur Durchbildung eines großstädtischen Blocks wird somit verspielt zugunsten einer ›simulierten‹ Straßenrandbebauung mit einer Fassadendurchbildung ohne Reiz und Spannung. Die Grundrißorganisation läßt leider ebenfalls zu wünschen übrig: Traditionell und spannungslos an schmalen Fluren angeordnete kleine Raummodule und kleinste Loggien lassen alle Wohnungen eng erscheinen.

Otto Steidle hat eine konische Riegelfigur als Grundlage für seine Bebauung gewählt. Auch hier können die Grundrisse nicht überzeugen, die in der Logik ihres Zuschnitts und ihrer Organisation zueinander der schrägkonischen Grundfigur zu folgen scheinen und unnötig viele nicht orthogonal geschnittene Räume aufweisen. Die unregelmäßige Anordnung der Fenster, die Ausbildung der Wintergärten und auch die zweigeschossig

Quartier Havelspitze

This sector extends from the Spandauer See Brücke over the Havel to the tip of the ›peninsula‹ extending south into the Havel, i.e. to the north bridge. Its character is marked by a manufacturing building designed in 1928 by Hans Poelzig, which is a protected architectural monument. The special setting by the water is designed to be apparent everywhere, which is why building blocks and streets were designed which open up conically towards the Havel. This urban development concept was designed by the architects Kees Christiaanse/Astoc Planners & Architects.

They also designed one of the ›building blocks‹, although it is not really a block in the traditional sense, but rather a structure made up of four long buildings which surround a courtyard. These long buildings themselves are sub-divided by fire walls into individual building and utilisation units. On the street side, this ›land parcel system‹ is underlined by the fact that each unit is different in height from the adjoining building. The potential of the urban development concept and the architectural aesthetic appearance to create a block that is typical of the city is thus sacrificed in favour of a ›simulated‹ street edge development with a façade structure that is without attraction and dynamism. The floor plan organisation is unfortunately also not successful: traditional and monotonous narrow corridors leading to small room modules and minuscule loggias make all the apartments seem cramped.

Otto Streidle selected a conical elongated structure as the basis for his building. Here, too, the floor plans are not convincing; in the logic of their layout and their organisation in relation to each other, they seem to follow the oblique and conical form of the land plot and to include an unnecessary number of rooms that are not orthogonal in layout. The irregular window pattern, the de-

Quartier Havelspitze: Block Josef Paul Kleihues, Innenhof

Quartier Havelspitze: Block Kees Christiaanse, Straßenansicht

ausgebildete Dachzone erscheinen als unverständliche, keiner Funktion oder Notwendigkeit folgende Gestaltungsakte, weshalb die Fassaden und ihre Proportionen auch nicht in der Lage sind, eine reizvolle formale Spannung zu erzeugen oder eine Idee zu vermitteln.

Zwei weitere Blöcke stammen von J. P. Kleihues und J.S.K., wobei es Kleihues am ehesten gelingt, eine einheitliche, zusammenhängende Großfigur zu entwickeln, die formal nicht auseinanderfällt und die jene ästhetischen Potentiale zur Geltung bringt, die einem Großblock von dieser Dimension eigen sein und somit auch formal thematisiert werden können: Die Rhythmik aller Bauglieder und die Perforation der Fassaden passen sich den großmaßstäblichen Dimensionen an bzw. unterstreichen sie durch das Verhältnis aller Proportionen zueinander. Allerdings erscheint die Farbe der Ziegelvorblendschale ein wenig zu dunkel gewählt, ein Umstand, der in den Straßenräumen leider deutlich zu spüren ist.

sign of the winter gardens and the two-storey roof zone appear as incomprehensible design activities which have no function or necessity, and which mean that the façade and its proportions are not able to create any attractive formal dynamism or to communicate any idea.

Two other blocks were designed by J. P. Kleihues and J.S.K. The building by Kleihues is most successful in developing a uniform, coherent large structure which does not break apart in its form and which does justice to the aesthetic potential which can characterise a block of this size and can therefore by thematised in its form. The rhythm of all parts of the building and the perforation of the façades are adapted to the enormity of the dimensions, or underline the dimensions by the relationship between the proportions. Unfortunately, the colour of the facing bricks seems to have been chosen in a shade that is slightly too dark – a circumstance which is clearly felt in the street context.

Quartier Pulvermühle

Wohnhaus Olga-Tschechowa-Straße 18: ◢ Carola Schäfers, Berlin ↩ GSW, Berlin ☞ Wohnen ⊞ 1.280 m² ♠ 1996–1997 | Häuser B1 und F2: ◢ Bernd Albers, Berlin, mit Tobias Nöter, Salomon Schindler ↩ GSW, Berlin ☞ Wohnen, Einzelhandel (B1 zusätzlich Büro) ⊞ 8.300 m² (B1) + 7.600 m² (F2) ♠ 1996–1997 | Wohnhäuser Pulvermühlenweg: ◢ Nalbach + Nalbach, Berlin ↩ GSW, Berlin ☞ Wohnen ⊞ 31.000 m² ♠ 1995–1998 | Wohnhäuser 1. Bauabschnitt: Romy-Schneider-Straße/2. Bauabschnitt: Pulvermühlenweg: ◢ ENNS Eckert, Negwer, Sommer, Suselbeek (mit Birgit Frank), Berlin ↩ GSW, Berlin ☞ Wohnen ⊞ 1. Bauabschnitt: 3.840 m², 2. Bauabschnitt: 5.120 m² ♠ 1996–1997

Quartier Parkstraße Schultheiss

Wohnhäuser Neuendorfer Straße 20–24: ◢ KSV Krüger, Schuberth, Vandreike, Berlin ↩ Wasserstadt Süd Berlin GbR BBV Grundstücksentwicklungs-AG ☞ Wohnen ⊞ 16.115 m² ♠ 1997–1998 | Wohnhäuser Neuendorfer Straße: ◢ Benedict Tonon, Berlin ↩ Wasserstadt Berlin GbR, Berlin ☞ Wohnen ⊞ 14.356 m² ♠ unbestimmt

Quartier Havelspitze

◢ Kees Christiaanse, Rotterdam / Josef Paul Kleihues, Berlin ↩ Bavaria Objekt und Baubetreungs GmbH ☞ Wohnen ♠ 1995–2000

Spandauer See Brücke Verbindung von Rhenaniastraße und Daumstraße (Maselake-Halbinsel) | Bus 231 | 13599

Spandau | **Nordbrücke / North bridge** Rauchstraße | Bus 231 | 13587 Spandau

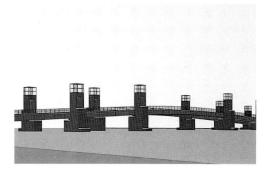 

Links: Spandauer See Brücke
Rechts: Nordbrücke

Die beiden Brücken dienen der Verbindung der östlich und westlich der Havel entstehenden neuen Vorstadt »Wasserstadt Oberhavel«; der Fluß ist an dieser Stelle stromartig breit. Sie haben im Kontext des Verkehrs unterschiedliche Aufgaben und sind somit auch typologisch anders durchgebildet.

Die Spandauer See Brücke des Architekten Walter Noebel dient hauptsächlich dem Fußgängerverkehr und ist schmaler als die Nordbrücke; sie ist ausdrücklich als ›langsame Brücke‹ angelegt. Sie liegt westlich an der Südspitze der Maselake-Halbinsel, endet also im reinen Wohngebiet mit Zielverkehr. Die Langsamkeit – vor allem des Fußgängers – ist thematisiert durch eine rhythmisch angeordnete Reihe mächtiger kubischer Pfeiler, die mit einer Klinkervorblendschale und an der Spitze mit würfelförmigen Beleuchtungskörpern versehen sind. Die Wölbung der aus Beton konstruierten Fahrbahn ist wegen der Durchfahrthöhe für die Schiffe notwendig; in der Mitte stehen deshalb die Pfeiler auch weiter auseinander.

Die Nordbrücke der Architekten Dörr, Ludolf und Wimmer dagegen ist breiter und nimmt den Durchgangs- und in der Fahrbahnmitte den Straßenbahnverkehr auf. Die Fahrbahn erscheint als bruchlose Fortführung der Straßenräume; die Dynamik der Bewegung der Autos wird somit nicht unterbrochen. Unter der Fahrbahn befindet sich ein flach konstruiertes Tragwerk, das auf spitz zulaufenden Böcken und Streben aufliegt. Durch die punktartig konzentrierte Auflagefläche scheint die Fahrbahn wie eine Platte über dem Wasser zu schweben. In der Mitte steht, im Wechsel angeordnet, eine schlanke Reihe von Oberleitungs- und Beleuchtungsmasten.

The two bridges connect the new suburb »Wasserstadt Oberhavel« (water city on the upper Havel) which is being built on the east and west bank of the river Havel. At this point, the river has the width of a major river. The bridges have differing tasks in the transport concept, and thus they are different in type.

The »Spandauer See Brücke«, designed by the architect Walter Noebel, is mainly intended for pedestrians and is narrower than the north bridge. It is deliberately designed as a ›slow bridge‹. It west end is at the southern tip of the Maselake peninsula, i.e. in a purely residential area not designed for through-traffic. The slowness – especially for pedestrians – is underlined by regularly arranged row of massive, cubic pillars with clinker facing bricks and cube-like lighting systems at the top. The curvature of the concrete road surface is necessary to create sufficient height for shipping; for this reason, the central pillars are further apart.

The north bridge designed by the architects Dörr, Ludolf and Wimmer, on the other hand, is wider and is designed for through-traffic and in the centre, the tram system. The road surface appears as a smooth continuation of the surrounding streets, so that the movement of the cars is not interrupted. The load-bearing structure below the road surface is a slender structure which rests on pointed trestle and spur supports. The points of contact between the road sub-structure and the supports are concentrated to small, dot-like areas, which makes the road look as if it is gliding across the water. The middle of the bridge has an alternating arrangement of slender overhead wires and light masts.

Spandauer See Brücke: ✏ Walter Arno Noebel, Berlin ✎ Senatsverwaltung für Bau- und Wohnungswesen, Abteilung Brückenbau, H XI ☞ PKW-, Fahrrad- und Fußgängerbrücke ⊞ Länge: 280 m 👥 1995–1997 | Nordbrücke: ✏ Dörr-Ludolf-Wimmer/Ing.-Büro Fink, Berlin ✎ Land Berlin ☞ Brücke 👥 1998–2000

Wohnhaus / Residential building Siegener Straße 64

Siegener Straße 64 | U7 Rathaus Spandau, Bus 130 | 13583 Spandau

Das Gebäude ist ein Solitärbau innerhalb eines vorstädtischen Kontextes mit unterschiedlichen Bebauungsstrukturen. Auffällig ist zunächst eine stark zur Wirkung kommende unregelmäßige und arhythmische plastische Gliederung aller Fassaden, von der eine ambivalente und irritierende Stimmung ausgeht. Sie wird hervorgerufen durch die nichtorthogonale Stellung von Fassadenteilen, die differenzierten und unterschiedlichen Vor- und Rücksprünge bei den Balkonen und das Hervorspringen einzelner Bauteile aus der Fassadenfläche in den Fensterbereichen. Die Perforationen der Fensteröffnungen selbst sind ebenfalls formal unterschiedlich ausgeführt, in der Regel aber als Bandfenster. Das räumliche Konzept beruht im Gegensatz dazu auf einer klaren, überschaubaren inneren Struktur und Erschließung. Ein durch den Gebäudekörper durchgestecktes, großzügig geschnittenes und gut belichtetes, hallenartiges Treppenhaus teilt das Gebäude zunächst in zwei Baukörper; der langgestreckt-rechteckige grössere wird durch einen sich konisch aufweitenden und am Ende ebenfalls verglasten Stichflur abermals geteilt. In jedem dieser nunmehr drei Gebäudeteile befinden sich jeweils zwei Wohnungen pro Geschoß, dazu im dritten und vierten Geschoß je vier Maisonette-Wohnungen. Alle Grundrisse sind übersichtlich strukturiert und entwickeln fließende Raumbeziehungen. Küchen und Bäder liegen grundsätzlich an den Außenseiten und werden somit natürlich belichtet und belüftet. Einige Grundrisse sind nach dem Umlaufprinzip entwickelt. Gemessen am Standard des sozialen Wohnungsbaus in Berlin bildet das Haus also eine Ausnahme sowohl in funktionaler als auch formaler Hinsicht.

The building is a solitary building in a suburban context with a variety of urban development structures. The first striking element is a prominently irregular and non-rhythmical sub-division of all façades, which creates an ambivalent and irritating atmosphere. It is caused by the non-orthogonal positioning of parts of the façade, and the differentiated and differing projected and recessed balconies and the fact that individual parts of the building protrude out of the façade surface around the windows. The perforations of the window apertures themselves are also executed in formally different ways, but mainly as band-type windows. By contrast, the spatial concept is based on a clear, coherent inner structure and internal access. A generously proportioned and well lit hall-type staircase is inserted through the building and creates an initial separation into two parts. The elongated rectangular larger part is further sub-divided by a side corridor which opens out conically and is also glazed at the end. In each of these three parts of the building there are two apartments per storey, and in the third and fourth floor there are four maisonettes in each part of the building. All of the floor layouts are clearly structured, and they develop flowing transitions between the rooms. The kitchens and bathrooms are on the outer sides in all apartments, and are thus naturally lit and ventilated. Some floor plans have been designed to provide »circular« access from room to room around the apartment. Compared with the standard of subsidised residential building in Berlin, this building therefore represents an exception in both function and form.

ELW Eyl, Weitz, Wuermle & Partner (mit J. M. Abcarius), Berlin ✏ WIR, Berlin ☞ Wohnen ⊞ 1.700 m² 👥 1993–1994

Bahnhof Spandau / Spandau station

Klosterstraße/Seegefelder Straße | U7 Rathaus Spandau, Bus 130, 237 | 13581 Spandau

Die Konstruktion und die organisatorische Struktur der architektonischen Intervention folgen in ihrer Logik den vorgegebenen Breiten und Höhen der bestehenden Bahngleisanlage mit ihren Trassen und Bahnsteigen. Zwei Zugangsbauwerke erschließen den Bahnhof: In einem parallel zur Seegefelder Straße stehenden Baukörper ist die Haupt-Bahnhofshalle integriert. In dieser ca. 20 mal 60 Meter großen Halle stehen mittig die Aufzugsanlagen; auf der Ostseite führen Treppenanlagen auf die Bahnsteige. Die zweite Erschließung erfolgt über eine Fußgängerpassage in Höhe der Wilhelmshavener Straße. Die Verkehrszonen, die sich unter den Gleisen befinden, weisen eine von Betonstützen getragene, gewellte und mit Metalllamellen verkleidete und mit einem integrierten Lichtsystem versehene Deckenstruktur auf. Die Wellentäler haben einen Achsabstand von ca. neun Metern; sie werden durch Intarsien im Steinfußboden betont. Im Stadtraum und auf der Höhe der Gleise dominiert die Glas-Dachkonstruktion, die die Gleisanlagen auf der gesamten Länge überspannt: Im Rhythmus von 18 Metern überwölben bogenförmige Träger auf Stahlstützen die Gleise von Bahnsteigmitte zu Bahnsteigmitte; in Längsrichtung sind sie durch Stahlträger miteinander verbunden. Zwischen diese Bogenkonstruktion ist eine filigrane Gitterstruktur aus Stahlvollwandprofilen gespannt, die mit Drahtrohrglas ausgefüllt ist. Die notwendigen Einrichtungen wie Hinweistafeln, Uhren und Sitzbänke sind formal in das Stützensystem integriert; die Dienst- und Warteräume dagegen sind als selbständig erscheinende, gläserne architektonische Körper objekthaft freigestellt.

The logic of the design and organisational structure ollows the prescribed widths and heights of the existing railway system, with its rail lines and platforms. The station is reached from two access buildings. The main station entrance hall is integrated into a building that is parallel to Seegefelder Strasse. At the centre of this entrance hall of approximately 20 by 60 metres are the lifts, at the east end, staircases lead to the platforms. The second entrance is via a pedestrian passageway level with Wilhelmshavener Strasse. The access zones below the platforms have a roof structure that is borne by concrete pillars with an undulating contour, metal louvred facing and an integrated lighting system. The troughs in the wave-like undulations are about nine metres apart and are emphasised by intarsia work in the stone floor. In the urban setting and at platform level, the glass roof structures spanning the entire length of the platforms are the dominant element: at intervals of 18 metres, curved girders mounted on steel pillars form an arch over the rails from the centre of one platform to the next. They are linked along the length of the platforms by steel beams. Between these arch structures, there is a filigree grid structure of steel profile sections which is filled in with wire-reinforced glass. The necessary fittings and accessories such as notice signs, clocks and benches are formally integrated into the pillar system, but the staff rooms and waiting rooms are set on the platforms as separate, apparently independent glass architectural structures.

✎ gmp von Gerkan, Marg & Partner, Hamburg; Projektleitung, S. Zittlau-Kroos, H. Nienhoff, K. Akay ✆ Deutsche Bahn AG ☞ Fern- und S-Bahnhof ⊞ 10.588 m² 🏗 1996–1998

Wasserstadt Oberhavel, Wohnhäuser Kees Christiaanse (S. 184 ff)

Tegel Süd, Wohnhaus, Rausch + Willems (S. 208 ff)

Bahnhof Berlin-Spandau (S. 192)

S-Bahnhof Berlin Bornholmer Straße (S. 230)

Bürocenter Bornitzstraße (S. 244)

Wohnanlage Akazienallee (S. 249)

Wohnbebauung Tempelhofer Damm (S. 284)

Treptower und Twintowers (S. 266)

Estrel Residence Hotel (S. 287)

Gewerbezentrum Ullsteinhaus (S. 297)

Schloßstraße 40 (S. 300)

Albert-Einstein-Schule (S. 285)

Autohaus Bismarckstraße (S. 309)

Altglienicke Wohngebiet, Dörken + Heise (S. 270 ff)

Wohnanlage Ghanastraße (S. 229)

Gewerbepark Zitadellenweg / Zitadellenweg industrial park

Zitadellenweg 2–10 | U7 Haselhorst, Zitadelle | 13599 Spandau

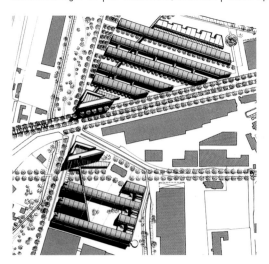

Das bestehende Gebäude ist Teil einer 1991 geplanten, aber bislang nicht realisierten großflächigen Überbauung beidseitig der Straße Am Juliusturm. Diese Bebauung, mit zwei prismatisch geformten Hochhäusern als Dominante, sollte städtebaulich eine Art Tor an der Grenze zwischen den Stadtteilen Charlottenburg und Spandau markieren. Der einzig realisierte erste Bauabschnitt besteht aus einem überdimensionierten, weil für den Kontext zu hohen und zu langen Gebäuderiegel. Er soll den Abschluß einer kamm- und hofartigen Bebauungsstruktur bilden, deren Teile durch eine verglaste, diagonale Galerie miteinander verbunden werden sollen. Das Gebäude ist als Rudiment dieses Ensembles lesbar, weil die Anschlußöffnungen deutlich sichtbar, die Anschlußbauten aber nicht vorhanden sind. Die Mischkonstruktion aus Beton und Stahl ist mit einer vorgehängten Aluminium-Glasfassade mit horizontalen, in der Fläche geschlossenen Aluminiumbändern und außenliegenden Sonnenschutzelementen versehen. Die Büros in den Normalgeschossen sind nach dem Mittelgangprinzip organisiert; vier Treppenhauskerne sorgen für die vertikale Erschließung. Die Fassade ist geschoßweise leicht nach außen gekippt, und die Profile der Sonnenschutzblenden sind formal sehr dominant; im Zusammenspiel mit der grauschwarzen Farbe der Aluminiumblenden und dem monumentalen Dach ergibt sich insgesamt ein unruhiges, fremdes, den Kontext in seinen Dimensionen störendes und den Betrachter irritierendes Bild eines utopisch-futuristisch anmutenden Gebäudes.

The existing building is part of a large building complex on both sides of the street Am Juliusturm which was planned in 1991 but has not yet been implemented. This development, with two prismatically shaped tower buildings as the dominant features, was intended in the urban setting to mark a sort of gateway on the border between the districts of Charlottenburg and Spandau. The first phase, which is the only phase that has so far been constructed, consists of an oversized elongated building which is too high and too long for the context. It is meant to form the end of a comb-like and court-type development structure, the parts of which are intended to be connected by a glass-covered diagonal gallery. The building can be recognised as a rudimentary fragment of this complex because the connection openings are clearly visible, but the connecting structures are not yet there. The mixed construction of concrete and steel has a suspended aluminium and glass façade with horizontal aluminium bands enclosed within the surface and exterior sun protection elements. The offices on the normal storeys are organised on the central corridor principle, and vertical access to the storeys is via four staircase cores. The façade of the storeys is slightly tilted outwards, and the profile structure of the sun protection panels is very dominant in its form; in conjunction with the grey and black colour of the aluminium panels and the monumental roof, the general impression is of a restless and incongruous image of a utopian and futuristic building which is a foreign element in the context because of its dimensions and which irritates the beholder.

⬩ Claude Vasconi, Paris ⬩ GbR Zitadellenweg und Zitadell GmbH, Berlin ⬩ Gewerbe, Büro, Einzelhandel ⬩ 1992 – 1999

Wohnbebauung / Residential development Aalemannufer

U7 Altstadt Spandau, Bus 222, 331 | 13587 Spandau

Wohnhäuser,
Feige + Partner (links),
Büttner, Neumann,
Braun mit Martin und
Pächter (rechts)

Das Quartier liegt in unmittelbarer Nähe des Naherholungsgebietes Havel nördlich des Aalemannkanals und besteht aus annähernd 550 Wohnungen. Die Bebauung ist von Süden (also vom Kanal aus) nach Norden in der Höhe gestaffelt, wobei auch die Größe und Kompaktheit der Baukörper in diese Richtung zunehmen. Am nördlichen Quartiersrand werden durch die Anordnung der großvolumigen Gebäude nach Süden offene Wohnhöfe ausgebildet, die an der parallel zum Kanal verlaufenden Straße in terrassierten Stadtvillentypen enden. Diese Nord-Süd-Ausrichtung wird durch drei Straßen unterstützt, die das Quartier in vier Baulose aufteilen. Das ganze Quartier ist in einer modernen, sachlich-rationalen Architektursprache errichtet, die bisweilen stark an die Klassische Moderne erinnert: Die Linienführung ist meist streng, die geschlossenen Flächen sind in der Regel weiß verputzt, und bei einigen Gebäuden herrscht eine geschichtet-horizontale Gliederung mit Bandfenstern und betonten Brüstungsbereichen vor. Auffällig sind vor allem offene Gang- und Balkon- bzw. Loggiensysteme, die strukturell offene Bereiche innerhalb der Baukörper definieren und den Volumen ihre Schwere nehmen.

Die Architekten Feige und Döring organisieren zum Beispiel in den beiden unteren Geschossen ihrer Zeilenbauten große, angenehm organisierte Wohnungen oder Maisonettetypen mit geweiteten Flurbereichen, Schiebetürelementen und grundsätzlich außenliegenden Bädern. In dieser zweigeschossigen Sockelzone sind die Zimmer raumhoch und über die ganze Breite verglast; strukturiert wird die Zone in der Fassade einzig durch die Pfosten-Decken-Struktur und die Glas- und feingliedrigen Stahlbrüstungselemente. Darüber folgt eine zweigeschossige Zone mit unterschiedlich großen Wohnungen; hier liegen zwischen den Loggienbereichen Bandfenster. Das Staffel- bzw. Dachgeschoß, in dem

The district is in the direct vicinity of the recreation area on the river Havel to the north of the Aalemann canal, and it consists of almost 550 apartments. The development is staggered in height from the south (i.e. from the canal) to the north, with the size and compactness of the buildings increasing towards the north. The large buildings at the north of the estate are arranged facing south, thus creating open residential courtyards which end in terraced town villas at the road that runs parallel to the canal. This north-to-south orientation is supported by three streets which divide the estate into four building lots. The whole estate is constructed in a modern, functional and rational architectural language which, in places, recalls the classical modern period. The lines are mainly harsh, the closed surfaces mainly plastered in white, and some of the buildings have a layered horizontal sub-division, with band-type windows and prominent breastwork. Particularly striking features are the open walkway, balcony and loggia systems, which define structurally open zones within the buildings, and which break up the heaviness of the buildings.

For example, the architects Feige and Döring organise the lower two storeys of their elongated buildings with large, pleasantly arranged apartments or maisonettes with wider hall zones, sliding doors and bathrooms facing the outside. This two storey base zone has windows which reach from floor to ceiling and wall to wall; the façade is only structured by the post and ceiling structure and the glass and fine steel breastwork. Above this zone is a two-storey zone with apartments of different sizes, with band-type windows between the loggia areas. The staggered roof storey, which includes atelier apartments, is additionally outlined by a pergola-type suspended beam structure.

By contrast, David Chipperfield gives his two town villas by the water a strictly cubic form, the volume of which is

zum Teil Atelierwohnungen liegen, wird durch eine pergolaartige Luftbalkenstruktur nachgezeichnet.

David Chipperfield gibt seinen beiden Stadtvillen am Wasser dagegen eine streng kubische Form, deren Volumen im Dachgeschoß zweimal eingeschnitten ist. Die Fenster sind zwar als Lochfenster konzipiert, aber durch graue Paneele zwischen den einzelnen ebenfalls grauen Fensterrahmen zu einer horizontalen Einheit zusammengeschaltet; diese Schichtung und das vertikal in der Fassade betonte und z.T. mit Glasbausteinen versehene Treppenhaus lösen das kompakte Baukörpervolumen wieder auf. Ein anderes Haus von Chipperfield, eine fünfgeschossige Zeilenbebauung, ist die Transformation bzw. Interpretation des englischen Reihenhaustypus. Es ist zwar ein zunächst eigenwillig konfiguriertes und mit einer irritierend wirkenden Fassaden-Fenster-Perforation versehenes Gebäude, wurde aber aus der Grundrißtypik generiert: Im Erdgeschoß liegt eine ebene Wohnung, darüber sind zweimal zwei Geschosse mit Maisonette-Wohnungen angeordnet. Die ebenen Wohnungen haben einen vorgeschalteten Garten, die darüber liegenden eine Loggia, die Dachmaisonetten eine Dachterrasse. Die formal-ästhetische Zusammenschaltung der Geschosse drei und vier mit einer Art Korsett, das sich um den Baukörper legt, verunklärt zwar die innere Geschoßorganisation, entfaltet aber seinen eigenen Reiz im Zusammenspiel mit dem Wand-Öffnungs-Verhältnis. Die Grundrisse sind rational und sachlich und folgen dem Durchwohnprinzip.

Die Gebäude von Martin und Pächter und Büttner, Neumann, Braun zeichnen sich durch klare präzise Formen, einfach und gut organisierte Grundrisse und die ausgeglichenen Baukörpervolumen aus, die aus der inneren strukturalen Logik heraus entwickelt sind. Sie fallen vor allem durch die großen, die Wohnungen weitenden Fenster auf, die eine Dreiteilung erfahren: ein vertika-

broken up in two places at roof level. The windows are designed as perforated windows, but grey panels between the individual window frames, which are also grey, combine them into a horizontal unit. This layer structure and the staircase, which is vertically emphasised in the façade and partly faced with glass bricks, mitigate the compact volume of the building. A different building by Chipperfield, a five-storey elongated block, is a transformation and interpretation of the English terraced house type. In its initial effect it is an unconventionally designed building with an irritating façade window perforation pattern, but it was generated out of the ground plan type. The ground floor contains a level apartment, and above it are two two-storey maisonettes. The level apartments have a garden, the apartments above it have a loggia and the roof-level apartments have a roof terrace. The formal and aesthetic combination of storeys three and four with a sort of corset which is laid about the building masks the inner structure, but it creates its own attraction in combination with the wall and perforation ratio. the floor plans are rational and functional and follow the front-to-back principle.

The buildings by Martin and Pächter and Büttner, Neumann and Braun are characterised by clear, precise forms, simple and well organised floor plans and the balanced volume of the building, which is developed out of the inner structural logic. They are especially noticeable with the large windows, which make the apartments seem larger and are divided into three types: a vertical pane and two horizontal panes, only two horizontal glass surfaces or variations of this sub-division. This formal feature, which creates a specific line structure for the buildings, links the terraced, four-storey town villas by the canal with the four-storey elongated blocks and a staggered roof storey. Especially the town villas facing the canal are convincing with their clear physical struc-

les Feld und zwei horizontale Felder, nur zwei horizontale Glasflächen oder Variationen dieser Teilung. Diese formale Eigenart, die eine spezifische Linienführung in die Gebäude einschreibt, verbindet ihre am Kanal liegenden, terrassierten viergeschossigen Stadtvillentypen mit den viergeschossigen Wohnzeilen und dem Staffelgeschoß. Vor allem die kanalseitigen Stadtvillen überzeugen durch die körperlich klare Gliederung, die betonte Horizontale, die durch die Geschosse, die Fenster und die Terrassen gebildet wird, und durch ihre eindeutige Straßenraumbildung mittels einer viergeschos-

ture, the emphasis on the horizontal created by the storeys, windows and terraces and the clear definition of the street setting with their four-storey solid perforated façade with only horizontal, two-part window openings facing the side street.

The architects Kramm and Strigl have, among other things, designed five-storey elongated residential blocks with a staggered roof storey, in front of which there is an open structure loggia zone. This zone, which makes the apartments seem larger due to the floor-to-ceiling windows, is constructed as a cumulative structure

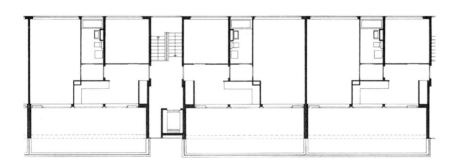

Wohnhaus, Büttner, Neumann, Braun

Wohnhaus, Kramm + Strigl

sig-flächigen Lochfassade mit ausschließlich horizontal zweigeteilten Fensteröffnungen an der Querstraße. Die Architekten Kramm und Strigl haben u.a. fünfgeschossige Wohnzeilen mit einem Staffelgeschoß konzipiert, denen eine offen strukturierte Loggienzone vorgelagert ist. Diese Zone, die die Wohnungen durch die raumhohe Verglasung aufweitet, ist als additive Struktur vollständig als Stahl- bzw. Stahlgittersystem ausgeführt, auf der durch individuell verschiebbare Paneele eine eigene Ordnungslogik entsteht. Die modular bzw. additiv gereihten Wohnungen sind in Schottenbauweise durchgesteckt organisiert; sie weisen klare Grundrisse und Räume mit großflächigen Verglasungen auf.

which is made completely of a steel or steel frame system, which has its own organisational logic because of the individually adjustable panels. The modular, cumulative rows of apartments are arranged front-to-back on a bulkhead principle; they have clear floor plans and rooms with large windows.

Wohnhäuser Aalemannufer 1–5: ✎ Kramm + Strigl, Darmstadt ❧ Bauwert Immobilienverwertung GmbH & Co, Berlin ☞ Wohnen ⊞ 16.747 m² ⚒ 1995–1997 | Wohnhäuser 3, 4, 28: ✎ David Chipperfield, London ❧ Bauwert Immobilienverwertung GmbH & Co, Berlin ☞ Wohnen ⊞ Häuser 3, 4: je 720 m²; Haus 28: 2.680 m² ⚒ 1994–1997 | Wohnhäuser 1, 6, 8, 12: ✎ Feige + Partner Architekten, Berlin ❧ Bauwert Immobilienverwertung GmbH, Berlin/München ☞ Wohnen ⊞ 8.330 m² ⚒ 1995–1996 | Wohnhäuser 2, 5: ✎ Martin + Pächter & Partner, Berlin ❧ Bauwert Immobilienverwertung GmbH & Co, Berlin ☞ Wohnen ⊞ 3.300 m² ⚒ 1996–1997 | Wohnhaus 32: ✎ Büttner – Neumann – Braun, Berlin, mit Martin + Pächter & Partner, Berlin ❧ Bauwert Immobilienverwertung GmbH & Co, Berlin ☞ Wohnen ⊞ 7.224 m² ⚒ 1994–1996

Renée-Sintenis-Schule / Renée-Sintenis School

Lauriensteig 39 | S1 Frohnau, Bus 125 | 13465 Reinickendorf

Das Konzept für die Erweiterung des Schulbaus aus den 50er Jahren beruht auf dem Prinzip der Doppelung bzw. Spiegelung. Dabei wurden ein Schulgebäude und eine verdreht dazu stehende Sporthalle jeweils um einen gleichartigen Baukörper ergänzt. Durch diese Intervention entstand ein kleiner zentraler, leicht über Niveau gehobener Platz, der nunmehr die räumliche Konstellation der einzelnen Gebäude zueinander organisiert: Baukörper und Freiräume unterliegen erst jetzt einem ablesbaren Ordnungsschema. Das einhüftige Klassentraktgebäude wurde um einen eigenständigen Baukörper, der die Servicezone aufnimmt, erweitert. Er besteht im Grunde aus einzelnen Sheddach-Häusern, die wie ein Rückgrat in einer Glas-Stahl-Konstruktion mit rhythmisch frei angeordneten Fensteröffnungen eingebunden sind. An dieses Rückgrat wiederum wurde ein ebenfalls einhüftiger Klassentrakt angebaut. Beide sind architektonisch und gestalterisch selbständig durchgebildet, wobei zunächst die freie Komposition der Befensterung innerhalb der glatten Fläche des neuen Klassengebäudes auffällt. Die neue Sporthalle mit ihrem im Inneren gänzlich umschlossenen Spielfeld und den seitlichen Oberlichtern erhielt ein wellenförmiges Dach auf einem leichten Stahltragwerk. Zwischen der alten und der neuen Halle befindet sich ein eingeschobener riegelartiger Baukörper, der, auf Stützen ruhend, nunmehr das Entrée zum Schulgebäude und auch eine räumliche Begrenzung für den kleinen Platz bildet. Trotz der erkennbaren Intervention bleiben alle Übergänge zwischen alt und neu angenehm weich und unauffällig. Das Farbkonzept unterstützt diese Wirkung.

The concept for the extension of this school building dating from the 1950s is based on the principle of duplication or mirroring. In this instance, one school building and one sports hall at an angle to it were each supplemented by one building structure of a similar type. This intervention created a small central area raised slightly above ground level, which now organises the spatial configuration of the individual buildings in relation to each other. Only now are the buildings and the open spaces structured by a recognisable organisational principle. The classroom block, which has rooms on one side of the corridor, was extended by the addition of a separate building which contains the service zone. It basically consists of individual shed roof type buildings, which are integrated like a backbone into a glass and steel structure with an irregular arrangement of window openings. To this backbone, a further classroom wing has been added, which again has rooms on one side of the corridor. Both buildings are separate in their architecture and design, although the free composition of the windows in the smooth surface of the new classroom block is the first element to be noticed. The new sports hall, with its completely enclosed play area in the inside and the side skylights, has an undulating roof on a light steel support structure. Between the old and new hall there is an inserted, block-type structure on columns which now forms the entrance to the school building, and which also creates a spatial boundary of the small open area. In spite of the obvious interventions, all the transitions from the old to the new are pleasantly gentle and unobtrusive. The colour concept supports this effect.

Hilde Léon und Konrad Wohlhage, Berlin Bezirksamt Reinickendorf Schule 6.433 m² 1989–1994

Kita / Kindergarten Fichtestraße 5/7/9

Fichtestraße 5/7/9 | S1 Hermsdorf | 13467 Reinickendorf

Die Konzeption des Gebäudes geht von der Kombination vier verschieden großer und unterschiedlich genutzter Baukörper aus. Im Erdgeschoßbereich stehen drei farbig verputzte ›Steinhäuser‹; zwei von ihnen sind im Grundriß orthogonal, einer ist amorph konfiguriert. Diese Baukörper nehmen alle ›dienenden‹ Räume auf, wie zum Beispiel Küche, Technik-, Personal- und Sanitärräume und einen Schularbeitsraum. Die beiden rechteckigen bilden eine T-förmige Figur, und in ihrem Gelenk steht der dritte Körper. An der Schnittstelle dieser drei Baukörper liegt die Eingangshalle, von der aus alle Funktionsbereiche zentral erschlossen werden, und ein Treppenhaus, das in das Obergeschoß führt. Dieses besteht aus einem großen, ebenfalls orthogonal geschnittenen prismatischen Glaskörper, der auf den anderen aufzuliegen scheint. Hier sind die Gruppenräume und ein offener Spielbereich sowie die Sanitärräume und Garderoben untergebracht. Die Dächer der unter diesem klar artikulierten Volumen herausragenden rechteckigen Gebäudekörper wurden als Terrassen angelegt; von hier aus führen zwei Treppen in den erdgeschossigen Außenbereich. Die filigrane, angenehm proportionierte schwarzblaue Stahl-Glas-Konstruktion des Hauptbaukörpers erlaubt eine gute Belichtung aller Räume und eine natürliche Belüftung über Fensterelemente, die formal in die Konstruktion integriert sind. Die elementare, sachliche und moderne Architektursprache, unterstützt durch die Primärfarben Rot, Blau und Gelb, kontrastiert wohltuend mit der benachbarten älteren Kita; beide verbindet eine Art Gang, der als Stahlrahmen-Konstruktion mit einer Blechverkleidung zwischen sie geschaltet ist.

The conception of the building is based on the combination of four building structures of different sizes and with differing uses. At ground floor level there are three ›brick buildings‹ with coloured plaster rendering; two of them are orthogonal in their floor plan, one is amorphous in its shape. These buildings accommodate all the ›utility‹ rooms such as the kitchen, technical rooms, staff rooms, sanitary facilities and a homework room. The two rectangular buildings form a T shape, with the third building at the point where they join. The entrance hall is at the junction of these three buildings, which provides central access to all functional areas, and a staircase leading to the upper storey. This storey consists of a large prismatic glass structure, which is also orthogonal in shape and appears to rest on the other structures. It contains the rooms for the groups, an open play area and the sanitary rooms and cloakrooms. The rooms of the rectangular buildings, which project below this clearly articulated structural volume, have been designed as terraces, and two staircases lead down from them to the area outside the ground floor. The filigree, pleasantly proportioned black and blue steel and glass structure of the main building permits good lighting for all rooms and natural ventilation through window elements which are formally integrated into the design structure. The basic rational and modern architectural language, which is underlined by the primary colours of red, blue and yellow, makes a pleasant contrast with the neighbouring older kindergarten; the two are connected by a sort of passage which is placed between them as a steel frame structure with sheet metal cladding.

◢ Hartmut Behrendt/Christoph Stutzer, Berlin ◆ Bezirksamt Reinickendorf ☞ Kindertagesstätte ⊞ 1.085 m² 🏃 1994–1995

Ergänzung Siedlung Tegel-Süd / Extension of residential estate Tegel south

U6 Holzhauser Straße, Bus 133 | 13507 Reinickendorf

Wohnhaus, Steidle

Die Gebäude ergänzen eine Siedlung, die seit den 30er Jahren von der GEWOBAG in diesem Gebiet errichtet wurde. Die erste große Erweiterung mit bis zu 14geschossigen Wohnhäusern erfolgte in den Jahren ab 1968 und war von den Architekten Gages, Theissen und Weber entworfen worden. Den Ausgangspunkt für die aktuelle Erweiterung bildeten die bestehenden Hochhäuser, die durch ihre Stellung primär eine Ost-West-Orientierung der Neubauten nahelegten. Zum anderen sollten durch die Straßenrandbebauung die Straßenräume eindeutiger erkenn- und erlebbar sein, was u.a. zu einer Wohnhauszeile an der Bernauer Straße und einer rückwärtigen kammartigen Bebauung führte.

Die fünfgeschossige Wohnzeile an der Bernauer Straße, entworfen vom Büro Müller-Guilford, markiert mit ihren 250 Metern Länge die Eingangssituation zu dem ›neuen Quartier‹. In diesem Gebäude sind 100 Wohnungen, eine Post, eine Sparkasse und je eine Laden- und Gewerbeeinheit untergebracht. Die lange straßenseitige Wand – eine Vormauerschale – zeichnet sich durch eine vielfältige und -farbige Struktur und Perforation aus: torartig inszenierte Durchgänge, Vorbauten in Stahl-Glas-Konstruktionen, Brücken, Rampen, Treppen und Eingänge. Diese im Rhythmus etwas unruhig wirkende

The buildings supplement a residential estate which has been created by the GEWOBAG housing association in this area since the 1930s. The first major extension, with buildings of up to 14 storeys, was carried out from 1968 onwards and designed by the architects Gages, Theissen and Weber. The present extension takes its departure from the existing tower blocks, which largely suggested an east-to-west orientation of the new buildings because of their position. In addition, the construction of buildings along the streets was designed to make the street settings more readily recognised and experienced, which led among other things to a long residential building on Bernauer Strasse and a comb-like development at the rear.

The five-storey elongated residential block on Bernauer Strasse designed by the Müller-Guilford architectural office, with its length of 250 metres, marks the entrance to the ›new estate‹. This building contains 100 apartments, a post office, a bank, one shop and one commercial unit. The long facing wall along the street is characterised by a varied and colourful structure and perforation with gate-like passages, steel and glass porches, bridges, ramps, steps and entrances. This rather restless functional and design structure is continued in the higher storeys by yellow and grey facing bricks which are grouped in

Luftaufnahme Bernauer Straße mit der kammartigen Bebauung von Otto Steidle

Wohnhaus, Müller-Guilford

Wohnhäuser, Kress, Kara, Almesberger

Wohn- und Geschäftshaus, Rausch + Willems

Wohnhaus, Augustin + Frank

funktionale und gestalterische Gliederung erfährt in den darüberliegenden Geschossen ihre Fortsetzung durch in Streifen vermauerte gelbe und graue Ziegel, wobei in die graue Reihe wiederum dunkle Steine eingesetzt sind. Im Dachgeschoß wird das Volumen zusätzlich durch eine blaue Stahlkonstruktion nachgezeichnet, und die Balkongitter sind aus rotem Stahlrohr, die blaue Glaselemente einfassen.

Parallel zu dieser Zeile steht im nördlichen Grundstücksbereich ein weiteres langgestrecktes fünfgeschossiges Gebäude, entworfen von Otto Steidle, das aber nicht als Solitär angelegt wurde, sondern kammartig sechs viergeschossige Nord-Süd-Riegel miteinander verbindet. Dadurch entstehen zwischen den beiden West-Ost-Zeilen kleinere, überschaubare Wohnhöfe. Gegliedert sind diese Gebäude durch eine arhythmische Befensterung, durch eine vielfältige, an den Fassaden liegende Erschließungsstruktur aus Treppen und Laubengängen und durch den Einsatz verschiedener Materialien und Farben.

Das auffälligste Gebäude stammt von den Architekten Rausch und Willems; sein achtgeschossiger Baukörper ist an ein bestehendes Gebäude angebaut. Die Primärstruktur, eine Konstruktion aus Decken und Schotten, ist auf der Fassade etwas überinszeniert worden: Sie treten als weiße Rahmen plastisch hervor, wobei die dazwischenliegenden Felder mit Lochfenstern und stark farbigen Flächen versehen sind; dadurch entsteht eine Irritation hinsichtlich der Ablesbarkeit von Wand und Öffnung.

Das Gebäude der Architekten Augustin und Frank besetzt eine Straßenecke, wobei die L-förmige Figur nicht als einheitliches Volumen erscheint, sondern als Komposition aus einem achtgeschossigen Baukörper und einer fünfgeschossigen, langgestreckten Zeile. Beide Baukörper sind gleich gegliedert: Zwischen den leicht hervortretenden, weißen Stirnseiten der Geschoßdecken sind abwechselnd blaue Paneele und geschoßhohe Fenster mit durchscheinenden Brüstungselementen angebracht. Loggien und Balkone ergänzen die Fassadenstruktur: eine tektonisch wie auch rhythmisch spannungsreiche Gebäudekomposition im Kontext der anderen Gebäude der Erweiterung Tegel-Süd.

stripes, with darker bricks inserted into the grey stripes. The volume of the roof storey is additionally underlined by a blue steel structure, and the balcony railings are made of red steel tubing, with blue glass elements in between.

Parallel to this long block in the northern part of the development, there is a further elongated five-storey building designed by Otto Steidle. However, this block has not been designed as a solitary building; it connects six four-storey north-to-south blocks in a comb-like structure. This creates smaller, more easily structured residential courtyards between the east-to-west blocks. These buildings are structured by an irregular window pattern, a varied access structure along the façades with steps and arbours, and the use of a variety of materials and colours.

The most striking building was designed by the architects Rausch and Willems; its eight-storey volume is connected to an existing building. Its primary structure, a combination of projecting ceilings and load-bearing internal walls, has been rather over-emphasised on the façade – they are prominently visible as a white frame, and the areas in between have window perforations and strong areas of colour. This creates an irritation with respect to the delineation of the walls and openings.

The building by the architects Augustin and Frank occupies a street corner, although the L-shaped structure does not appear as a uniform volume, but rather as a composition of an eight-storey building and an elongated five-storey block. Both buildings have the same structure: between the slightly protruding, white ends of the ceilings between the storeys, there are alternating blue panels and floor-to-ceiling windows with translucent breastwork elements. Loggias and balconies complete the façade structure, creating a tectonically and rhythmically varied structural composition in the context of the other buildings in the extension of the Tegel south estate.

Wohn- und Gewerbehaus Bottroper Weg: ✎ Steidle + Partner, Berlin/München ➾ Gewobag Gemeinnützige Wohnungsbau-Aktiengesellschaft Berlin ☞ Wohnen, Gewerbe ⊞ Wohnfläche: 12.720 m², Gewerbefläche: 1.600 m² 🏃 1993–1995 | Wohnhaus Sterkrader Straße: ✎ Augustin und Frank, Berlin ➾ Gewobag ☞ Wohnen ⊞ 7.913 m² 🏃 1995–1996 | Wohnhaus Bernauer Straße 2: ✎ Hans Christian Müller und Moritz Müller (mit Götz M.), Berlin ➾ Gewobag ☞ Wohnen | Wohn- und Gewerbehaus Bottroper Weg: ✎ Perpetua Rausch und Heinz Willems ➾ Gewobag ☞ Wohnen, Einzelhandel ⊞ 4.029 m² 🏃 1993–1995 | Wohn- und Gewerbehäuser Bernauer Straße 96–134: ✎ Bernd Müller-Guilford, Berlin (mit Henrike Wonik) ➾ Gewobag ☞ Wohnen, Bank, Einzelhandel, Gewerbe ⊞ 11.637 m² 🏃 1993–1995 | Kita Bernauer Straße 136: ✎ Bernd Müller-Guilford, Berlin ➾ Land Berlin vertreten durch: HBA Reinickendorf, Berlin ☞ Kindertagesstätte ⊞ 1.360 m² (Brutto-Grundfläche) 🏃 1995–1997 | Wohnhäuser Bottroper Weg 13–29: ✎ Kress, Kara, Almesberger in Projektgemeinschaft mit Steidle ➾ Gewobag Gemeinnützige Wohnungsbau Aktiengesellschaft, Berlin; Gewobag Immobilienfonds 3 GbR ☞ Wohnen ⊞ 17.696 m² 🏃 1993–1995

Wohn-und Gewerbegebiet / Residential and commercial estate Am Borsigturm

U6 Borsigwerke, S25 Tegel, Bus 133 | 13507 Reinickendorf

Im Bereich um den denkmalgeschützten Borsigturm (1922–1924), entworfen von Eugen Schmohl, entstanden die ersten Bauten eines Wirtschafts- und Dienstleistungszentrums, das mit Gebäuden für Wohnen, Einzelhandel und einem Hotel durchsetzt ist. Grundlage der Bebauung bildet ein städtebauliches Konzept des Architekten Claude Vasconi, der 1994/95 aus einem Wettbewerb als Sieger hervorging.

Im Stadtgebiet wird das neu erschlossene Gelände markiert durch den Turm und einen langen Gebäuderiegel an der Berliner Straße, den Claude Vasconi entworfen hat. Es ist eine rhythmisch kaum unterbrochene Fassade aus einer Stahl-Glas-Konstruktion, die die Horizontale formal stark zum Ausdruck bringt: durchgehende Stahlbänder in den Decken- und Brüstungsbereichen und liegende Scheibenformate. In dem Gebäude sind im Erdgeschoß sowie im 1. OG Läden, in den übrigen Normalgeschossen verschieden große und vielfältig unterteilbare Büroeinheiten untergebracht, die durch vier Treppenhäuser erschlossen sind. Parallel dazu ist im hinteren Grundstücksbereich eine glasgedeckte ›Mall‹, eine Einkaufspassage angelegt, die diesen Gebäuderiegel mit den umgebauten alten Werkshallen zusammenschaltet. Hier wurden die Flächen für Einzelhandel in die etwas überarbeitete Struktur der historischen Backsteinfassaden integriert.

Westlich davon präsentiert sich, als erster Bauabschnitt des Gewerbe- und Innovationsparkes, das Gebäude des »Phönix«-Gründerzentrums der Architekten Walter Rolfes und Partner. Es ist Teil einer doppelkammartigen Baustruktur aus zwei riegelartigen Lang- und vier Querhäusern, die einzelne Hofbereiche bilden. Alle Büroetagen sind als Mittelgangsystem organisiert und über Treppenhäuser erschlossen, die jeweils an den Kreuzungspunkten von Lang- und Querhaus liegen. Die Lochfassaden bestehen aus einer horizontal gestreiften Ziegelvor-

In the area around the protected monument of the Borsig tower (1922–1924), designed by Eugen Schmohl, the first buildings have been built on an services and commercial estate which includes buildings for residences, shops and one hotel. The basis for the development is an urban concept by the architect Claude Vasconi, who won a design competition in 1994/95.

In the urban setting, the newly developed land is marked by the tower and a long building block on Berliner Strasse designed by Claude Vasconi. It is a steel and glass façade with hardly any rhythmic interruption, which strongly underlines the horizontal form, with continuous steel bands in the ceiling and breastwork and horizontal slabs. The ground and the first floor of the building contain shops, and the further storeys contain office units of various sizes which can be flexibly divided or combined, and which are reached via four staircases. Parallel and on the rear part of the land is a glass-covered ›mall‹ or shopping passage, which links this building block with the surrounding old factory halls. Here, the areas for retail traders have been integrated into the revised structure of the historical brick façade.

To the west, as the first construction phase of the industrial and innovation park, the building of the »Phönix« business founder centre designed by the architects Walter Rolfes and partners can be seen. It is part of a double comb-type structure consisting of two elongated blocks and four traverse buildings, which form individual courtyard zones. All office storeys are organised around central corridors and reached via staircases which are situated at the joints between the long blocks and the traverse buildings. The perforated façades consist of a horizontally striped brick facing wall. The corners of the building are designed as corner projections, and are unfortunately rather too monumental in character.

To the north of these buildings, nine residential build-

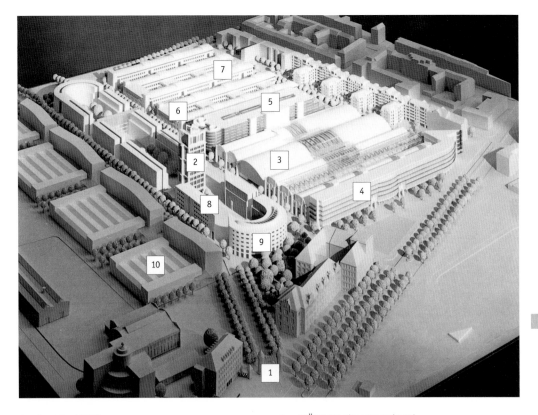

1	Borsigtor (1898)	6	PHÖNIX Gründerzentrum (1997)
2	Borsigturm (1924)	7	Gewerbepark (1998)
3	Einzelhandelszentrum mit Kino (1999)	8	Büropark (1999) 1. BA
4	Bürogebäude Berliner Straße (1999)	9	Hotel (1999)
5	Parkhaus (1999)	10	Industrieflächen

mauerschale; die Gebäudeecken sind als Eckrisalite leider etwas zu monumental ausgefallen.

Nördlich von diesen Gebäuden schließen neun Wohngebäude des Architekten Norbert Stocker eine 194 Meter lange Baulücke in der Veitstraße. Vier dieser Häuser haben im Hofbereich zusätzlich ein mittig angeschlossenes Quergebäude, so daß hier eine kammartige Struktur mit ruhigen Wohnhöfen entsteht. Der Architektur mit ihren Kranzgesimsen, straßenseitig orientierten und formal überbetonten Treppenhäusern und zweigeschossigen Satteldächern mit integrierten Fenstern und Gauben fehlt allerdings das innovative formal-ästhetische Potential; sie suggeriert das individuelle Einzelhaus, wo ein tektonisch spannungsreich gegliedertes Volumen angebracht gewesen wäre.

Westlich und östlich des Borsigturms – also im ›zentralen Bereich‹ – entstehen ein Büropark und ein Hotel der Architekten Axel Schultes und Deubzer und König. Sie umrahmen einen begrünten Platz, der den räumlichen und funktionalen Mittelpunkt der neuen Bebauung bildet.

ings designed by the architect Norbert Stocker close a 194 metre gap in the building along Veitstrasse. Four of these buildings also have a traverse building connected in their centre at the rear, which means that the complex has the character of a comb-like structure with peaceful courtyards. However, the architecture, with its principal cornices, its formally over-emphasised staircases facing the street and its two-storey sloping roofs with integrated windows and gables is without any innovative formal and aesthetic potential; it imitates the style of individual detached buildings in a setting where a dynamic tectonic sub-division of the volume would have been appropriate.

To the west and east of the Borsig tower – i.e. in the ›central area‹ – an office estate and a hotel designed by the architects Axel Schultes and Deubzer/König are being developed. They enclose a vegetated square which forms the spatial and functional centre of the new development.

»Phönix« Gründerzentrum, Rolfes + Partner

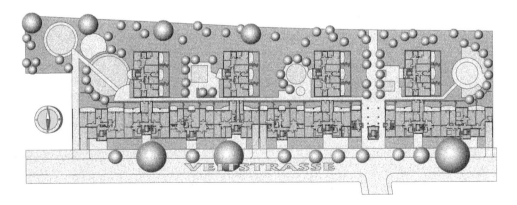

Wohnungsbau Veitstrasse, Norbert Stocker

Claude Vasconi »Hallen Am Borsigturm«

Wohnungsbau Veitstraße: ✍ Norbert Stocker, Berlin ✆ Herlitz Falkenhöh AG, Berlin ☞ Wohnen ⊞ Mietfläche: 16.500 m²
🏃 1996–1997 | Gründerzentrum »Phönix«, Berliner Straße 27: ✍ Rolfes + Partner, Berlin ✆ Herlitz Falkenhöh AG, Berlin ☞ Büro,
Gewerbe ⊞ 10.600 m² 🏃 1995–1997| Gewerbepark am Borsigturm ✍ Rolfes & Partner ✆ Herlitz Falkenhöh AG, Berlin ☞ Büro, Ge-
werbe ⊞ 45.000 m² 🏃 1997-1998 | Büropark am Borsigturm, Berliner Straße: ✍ Axel Schultes/ Deubzer und König, Berlin ✆ Herlitz
Falkenhöh AG, Berlin ☞ Büro, Hotel ⊞ 15.500 m² 🏃 ca.1996–1999 | Einzelhandelszentrum »Hallen Am Borsigturm«, Berliner Straße
27: ✍ Claude Vasconi, Paris ✆ Herlitz Falkenhöh AG, Berlin ☞ Büro, Einzelhandel, Multiplexkino,Gastronomie, Freizeit, Sport, Unterhaltung, Parkhaus ⊞ 38.600 m² 🏃 1996–1999

Bibliothek am Luisenbad / Library at the Luisenbad spa site

Travemünder Straße 2 | U8 Pankstraße | 13357 Wedding

Das Grundstück liegt in einem vom Straßenraum nicht einsehbaren Blockinnenbereich eines gründerzeitlichen Arbeiterquartiers. Das architektonische Konzept des Neubaus basiert auf der Wiederbelebung eines zum Abriß schon freigegebenen alten Bades und auf der Freilegung der historischen baulichen Substanz und noch spürbaren räumlichen Strukturen. Dabei sind zwei sich gegenüberstehende Gebäudereste unterirdisch so miteinander verbunden worden, daß alt und neu im Inneren eine Nutzungseinheit bilden, ohne die Wirkung des historischen Hofraumes zu zerstören. Das ehemalige ›Comptoir‹ des Bades, ein freistehender Baukörper, wurde um einen Klinkerbau ergänzt und durch eine Glasbausteinwand innerlich aufgeweitet. Hier ist die Verwaltung untergebracht. Das sogenannte ›Vestibül‹ der alten Anlage, das zum Teil schon abgerissen war, wurde durch Umbaumaßnahmen im Erdgeschoß wieder aktiviert und um einen halbkreisförmigen Anbau erweitert. Es dient nunmehr als Foyer. Der Anbau bildet als zweigeschossiger, galerieartig organisierter Lesesaal mit seinen Freihandbeständen das Herzstück der Bibliothek; er wird über eine Rampenanlage, als Gelenk zwischen alt und neu, erschlossen. Dabei wurden die Wände und Stützen des Altbaus möglichst so behandelt, daß die Spuren des Gebrauchs und des vorgesehenen und schon begonnenen Abrisses erhalten blieben. Die neuen Bauteile dagegen weisen sich durch die Materialien Stahlbeton und Klinker und durch die großflächigen Verglasungen als moderne Interventionen aus, die in ihrer Neutralität und Sachlichkeit der Nutzung als Bibliothek dienen. Im Außenraum schließt sich an den Neubau des Lesesaals ein Skulpturenhof an.

The plot is situated within a block of a worker's residential district dating from the industrial boom in the 19th century. The architectural concept of the new building is based on a revival of an old spa and on the uncovering of the historical building substance and the spatial structures which are still visible. Two building remains which are situated opposite each other have been linked under ground level in such a way that the old and new form a single area of use in the centre without destroying the effect of the historical inner courtyard setting. The former ›comptoir‹ of the spa, a detached building, has been supplemented with a brick structure and internally extended by a wall of glass bricks. This is where the administration is accommodated. The so-called ›vestibule‹ of the old complex, which had partially been demolished, has now been reactivated by conversion work on the ground floor and extended by the addition of a semi-circular annex. It now serves as a foyer. The annex, a two-storey reading room structured as a gallery, forms the heart of the library with its freehand collections; it is reached via a ramp complex which forms a link between the old and the new. The walls and supports of the old building have, as far as possible, been so treated that the signs of their use and the planned and partially commenced demolition can still be seen. But the new parts of the building, with their use of reinforced concrete and facing bricks and their large glass areas, are obviously modern interventions which support the function of the library in their neutrality and objectivity. On the outside, a sculpture courtyard is situated alongside the new reading room building.

✍ Chestnutt Niess, Berlin ✎ Land Berlin vertreten durch: Bezirksamt Wedding, Hochbauamt ☞ Bibliothek, Verwaltung ⊞ 3.245 m²
🏃 1988–1995

Forschungs- und Lehrgebäude am Rudolf-Virchow-Klinikum / Research and teaching building at the Rudolf-Virchow Clinic

Augustenburger Platz 1 | U9 Amrumer Straße | 13353 Wedding

1906 wurde die Pavillonanlage mit dem schloßähnlichen Verwaltungsgebäude als Auftakt und dem gegenüberliegenden Gebäude für Pathologie am Ende der Mittelachse eingeweiht. Der Krieg und vor allem die architektonisch wertlosen Nachkriegserweiterungen aus den 70er und 80er Jahren haben ihr konsequentes Zerstörungswerk geleistet – bis auf den Verwaltungsbau, drei Pavillons und das Pathologiegebäude. Um dieses herum ist die Erweiterung als würdiger Abschluß der zentralen Allee angelegt: Das neue Gebäudeensemble teilt sich in zwei dreigeschossige Bauten, ein Lehr- und ein Forschungsgebäude, die halbkreisförmig die Pathologie umschließen. Das kleinere Gebäude ist der Lehre vorbehalten. Es ist aus den geometrischen Grundformen Kreis, Quadrat, Dreieck und Ellipse zusammengesetzt. Hinter der ausgewogen proportionierten Betonstein-Fassade des Kreissegments befinden sich Archiv- und Büroräume und dahinter eine gebäudehohe Halle, in die ein ellipsoider Baukörper mit der Mediothek eingestellt ist. Er ragt zur Hälfte aus der seitlichen Glasfassade heraus. In dem rückwärtigen dreiecksförmigen Gebäudeteil sind im Erdgeschoß die Hörsäle und in den Geschossen darüber die Seminarräume untergebracht. Ein quadratischer Baukörper als Appendix ergänzt den Bau. Das größere Forschungsgebäude ist architektonisch ähnlich konzipiert: hinter dem Fassadenriegel Büroräume, eine große Halle und ein ellipsoider Hörsaal. In beiden Gebäuden herrscht infolge des überzeugenden Raumkonzeptes und der großzügigen Erschließungsbereiche, verbunden mit einer sachlichen Architektursprache und kontrollierten Ausführung, eine angenehme Atmosphäre.

In 1906, the pavilion complex was officially opened, with the palace-like administrative building as the beginning and the opposite Pathology building as the end of the central axis. The war, and especially the architecturally worthless extensions since the war in the 1970s and 1980s, have done their destructive work – with the exception of the administration building and the Pathology building. The extension has now been constructed around this building as a worthy end of the central avenue. The new complex is divided into two three-storey buildings, a teaching building and a research building, which surround the Pathology building in a semi-circle. The smaller building is used for teaching. It is composed of the geometrical basic forms of the circle, square, triangle and ellipse. Behind the balanced proportions of the concrete block façade of the circle segment, there are archive and office rooms, and behind them is a hall which is as high as the building as a whole and contains an inserted elliptical building structure with the mediotheque. Half of this building projects out of the side glass façade. In the rear, triangular part of the building, the ground floor contains the lecture rooms and the higher floors contain the seminar rooms. A square structure as an annex completes the building. The larger research building is similar in its architectural concept. Behind the façade block are offices, a large hall and an elliptical lecture room. Because of the convincing spatial concept and the generously proportioned entrance zones combined with a rational architectural language and a controlled execution, the atmosphere in both buildings is pleasant.

⚐ Deubzer König, Berlin ➤ Senatsverwaltung für Wissenschaft, Forschung und Kultur/ Senatsverwaltung für Bauen, Wohnen und Verkehr ☞ Lehre, Forschung, Fachbereichsbibliothek ⊞ ca. 46.000 m² ⚒ 1990–1995

Humboldt-Mühle
- An der Mühle 5–9
- U6 Alt-Tegel, Bus 133
- Bezirk Reinickendorf, PLZ 13507
- Steinebach & Weber, Berlin
- Ernst Freiberger, München
- Büro, Hotel, Gastronomie
- ca. 21.000 m²
- 1990–1992

Gesundbrunnen-Center
- Badstraße/Behmstraße/Bellermann-
straße
- U8, S1, 2 Gesundbrunnen
- Bezirk Wedding, PLZ 13357
- Jost Hering/Manfred Stanek, Hamburg;
Städtebauliche Beratung: Axel Oestreich
- Immobilien-Kommanditgesellschaft
Dr. Mühlhäuser & Co. Gesundbrunnen-
Center Berlin, Hamburg, Projektleitung:
ECE Projektmanagement GmbH
- Büro, Einzelhandel, Kaufhaus, Gastro-
nomie
- 25.000 m²
- ca. 1995–1997

Bahnhof Berlin Gesundbrunnen
- Badstraße/Kleine Behmstraße/Swine-
münder Straße
- U8, S1, 2 Gesundbrunnen
- Bezirk Wedding, PLZ 13357
- Axel Oestreich und Ingrid Hentschel,
Berlin
- Deutsche Bahn AG
- S-, Regional- und Fernbahnhof
- 1996–1998

Wohnbebauung Staakener Felder
- Bergstraße 29–91/Erna-Sack-Straße
2–46/Käthe-Heinemann-Weg 1–33
- Bus 149, 132, 332
- Bezirk Spandau, PLZ 13501
- Feige + Partner , Berlin, mit ASP Kas-
sel
- Bauwert Immobilienverwaltung
GmbH, Berlin/München
- Wohnen
- 16.000 m²
- 1994–1996

Verwaltung der Herlitz AG
- Berliner Straße 27
- U6 Borsigwerke
- Bezirk Reinickendorf, PLZ 13507
- Helge Sypereck, Berlin
- Herlitz AG
- Büro, EDV-Zentrale, Gastronomie

- ca. 18.330 m²
- 1989–1991

Fünf Stadtvillen am See
- Brieseallee 21
- S1 Birkenwerder
- Bezirk Reinickendorf, PLZ 16547
- Becher + Rottkamp, Berlin
- GeHaGe, Berlin
- Wohnen
- 3.208 m²
- 1995–1996

**Wohn- und Geschäftshaus
Brunnenstraße 128**
- Brunnenstraße 128
- U8 Voltastraße
- Bezirk Wedding, PLZ 13355
- Dan Lazar, Frankfurt
- D.G. Immobilienfond/Pierre Ier
- Einzelhandel, Büro
- 6.000 m²
- 1992–1993

Neues Wohnen Staakener Felder
- Cosmarweg/Bergstraße/Nennhauser
Damm
- S-Bahn; Regionalbahn
- Bezirk Spandau, PLZ 13591
- Fink + Jocher, München, Städtebauli-
ches Konzept
- Investoren: Unternehmensgruppe
Trigon (Cosmarweg)/Arge Bauwert/
BEWOGE (Bergstraße)/ Lincoln Property
Group (Nennhauser Damm)
- Wohnen, Einzelhandel, Gewerbe,
Grundschule, Kindertagesstätte,
- ca. 30.000–40.000 m² (Nord- und Süd-
quartier)
- ca. 1998–2000

**Wohnhaus Drontheimer
Straße 22–23**
- Drontheimer Straße 22–23
- U 9 Osloer Straße
- Bezirk Wedding, PLZ 13359
- Hans Kollhoff & Helga Timmermann,
Berlin
- DeGeWo, Berlin-Schöneberg
- Wohnen
- 3.395 m²
- 1994–1995

Wohnungsbau Falkenseer Chaussee
- Falkenseer Chaussee 247–252
- U7 Altstadt Spandau, Bus 130, 137,
237

- Bezirk Spandau, PLZ 13583
- Herbst und Lang mit Feddersen, von
Herder, Berlin
- WIR Wohnungsbaugesellschaft Berlin
- Wohnen
- 12.900 m²
- 1992–1996

Wohnbebauung Staakener Felder
- Gärtnereiring 50–52 (Heerstraße)
- U7 Rathaus Spandau, Bus 331, 149
- Bezirk Spandau, PLZ 13591
- Schiedhelm + Partner, Berlin
- Grundstücksgesellschaft Gärtnerei-
ring 50–52 bR, Berlin
- Wohnen, Gewerbe
- 1997–1999

**Umbau Behinderten-Lehrwerkstätten
Genter Straße 8**
- Genter Straße 8
- U6, 9 Leopoldplatz
- Bezirk Wedding, PLZ 13353
- Rausch & Willems, Berlin
- Union Sozialer Einrichtungen Berlin
- Behinderten-Lehrwerkstätten
- 1.242 m²
- 1996–1998

**Oberstufenzentrum Elektrotechnik,
Energietechnik**
- Goldbeckweg 8–14
- U7 Haselhorst
- Bezirk Spandau, PLZ 13599
- Klaus-Rüdiger Pankrath, Berlin
- Bezirksamt Spandau
- Oberstufenzentrum
- 2.705 m²
- 1995–1996

Jugendfreizeitheim Heckerdamm
- Heckerdamm 204–210
- U7 Halemweg, Bus 123
- Bezirk Charlottenburg, PLZ 13627
- Freitag, Hartmann, Sinz, Berlin
- Bezirksamt Charlottenburg
- Jugendfreizeitheim und Umkleidege-
bäude
- ca. 1280 m²
- 1994–1996

**Bürogebäude Bilfinger + Berger,
Holzhauser Straße 175**
- Holzhauser Straße 175/Triftstraße
- U8 Rathaus Reinickendorf
- Bezirk Reinickendorf, PLZ 13509
- J.S.K. , Berlin

Bilfinger + Berger Bau AG, Berlin
🖮 Büro
⊞ 9.100 m²
🏃 1996–1997

Büro & Werkhalle Steinmetzbetrieb Gebauer
🖳 Jacobsenweg 63
🚇 U6 Borsigwerke, S25 Tegel
✉ Bezirk Reinickendorf, PLZ 13509
📐 Rolf Backmann und Eugen Schieber, Berlin
🖮 Firma Gebauer
☞ Büro, Gewerbe
⊞ 1.900 m²
🏃 1991–1992

Kap Carré
🖳 Kapweg 3–8
🚇 U6 Kurt-Schuhmacher-Platz
✉ Bezirk Wedding, PLZ 13405
📐 Wolfgang-Rüdiger Borchardt, Berlin
🖮 Internationales Immobilien Institut GmbH
☞ Büro, Einzelhandel
⊞ 30.998 m²
🏃 1995–1997

Mehrfamilienhaus Kirchhofstraße
🖳 Kirchhofstraße
🚇 Bus 131, 231, 331
✉ Bezirk Spandau, PLZ 13585
📐 Georg Heinrichs und Partner, Berlin
🖮 PRISMA
☞ Wohnen, Gewerbe
⊞ 2.100 m²
🏃 1993

Wohnbebauung Klixstraße 27–35
🖳 Klixstraße 27–35/Zobelitzstraße 89
🚇 U6 Scharnweberstraße, Bus 221
✉ Bezirk Reinickendorf, PLZ 13403
📐 Feige + Partner, Berlin
🖮 Bauwert Immobilienverwertung GmbH, Berlin/München; Berliner Eigenheimbau; Bernd und Uwe Bergmann, Berlin
☞ Wohnen, Gewerbe, Kindertagesstätte
⊞ 26.920 m²
🏃 1992–1995

Wohnhäuser Koloniestraße 5–8
🖳 Koloniestraße 5–8
🚇 U8, 9 Osloer Straße, U8 Pankstraße, Bus 126, 228, 328
✉ Bezirk Wedding, PLZ 13357
📐 Kay Puhan-Schulz, Johannes Heinrich & Partner, Berlin

TRIGON Unternehmensgruppe
🖮 Wohnen
🏃 1990–1992

Wohnhaus Ludolfinger Weg 41
🖳 Ludolfinger Weg 41
🚇 S1 Frohnau
✉ Bezirk Reinickendorf, PLZ 13465
📐 Georg Ritschl, Berlin
🖮 Christoph Jänicke
☞ Wohnen
⊞ 350 m²
🏃 1996–1997

Studentenwohnhaus am Augustenburger Platz
🖳 Luxemburger Straße 21A
🚇 U9 Amrumer Straße/ U6, 9 Leopold-platz
✉ Bezirk Wedding, PLZ 13353
📐 Linie 5 Architekten, Gabriele Ruoff, Berlin
🖮 Studentenwerk Berlin
☞ Studentenwohnhaus, Gewerbe
⊞ 8.090 m²
🏃 1995–1997

Wasserstadt Oam Spandauer See, Quartier Siemens WA4
🖳 Maselakeweg 18–20
🚇 U7 Rathaus Spandau, Bus 131, 231, 331
✉ Bezirk Spandau, PLZ 13487
📐 Steidle + Partner, Berlin/München
🖮 Bavaria Objekt- und Baubetreuung GmbH
☞ Wohnen
⊞ 8.400 m²
🏃 1996–1997

Gesamtbaumaßnahme Nettelbeckplatz
🖳 Nettelbeckplatz
🚇 U6 Reinickendorfer Straße
✉ Bezirk Wedding, PLZ 13347
📐 Fischer/Fromm, Berlin
🖮 Degewo, Klingbeil-Wohnbauten
☞ Wohnen, Gewerbe
🏃 1981–1993

Studentenwohnheim Nettelbeckplatz
🖳 Nettelbeckplatz
🚇 U6 Reinickendorfer Straße
✉ Bezirk Wedding, PLZ 13347
📐 Fischer/Fromm, Berlin
🖮 Ares-Grundstücksgesellschaft
☞ Studentenwohnheim
⊞ 1.350 m²
🏃 1993

Wohn- und Geschäftshaus Nettelbeckplatz
🖳 Nettelbeckplatz
🚇 U6 Reinickendorfer Straße
✉ Bezirk Wedding, PLZ 13347
📐 Fischer/Fromm, Berlin
🖮 Klingbeil-Wohnbauten
☞ Wohnen, Einzelhandel
⊞ 2.650 m²
🏃 1990

Wohnen am Panketal mit Kita
🖳 Osloer Straße. 103–107/Travemünder Straße
🚇 U8, 9 Osloer Straße
✉ Bezirk Wedding, PLZ 13359
📐 Baesler, Schmidt + Partner
🖮 Bezirksamt Wedding (Kindertages-stätte), DEGEWO (Wohnen)
☞ Wohnen, Büro, Einzelhandel, Gastronomie, Kindertagesstätte
⊞ Wohnen: 15.400 m²
🏃 1995–1997

Wohnhaus Osloer Straße 120–121
🖳 Osloer Straße 120–121
🚇 S1, 2, 8, 10 Bornholmer Straße, U8, 9 Osloer Straße
✉ Bezirk Wedding, PLZ 13359
📐 CASA NOVA, Reinhold von Langekerke, Schulze, Berlin
🖮 Vaterländischer Bauverein EG
☞ Wohnen
⊞ 6.073 m²
🏃 1990–1991

Wohnbebauung Parkstraße 1–2F
🖳 Parkstraße 1–1C, 2–2F
🚇 Bus 231, 331
✉ Bezirk Spandau, PLZ 13585
📐 Lehrecke & Lehrecke, Berlin
🖮 GSW Gemeinnützige Siedlungs- und Wohnungsbaugesellschaft Berlin
☞ Wohnen
⊞ 4.200 m²
🏃 1992–1995

Paul-Hertz-Siedlung
🖳 Paul-Hertz-Siedlung
🚇 U7 Jakob-Kaiser Platz
✉ Bezirk Charlottenburg, PLZ 13627
📐 Maedebach, Redeleit & Partner, Berlin
🖮 Gewobag
☞ Wohnen
🏃 1992–1994

Feuerwehrstützpunkt Paulsternstraße
- Paulsternstraße 34
- U7 Paulsternstraße, Bus 127
- Bezirk Spandau, PLZ 13629
- Kny & Weber, Berlin
- Infrastrukturdienste Berlin
- Feuerwehrstützpunkt
- 801 m²
- 1995–1996

Erweiterung Gesundbrunnen-Grundschule
- Prinzenallee 9
- U8, 9 Osloer Straße, Bus 126, 227, 228
- Bezirk Wedding, PLZ 13357
- Scharlach/Vogt, Berlin
- Bezirksamt Wedding
- Grundschule
- 950 m²
- 1994–1996

Wasserstadt Berlin-Oberhavel: Pulvermühle, Quartier Siemens, 1: WA 10 + 2: WA 2
- Berlin-Spandau/Siemenshalbinsel/ Rauchstraße
- Bus 131, 231, 331
- Bezirk Spandau, PLZ 13587
- J.S.K. , Berlin
- Siemens Beteiligungsgesellschaft GmbH/Bavaria Objekt u. Beteiligungsgesellschaft
- Wohnen, Läden, Kita
- 1: 22.000 m²; 2: gefördertes Wohnen 16.200m², freifinanz. Wohnen 6.500 m², Läden 465 m², Kita 1.200 m², Gesamt: 24.800m²
- 1: 1998–99;2: 1996/97

Wohnbebauung Staakener Felder
- Richard-Münch-Straße 11–23
- U7 Rathaus Spandau, Bus 331, 149
- Bezirk Spandau, PLZ 13591
- Schiedhelm + Partner, Berlin
- TRIGON Wohn- und Gewerbebauten GmbH, Berlin
- Wohnen
- 1995–1997

Grundinstandsetzung und Erneuerung der Saunaanlage im Paracelsus-Bad
- Roedernallee 200
- U8 Paracelsus-Bad, Bus 120, 127, 322
- Bezirk Reinickendorf, PLZ 13407
- Wolfgang-Rüdiger Borchardt, Berlin
- Bezirksamt Reinickendorf, Abteilung

Jugend und Sport, Sport- und Bäderamt
- Saunaanlage
- 945 m²
- 1991–1993

Airport Hotel Esplanade
- Rohrdamm 80
- U7 Rohrdamm
- Bezirk Spandau, PLZ 13629
- Jürgen Sawade, Berlin
- Otremba Baubetreuungs GmbH
- Hotel
- 17.567 m²
- 1992–1993

Geschäftshaus Schloßstraße 4
- Schloßstraße 4/ Berliner Straße 106
- U6 Alt-Tegel, S25 Tegel
- Bezirke Reinickendorf/Tegel, PLZ 13507
- Wolfgang-Rüdiger Borchardt, Berlin
- Timon Bauregie, Ettlingen
- Büro, Einzelhandel, Gastronomie
- 4.242 m²
- 1997–1998

Wohnbebauung Schloßstraße 7–8
- Schloßstraße 7–8/ Königsweg 23–31
- U6 Alt-Tegel, S2 Tegel, Bus 125, 133
- Bezirke Reinickendorf/Tegel, PLZ 13507
- Fin Bartels/Christoph Schmidt-Ott, Berlin
- GEWIWO Berlin
- Wohnen
- 6.191 m²
- 1996–1997

Wohnbebauung im Märkischen Viertel
- Schorfheidestraße/Am Nordgraben/ Dannenwalder Weg
- Bus 221
- Bezirk Reinickendorf, PLZ 13439
- Bangert Scholz, Berlin
- Grundstücksgesellschaft »Rundling Schorfheidestraße« GBR GeSoBau Fond 1
- Wohnen, Büro, Einzelhandel, Gastronomie
- 14.666 m²
- 1993–1996

Abwasserpumpwerk Wedding
- Seestraße 3
- Busse 126, X26
- Bezirk Wedding, PLZ 13353
- Stefan Schroth, Berlin
- Berliner Wasserbetriebe

- Abwasserpumpwerk
- 1995–1997

Wohnbebauung Nauener Zeile
- Seegefelder Straße 105/Nauener Straße
- U7 Rathaus Spandau, Bus 237
- Bezirk Spandau, PLZ 13583
- Wolfgang Scharlach, Berlin
- WIR Wohnungsbaugesellschaft
- Wohnen
- 6.100 m²
- 1994–1995

Generationenhaus Sommerstraße
- Sommerstraße 15–25/Klemkestraße 102–104
- S1, 2 Schönholz
- Bezirk Reinickendorf, PLZ 13409
- Günther Grossmann und Zsuzsa Damosy, Berlin
- Bezirksamt Reinickendorf/DEGEWO
- Kindertagesstätte, Seniorenwohnheim
- 20.310 m²
- 1994–1997

Gartenstadt Falkenhöh
- Spandauer Straße 134–188
- U7 Rathaus Spandau, Bus 137
- Bezirk Spandau/Falkensee, PLZ 13591
- Helge Sypereck, Städtebau; Müller, Rohde, Wandert, Berlin; Bea und Walter Betz, Berlin; Müller und Keller, Berlin, Busse und Geitner, Düsseldorf, Hannelore Kossel, Landschaftsplanung
- Herlitz Falkenhöh AG
- Wohnen, Einzelhandel
- ca. 180.000 m²
- 1992–1998

Ökologische Siedlung Weinmeisterhornweg 170–178
- Weinmeisterhornweg 170–178
- Bus 137, 149, 331
- Bezirk Spandau, PLZ 13593
- IBUS , H. Schreck, G. Hillmann, J. Nagel, I. Lütkemeyer, Berlin
- GSW Fonds
- Wohnen
- 6.700 m²
- 1992–1994

Wohnhaus Wittestraße/Otisstraße
- Wittestraße/Otisstraße
- U6 Borsigwerke
- Bezirk Reinickendorf, PLZ 13509
- Urs Müller und Thomas Rhode, Berlin

- W.I.R.
- Wohnen
- 7.600 m²
- 1990–1991

TOP TEGEL – Bambushalle mit Wasserfall

- Wittestraße 30
- U6 Borsigwerke
- Bezirk Reinickendorf, PLZ 13509
- Bernhard Binder, Berlin
- Projektgemeinschaft Wittestraße 30 GbR, Berlin
- Gastronomie, Einzelhandel, Gewerbe
- ca. 2.000 m²
- 1990–1991

Haus Ortmann

- Wolburgsweg 10C
- Bus 130, 137
- Bezirk Spandau, PLZ 13589
- Douglas Waibel, Berlin
- Herr und Frau Ortmann
- Wohnen
- 120 m²
- 1995

Büro- und Geschäftshaus / Office and shop building Frankfurter Allee 69 (»Quasar«)

Frankfurter Allee 69/Voigtstraße 1 | U5 Samariterstraße | 10247 Lichtenberg

Das Gebäude besetzt, dekorativ auftrumpfend, die Ecke Voigtstraße und Frankfurter Allee. Dieser Bereich ist vor allem gekennzeichnet durch eine Bebauungstruktur aus dem 19. Jahrhundert und unmaßstäbliche Neubauten aus DDR-Zeiten. Der Gebäudekörper nimmt zwar die Traufhöhen der Nachbarbebauung auf, löst aber die traditionellen Proportionen, Gliederungselemente und Fassadendurchbildungen zugunsten einer technoiden Gestaltungsmanier auf: Die zweigeschossige, verglaste Sockelzone springt an der Ecke konkav zurück, wobei über dieser so entstehenden Freifläche eine gläserne Tonne schwebt, die in die im dritten Geschoß durchgehende Fassadenstruktur eingespannt ist. Diese Struktur besteht aus Edelstahlrohren, schwarzer Granitverkleidung und Horizontalfenstern. Über dieser eingeschossig ausgebildeten Fassade ist der Baukörper über Eck diagonal abgekröpft; die so entstehende viergeschossige Fassadenfläche bildet nun gleichsam die Folie für eine in puren Kitsch abgeglittene Inszenierung von vier ellipsoid geformten Glasröhren, die wie Erker senkrecht vor den Fenstern liegen und deren aufgesetzte Stahlspitzen weit über das Gebäude hinausragen. Diese Leuchtröhren dienen einerseits als Entlüftungskanäle, andererseits – bei Dunkelheit – als effektheischendes Lichtzeichen, dessen comichaft-expressionistische Gestik aber selbstgenügsam bleibt.

The building occupies the corner of Voigtstrasse and Frankfurter Allee, and aims to be emphatically decorative. This area is especially characterised by a building structure dating from the 19th century, in combination with disproportionately large new buildings from the GDR period. The building adheres to the eaves height of the neighbouring buildings, but it breaks up the traditional proportions, structural elements and façade designs in favour of a technoid style. The two-storey, glazed base zone retreats in a concave recess at the corner, and above this free space there is a suspended cylindrical glass structure which is integrated into the horizontal façade structure of the third storey. This façade structure consists of stainless steel tubes, black granite facing material and horizontal windows. Above this façade, which only covers one storey, the corner of the building is diagonally set back. The resulting four-storey façade surface thus becomes the backdrop for an artificially staged composition of pure kitsch, consisting of four elliptically formed glass tubes, which lie vertically like bay windows outside the windows, and which have steel points mounted on them and reaching way above the building. These illuminated tubes serve as air extraction channels and also – in the dark – as a sensational illumination symbol, although they are self-indulgent in their comic-style expressionist manner.

Takamatsu + Lahyani GmbH, Kyoto/Berlin ⟿ Hübner + Weingärtner GbR ☞ Büro, Einzelhandel ⊞ 4.800 m² 🏃 1993–1994

Bürohaus / Office building Frankfurter Allee

Frankfurter Allee/Möllendorfstraße | U5 Samariterstraße, S8, 10 Frankfurter Allee | 10365 Friedrichshain

Der 32 Geschosse hohe Büro- und Geschäftshaus-Turm markiert die Eingangssituation zur Stadt am S-Bahnhof Frankfurter Allee. Unmittelbar zu ihm gehören ein auf der anderen Seite des S-Bahn-Viaduktes stehendes Einkaufszentrum mit zahlreichen Einzelhandelsgeschäften und Restaurants sowie am Fuße des Turms ein großes Warenhaus und ein Parkhaus. Alle Gebäudepartien sind unterirdisch mit einer Ladenpassage verbunden. Parallel zum S-Bahn-Viadukt und angrenzend an den Turm ist die Erweiterung der Stadtautobahntrasse geplant. Der schiffsartige Grundriß des Towers in Verbindung mit seiner stromlinienförmigen, filigranen Stahl-Glas-Fassade, die Schlankheit der Baufigur und die in diesem Stadtteil bislang unbekannte Höhe des Gebäudes geben der Silhouette Berlins eine neue markante Note. Die hallenartige Lobby, die man im Erdgeschoß von zwei Seiten aus betritt, reicht über zwei Geschosse. Von hier aus erreicht man auch die im Kern des Gebäudes befindlichen drei Treppenhäuser und die insgesamt zwölf Fahrstuhlschächte. Die vollklimatisierten und mit einem einheitlichen Lichtsystem ausgestatteten Büroräume sind grundsätzlich an den Längsseiten entlang organisiert, in der Spitze liegt auf jeder Etage ein großer Konferenzraum. Es sind keine weiteren innovativen ›intelligenten‹ Fassadensysteme oder andere energetisch-ökologische Maßnahmen, die bei solch großen Projekten mittlerweile fast obligatorisch sind, vorgesehen. Die einzelnen Etagen können zu verschieden großen Büroeinheiten zusammengefaßt und auch innerhalb der Etagen voneinander abgetrennt werden.

The 32-storey office and shopping tower represents a gateway into the city at Frankfurter Allee S-Bahn (urban railway) station. It is directly connected with a shopping centre on the other side of the railway bridge with numerous retail outlets and restaurants and with a large department store and multi-storey car park at the foot of the tower. All sections of the building are linked below ground to a shopping passage. Parallel to the S-Bahn bridge and adjacent to the tower, an extension of the urban motorway is planned. The ship-like ground layout of the tower, combined with the streamlined, filigree steel and glass façade, the slim building structure and the height of the tower, which is without precedent in this part of the city, create a new, characteristic element in the skyline of Berlin. The hall-type lobby is entered from two sides on the ground floor and spans two storeys. This lobby provides access to the three staircases and the twelve lift wells in the centre of the building. The fully air-conditioned offices with a uniform lighting system are arranged along the long sides of the building, with a large conference room at the pointed end on each floor. No other innovative and ›intelligent‹ façade systems or other energy or ecology measures are planned, although such measures are now almost obligatory for projects of this size. The individual floors can be combined to create office units of varying sizes, and they can also be partitioned within the storeys.

HPP Hentrich-Petschnigg & Partner International, Berlin/Skidmore, Owings & Merrill, Chicago ✎ Projektpartner: Deutsche Grundbesitz (Deutsche Bank), Philipp Holzmann AG, ECE-Gruppe ☞ Büro ⊞ ca. 45.000 m² ⚒ voraussichtlich 1997–1999

Französisch Buchholz / French Buchholz

S8, 10 Blankenburg, Tram 50 | 13127 Pankow

Wohnhäuser, Schattauer + Tibes

Kita, Barkow Leibinger

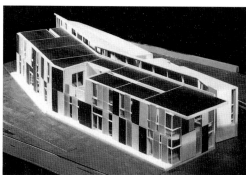

Nach einem städtebaulichen Gesamtkonzept der Architekten Engel und Zillich und weiterer quartiersbezogenen städtebaulichen Gutachten verschiedener anderer Planer wird am nordöstlichen Stadtrand Berlins für ca. 7.500 Menschen neuer Wohnraum geschaffen. Die Bebauungsstruktur besteht aus einer Mischung von offener und geschlossener Bauweise; auf die vorhandene kleinteilige Einzelhausbebauung wurde bei der Entwicklung der Haustypologien Rücksicht genommen. Der historische Ortskern erfährt innerhalb der neuen Ordnung eine Aufwertung und nimmt nach Abschluß aller Maßnahmen eine zentrale Rolle als Kristallisationspunkt ein, da hier wichtige Infrastruktureinrichtungen angesiedelt und darüber hinaus Flächen für Einzelhandel und Gewerbe ausgewiesen sind. Die zum Teil mäanderartigen Bebauungsstrukturen dienen als Stadtkanten und der Verzahnung von Stadt- und Landschaftsraum. Neben den genannten Wohnungen entstehen acht Kindertagesstätten, eine Grundschule, eine Jugendfreizeitstätte, Wohnungen für Sonderwohnformen und öffentliche Grünanlagen und Spielplätze.

Von Engel und Zillich stammen unter anderem die Punkthäuser und ein Zeilenbau. Die viergeschossigen Punkthäuser auf fast quadratischem Grundriß sind als Zweispänner ausgeführt, wobei jeweils eine 2- und eine 3-Zimmer-Wohnung in jedem Geschoß liegen. Die Vorder- und Rückfassaden sind symmetrisch aufgebaut: Hinten sind die Fenster im gleichen Rhythmus angeordnet, auf der Eingangsseite sind sie zu Gruppen durch ein Brüstungsgeländer, das sich aus der Balkonfläche heraus entwickelt, visuell zusammengeschaltet. Die fünfgeschossige Zeile weist eine klare horizontale Zonierung auf: Ein Sockelgeschoß aus einem dunklen Ziegelverband, dann zwei Geschosse mit zu Gruppen zusammengefaßten französischen Fenstern – die in unterschiedlichem Rhythmus zwischen gleich großen

On an overall urban development concept designed by the architects Engel and Zillich in conjunction with other urban development expertises on the district by various other planners, new residential accommodation is being created on the north-eastern edge of Berlin for about 7,500 people. The development structure consists of a mixture of open and closed building styles; the existing small detached houses in the district were taken into account. In the new structure, the historic local centre comes into its own, and when all building measures have been completed, it will fulfil a central role as a crystallisation point containing infrastructure facilities and spaces for retailing outlets and businesses. The partially meandering development plan serves to mark the edges of the city and the interlinking of the city and the countryside. Apart from the apartments, there will also be eight kindergartens, a primary school, a youth leisure centre, apartments for special residential purposes and public green areas and playgrounds.

The buildings designed by Engel and Zillich include the detached buildings and an elongated block. The four storey detached buildings have and almost square ground plan and are arranged with one 2-room apartment and one 3-room apartment on each storey. The front and rear façades are symmetrical in structure. At the rear, the windows are arranged in a regular pattern, on the entrance side they are visually combined into groups by breastwork railings which arise out of the balcony area. The five storey elongated block has a clear horizontal zone structure. The ground floor has a dark brick facing, then come two storeys with French windows combined into groups and arranged in an irregular rhythm between panels of identical size, then a top storey in which a large number of windows are visually linked in their form by band-like continuous railings. Each staircase storey has four apartments, and each apartment has a loggia. The

Paneelen angeordnet sind – und ein Obergeschoß, in dem bandartig viele Fenster visuell durch ein durchlaufendes Brüstungsgeländer formal miteinander verbunden sind. Den als Vierspänner organisierten Wohnungen ist jeweils eine Loggia zugeordnet. Das fünfte Geschoß ist mit seinen Öffnungen ausschließlich zur Rückseite des Gebäudes ausgerichtet. Die Baukörper der vier Wohngebäude von Schattauer und Tibes in der Blankenfelder Straße beruhen auf einem aus zwei Gebäuden zusammengesetzten viergeschossigen Riegel, aus dem heraus jeweils an den Längsseiten – einmal links und einmal rechts – ein dreigeschossiger ›Anbau‹ entwickelt ist. Innerhalb der Wohnungen ist diese ›Anbaulogik‹ aber nicht spürbar. Der Längsriegel hat eine weiße Sockelzone und eine zweigeschossige, dunkelgrau gestrichene Dachzone; das letzte Geschoß, an den Längsseiten leicht aus der Fassadenfläche zurückspringend, ist mit einem Tonnendach versehen. Bei den weiß verputzten ›Anbauten‹ ist die straßenseitige Fassade als strukturales Gerüst ausgebildet, in denen die Loggien liegen. Die Zimmer sind an dieser Seite raumhoch verglast. Die Wohnungsgrundrisse, zum Teil als Maisonetten ausgebildet, sind nach dem Dreispännerprinzip angeordnet. Die Kindertagesstätte der Architekten Barkow und Leibinger beruht auf der Entwicklung eines Grundtypus, der je nach Standort variiert werden kann: Es handelt sich um einen zweigeschossigen, in zwei Teile gegliederten Baukörper. Die Hauptzone mit den Gruppen- und Nebenräumen und dem Küchenbereich ist nach Süden orientiert. Dieser Zone ist ein schmaler Servicebereich vorgelagert. Da die beiden Baukörper in der Mitte gegeneinander ›geknickt‹ sind, entsteht zwischen ihnen eine sich konisch weitende zweigeschossige Zone, die oben mit einer leichten Stahl-Glas-Konstruktion überdacht ist. Die Fassaden der Gruppenräume sind aus Flächen mit transparenter Wärmedämmung, Sandwichelementen mit Seekieferplatten vor dem Mauerwerk und raumhohen Fensterelementen zusammengesetzt.

wall openings on the fifth storey only face to the rear of the building.

The structures of the four residential buildings by Schattauer and Tibes in Blankenfelder Strasse are based on a four-storey block which is a combination of two buildings and to which a three-storey ›annex‹ is added on both long sides – one on the left and one on the right. But within the apartments, this extension structure is not apparent. The long block has a white base zone and a two-storey roof zone painted in dark grey. The last storey, which is set back slightly from the façade surface on the long sides, has a barrel-type roof. The façade has window perforations which are to some extent combined into groups on the long sides. On the white plastered ›annexes‹, the façade on the street side is designed as a structural framework containing the loggias. On this side, the rooms have floor-to-ceiling windows. The apartments, which are partly organised as maisonettes, are arranged with three apartment entrances on each staircase level.

The kindergarten, which is designed by the architects Barkow and Leibinger, is based on the development of a basic type which can be varied depending on the location. It is a two storey structure divided into two parts. The main zone, containing the group rooms, the auxiliary rooms and the kitchen area, faces south. In front of this zone is a small service area. As the two building sections are at an angle to each other in the centre, there is a conically widening two-story zone between them, which is covered by a light steel and glass roof structure at the top. The façades of the group rooms are made up of areas with transparent heat insulating material, sandwich elements with sea pine panels in front of the brickwork and floor-to-ceiling window elements.

Wohnhäuser Buchholz-West: ◢ Engel & Zillich, Berlin ◆ Teil Nord: ARGE Nord Otremba Baubetreuungs-GmbH und Panion GmbH+ Co Grundbesitz KG, Teil Süd: Claus GmbH, Bautrako GmbH ☞ Wohnen ⚐ 1996–2000 | Wohnbauten Schweizer Tal, Blankenfelder Straße 70–86/Rosenthaler Weg: ◢ Schattauer + Tibes, Berlin ◆ Dr. Upmeiler Wohnungsbau ☞ Wohnen ⊞ 5.997 m² ⚐ 1995–1996 | Kita und Jugendfreizeitheim, Nantestraße 69: ◢ Barkow Leibinger Architekten (mit Douglas Gauthier), Berlin ◆ Ergero Grundstückserschließungsgesellschaft mbH ☞ Kindertagesstätte, Jugendfreizeitheim ⊞ ca. 2.400 m² (zusammen) ⚐ 1997–1998

Französisch Buchholz: Kita 7 / Kindergarten 7

Matthieustraße | U2 Pankow, Tram 50, Bus 107 | 13127 Pankow

Das konstruktive und gestalterische Konzept dieser Kindertagesstätte beruht auf einem Baukastensystem, das es erlaubt, durch Variationen der Grundelemente flexibel auf unterschiedliche städtebauliche Situationen zu reagieren und zugleich kostengünstiger als bisher zu bauen. Die Elementarstruktur wird von zwei T-förmig angeordneten Wandscheiben gebildet, die die Raummodule aus Eingangshalle, Gruppen- und Wirtschaftsbereich gleichsam sammeln und ordnen. Die massiven Wandscheiben sind in Sichtbeton ausgeführt und ragen über das Volumen der Baukörper hinaus. Sie definieren straßenseits einen Raum, in den nunmehr die zweigeschossige Eingangshalle aus einer Holz-Glas-Konstruktion eingepaßt ist, deren Transparenz einen freien, offenen Blick in das Innere der Kita erlaubt. Dieses Raummodul übernimmt die Verteilerfunktion innerhalb des baulichen Organismus: Es erschließt in eine Richtung den Wirtschaftsbereich, in eine andere den Bereich der Gruppenräume, die nach dem Mittelgangprinzip angeordnet und durch große Türelemente untereinander schaltbar sind. Die in konventionellem Mauerwerksbau errichteten Fassaden haben eine hinterlüftete, horizontale Brettholzschalung aus Lärchenholz und verschiebbare Paneele zur individuellen Verschattung der einzelnen Gruppenräume. Die einfachen Kuben mit ihren additiven Raumfolgen im Inneren und die Reduktion der Architektur auf ihre wesentlichen Merkmale tragen sowohl zu einer identitätsstiftenden Hausfigur als auch zu der gebotenen Neutralität bei, die der kindlichen Phantasie genug Spielraum zur Entfaltung läßt.

The structural and design concept of this kindergarten is based on a modular system which permits the basic elements to be flexibly adapted to different urban development situations, and which is less expensive to build than conventional methods. The basic structure is formed by two wall elements combined into a T shape, which combine and organise the room modules consisting of the entrance hall, group rooms and utility area. These solidly built walls are made of exposed concrete, and they project above the building structure. On the street side they define a space into which the two-storey entrance hall of wood and glass has been inserted as a transparent structure providing a free and unhindered view into the interior of the kindergarten. This spatial module fulfils a distribution function within the building. In one direction it gives access to the utility rooms, in another direction it leads to the group rooms which are arranged around a central corridor and can be combined by means of their large door elements. The façades of conventional brickwork are clad with rear-ventilated, horizontal larch wood boards and sliding panels for individual shading of the individual group rooms. The simple cubic modules in the interior, with their cumulative room sequences, in conjunction with the reduction of the architecture to its main features, create the characteristic shape of the building and, at the same time, the necessary neutrality which leaves room for children's imagination.

◢ Mussotter + Poeverlein, Berlin ❧ ERGERO Grundstückserschließungsgesellschaft mbH, Berlin ☞ Kindertagesstätte ⊞ 1.162 m² 👫 1996–1997

Wohnsiedlung / Residential estate Winkelwiesen

S1 Wilhelmsruh, Bus 122 | 13158 Pankow

Wohnhaus Schattauer + Tibes

Das Herz der Siedlung, die nach einem städtebaulichen Konzept der Architekten Schattauer und Tibes errichtet wurde, sind die sogenannten »Winkelwiesen«: eine sich konisch weitende Grün- und Freiflächenanlage, die als Park angelegt ist. Beidseitig dieses Parks entwickelt sich eine drei- bis viergeschossige Bebauungsstruktur aus kürzeren und längeren und zum Teil gebogenen Gebäuderiegeln, die U-förmige Höfe bilden, in denen wiederum punktartige Stadtvillen stehen.

Die Wohngebäude der Architekten Schattauer und Tibes haben die Siedlungsbauten und die sachliche Architektursprache der Klassischen bzw. der »Berliner Moderne« zum Vorbild: Es sind ruhige, stereometrische, glatt verputzte und weiß gestrichene Bau- körper mit präzise eingeschnittenen Fensteröffnungen, wobei die ›liegenden‹ Formate senkrechte Teilungen aufweisen. Das Prinzip ›Reihung‹ ist den Gebäudevolumen ebenso eingeschrieben wie eine sachliche, rhythmische Gliederung, die durch das Farbkonzept, das auf den Primärfarben beruht, unterstrichen wird. Bei den viergeschossigen Gebäuden ist das Dachgeschoß etwas zurückgesetzt, wodurch Dachterrassen entstehen.

Die viergeschossigen Gebäude von Eble und Kalepky sind wesentlich ›unruhiger‹ bzw. ›undisziplinierter‹ gestaltet. Sie weisen zwar durchweg angenehm und großzügig geschnittene Grundrisse auf, die Baukörpervolumen scheinen aber förmlich und strukturell auseinanderzubrechen: Die Fassaden sind in verschiedenen Tiefenschichten angelegt und willkürlich mit unterschiedlichen Öffnungsformaten durchbrochen. Die Unruhe hinsichtlich Gestaltung und Gliederung wird unterstützt durch auskragende Wintergärten und Balkone, die Holzvertäfelung des Dach- und zum Teil des dritten Obergeschosses, abgeböschte Wandvorlagen, das weit überstehende Dach und die unterschiedlichen Vertikal- und Horizontalteilungen der Fenster und Wintergärten.

The heart of the estate, which was built according to an urban development concept of the architects Schattauer and Tibes, is formed by the so-called »Winkelwiesen« (angled meadows), a cone-shaped open space which is laid out as a park. On both sides of this park, there is a three to four storey development structure consisting of short blocks, longer blocks and some curved blocks, which enclose U-shaped areas containing detached town villas.

The residential buildings designed by Schattauer and Tibes are obviously based on the model of the estate-type buildings and the functional architectural language of the classical modern era or the »Berlin modern style«. They are calm, stereometric, smooth-plastered and white painted buildings with precisely perforated window openings with horizontal formats and vertical sub-divisions. The row structure is apparent in the building volumes, as is their rational, regular pattern, which is underlined by the colour concept based on primary colours. In the four-storey buildings, the roof storey is set back slightly, thus creating roof terraces.

The four storey buildings by Eble and Kalepky are far more ›restless‹ in their design. The floor plans are actually pleasant and generous throughout, but the building volumes seem to fall apart in their form and structure. The façades are arranged in different depth layers, and they have a particularly arbitrary distribution of different perforation formats. The restlessness in the design and subdivision is underlined by the protruding winter gardens and balconies, the wooden panelling on the roof and some of the third floor, the scarped wall projections, the large roof overhang and the different vertical and horizontal sub-divisions of the windows and winter gardens.

Wohnhaus, Eble + Kalepky

Städtebaulicher Realisierungswettbewerb Winkelwiesen

Wohnsiedlung Winkelwiesen, Kastanienallee 47–49: ◢ Eble + Kalepky (mit K. Burkat, B. Wolf), Berlin ◆ Immobilienfond Winkelwiesen GbR, Berlin ☞ Wohnen ⊞ 8.663 m² ⚒ 1993–1995 | Wohnhäuser: ◢ Schattauer + Tibes, Berlin ◆ Immobilienfond Winkelwiesen GbR: ein Projekt der ITAG, Dr. Upmeier Wohnungsbau und R & W Immobilien GmbH ☞ Wohnen, Einzelhandel ⊞ 12.720 m² ⚒ 1993–1994

Wohnanlage / Residential development Ghanastrasse

Ghanastraße 24–28 | U6 Afrikanische Straße, Bus 328 | 13351 Wedding

Das viergeschossige Gebäude liegt im westlichen Teil der Friedrich-Ebert-Siedlung, die in den 50er Jahren in der für die damalige Zeit typischen ›offenen Bauweise‹ mit Zeilenbauten errichtet wurde. Es steht mit seiner gestreckten und geschwungenen Fassade längs zur Ghanastraße, komplettiert somit den vorhandenen Straßenraum und stellt zudem die Verbindung zu den Giebeln der angrenzenden Wohngebäude her. Das Gebäude ist in drei Brandabschnitte geteilt, die Wohnungen sind nach dem Zweispännerprinzip angelegt. Die Wohnungen sind unterschiedlich groß; alle Küchen und Bäder sind als außenliegende Räume angeordnet. Die großflächig verglasten Zimmer und Loggien auf der Südseite verstärken auch hier die Wirkung eines flächigen, geschlossenen und behutsam rhythmisierten Gebäudekörpers. Die drei Treppenhäuser an der Straßenseite sind so angeordnet, daß ihre Fenster jeweils auf der gleichen Höhe liegen wie die der Wohnungen. So konnte die glatt verputzte Fassade mit gleichmäßig formatierten, nämlich quadratischen Fenstern versehen werden, die in die leicht aus der Bauflucht heraustretende Wandscheibe im gleichen Rhythmus angeordnet sind. Dadurch entsteht eine ruhige, abstrakt erscheinende Gebäudefigur. Im Tiefgeschoß befinden sich die notwendigen Autostellplätze, weshalb die Mieterkeller und Hauswirtschaftsräume im Erdgeschoß untergebracht werden mußten. Dieser Sockel des Gebäudes ist durch seine Verkleidung mit Spaltklinkern formal bewußt vom Baukörper abgesetzt.

This four-storey building is situated in the western part of the Friedrich Ebert estate which was built in the 1950s in the ›open style‹ of elongated blocks which was typical of that time. The stretched and curved façade of the building is located along Ghanastrasse, thus completing the existing street context and creating a link to the gables of the adjoining residential buildings. The building is divided into three sections for fire protection purposes, with two apartments on each floor for each staircase. The apartments are different in size; all kitchens and bathrooms are arranged as rooms facing the outside. The generously glazed rooms and loggias on the south of the building reinforce the effect of a large area, closed and carefully sub-divided building structure. The three staircases on the street side are so arranged that their windows are on the same height as the windows of the apartments. Thus, the smoothly plastered façade has been fitted with even format, square windows which are fitted in a regular pattern into the wall slab which projects slightly out of the building alignment line. This gives the building a calm, abstract appearance. The underground garage contains the necessary car parking spaces; for this reason, the tenants' cellars and the utility rooms had to be included on the ground floor. This base of the building is deliberately marked off in its form from the rest of the structure by the use of facing split clinker.

⌁ Lehrecke & Lehrecke, Peter und Jakob Lehrecke, Berlin ☜ Eintracht Wohnungsbaugesellschaft ☞ Wohnen ⊞ 2.444 m² ⚒ 1994–1995

S-Bahnhof / Urban railway (S-Bahn) station Bornholmer Straße

Bornholmer Straße/Bösebrücke | S1, 2, 8, 10 Bornholmer Straße | 10439 Wedding/Prenzlauer Berg

Der südliche Abgangsbau des Bahnhofs wurde 1935 nach einem Entwurf von Richard Brademann errichtet; er war als Teil der Grenzanlage der DDR zwischen 1961 und 1989 stillgelegt. Seither treffen sich hier in dichter Taktfolge die Züge von vier sich kreuzenden S-Bahn-Linien. Der alte Bahnhofsbau wurde deshalb in seiner Funktion und Substanz wieder reaktiviert und in Zusammenarbeit mit der Denkmalpflege instandgesetzt, umgebaut und mit moderner Technik und Roll- bzw. Fahrtreppen versehen. Dabei wurde das alte Stahlskelett freigelegt, saniert, verstärkt, wieder ausgemauert und mit nachgebrannten Spaltplatten verkleidet. Die filigranen Stahlfenster konnten nach der Sanierung ebenfalls wieder eingesetzt werden. Die Bösebrücke teilt die auf Gleisebene durch ein filigranes Vordach zusammengeschaltete Bahnhofsanlage, die im Zuge des Umbaus aber auch eine markante Erweiterung durch einen Neubau erfahren hat: Dieser nördliche Abgangsbau folgt typologisch und architektonisch dem Altbau. Das Brückenbauwerk aus einer reinen Stahl-Glas-Konstruktion ist strukturell und formal auf einem Modul aufgebaut, dessen Maß dem Bauwerk aus den 30er Jahren entlehnt ist und diesen somit in seiner ästhetischen Wirkung unterstützt. Die fünfeckige Aufweitung der Eingangsplattform ist mit einem schirmartigen, ebenfalls fünfeckigen Dach überspannt, was eine formale Wiederholung dieses Elements am Altbau darstellt. Die Stirnseite des Neubaus erhielt ein Kunstwerk aus fünf im Sinterverfahren hergestellten Glaselementen der Künstlerin Veronika Kellndorfer.

The southern exit building of the station was built in 1935 to a design by Richard Brademann; it was taken out of service as part of the border complex of the GDR from 1961 to 1989. Since then, trains from four connecting S-Bahn routes have stopped here at regular intervals. The old station building was therefore reactivated in its function and substance, and in cooperation with the monument protection authorities it has been repaired, converted and equipped with modern technology, escalators and moving stairways. The old steel skeleton has been uncovered, restored, reinforced, filled with masonry again and faced with fired split clinkers. The filigree steel windows were also fitted again after the repairs. The Böse bridge divides the station complex, which is connected at platform level by a filigree roof. In the course of the conversion, the station complex acquired a striking extension by the addition of a new building. This north exit building follows the typology and architecture of the old building. The bridge structure, which is a steel and glass structure, is structurally and formally based on a module which takes its dimensions from the building from the 1930s and thus supports its aesthetic effect. The five-sided extension of the entrance platform is covered with an umbrella-type roof which also has five sides, thus representing a formal repetition of this feature of the old building. At the end of the new building, a work of art consisting of five sintered glass elements by the artist Veronika Kellndorfer has been added.

Dörr-Ludolf-Wimmer, Berlin ❧ Deutsche Bahn AG ☞ S-Bahnhof 🏃 1990–1993

Wohnhäuser für Bundesbedienstete am Schloßpark / Residential buildings for federal government employees by Schlosspark

Dietzgenstraße/Blankenburgstraße | S8, 10 Pankow, Tram 52 | 13156 Pankow

Das parkartig angelegte Quartier besteht ausschließlich aus Wohngebäuden mit Wohnungen gehobenen Standards für Bundesbedienstete. Das Ensemble besteht aus einem vier- und einem sechsgeschossigen, L-förmigen Gebäuderiegel, fünf viergeschossigen Stadtvillen und einer siebengeschossigen Brandwandbebauung am nördlichen Rand des Grundstücks. Hier, an der Dietzgenstraße, liegt auch der Zugang zu dem weitläufigen Grundstück. Wegen der hohen Qualität des Umfeldes haben fast alle Wohnungen einen direkten Bezug zu den Grün- und Freiflächen. In den L-förmigen Gebäuden sind zum Beispiel die untersten beiden Geschosse von Maisonette-Wohnungen mit einem Vorgarten belegt; den Stadtvillen – gegenüber der Orangerie gelegen – sind große Gartenflächen vorgelagert. In diesen Gebäuden sind alle Wohnungen zweigeschossig organisiert. Die Architektursprache ist arhythmisch und nicht immer eindeutig – die Architekten spielen offensichtlich mit dem Element Wand und mit einer Betonung der horizontalen Schichtung der Wohnungen. Bei allen Gebäuden sind die Fassaden so ausgebildet, daß sich geschoßhoch geschlossene, verschieden breite Wandelemente mit ebenso hohen Fenstern oder mit Brüstungs-Fensterelementen in einem unregelmäßigen Rhythmus abwechseln, so daß sie sich zu einem Bild mit einer irritativ-willkürlichen Wand-Öffnungsstruktur summieren. Die gestalterische Zusammenziehung der beiden Untergeschosse, die Formulierung der Gebäudekanten und -volumen und die Rhythmisierung der einzelnen Elemente führen in der Summe zu einer Linienführung ohne ein zur Wirkung kommendes tektonisch-ästhetisches Potential.

This estate, which is designed like a park, consists entirely of residential buildings with high quality apartments for government employees. The complex consists of two L-shaped building blocks with four and six storeys, five four-storey town villas and a seven-storey building against a fire wall at the northern edge of the plot. Here, on Dietzgenstrasse, is the entrance to the extensive plot. Because of the high quality of the setting, almost all apartments have direct links with the green areas and open spaces. In the L-shaped buildings, for example, the bottom two storeys have maisonette apartments with front gardens. The town villas – situated opposite the Orangerie – have large gardens in front of them. All the apartments in these buildings span two storeys. The architectural language is irregular and not always clear – the architects seem to be playing with the element of the wall and with the emphasis on the horizontal layers of apartments. In all buildings, the façades are so designed that solid wall elements of different widths spanning the height of a storey alternate in an irregular pattern with windows of the same height or with breastwork window elements, so that they cumulate to form an irritatingly random pattern of walls and perforations. The combination of the two lower floors in the design, the formulation of the edges and volumes of the buildings and the rhythm of the individual elements lead to an overall line structure without any effective tectonic and aesthetic potential.

⊿ A.B.T. Architekten Hans Peter Achatzi. Thomas Bolwin. Hakan Tütüncu. ⬤ Deutschbau Gemeinnützige deutsche Wohnungsbaugesellschaft mbH, Berlin ☞ Wohnen ⊞ 11.414 m² ⚒ 1997–1999

Karow-Nord / Karow North

S8 Karow | 13125 Weißensee

Städtebaulicher Rahmenplan, Moore, Ruble, Yudell

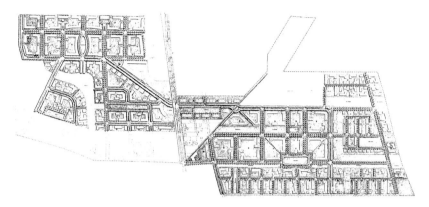

Das Wohngebiet gehört zu einer Reihe von verdichteten Stadträumen am Rande Berlins, die unter dem strategischen Begriff »Neue Vorstädte« subsumiert werden können (siehe dazu auch Wasserstadt Oberhavel, Rudower Felder, Französisch Buchholz und Rummelsburger Bucht). Städtebauliche Grundlage ihrer Planung war die Erweiterung des ›städtischen‹ Raumes, um die unkontrollierte Ausuferung der Bebauung in die landschaftlich reizvollen Gebiete rund um Berlin zu verhindern. Im Vordergrund stand daher die Entwicklung von Quartieren mit einer Nutzungsmischung aus Wohnen, Arbeiten, Konsum und Kultur, die eindeutige Zonierung und Zuordnung der städtischen Elemente Haus, Straße, Platz und Freizeit- bzw. Parkanlagen, die gezielte Herausarbeitung von Raum- und Wohnumfeldqualitäten innerhalb einer definierten Siedlungs- bzw. Stadtfigur mit ausreichenden Infrastruktur- und Gemeinbedarfseinrichtungen und nicht zuletzt die Entwicklung von Haustypologien, die diesen Ansprüchen bezüglich Höhe, Dichte und gestalterischer Durcharbeitung – auf den Ebenen Lage, Fassadenzonierung, Erschließung und Grundrißorganisation – gerecht werden können. Im Endergebnis ist dieses Ziel in Karow-Nord nicht erreicht worden: Es ist in großen Teilen eine reine Wohnsiedlung ohne erkennbare und spürbare ›städtische‹ Qualitäten, mit zu Parkplätzen geweiteten Straßenräumen, eindeutig zu wenig primären Infrastruktureinrichtungen und Ladeneinheiten in den Erdgeschoßzonen und mit zu postmodern verspielten Architekturformen.

Die Siedlung wurde auf der Grundlage eines städtebaulichen Entwurfes der Architekten Moore, Ruble, Yudell geplant. Sie entwickelt sich beidseits der Bucher Chaussee nördlich des Dorfes Karow, das am nordöstlichen Stadtrand Berlins liegt. Die beiden Quartiershälften wurden auf einem orthogonalen Straßenraster entwickelt, das durch platzartige Aufweitungen und diago-

This residential area is one of a series of dense urban developments around the edge of Berlin which can be designated by the strategic term »new suburbs« (see also Wasserstadt Oberhavel, Rudower Felder, Französisch Buchholz and Rummelsburger Bucht). The urban development concept behind the planning was the extension of the ›urban‹ area in order to prevent the uncontrolled spreading of building zones into the charming scenic areas around Berlin. In the foreground was therefore the development of estates with a mixed use consisting of residential accommodation, work, consumer facilities and culture, the unambiguous zoning and assignment of the urban elements of house, street, square and recreation or park facilities, the specific creation of a specific quality of space and residential areas within a defined estate or urban structure, with sufficient infrastructure and communal service facilities, and not least the development of building types which meet these requirements with regard to their height, density and visual design – at the level of their position, façade zones, access and ground plan organisation. In the final analysis, this goal has not been achieved in Karow North. In large parts, it is a purely residential estate without any recognisable and noticeable ›urban‹ quality, with streets widened to become parking zones, and with clearly not enough primary infrastructure facilities and shop units on the ground floors, and with architectural forms which are too playfully post-modern.

The estate was planned on the basis of an urban development design by the architects Moore, Ruble, Yudell. It spreads out on both sides of Bucher Chaussee north of the village of Karow, which is at the north-eastern edge of Berlin. The two halves of the estate are developed on an orthogonal street grid, which is interrupted by open squares and diagonal roads. The building structure is based on four different types of building: the ›block edge

Wohnhäuser, Eckert, Negwer, Sommer, Suselbeek

Wohnhaus, Höhne und Rapp

Kita, Carola Schäfers

nale Durchwegungen unterbrochen ist. Die Bebauung basiert auf vier unterschiedlichen Haustypologien: Der ›Blockrandbebauung‹ als verdichtete ›städtische Bauweise‹, den »Karow-Courts« (eine Gebäudeanordnung analog zum alten Dorf, bestehend aus einem L-förmigen Gebäude und einem Punkthaus, die gemeinsam einen Hofraum bilden), den »Agrarhäusern«, die im südlichen und östlichen Bereich den Übergang zu der vorhandenen Bebauung bilden, und den »Stadtvillen«, die den Übergang in den Landschaftsraum definieren.

Darüber hinaus wurde ein gestalterischer Erschließungsplan aufgestellt, der u.a. die Straßenprofile und Baumarten festlegt, ein Gestaltkatalog, der die Einfriedungen, die Fassadengliederung, die Materialien und die Dachformen vorschreibt, und ein Leitbildkatalog für Grünflächen. Auffallend ist, daß alle Gebäude mit einem ausgebauten Satteldach mit roter Ziegeleindeckung versehen sind, was der Siedlung, im Gegensatz zu den anderen »Neuen Vorstädten«, ein besonderes, zum Teil recht ›gemütliches‹ Image verleiht.

Die fünfgeschossigen Gebäude der Architekten ENSS an der Karower Chaussee begrenzen die Siedlung nach Norden hin. Es sind auf L-förmigem Grundriß aufgebaute Baukörper, die noch am ehesten in der Lage sind, eine ›städtische‹ Idee zu vermitteln, wie sie für die ganze Siedlung intendiert war. Zum Landschaftsraum bzw. zur etwas entfernt liegenden Trasse der Autobahn hin sind die Treppenhäuser, Küchen und Bäder angeord-

building structure‹ as a dense, ›urban development‹, the »Karow Courts« (an arrangement by analogy with the old village, consisting of an L-shaped building and a detached building which jointly form a courtyard area), the »agrarian houses« at the south and east, which form a transition to the existing development, and the »town villas«, which mark the transition to the open landscape. In addition, an access design plan was developed which defines such elements as the street profile and the types of trees, a catalogue of forms which prescribes the plot boundary forms, the façade structures, the materials and the roof forms, and a guidance catalogue for areas of vegetation. A striking feature is that all buildings have a ridge roof, the interior of which is fully developed for residential purposes, with red tiles, which gives the estate a special, rather ›cosy‹ image in contrast with the other »new suburbs«.

The five-storey buildings by the architects ENSS on Karower Chaussee mark the northern limit of the estate. They are buildings on an L-shaped ground plan, and of all the buildings on the estate they are most likely to create the sort of ›urban‹ concept which was intended for the entire estate. The staircases, kitchens and bathrooms are arranged facing the open countryside and the distant motorway, which is reflected in the façade by smaller window openings which structure the large surfaces in a regular arrangement. On this side, the façades have dark facing clinker bricks. On the side facing the street and

Grundschule, Liepe & Steigelmann

net, was sich in der Fassade durch kleinere Fensteröffnungen ausdrückt, die in monotaktischer Anordnung die großmaßstäblichen Flächen gliedern. An dieser Seite sind die Fassaden mit einer dunklen Klinkervorsatzschale versehen. Zum Straßen- bzw. Siedlungsraum hin sind die Fassaden verputzt und mit französischen Fenstern versehen; hier ist das Dachgeschoß zurückversetzt, wodurch sich ein durchgehendes Balkon- bzw. Terrassenband mit einem Geländer ergibt, das visuell den Gebäudeabschluß bildet.

Die Architekten Höhne und Rapp spielen auf äußerst originelle Weise mit der Vorgabe, die Wohngebäude mit einem Satteldach zu versehen: Sie formulieren den auf quadratischem Grundriß stehenden Baukörper in die Höhe als kielbogenförmiges, ›dynamisches‹ Volumen, aus dem turmartig dreigeschossige, befensterte Gauben herausragen. An den straßenseitigen Giebelseiten entsteht dadurch eine bisweilen fremde, aber formal nicht uninteressante Spannung mit ironischem Beigeschmack. Die Grundrisse sind als Vierspänner organisiert, wobei den Küchen Wintergärten vorgelagert sind.

Die Kindertagesstätte der Architektin Carola Schäfers steht in der Pfannenschmidtstraße 2 und bildet, an einer Straßenecke gelegen, das nordwestliche Ende der Siedlung; sie formuliert zugleich den Übergang in den Landschaftsraum. Der Baukörper setzt sich aus zwei Ziegelbaukörpern und einem mit Holz verkleideten Volumen zusammen. Die steinernen Volumen nehmen

the estate, the façades are plastered and have French windows. The roof storey is set back on this side, creating a continuous balcony or terrace band with railings, which forms a visual completion of the building.

The architects Höhne and Rapp have an extremely original approach to the stipulation of designing the buildings with a ridge roof. They formulate the top of the building built on a square ground plan as a keel arch-shaped, ›dynamic‹ volume from which three-storey dormers with windows rise like towers. On the gable sides facing the street, this creates a tension which is sometimes foreign, but formally not uninteresting and with an ironic touch. The ground plans are organised with four apartments on each floor, and with window gardens in front of each kitchen.

The kindergarten by the architect Carola Schäfers is situated at Pfannenschmidtstrasse 2 on one corner, and forms the north-western edge of the estate; at the same time, it also marks the transition to the open countryside. The building is composed of two brick-built structures and a volume that is faced with wood. The stone structures follow the building alignment line of the neighbouring multi-storey buildings; the wooden structure faces the inner courtyard, which is where the outdoor facilities and play areas of the kindergarten are situated. The auxiliary rooms are arranged along the street, and the group rooms face the centre of the block. In the interior, the large entrance hall with the staircase is striking, and in

die Bauflucht der benachbarten mehrgeschossigen Bebauung auf; der Holzbaukörper orientiert sich zum Innenhof, wo die Außenanlagen bzw. Spielbereiche der Kita liegen. Die Nebenräume sind an der Straße entlang angeordnet, die Gruppenräume zum Blockinnenbereich orientiert. Innen fällt die große Eingangshalle mit der Treppe auf; im Hofraum die großzügig verglaste ›Holzkiste‹ mit ihrer feingliedrigen Profilstruktur der Fensterrahmen.

Die Schule der Architekten Liepe und Steigelmann bildet den baulichen Auftakt in die nördliche Quartiershälfte. Sie besteht aus einer Sporthalle und zwei Gebäuderiegeln, die in spitzem Winkel aufeinandertreffen und in diesem Gelenk einen dreieckigen Platz formulieren. Hier befindet sich auch der Hauptzugang zum Schulgelände, der durch ein dreieckig-spitzes Dachelement, das von Säulen getragen wird, markiert wird. In den beiden Straßenräumen entwickelt sich jeweils eine lange, rhythmisch mehrfach vertikal durchbrochene, zweigeschossige, verklinkerte Wand, die das Gebäude hermetisch vom Straßenraum abschirmt, aber doch auch immer wieder Einblicke in den Pausenhof gewährt; hier sind alle Nebenräume angeordnet. In dem dreieckig konfigurierten Innenhof entfaltet sich die strukturelle Offenheit der Schulanlage durch die großzügig verglasten Klassenräume, die zweigeschossigen, laubengangartigen Erschließungsbauten, die Durchblicke in den Siedlungsraum und vor allem durch das transparente Glashaus, das als Zugangsbauwerk die Baumassen und alle Bewegungen zu sammeln und zu ordnen scheint.

the courtyards, the generously glassed ›wooden box‹ with its fine window frame section structure.

The school by the architects Liepe and Steigelmann forms the structural start of the northern half of the estate. it consists of a sports hall and two elongated buildings which join at an acute angle and form a triangular space in the joint. Here is the main entrance to the school complex, which is marked by a pointed triangular roof structure mounted on pillars. Along each of the two streets there is a long, two-storey wall with facing clinker bricks which is vertically interrupted at regular intervals, which hermetically seals the building from the streets, but at the same time opens up a view into the playground; all auxiliary rooms are arranged along these street fronts. In the triangular inner courtyard, the structural openness of the school complex is reflected by the generous windows of the classrooms, the two-storey, arbour-type access buildings, the views into the estate, and especially by the transparent glass entrance building, which seems to collect and organise the volume of all parts of the building.

Kita: ◢ Carola Schäfers, Berlin ◆ Bezirksamt Weißensee ☞ Kindertagesstätte, Pfannenschmidtstraße 2 ⊞ 1.286 m² ⚒ 1994–1996 | Wohnhäuser: ◢ ENSS Eckert, Negwer, Sommer, Suselbeek, Berlin ◆ Gehag ☞ Wohnen ⊞ 15.900 m² ⚒ 1994–1997 | Grundschule, Achillesstraße 31/Bucher Chaussee: ◢ Axel Liepe & Hartmut Steigelmann, Berlin ◆ Bezirksamt Weißensee ☞ Grundschule ⊞ 10.900 m² ⚒ 1994–1995 | Wohnhäuser, Karower Chaussee: ◢ Höhne und Rapp ◆ Gehag ☞ Wohnen ⊞ 2.521 m² ⚒ 1995–1996

Siedlung / Residential development Hansastraße

Hansastraße 65–149 | Tram 3, 4, Bus 259 | 13088 Weißensee

Die Wohnanlage mit ihren 452 Wohneinheiten, innerhalb eines diffusen vorstädtischen Kontextes und an einer stark befahrenen Straße gelegen, besteht aus zwei parallel zur Hansastraße stehenden sechsgeschossigen Zeilenbauten, fünfgeschossigen Wohnhäusern und viergeschossigen ›Stadtvillen‹. Die beiden Zeilenbauten an der Straße werden mittels eines Fluchtbalkons im vierten Obergeschoß und eines gemeinsamen Daches visuell zusammengeschaltet. Durch diese formalen Maßnahmen und durch die unregelmäßige und arhythmische Perforation der Fassade, die nunmehr losgelöst vom Baukörper als Wandscheibe wirkt, wird die Horizontale extrem betont und formal überdramatisiert; das Gebäude wirkt zudem länger als es ist. Zwischen diesen beiden Zeilenbauten führt eine torartige Situation in die Siedlung. Die symmetrische Anlage besteht aus einer kammartigen fünfgeschossigen Bebauung, die spiegelverkehrt zu beiden Seiten eines zentralen Fußweges angeordnet ist. In die U-förmigen Hofbereiche, die sich durch die Stellung der Häuser zueinander ergeben, sind viergeschossige Stadtvillen eingestellt. Die gut geschnittenen Wohnungen sind mit Wintergärten oder Balkonen und französischen Fenstern ausgestattet; die Grundrisse beruhen auf einem Baukastensystem aus sechs unterschiedlichen Typen. Die Dachgeschosse sind als Staffelgeschosse ausgebildet, so daß die Häuser weniger hoch erscheinen als sie sind. Auf diese Weise und dank der Maßnahme, daß Autos aus der Siedlung verbannt wurden, sind ruhige, angenehme Außenräume entstanden; trotz der relativ dichten Bebauung kommt kein Gefühl von Enge auf.

This residential complex with its 452 residential units, which is situated within a diffuse suburban context and next to a busy road, consists of two six-storey elongated blocks, five-storey residential buildings and four-storey ›town villas‹. The two elongated blocks by the street are visually connected by an escape balcony on the fourth floor and a shared roof. These formal measures and the irregular and non-rhythmical perforation of the façade, which appears like a wall surface that is separated from the building structure, radically underline and over-dramatise the horizontal dimension; the building seems longer than it is. Between these two elongated blocks, a gate-like setting leads into the estate. The symmetrical complex consists of a comb-like combination of five-storey buildings which are arranged in a mirror image pattern on two sides of a central path. The U-shaped courtyard areas created by the arrangement of the buildings contain four-storey »town villas«. The well-designed apartments have either winter gardens or balconies with French windows; the floor plans are based on a module system consisting of six different types. The attic storeys are designed as recessed storeys, so that the buildings appear less high than they are. This feature and the fact that cars are banned from the estate creates peaceful, pleasant outdoor facilities; in spite of the relatively dense building structure, the atmosphere is not cramped.

◢ Feddersen, von Herder + Partner, Berlin ◥ Groth + Graalfs Industrie- und Wohnungsbau GmbH, Berlin ☞ Wohnen, Gewerbe ⊞ 44.300 m² ♟ 1992–1994

Ausbildungszentrum / Training centre Roelckestraße 152

Roelckestraße 152 | Bus 158 | 13086 Weißensee

Das Gebäude besteht aus einem sechsgeschossigen Baukörper, der straßenseits eine 35 Meter breite Baulücke schließt und aus eingeschossigen Werkstatttrakten im Hinterhof. Gebäude und Grundstück werden mittig durch eine zweigeschossige Durchfahrt erschlossen, links und rechts davon befinden sich zwei Läden und zusätzliche Büroräume für die Verwaltung. Darüber sind zwei Werkstatt- bzw. Atelierebenen untergebracht, die hinter einer filigranen Stahl-Glas-Konstruktion als großes Fassaden- bzw. Fensterelement liegen; die Öffnungsflügel sind allerdings in Holz ausgeführt. In den beiden oberen Geschossen befinden sich die Küche und die Kantine sowie Umkleide- und Sozialräume. Die Vertikalerschließung erfolgt über ein rückwärtiges Bauteil, in dem auch Sanitäranlagen und Nebenräume liegen und das mit seiner gebogenen Fassadenscheibe aus dem Baukörper herausragt. Die beiden Werkstatttrakte stehen parallel zueinander, sie sind in Betonfertigteilen als stützenfreie, addierte Konstruktion ausgeführt. Es sind jeweils über 13 Meter breite Einheiten, von denen auf der einen Seite sieben, auf der anderen Seite fünf hintereinandergeschaltet sind. Diese Hallen beherbergen eine Tischlerei, eine Stuck-, eine Maurer- und eine Kfz-Werkstatt. Sie sind zur Erschließungsstraße mit Kalksandsteinmauerwerk versehen und haben große Stahltore; die Belichtung erfolgt über Sheddächer. Im neutralen und angenehm gestalteten Inneren dominieren die Materialen Sichtbeton und Mauerwerk und der Bodenbelag, der aus einer Holzpflasterung besteht.

The building consists of a six-storey structure which closes a 35 metre gap on the street front, along with single-storey workshop premises in the rear courtyard. The entrance to the building and plot is through a central two-storey drive; to the left and right of this drive there are two shops and extra administrative offices. Above them are two workshop and atelier storeys which lie behind a large filigree steel and glass façade and window element with opening elements in wood. The two top storeys contain the kitchen and canteen and the changing and recreation rooms. Vertical access is via a building section to the rear which also contains the sanitary facilities and auxiliary rooms and which, with its curved façade slab, projects out of the building. The two workshop tracts are parallel to each other and are constructed of prefabricated concrete parts as a support-free, cumulative structure. They are units which are over 13 metres wide, with seven such units one behind the other on one side and five units on the other side. These premises contain a joinery, a moulding workshop, a bricklayer's workshop and a motor workshop. They have limestone brickwork on the side facing the access drive and large steel doors; the lighting is through shed roofs. In the neutral and pleasantly designed interior, exposed concrete and masonry are the dominant materials, and the floor covering consists of wood-block paving.

✎ Münster Sroka, Berlin ⬥ Zukunftsbau GmbH ☞ Ausbildungszentrum für Bauberufe ⊞ 5.300 m² 🏃 1992–1995

Wohnanlage / Residential complex Jakobsohnstraße 30–34

Jakobsohnstraße 30–34/Pistoriusstraße 90 | Bus 156, 158 | 13086 Weißensee

Das Wohngebäude steht als Straßenrandbebauung entlang der Jakobsohnstraße und bildet zugleich die Eckbebauung an der Kreuzung zur Pistoriusstraße. Es besetzt mit seiner linearen fünfgeschossigen Figur vier einzelne Grundstücke, die durch die horizontale Gebäudestruktur zusammengefaßt, im Erdgeschoßbereich aber durch farbig gefliese Eingangsnischen kenntlich gemacht wurden. Die innere und äußere Struktur wird durch eine Stahlbetonkonstruktion hergestellt, die durch auskragende Deckenplatten und vorgezogene Brandwände sichtbar in den Straßenraum wirkt. Dazwischen liegen grüne Zementfaserplatten; diese Paneele sind geschlossen, mit einem eingespannten französischen Fenster oder einem Fenster mit Brüstungsanteil ausgebildet. Diese vertikale rhythmische Struktur tritt mit der visuell dominanten horizontalen Linienführung der Deckenplatten und durchlaufenden Balkongitter in eine spannungsreiche, aber ästhetisch ambivalente Konkurrenz. Das Dachgeschoß ist als Atelierdach mit Gauben gestaltet. Die Grundrisse, die von unten nach oben variieren, sind für den sozialen Wohnungsbau ungewöhnlich: Der Grundtyp besteht aus gleich großen, also nichthierarchisch konfigurierten und somit variabel nutzbaren Räumen. Bei den 2-Zimmer-Wohnungen liegt die Küche eingespannt zwischen zwei Räumen in einer als Wintergarten ausgebildeten Zone, wodurch links und rechts davon zwei kleine Loggien entstehen. Das Gebäude fällt im Kontext der für Berlin typischen Blockrandbebauung vor allem durch seine strukturelle und reduzierte Architektursprache auf.

The residential building is situated along the edge of Jakobsohnstrasse, at the same time marking the corner building at the crossroads with Pistoriusstrasse. With its linear, five storey volume it occupies four single plots which are combined by the horizontal structure of the building but marked on the ground floor by coloured tiles in the entrance recesses. The inner and outer structure is created by a reinforced concrete construction, which visibly extends into the street environment in the form of protruding storey ceilings and fire walls. In between are green cement fibre slabs which are continuous and contain suspended French windows or windows with an integrated breastwork section. This vertical rhythmic structure is in a striking but aesthetically ambivalent competition with the visually dominant horizontal lines of the protruding ceilings and the continuous line of the balcony railings. The roof storey is designed as an atelier roof with gables. The floor plans, which vary from the bottom to the top of the building, are unusual for subsidised residential buildings. The basic type consists of rooms which are of equal size, and therefore non-hierarchical in their configuration and variable in their use. In the 2 room apartments, the kitchen is inserted between two rooms in a zone which is designed as a winter garden, which creates two small loggias to the right and left. In the context of the block edge building pattern that is typical of Berlin, this building is particularly striking in its structural and reduced architectural language.

⬩ Alfred Grazioli, Berlin ⬩ Kettler Liegenschaftsverwaltungs GmbH, Berlin ⬩ 55 Wohneinheiten (1+2 Förderweg), 2 Ladenlokale ⬩ 5.500 m² ⬩ 1994–1996

Grundschule / Primary school Wartiner Straße

Wartiner Straße 23 | S75 Hohenschönhausen | 13057 Hohenschönhausen

Die Schulanlage am Rande einer Plattensiedlung und mit offenem Bezug zur Landschaft besteht aus einem dreiflügeligen Schulbau und einer freistehenden Sporthalle. Der markanteste Bauteil wird durch die beiden sich zur Vormittagssonne öffnenden dreigeschossigen Schulflügel gebildet, die großflächige Fensteröffnungen aufweisen. An dieser Seite liegt auch die Mehrzahl der Klassenräume. Das Dach ist leicht tonnenartig über diesen Gebäudeteil gewölbt; die weit geschwungene Form in der Länge betont zusätzlich das leicht bewegte bzw. abfallende Gelände. Zwischen diese Klassentrakte ist als Gelenk ein gläsernes Treppenhaus als Rotunde eingestellt. Von hier aus wird die Schule auch betreten: Ein weiträumiges Foyer dient der Verteilung in die als Mittelgang organisierten Schulklassentrakte und zugleich als Entrée für einen großen Mehrzweckraum, in dem Theateraufführungen und Musikveranstaltungen stattfinden können. Vor diesem Raum liegt der Gang in den dritten, zweigeschossigen Klassentrakt. Zwischen zwei dieser winklig zueinander stehenden Klassentrakte und der Sporthalle liegt ein großer, dreieckiger Schulhof. Von dort betritt man die Tribüneneingänge zu der Dreifachsporthalle. Wie die Sportfreianlagen kann diese Halle auch außerschulisch genutzt werden. Alle Gebäude sind konventionelle Mauerwerksbauten. Die Fassade der Eingangsseite ist über alle drei Geschosse mit einem roten Klinkerziegel verkleidet, die rückwärtigen Fassaden haben einen Klinkersockel und ansonsten verputzte Fassadenteile.

This school complex is on the edge of an estate of blocks of flats built of concrete slabs and is within sight of the open countryside. It consists of a three-wing school building and a detached gymnasium. The most striking building element is formed by the two three-storey classroom wings which open up to face the morning son and have large window openings. Most of the classrooms are on this side. The roof is arched over this part of the building in a gentle vault; the wide curved form over the length of the building also emphasises the slightly undulating and downhill structure of the land. Between these classroom wings, as a sort of hinge joint, a glass staircase rotund is situated. The school is entered from this point. A generously sized foyer serves as a route distributor between the classroom wings with their central corridors, and also as access to a large multi-purpose room which can be used for theatrical performances and musical events. In front of this room is the corridor leading to the third classroom wing with two storeys. Between these two angled classroom wings and the gymnasium is a large, triangular playground. This playground gives access to the spectator areas in the triple-use sports hall. Like the outdoor sports facilities, this hall can also be used for non-school purposes. All buildings are conventional masonry structures. The façade of the access side is clad with red facing bricks over all three storeys, the façades to the rear have a facing brick base, but otherwise rendered façades.

Steinebach & Weber, Berlin ❧ Bezirksamt Hohenschönhausen, Abteilung Hochbau ☞ Grundschule mit Turnhalle ⊞ 9.573 m²
🏃 1993–1994

Wohnpark / Residential park Malchower Weg

Malchower Weg | S75 Hohenschönhausen, Bus 154, 159, 259 | 13053 Hohenschönhausen

Die Wohngebäude bilden eine eigenwillig konzipierte und streng rhythmisierte Siedlungseinheit in einem Gebiet, das vorwiegend durch Kleingartenkolonien, Einfamilienhäuser und eine Plattensiedlung geprägt ist. 16 gleiche Häuser sind, relativ dicht beieinander stehend, zu zwei Hausgruppen zusammengefaßt, wobei Privatstraßen das Quartier erschließen und teilen. Die beiden Blöcke sind auf ein Niveau von 1,4 Metern angehoben, jeweils mit einer Backsteinstützmauer eingefaßt und zum Teil mit einer Hecke umgeben, um den Sichtschutz für die Erdgeschoßwohnungen zu gewährleisten. Auffallendstes Merkmal der Gebäude ist ihre gleichartige kubisch-stereometrische Form. Diese prismenartigen Körper haben durchgängig raumhohe Fenster und Wintergartenverglasungen, die alle aus naturbelassenem Holz gefertigt sind. Eine zusätzliche Gliederung erfahren die Fassaden durch eingefärbte Betonfertigteile in den Decken- bzw. Fenstersturzbereichen und durch lisenenartige Mauervorlagen in den geschlossenen Bereichen, die aus farblich stark changierenden Ziegelmauerwerksverbänden mit dunkler Verfugung bestehen. In den viergeschossigen Häusern befinden sich jeweils acht Wohnungen, in denen alle Räume nach außen orientiert sind; sie werden mittig über ein einläufiges Treppenhaus erschlossen. Die symmetrische Spiegelung der Grundrisse erlaubt, daß alle Wintergärten nach Süd, Südost oder Südwest ausgerichtet sind. Visuell werden die Häuser durch eine durchgehende, niedrigere Dachgeschoßverglasung und weit auskragende Dächer zusammengeschaltet.

The residential buildings form an unconventionally designed and strictly regular estate in an area which is mainly characterised by allotment gardens, single-family houses and a prefabricated concrete apartment block complex. It consists of sixteen identical buildings which stand relatively close to each other and are combined into two groups of buildings, with private roads dividing the estate and providing access. The two blocks are raised to a level of 1.40 metres, and each is surrounded by a brick supporting wall and, in parts, by a hedge to provide privacy for the people living on the ground floor. The most striking feature of the buildings is their even, cubic and stereometric form. They are prismatic buildings with floor to ceiling windows and winter garden glazing throughout framed in natural, untreated wood. The façades are additionally sub-divided by coloured prefabricated concrete elements in the ceilings and window lintels and by pilaster-type wall facing elements in the solid wall areas which consist of bonded tiles of drastically changing colours with dark joints. Each of the four-storey buildings contains eight apartments in which all rooms face outwards and are reached via a straight central staircase. The symmetrical mirroring of the floor plans enables all winter gardens to be situated facing south, south-east or south-west. Visually, the buildings are held together by a continuous, lower glazed attic and broadly overhanging roofs.

·

◢ Kollhoff & Timmermann, Berlin, Projektleitung: Christine Zeeb ✎ Wohnpark Malchower Weg – Botarent Grundstücks GmbH & Co KG
☞ Wohnen ⊞ 10.000 m² ⚒ 1992–1994

Gymnasium / Grammar school Ahrensfelder Chaussee

Ahrensfelder Chaussee | S75 Hohenschönhausen, Bus 159 | 13057 Hohenschönhausen

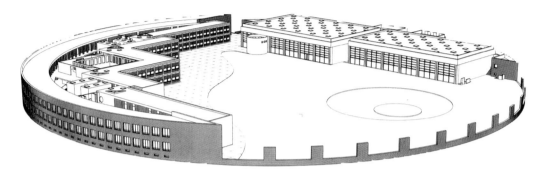

Da die Schule in einem städtebaulich heterogenen Umfeld steht, das heißt, keine dominante Struktur vorherrscht, mußte eine eigenständige, das Gebäudeensemble prägende Form gefunden werden. Nunmehr wird eine Kreisform mit etwa 83 Metern Durchmesser durch drei Baukörper gegliedert: Einer dieser Körper folgt auf der Länge eines Drittels der Kreisform; hier sind, radial angeordnet, die Klassen- und Gruppenräume untergebracht. Im Kreis selbst steht der orthogonal strukturierte, mehrfach abgeknickte Baukörper mit den Fachklassentrakten, der Bibliothek und der Schulverwaltung. Zwischen diesen beiden Bauteilen befindet sich eine große Pausenhalle, die über eine Kuppel belichtet wird. Turmartige Kuben, die in diese zentrale Halle gestellt sind, nehmen weitere Funktionen auf, wie Toiletten und Sammlungen. Der Sportbereich auf der anderen Seite der Kreisform besteht aus zwei orthogonal geschnittenen Rechteckbauten. Zum Pausenhof orientiert sind die großen Turnhallen; nach hinten, in Richtung der offenen Landschaft, sind die Serviceräume und die Hausmeisterwohnung angeordnet. Die zweigeschossige Schulanlage zeigt sich architektonisch nach außen ruhig mit einer Lochfassade aus rotem Ziegelmauerwerk. Auch die zum großen Pausenhof orientierten Fassaden sind einfach strukturiert und klar gegliedert. Innerhalb des Schultraktes und einer klaren und einfach gegliederten Großform ergeben sich durch die Verschneidung der Kreisform mit den Rechteckformen der einzelnen Baukörper und durch eine geschickte Wegführung spannende und angenehme Raumsequenzen.

Because the school is in a heterogeneous urban environment, in other words there is no dominant structure, an independent form had to be found to characterise the group of buildings. Now, a circular form with a diameter of about 83 metres is sub-divided by three building blocks. One of these building blocks follows the length of a third of the circular shape, with the classrooms and group rooms arranged radially. In the circle itself is the orthogonally structured building block with several folds with the subject classroom suites, the library and the school offices. Between these two building sections is a large recreation hall which receives daylight from a dome. Tower-like cubes in this central hall contain further functions such as toilets and collection facilities. The sports area on the other side of the circular form consists of two orthogonally shaped rectangular buildings. The large sports halls are arranged facing the playground; to the rear, facing the open countryside are the utility rooms and the caretaker's apartment. The two-storey school complex has a tranquil outward appearance with its perforated façade made of red brickwork. The façades facing the large playground are also simply structured and clearly sub-divided. Within the school complex and its clear and simply arranged overall form, the intersections of the circular form with the rectangular forms of the individual building blocks and the well-designed walking routes create exciting and pleasant spatial sequences.

◢ Bangert Scholz Architekten, Stefan Scholz, Berlin ◖ Bezirksamt Hohenschönhausen, Abt. Bildung und Sport ☞ Schule
⊞ 14.666 m² ⚒ 1995–1997

Lilli-Henoch-Sport- und Werferhalle / Lilli Henoch sports and throwing hall

Weißenseer Weg 51–55 | Tram 3 | 13053 Hohenschönhausen

Die Namenspatronin dieser Sporthalle, Lilli Henoch, war in den 20er und 30er Jahren eine jüdische Spitzensportlerin; sie wurde 1942 deportiert und ist in Riga verschollen. Die Halle dient ebenso wie das angrenzende Leichtathletikstadion dem Berliner Landesleistungszentrum Werfen und dem Sportbereich der Humboldt-Universität als neues Domizil. Sie zeichnet sich durch neuartige Trainings- und Wettkampfmöglichkeiten sowie vielfältige Nutzungsangebote aus und ist im Grunde ein Ensemble aus mehreren Gebäuden, die durch das Dach zusammengefaßt werden. Wichtigste Räume sind eine kompakte, fußbodengeheizte Dreifach-Mehrzweckhalle mit angrenzendem Ballett- und Gymnastiksaal und sich darum gruppierenden Nebenräumen, die schmal gestreckte, 32 Meter lange Werferhalle und eine weitere Werferhalle als parallel zum Sportfeld hin geöffnete ›Rotunde‹ für ein ganzjähriges und vor allem wetterunabhängiges Training für Kugelstoßer, Speer-, Diskus- und Hammerwerfer. Alle Gebäudeteile sind mit einem markant geschwungenen und 5.100 qm in der Fläche messenden Dach überdeckt. Dieses wiederum ruht auf einer Holzleimbinder-Konstruktion, unter der die kleineren Gebäudeeinheiten quasi untergestellt sind. Die dynamisch wie eine Welle geschwungene Dachform symbolisiert den Vorgang des Werfens. Zum Stadtraum wird die Anlage durch eine langgestreckte Mauer, über die sich dieses Dach erhebt, markiert. Die Mehrzweckhalle, natürlich belichtet und belüftet, ist auf der Seite, die sich zum Sportfeld hin orientiert, ganzseitig verglast. Sie mißt 45 mal 27 Meter und ist mit 200 versenkbaren Zuschauerplätzen ausgestattet.

Lilli Henoch, after whom this sports hall was named, was an outstanding Jewish sportswoman in the 1920s and 1930s. She was deported in 1942 and last heard of in Riga. Like the adjacent athletics stadium, the hall serves as a new base for the Berlin competitive sports performance centre for throwing disciplines and for the sports department of the Humboldt University. It is characterised by innovative training and competition facilities and a variety of possible uses, and it is basically a complex consisting of several buildings which are combined into one by the roof. The most important rooms are a compact, floor-heated triple use hall with an adjacent ballet and gymnastics hall surrounded by ancillary rooms, the narrow, 32 metre long throwing hall and an additional throwing hall parallel to the sports field as an open ›rotund‹ for all-year and, especially, all-weather training for shot putting, javelin, discus and hammer throwers. All parts of the building are covered by a strikingly curved roof with a surface area of 5,100 m². This roof in turn rests on a wood glue binder structure, under which the smaller building sections almost seem to have been inserted. The roof form which is dynamically arched like a wave, symbolises the process of throwing. On the side facing the urban environment, the complex is marked off by an elongated wall over which this roof protrudes. The multi-purpose hall, which is naturally lit and ventilated, is entirely glazed on the side facing the sports field. It measures 45 by 27 metres and has retractable accommodation for 200 spectators.

⬧ Jentzsch, Busch, Khomiakov, Geppert, Metz, Jensen Thornwal (CBF Berlin) ⬧ OSB Sportstättenbauten GmbH, Berlin ⬧ Sportstätte, Landesleistungszentrum Wurf/Stoß ⊞ 4.030 m² ⬧ 1994–1995

Bürocenter / Office centre Bornitzstraße

Bornitzstraße 73–75/Ruschestraße | U5, S8, 10 Frankfurter Allee | 10365 Lichtenberg

Der erste Bauabschnitt dieses Bürocenters ist Teil der Bebauung der sogenannten »Lichtenberger Höfe«. Diese bestehen aus modernen, den städtebaulichen Kontext ergänzenden Neu- und Altbauten. In den nächsten Jahren sollen nach einem einheitlichen städtebaulichen Konzept eine Reihe anderer Gebäude für unterschiedliche Nutzungen enstehen. Die sechsgeschossige Bebauung »Bornitz I« besteht aus einem quer zur Bornitzstraße stehenden langgestreckten Baukörper, in dem sich drei vertikale Erschließungssysteme befinden. Auf der Ostseite schließen vier unterschiedlich dimensionierte Seitenflügel an. Nach der Realisierung des zweiten Bauabschnittes, der aus einem im Grundriß gespiegelten gleichen Baukörper bestehen wird, schließt die Bebauung einen großen Innenhof ein. Die Fassaden bestehen zum Teil aus einer hellen Natursteinverkleidung, zum Teil aus großen Glasflächen. Zur Bornitzstraße werden die Wand- bzw. Fassadenscheiben schräg nach oben geführt, ebenso die zwischen den beiden Längsfassaden liegenden Glasflächen. Im Zusammenspiel mit der geschwungenen Linienführung des sichtbar überkragenden Daches ergibt sich dadurch eine weithin sichtbare, dem städtebaulichen Umfeld aber bislang fremde formale Dynamik. Das ungewöhnlich weiträumige und großzügige, fünf Meter hohe Foyer dient als Hauptverteiler in die Normalgeschosse, in denen, zweihüftig bzw. als Mittelgangtyp organisiert, die Büroräume liegen. Dem Charakter des Gebäudes als Teil einer forcierten Unternehmenskultur geschuldet – man spricht hier von einem ›Unternehmensökotop‹ – und aufgrund der Struktur und des Rastermoduls der Konstruktion ist das Gebäude vielfältig unterteilbar.

The first construction phase of this office centre is part of the building project for the so-called »Lichtenberg courtyards«. This project consists of new, modern buildings which supplement the urban context and old buildings. Over the next few years, a number of other buildings are to be created for a variety of uses but based on a uniform concept. The six-storey building »Bornitz I« consists of an elongated building at right angles to Bornitzstrasse containing three vertical access systems. Four side wings of different sizes are connected to the eastern side of this block. After the implementation of the second building phase, which consists of a similar building with a mirror-image layout, the building structure will enclose a large inner courtyard. The façades consist partly of a light-coloured natural stone facing and partly of large glass areas. On the side facing Bornitzstrasse, the wall surfaces and façade glazing rise obliquely upwards, as do the glass façades situated between the two long façades. In conjunction with the curved lines of the visibly overhanging roof, this creates a formal dynamism which can be seen far and wide but has so far not been at home in this urban setting. The unusually spacious and generously proportioned foyer, with a height of five metres, serves as the main distribution centre for the normal storeys, which contains the office rooms arranged in two rows along a central corridor. In keeping with the character of the building as part of the promotion of a corporate culture – which can here be called a ›corporate ecotope‹ – and because of the structure and module pattern of the design, the building can be sub-divided in a number of ways.

Kahlen + Partner, Aachen KHR Projektentwicklungsgesellschaft mbH & Co Objekt Bornitzstraße KG, Aachen Büro
ca. 26.923 m² 1994–1996

Grund- und Gesamtschule / Primary and comprehensive school Falkenberger Chaussee

Falkenberger Chaussee/Prendener Straße | S75 Hohenschönhausen | 13051 Hohenschönhausen

Der Schulbaukomplex innerhalb einer vorstädtischen Gemengelage ohne ersichtliche, geschweige denn ordnende städtebauliche Struktur fällt allein aufgrund seiner Dimensionen auf. Er besteht aus einem fast 300 Meter langen, straßenseitigen Baukörper mit den Klassenräumen, an den sich auf der Rückseite kammartig fünf weitere Gebäudeteile anschließen. Hier sind zusätzliche reine Klassentrakte, eine Aula und eine Doppelsporthalle untergebracht. Diese Rhythmik schafft jeweils U-förmige ›intime‹ Hofsituationen. Trotz der unterschiedlichsten Öffnungen, Durchblicke und Durchgänge ist eine große, zu einer Einheit verschmolzene städtische Figur entstanden, die in ihrer äußerst sachlichen und unsentimentalen Erscheinung an einige Berliner Schulbauten aus den 20er Jahren erinnert. Der lange Bau entlang der Prendener Straße ist einhüftig organisiert; das heißt, daß an der Rückseite die Klassenräume liegen und die horizontale Erschließung an der Fassade entlang organisiert ist. Dieser Bereich wird im Stadtraum durch eine filigrane Stahl-Glas-Konstruktion als großes Fenster im steinernen Haus markiert. Die angebauten Gebäudeteile sind dagegen zum Teil als Zweibundanlage im Mittelgangsystem angelegt oder aber als einbündige Klassentrakte. Die mit Naturstein versehenen Fassaden sind als seriell rhythmisierte Lochfassaden ausgebildet, wobei die meist ›liegenden‹ Stahlsprossenfenster die horizontale Dynamik des Volumens unterstreichen. Die Sporthalle steht mit ihren im oberen Bereich geschlossenen Fassaden – wie eine aus Naturstein geformte in sich ruhende Großskulptur – an der Kreuzung und verleiht dem Ort seine neue Identität.

The school complex set within a suburban mixed setting without any organising urban development structure, or even any apparent structure, is striking solely because of its dimensions. It consists of a 300 metre long building on the street side containing the classrooms, to which five further building sections are joined in a comb-like pattern at the rear. These structures contain purely classroom areas, a school hall and a double sports hall. This rhythm creates a series of U-shaped, ›intimate‹ courtyard settings. In spite of the widely varying openings, views and passages, the result is a large urban structure which has been blended into a unity and which, in its extremely functional and unsentimental appearance, reminds of a number of 1920s school buildings in Berlin. The long building along Prendener Strasse is organised on one side of a corridor, i.e. the classrooms are situated at the rear and the horizontal access is organised along the façade. In the urban setting, this area is marked as a large window in a brick building by the use of a filigree steel and glass structure. The adjoining building sections, on the other hand, are sometimes organised with two rows of classrooms around a central corridor and sometimes with classrooms on only one side of the corridor. The façades are faced with natural stone and designed as regular, serially perforated façades in which the mainly horizontal steel transom windows underline the horizontal dynamism of the volume. The sports hall, with its continuous unbroken façade at the top of the building – like a large, self-contained natural stone sculpture – is situated at the road junction and gives the setting its new visual identity.

Max Dudler, Zürich/Berlin (mit Betti Plog und Jörn Pötting) Bezirksamt Hohenschönhausen, Abteilung Bau- und Wohnungswesen Schule ⊞ 22.642 m² 1995–1997

Dienstleistungszentrum Ostkreuz / Ostkreuz service centre

Hirschberger Straße/Schreiberhauerstraße/Marktstraße | S3, 5, 6, 7, 8, 9, 10, 75 Ostkreuz | 10317 Lichtenberg

Bei dem Gebäude handelt es sich um die Teilrealisierung eines städtebaulichen Plans, nach dem das gesamte Quartier in den nächsten Jahren neu geordnet und erschlossen werden soll. Es entstehen eine Reihe von Wohngebäuden, kammartig zusammenhängende Bürogebäude und als Erschließungsstraßen neue Alleen, die den Grünanteil erhöhen werden. Den baulich-räumlichen Gravitationspunkt bildet das markante Gebäude der Knorr-Bremse AG, das zwischen 1922 und 1927 entstanden und im Zuge der Erweiterung komplett saniert und restauriert worden ist. Der nördlich daran anschließende Bauteil besteht aus einem achtgeschossigen Büroriegel entlang der Straße, einer 13geschossigen, markant gebogenen Bürohausscheibe entlang der Bahntrasse und aus zwei ebenfalls achtgeschossigen Bürohäusern im hinteren Grundstücksteil quer zu Straße. In dem linearen, parallel zur Straße stehenden Gebäude sind im Erdgeschoß Läden und darüber Büros untergebracht; es ist durch vertikal angeordnete, kleine Balkonaustritte rhythmisch in drei Bauteile gegliedert, wobei die Fassade die formale Nähe zum Altbau – mithin zur Tradition der Berliner Industriearchitektur – sucht: Sie besteht aus einem großflächig verglasten Sockel aus den zwei formal zusammengeschalteten unteren Geschossen und ab dem dritten Obergeschoß aus vorgehängten Aluminiumrahmen, die mit Keramikfliesen ausgefacht sind. Die im Grundriß geschwungene Scheibe dagegen hat eine stark das Licht reflektierende Aluminium-Glas-Fassade, deren monoton gerasterte und monumental wirkende Fläche durch vertikale, aber nur applizierte Gliederungselemente leider unbefriedigend rhythmisiert wurde.

This building is the partial implementation of an urban development plan which aims to reorganise and redevelop the whole district over the coming years. A number of residential buildings will be built, comb-like linked office buildings and, for access, new avenues which will increase the proportion of greenery in the district. The focal point of the structural and spatial arrangement is the striking building of the braking systems manufacturer Knorr-Bremse AG, which was built from 1922 to 1927 and has been completely renovated and restored in the course of extension work. The adjoining building to the north consists of an eight-storey elongated office block along the road, a thirteen-storey, strikingly curved slab-type office building along the railway line and two other eight-storey office buildings at right angles to the road on the rear part of the land. The long building parallel to the road contains shops on the ground floors and offices above; it is rhythmically divided into three sections by small, vertically arranged balconies, and the façade follows the form of the old building – and the tradition of industrial architecture in Berlin as a whole. It consists of a pedestal with large areas of glass consisting of two formally combined lower storeys, and from the third floor it consists of facing aluminium frames which are filled in with ceramic tiles. The slab-type building with its curved floor plan, on the other hand, has an aluminium and glass façade which reflects the light; however, the monotonous grid pattern and the monumental appearance of the large surface are insufficiently broken down into a rhythm by vertical structural elements which are merely fixed to the surface.

◢ J.S.K. Architekten, Berlin u.a. ◆ GbR Dienstleistungszentrum Ostkreuz, Frankfurt/Main ☞ Büro, Einzelhandel, Wohnen
⊞ ca. 269.000 m² ♠ 1991–2000

Wohn- und Verwaltungsgebäude / Residential and administrative building Mehrower Allee

Mehrower Allee 36 A–D (Wohngebäude), Mehrower Allee 52 (Verwaltungsgebäude) | S7 Mehrower Allee | 12687 Marzahn

Das Ensemble aus vier Wohnhäusern und dem Verwaltungsgebäude einer Wohnungsbaugesellschaft liegt in einem Gebiet mit überwiegend offener Bauweise. Durch das Heranrücken der einzelnen Baukörper an die Straße wird nunmehr der Straßenraum an dieser Stelle neu gefaßt und definiert. Dabei werden die vier sechsgeschossigen Wohnhäuser auf einem rhombenförmigen Grundriß mit den Schmalseiten, die eine unregelmäßig perforierte Lochfassade aufweisen, an die Straße plaziert. Dazwischen befindet sich jeweils eine zweigeschossige Pergolastruktur, die sie miteinander verbindet und ihre Zusammengehörigkeit unterstreicht. Dahinter liegen, abgekoppelt vom Verkehr der Straße, ruhige, den Nachbarschaftsgruppen der Wohnhäuser zugeordnete Wohnhöfe. Ein zentrales Treppenhaus erschließt in jedem Haus mit einer einläufigen Treppe vier unterschiedlich große Wohnungen pro Geschoß. Diese sind mit Balkonen oder Wintergärten und zum Teil mit französischen Fenstern ausgestattet. Das die Straßenrandbebauung fortführende Verwaltungsgebäude ist im Grundriß als Dreibundanlage angelegt: Alle Büroräume sind nach außen orientiert und in der Mitte an die Service-, Sanitär- und Nebenräume sowie die in einer separaten Zone liegenden Erschließungskerne angebunden. Durch die serielle Befensterung innerhalb einer horizontal gegliederten Konstruktionsstruktur, mit steinernen Brüstungsausfachungen und Bandfenstern, und durch das zurückversetzte Dachgeschoß ist dieses Bauwerk typologisch eindeutig als Bürohaus erkennbar. Es ist zudem durch die hier fortgeführte Pergolastruktur mit den Wohnhäusern verbunden. Das Ensemble reagiert städtebaulich vorbildlich auf die vorhandene Situation.

This complex, consisting of four residential buildings and the administration building of a housing development company, is situated in an area with a mainly open building type. The construction of the individual building blocks by the street now changes and redefines the street scene in this location. The four six-storey residential blocks built on a rhomboid ground plan are placed with their narrow sides, which have an irregular perforated façade, facing the street. In between them are two-storey pergola structures which link the buildings together and underline their coherence. Behind them, separated from the traffic, are peaceful residential courtyards assigned to the neighbourhood groups of the respective residential buildings. In each building, a central staircase with straight stairs leads to four different-sized apartments on each storey. The apartments have balconies or window gardens, and some have French windows. The administration, which completes the building complex facing the street, is designed on a three-fold ground plan. All the offices face outwards and are linked in the middle to the service, sanitary and auxiliary rooms and the access cores, which are situated in a separate zone. The serial window arrangement within a horizontally sub-divided design structure, with brick breastwork and band-type windows, and the staggered attic clearly marks this building as an office building. It is also linked with the residential buildings by a continuation of the pergola structure. The development fits excellently into the existing urban design situation.

⌂ Walter von Lom & Partner, Köln ⌨ Wohnungsbaugesellschaft Marzahn, Berlin ☞ Verwaltung (WBG Marzahn), Wohnen
⊞ ca. 20.080 m² ⚒ 1996–1999

NiedrigEnergieHaus / Energy saving house Flämingstraße

Flämingstraße/Wittenberger Straße | S7 Ahrensfelde, Tram 7, 8, 17, Bus 190, 197, 297 | 12689 Marzahn

Das Gebiet, in dem dieses Niedrigenergiehaus steht, ist geprägt von DDR-typischen Plattenbauten. Volumen und Figuration, die spezielle Form des Baukörpers und auch seine Stellung innerhalb des Straßenraumes sind ungewöhnlich, untypisch. Sie waren Ergebnis eines städtebaulichen und architektonischen Entwicklungsprozesses, bei dem eine energieoptimierte Figur für ein Wohngebäude gesucht wurde, das im Jahr nicht mehr als 40 Kilowattstunden pro Quadratmeter verbraucht. Der scheibenförmige, seitlich abgeschrägte und zur Südseite konvex gebogene Baukörper hat als Nord-Süd-Typ eine fast geschlossene, wärmegedämmte Nordfassade mit vertikalen schmalen Fensterschlitzen. Hinter dieser architektonisch ambivalent und formal unbefriedigend perforierten hohen Wand sind die beiden Erschließungszonen bzw. Treppenhäuser für jeweils vier Wohnungen pro Geschoß und die Bäder angeordnet. Diese Zone bildet somit einen Wärmepuffer für die nach Süden orientierten Räume. An der Südfassade liegen die Wohnräume und die Küche, die jeweils durch Schiebetüren miteinander verbunden sind. Das großflächig in beschichtetem Warmglas ausgeführte Fassadensystem ist zur Vergrößerung der Oberfläche konvex gerundet. Auf dieser Fassadenseite liegt ein durchgehendes Balkonband mit transparenten Brüstungen, damit das Sonnenlicht ungehindert auch in den Wintermonaten in die Räume fallen kann; im Sommer schützen die Balkone die Räume vor der hochstehenden Sonne. Durch die Scheibenform des Gebäudekörpers und die horizontalen Gliederungselemente wie Balkone und Brüstungsgitter und durch die transparente Fassadenschicht aus horizontalen und schmal profilierten Glaselementen entsteht eine leichte Gebäudefigur.

The area in which this energy saving building is situated is characterised by the typical prefabricated apartment blocks from the former GDR. The volume and the special shape of the building and its position in the urban setting are unusual and atypical. They were the result of an process of development in the urban planning and architecture of the building, in which an ideal shape was sought for an energy-saving building which would have an energy consumption not exceeding 40 kilowatt hours per square metre. The disc-like building structure, which falls away obliquely and has a convex curvature on the south side, is a north-to-south type structure and has an almost closed, heat-insulated north façade with vertical narrow window slits. The two access zones and staircases, each serving four apartments per storey, and the bathrooms are situated behind this architecturally ambivalent and unsatisfying high perforated wall. This zone thus forms a heat buffer for the rooms facing south. The living accommodation and kitchens face south and are connected by sliding doors. The façade system, consisting of coated heat-insulating glass, has a convex curvature to increase the surface area. On this side of the façade there is a continuous row of balconies with transparent balustrades so that the sunlight can enter the rooms unhindered even in winter. In the summer, the balconies protect the rooms from the sun when it is high in the sky. The disc-like shape of the building, the horizontal structuring elements such as balconies and alustrade railings and the transparent façade layer of horizontal glass elements with narrow profiles create a lightweight appearance for the building.

⌐ Assmann Salomon und Scheidt, Berlin ⌐ Wohnungsbaugesellschaft Mahrzahn mbH, Berlin ⌐ Wohnen ⊞ 5.593 m² ⌐ 1996–1997

Wohnanlage / Residential complex Akazienallee 31

Akazienallee 31/Wilhelm-Blos-Straße 49–53 | Tram 62, Bus 108 | 12623 Hellersdorf

Die Wohnanlage aus sechs fast gleichen Häusern ist Bestandteil eines weitläufigen, großzügig parzellierten Quartiers. Es ist geprägt durch zwei- bis dreigeschossige, frei stehende Wohnhäuser. Die neuen Einzelbaukörper nehmen sowohl den bestehenden Rhythmus als auch die vorhandene Typologie auf. Drei dreigeschossige Häuser bilden entlang der Wilhelm-Blos-Straße eine Reihe, zwei andere, jeweils zweigeschossig, stehen im hinteren Grundstücksbereich, ein weiteres dreigeschossiges an der Akazienallee. Zwischen ihnen befindet sich eine allen Bewohnern zugängliche Grünanlage. Die Typologie ist der ›Stadtvilla‹ entlehnt, wobei die sechs Häuser mit ihrer Gleichheit bzw. Ähnlichkeit spielen: Das Grundmuster wird durch die unterschiedliche Orientierung der großen Wohnraumverglasung sowie durch jeweils unterschiedlich angeordnete Balkone variiert. Es besteht aus der Anordnung von 2- bis 3-Zimmer-Wohnungen pro Geschoß mit großzügigen Entrées, Schiebetüren, außen liegenden Küchen und Bädern sowie einer einläufigen Treppenanlage. Der architektonische Aufbau besteht aus einem ein- bzw. zweigeschossigen offenen Kubus, dessen verputzte Wände sichtbar als Scheiben ausgebildet sind. Die Flächen dieser Scheiben weisen unterschiedlich große Fensteröffnungen und zum Teil horizontale oder vertikale Fensterschlitze auf. Darüber, wie aufgesetzt, befindet sich jeweils ein zurückversetztes, holzverschaltes Dachgeschoß, dessen Flachdach nach innen flügelartig geneigt ist; die Baukörper erscheinen dadurch geduckt und leicht. Das Farbkonzept – in gebrochenen, pastellenen Primärfarben gehaltene Wandscheiben und graue Fensterrahmen – bindet die sechs Gebäude an ihre gemeinsame Idee, den Standort und die Typologie.

This residential complex, consisting of six almost identical buildings, is part of a wider district with generously sized land plots. This district is characterised by detached residential houses with two to three storeys. The new individual buildings take up both the existing rhythm and the existing typology. Three three-storey buildings along Wilhelm-Blos-Strasse form a row, two other buildings with two storeys each are in the rear part of the land, and a further three-story building is situated on Akazienallee. Between them is a landscaped area which is open to all the residents. The typology is based on the ›town villa‹, and the six buildings play with their similarity. The basic pattern is varied by a different arrangement of the glazing in the large living rooms and by different arrangements of the balconies. This basic pattern consists of an arrangement of two-room to three-room apartments on each floor, with generous entrances, sliding doors, external kitchens and bathrooms and a straight staircase. The architectural composition consists of an open cube over one or two storeys, with rendered walls which are visibly designed as window-like wall panels. The areas of these wall panels have different size window openings, and in some instances horizontal or vertical window slits. Above these cubes, almost inserted on top of them, are staggered, wood-faced attics, with flat roofs which slope inwards like wings, giving the buildings a light and reticent appearance. The colour concept, with the wall panels in broken pastel primary colours and with grey window frames, binds the six buildings to their common idea, their location and their typology.

Backmann + Schieber, Berlin ⬥ Kettler Liegenschaften GmbH ☞ Wohnen ⊞ 2.650 m² 🏃 1994–1995

Wohn- und Geschäftshäuser / Residential and commercial buildings Ridbacher Straße 1–7

Ridbacher Straße 1–7 | S5 Mahlsdorf, Bus 199, 299 | 12623 Hellersdorf

Die drei Gebäude stehen an der Nahtstelle zwischen dem Ortskern von Mahlsdorf mit seiner straßenbegleitenden geschlossenen Bebauung und einem Gebiet mit vorwiegend offener Bebauung, meist Einfamilienhäuser mit Gärten. Die beiden Gebäude an der Ridbacher Straße gehören typologisch zueinander; das lange verdichtet und sammelt die Baumassen an der Straßenkreuzung, das andere wirkt von diesem wie getrennt und verschoben, um einen Übergang zu der offenen Bebauungsstruktur zu formulieren. Ebenso verhält es sich mit dem Einzelhaus in der Giesestraße, das den Bebauungsregeln dieser Straße folgt. Die Gebäude an der Ridbacher Straße haben ein Ladengeschoß, zwei Vollgeschosse und ein zurückversetztes Dachgeschoß mit einem Pultdach. Das Ladengeschoß weist Schaufenster auf. Die durch gebäudehohe Treppenhausverglasungen unterbrochenen bzw. rhythmisierten zwei Wohngeschosse sind als Lochfassade ausgebildet, das Dachgeschoß wiederum erhielt eine Holzverschalung. Im rückwärtigen Bereich folgt die Gliederung wieder anderen Regeln: Dem Sockel aus roten Ziegeln folgen die zwei verputzten Wohngeschosse mit Balkonen und großen Verglasungen, wobei hier die Haustiefe größer ist als beim Dachgeschoß. Dieses, hier mit einer Art Atelierverglasung versehen, hat durch die Zonierung vorgelagerte Terrassen. Das einzeln stehende Wohnhaus an der Giesestraße hat zwar ein ähnliches Volumen, aber aufgrund einer anderen inneren Logik und Struktur eine andersartige Fassadendurchbildung und -gliederung.

These three buildings are on the boundary between the old centre of Mahlsdorf, with its closed urban development structure along all the roads, and an area with a mainly open building structure, mainly one-family houses with gardens. The two buildings on Ridbacher Strasse are similar in type; the longer one concentrates the building structures at the crossroads, and the other one appears to be separated from it and offset in order to create a transition to the open building pattern. The same applies to the single building in Giesestrasse, which follows the urban development principles in this road. The buildings on Ridbacher Strasse have a shopping floor, two full storeys and a staggered roof storey with a lean-to roof. The shopping floor has display windows. The two residential storeys, which are interrupted and given a rhythmic pattern by staircase glazing over the full height of the buildings, are designed with a perforated façade, and the roof storey has a wood panel facing. The sub-division to the rear follows different principles: after the pedestal of red tiles come two plastered residential storeys with balconies and large windows, and the depth of the building is greater here than in the roof storey. The roof storey, which here has a sort of atelier window structure, has terraces outside it because of the spatial structure. The detached building on Giesestrasse is similar in its volume, but it has a different inner logic and structure, which leads to a different design and sub-division of the façade.

Becher + Rottkamp, Berlin ⬤ Penz + Pleß GbR, Berlin ⬤ Wohnen, Gewerbe, Einzelhandel ⊞ 3.475 m² ⬤ 1994–1995

Gesamtschule Karow-Nord
- ▢ Achillesstraße
- 🚊 S8 Karow, Bus 158
- ✉ Bezirk Weißensee, PLZ 13125
- ✏ Klaus-Rüdiger Pankrath, Berlin, mit Tesdorff, Schröder, Röber
- ✏ Bezirksamt Weißensee, Berlin
- ☞ Gesamtschule, Bibliothek
- ⊞ 19.000 m²
- 🏃 1996–1999

Wohngebäude Block 26.5, 26.6, 26.7, Karow-Nord
- ▢ Achillesstrasse/ Krähenfußzeile
- 🚊 S8 Karow, Bus 150, 158, 350
- ✉ Bezirk Weißensee, PLZ 13125
- ✏ Krüger Schuberth Vandreike, Berlin
- ✏ Industrie- und Wohnbau GmbH, Groth+Graalfs
- ☞ Wohnen
- ⊞ 5766 m² (26.5), 4390 m² (26.6), 6105 m² (26.7), Gesamt: 16261 m²
- 🏃 1996–1997

Wohnhaus Achillesstraße 1/Karestraße 2–4
- ▢ Achillesstraße 1/Karestraße 2–4
- 🚊 Bus 158
- ✉ Bezirk Weißensee, PLZ 13125
- ✏ Schmidt-Thomsen & Ziegert, Berlin
- ✏ WBG Wohnungsbaugesellschaft Weißensee
- ☞ Wohnen
- ⊞ 4.217 m²
- 🏃 1994–1996

Wohn-, Büro- und Geschäftshaus »Ahrensfelder Passagen«
- ▢ Ahrensfelder Chaussee 140–150A
- 🚊 Bus 159
- ✉ Bezirk Marzahn, PLZ 12689
- ✏ Carl Serrin, Berlin
- ✏ Grundwert Handelszentrum GmbH & Co., Berlin
- ☞ Wohnen, Gewerbe, Einzelhandel, Büro
- ⊞ 7.400 m²
- 🏃 1995–1996

Wohn- und Bürogebäude Alfred-Kowalke-Straße 39
- ▢ Alfred-Kowalke-Straße 39/Kurze Straße 1
- 🚊 U5 Friedrichsfelde
- ✉ Bezirk Lichtenberg, PLZ 10315
- ✏ Uwe Pompinon/ Klaus Beyersdorff, Berlin
- ✏ R & W Immobilienfonds
- ☞ Wohnen, Büro

- 🏃 1995–1996

Alice-Salomon-Fachhochschule für Sozialarbeit und Sozialpädagogik
- ▢ Alice-Salomon-Platz
- 🚊 U5 Hellersdorf
- ✉ Bezirk Hellersdorf, PLZ 10627
- ✏ Bernhard Winking, Berlin
- ✏ Land Berlin, Senat für Wissenschaft und Forschung
- ☞ Fachhochschule
- ⊞ 11.805 m²
- 🏃 1995–1998

Stadtteilzentrum Hellersdorf, Block 30
- ▢ Alice-Salomon-Platz
- 🚊 U5 Hellersdorf
- ✉ Bezirk Hellersdorf, PLZ 12627
- ✏ Walter Rolfes + Partner, Berlin
- ✏ MEGA Entwicklungs- und Gewerbeansiedlungs AG
- ☞ Wohnen, Büro, Einzelhandel
- ⊞ 10.000 m²
- 🏃 1997–1999

Blockbebauung Hellersdorf
- ▢ Alice-Salomon-Platz/Stendaler Straße/Lil-Dagover-Gasse/Kurt-Weill-Gasse
- 🚊 U5 Hellersdorf
- ✉ Bezirk Hellersdorf, PLZ 12627
- ✏ Jürgen Sawade, Berlin
- ✏ MEGA Entwicklungs- und Gewerbeansiedlungs AG
- ☞ Kino, Hotel, Büro, Einzelhandel
- ⊞ 27.738 m²
- 🏃 1995–1997

Bildungs- und Verwaltungszentrum Friedrichsfelde
- ▢ Alt-Friedrichsfelde 60
- 🚊 U5 Friedrichsfelde, S5, 7, 75 Friedrichsfelde Ost, Bus 108, 192, 194, 391
- ✉ Bezirk Lichtenberg, PLZ 10315
- ✏ Nalbach + Nalbach, Berlin
- ✏ Land Berlin
- ☞ Fachhochschule, Akademie, Bibliothek, Mensa
- ⊞ 27.457 m²
- 🏃 1993–1995

Wohnhäuser, Karow-Nord
- ▢ Ballonplatz 1–8/Achillesstraße/ Pfannschmidtstraße
- 🚊 S8 Karow
- ✉ Bezirk Weißensee, PLZ 13125
- ✏ Rave, Jan, Roosje Rave, Rolf Rave, Berlin

- ✏ Gehag
- ☞ Wohnen, Einzelhandel
- ⊞ 17.500 m²
- 🏃 1995–1996

Wohngebiet Französisch Buchholz
- ▢ Blankenfelder Straße/Rosenthaler Weg
- 🚊 S8, 10 Blankenburg, Tram 50
- ✉ Bezirk Pankow, PLZ 13127
- ✏ Kammann und Hummel, Berlin, mit Richter, Berlin
- ✏ Baubetreuung: Berliner Eigenheim GmbH
- ☞ Wohnen
- 🏃 1994–1996

Französisch Buchholz, Wohnhäuser Blankenfelder Straße, Calvinistenweg
- ▢ Blankenfelder Straße 28
- 🚊 Tram 50
- ✉ Bezirk Pankow, PLZ 13127
- ✏ Krüger, Schuberth, Vandreike, Berlin
- ✏ Dr. Upmeier Wohnungsbau Buchholz-West GbR
- ☞ Wohnen
- ⊞ 5.485 m²
- 🏃 1995–1996

Wohnhäuser Französisch Buchholz, Blankenfelder Straße 30/32
- ▢ Blankenfelder Straße 30/32
- 🚊 Tram 50
- ✉ Bezirk Pankow, PLZ 13127
- ✏ Feddersen, von Herder und Partner, Winkelbauer, Berlin
- ✏ Dr. Upmeier Buchholz-West GbR, Berlin
- ☞ Wohnen
- ⊞ 1.642 m²
- 🏃 1996

Wohnhaus Französisch Buchholz, Blankenfelder Straße 34
- ▢ Blankenfelder Straße 34
- 🚊 Tram 50
- ✉ Bezirk Pankow, PLZ 13127
- ✏ Feddersen, von Herder und Partner, Winkelbauer, Berlin
- ✏ Dr. Upmeier Buchholz-West GbR
- ☞ Wohnstätte für geistig Behinderte, betreutes Wohnen
- ⊞ 1.610 m²
- 🏃 1996

Wohnhaus Französich Buchholz, Blankenfelder Straße 36/38
- ▢ Blankenfelder Straße 36/38

🚋 Tram 50

✉ Bezirk Pankow, PLZ 13127

🏛 Bernd Faskel, Berlin

✏ Dr. Upmeier Buchholz-West GbR

☞ Wohnen

🏃 1996

Französisch Buchholz, Wohnhaus Blankenfelder Straße 40/42

🖼 Blankenfelder Straße 40/42

🚋 Tram 50

✉ Bezirk Pankow, PLZ 13127

🏛 Carl August von Halle, Berlin

✏ Dr. Upmeier Buchholz-West GbR

☞ Wohnen

⊞ ca 2.300 m²

🏃 1995–1996

Müllverbrennungs- und Bioabfall-behandlungsanlage Lichtenberg

🖼 Blockdammweg/Köpenicker Chaussee

🚋 S3 Karlshorst

✉ Bezirk Lichtenberg, PLZ 10317

🏛 Steffen Lehmann & Partner, Berlin

✏ BEWAG Berlin, Geschäftsfeld Recycling

☞ Industrieanlage mit Nebengebäuden (Büro, Kantine)

⊞ 57.000 m²

🏃 1998–2000

Wohnanlage Blumenthalstraße 31–37

🖼 Blumenthalstraße 31–37

🚋 Tram 53

✉ Bezirk Pankow, PLZ 13156

🏛 Kiewning, von Sass und Partner, Berlin

✏ GbR Blumenthalstraße

☞ Wohnen

🏃 1994–1996

Wohn- und Gewerbehaus Börnestraße 5–7

🖼 Börnestraße 5–7/ Streustraße 120

🚋 S8, 10 Greifswalder Straße, Tram 2, 3, 4

✉ Bezirk Weißensee, PLZ 13086

🏛 Rolf D. Weisse, Berlin

✏ Wohnungsbaugesellschaft Weißensee mbH

☞ Wohnen, Gewerbe

⊞ ca. 6.345 m²

🏃 1994–1995

Wohn- und Geschäftshaus Bornholmer Straße 14

🖼 Bornholmer Straße 14/Stavanger Straße 1

🚋 U2 Schönhauser Allee, S8, 10, 85, 86 Schönhauser Allee

✉ Bezirk Prenzlauer Berg, PLZ 10439

🏛 Maedebach, Redeleit & Partner, Berlin

✏ GbR Bornholmer Straße 14

☞ Wohnen, Gewerbe, Einzelhandel

🏃 1995–1996

Unfallkrankenhaus Berlin (UKB)

🖼 Brebacher Weg 15

🚋 S5, U5 Wuhletal

✉ Bezirk Marzahn, PLZ 12683

🏛 Karl Schmucker & Partner, Mannheim

✏ Trägerverein Unfallkrankenhaus Berlin (UKB) mit berufsgenossenschaftlicher Unfallklinik e.V.

☞ Allgemeinkrankenhaus der Schwerpunktversorgung mit berufsgenossenschaftlicher Unfallklinik

⊞ 81.850 m²

🏃 1993–1997

Kita 3 Karow-Nord

🖼 Busonistraße 145

🚋 S8 Karow, Bus 158

✉ Bezirk Weißensee, PLZ 13125

🏛 Pinardi, Mai & Partner, Berlin

✏ Bezirksamt Weißensee mit der Senatsverwaltung für Bauen, Wohnen und Verkehr

☞ Kindertagesstätte

🏃 1995–1997

Erweiterung Haftkrankenhaus Buch

🖼 Gelände Klinikum Buch

🚋 S8 Buch

✉ Bezirk Weißensee, PLZ 13122

🏛 Thomas Müller und Ivan Reimann, Berlin; Landschaftsplanung: KienAst, Vogt und Partner

✏ Land Berlin

☞ Krankenhaus der Berliner Vollzugsanstalten mit 258 Betten

🏃 1997–1999

Oberstufenzentrum für Gastgewerbe

🖼 Buschallee 23 A

🚋 Tram 10, 28, 29

✉ Bezirk Weißensee, PLZ 13088

🏛 Walter A. Noebel, Berlin

✏ Land Berlin vertreten durch die Senatsverwaltung für Schule, Jugend und Sport, vertreten durch die Senatsverwaltung für Bauen, Wohnen und Verkehr

☞ Oberstufenzentrum, Doppelsporthalle

⊞ 18.000 m² (Schule), 4.000 m² (Sporthalle)

🏃 1995–1998

Wohnhaus Charlottenburger Straße 52–53

🖼 Charlottenburger Straße 52–53

🚋 Tram 1, 2, 3, 4

✉ Bezirk Weißensee, PLZ 13086

🏛 Achatzi, Berlin

✏ Grundstücksgemeinschaft Charlottenburger Straße 52–53 GbR, Berlin

☞ Wohnen

⊞ 2.621 m²

🏃 1996–1997

Wohn- und Geschäftshaus Chemnitzer Straße 148–152

🖼 Chemnitzer Straße 148–152

🚋 U5 Elsterwerdaer Platz

✉ Bezirk Hellersdorf, PLZ 12621

🏛 Michael König/Michael von Möllendorf, Berlin

✏ BOTAG Bodentreuhand- und Verwaltungs-AG

☞ Wohnen, Gewerbe

⊞ ca. 2.800 m²

🏃 1995–1997

Wohnhäuser Dietzgenstraße 66–68

🖼 Dietzgenstraße 66–68

🚋 Tram 52, Bus 107

✉ Bezirk Pankow, PLZ 13156

🏛 Bernhard Ailinger, Berlin

✏ Immobilienfonds Dietzgenstraße GbR

☞ Wohnen

🏃 1994–1996

Wohnhaus Dorfstraße 33

🖼 Dorfstraße 33

🚋 U5, S5 Wuhletal

✉ Bezirk Hellersdorf, PLZ 12621

🏛 Ursula Steinhilber, Stuttgart, und Otfried Weis, Karlsruhe

✏ Steinhilber GmbH, Heidenheim

☞ Wohnen

⊞ 1.099 m²

🏃 1996

Wohnhaus Drachenfelsstraße 5

🖼 Drachenfelsstraße 5

🚋 S3 Karlshorst

✉ Bezirk Lichtenberg, PLZ 10318

🏛 Heiko Rößger, Berlin

✏ Drachen-Immobilien GmbH, Berlin

☞ Wohnen

⊞ 1.100 m²

🏃 1995–1996

Wohnhäuser Eddastraße 17/19

🖼 Eddastraße 17/19

🚋 Tram 50

⊠ Bezirk Pankow, PLZ 13127

◢ Klaus Felder, Berlin

◆ Dr. Upmeier Eddastraße 17/19 KG

☞ Wohnen

🏃 1995–1996

Gymnasium Eilenburger Straße

▢ Eilenburger Straße/Böhlener Straße

🚇 U5 Hönow

⊠ Bezirk Hellersdorf, PLZ 12629

◢ Douglas Waibel, Berlin

◆ Bezirksamt Hellerdorf

☞ Gymnasium

⊞ 9.800 m²

🏃 ca. 1999–2002

Förderschule Hellersdorf

▢ Eilenburger Straße/Gohliser Straße

🚇 U5 Hönow

⊠ Bezirk Hellersdorf, PLZ 12627

◢ Grüntuch/Ernst, Berlin

◆ Bezirksamt Hellersdorf

☞ Schule, Sporthalle mit Therapiebad

⊞ 6.500 m²

🏃 1998–2000

Erweiterung Oskar-Ziethen-Krankenhaus

▢ Fanninger Straße 32

🚇 U5, S5, 7, 75 Lichtenberg

⊠ Bezirk Lichtenberg, PLZ 10365

◢ Deubzer/König, Berlin

◆ Paritätische Gesellschaft für Gesundheits- und Sozialdienste mbH

☞ Erweiterung Krankenhaus, Chirurgie

⊞ ca. 60.000 m²

🏃 1998–2002

KFZ-Zulassungsstelle

▢ Ferdinand-Schultze-Straße 55

🚇 Tram 6, 7

⊠ Bezirk Hohenschönhausen, PLZ 13055

◢ Urs Müller, Thomas Rhode, Jörg Wandert, Berlin

◆ Senatsverwaltung für Inneres

☞ Büro, Prüfhalle

⊞ 7.030 m²

🏃 1996–1997

Krankenhaus-Küchengebäude

▢ Galenusstraße 60

🚇 S8, 10 Pankow-Heinersdorf

⊠ Bezirk Pankow, PLZ 13187

◢ Beyer und Hafezi, Berlin

◆ Caritas-Krankenhilfe Berlin e.V.

☞ Krankenhaus-Küchengebäude

⊞ 2.022 m²

🏃 1995–1996

Erweiterung St.-Joseph-Krankenhaus

▢ Gartenstraße 1–5

🚇 Tram 2

⊠ Bezirk Weißensee, PLZ 13088

◢ Joachim Ganz, Berlin

◆ St.-Joseph-Krankenhaus Berlin-Weißensee GmbH

☞ Krankenhaus, Abteilung Psychiatrie

⊞ 10.900 m²

🏃 1997–2000

Wohnungsbau Gärtnerstraße 54–56

▢ Gärtnerstraße 54–56

🚇 S5, 7, 75 Friedrichsfelde Ost

⊠ Bezirk Hohenschönhausen, PLZ 13053

◢ Pudritz + Paul, Berlin

◆ Immobilienfonds Gärtnerstraße GbR, vertreten durch Birgit und Horst Ziel, Berlin

☞ Wohnen

⊞ 6.160 m²

🏃 1995–1996

Wohnpark Gehrenseestraße

▢ Gehrenseestraße

🚇 Tram 13, Bus 192

⊠ Bezirk Hohenschönhausen, PLZ 13053

◢ Martin + Pächter & Partner mit Achatzi und Maedebach + Redeleit, Berlin

◆ Wartberlin Immobiliengesellschaft, Ludwigshafen

☞ Wohnen, Büro, Einzelhandel

⊞ 95.000 m²

Südliche Kastanienallee Hellersdorf

▢ Glauchauer Straße 1–7

🚇 U5 Hellersdorf

⊠ Bezirk Hellersdorf, PLZ 12627

◢ Tophof & Hemprich, Berlin

◆ WOGEHE

☞ Wohnen, Einzelhandel

⊞ 11.500 m²

🏃 1998

Wohnanlage Goeckestraße, Straußberger Platz

▢ Goeckestraße/Neustrelitzer Straße

🚇 Tram 6, 7

⊠ Bezirk Hohenschönhausen, PLZ 13055

◢ Martin + Pächter & Partner, Berlin

◆ Wohnungsbaugesellschaft Hohenschönhausen

☞ Wohnen, Einzelhandel

⊞ 13.000 m²

🏃 1994–1995

Wohn- und Geschäftshaus Görschstraße 50

▢ Görschstraße 50

🚇 U2 Vinetastraße, S1 Wollankstraße, S3 Pankow

⊠ Bezirk Pankow, PLZ 13187

◢ Herbst und Lang, Berlin

◆ K. Voss

☞ Wohnen, Einzelhandel

⊞ 1.250 m²

🏃 1993–1995

Städtebau Gotlindestraße, Bornitzstraße, Straße 15, Josef-Orlopp-Straße, Ruschestraße

▢ Gotlindestraße/Bornitzstraße/Straße 15/Josef-Orlopp-Straße/Ruschestraße

🚇 Tram 21, 23, Bus 156, 240

⊠ Bezirk Lichtenberg, PLZ 10365

◢ Trojan, Trojan + Neu, Darmstadt

◆ KHR Projektentwicklungsgesellschaft mbH & Co., Aachen und Trigon Wohn- und Gewerbebauten GmbH, Berlin, und Ruschestraße Geschäfts- und Wohn-Center und Projektentwicklungs- und Verwaltungsgesellschaft mbH, Berlin, vertreten durch Kahlen + Partner, Aachen

☞ Wohnen, Gewerbe, Einzelhandel, Büro, Gastronomie

⊞ 285.000 m²

🏃 1997–2000

Mehrfamilienhaus Grabensprung 198

▢ Grabensprung 198/K.-Schabbel-Straße 1

🚇 U5 Elsterwerdaer Platz

⊠ Bezirk Marzahn, PLZ 12683

◢ Thomas Wagner, Limburg

◆ Henke Systembau & Jödicke Bauconsult GbR

☞ Wohnen

🏃 1995–1996

Verkaufscenter Hohenschönhausen

▢ Grenzgrabenstraße 6

🚇 S75 Hohenschönhausen

⊠ Bezirk Hohenschönhausen, PLZ 13053

◢ Jockers + Partner, Stuttgart

◆ Sto AG, Stühlingen

☞ Gewerbe, Büro

⊞ 3.102 m²

🏃 1996–1997

Wohn- und Geschäftshaus Grevesmühlener Straße 22–34

▢ Grevesmühlener Straße 22–34

🚇 S75 Hohenschönhausen

◻ Bezirk Hohenschönhausen, PLZ 13059
◢ Gerhard Pfannenschmidt, Berlin
◆ Wohnungsbaugesellschaft Hohenschönhausen
☞ Wohnen, Einzelhandel, Gewerbe
⚒ 1995–1997

Wohnhäuser Hauptstraße 144
◻ Hauptstraße 144
🚅 S1 Wilhelmsruh
◻ Bezirk Pankow, PLZ 13158
◢ Urs Müller + Thomas Rhode, Jörg Wandert, Berlin
◆ ITAG
☞ Wohnen, Einzelhandel
⊞ 3.900 m²
⚒ 1993–1995

Wohn-, Büro- und Geschäftsanlage »Havemann-Center«
◻ Havemannstraße
🚅 S7 Ahrensfelde
◻ Bezirk Marzahn, PLZ 12689
◢ Lindener, Roetting, Klasing und Partner, Berlin
◆ Medico Fonds Nr. 32
☞ Wohnen, Gewerbe, Einzelhandel, Büro
⊞ 10.400 m²
⚒ 1994–1995

»Springpfuhlpassage«
◻ Helene-Weigel-Platz 13–14
🚅 S7, 75 Springpfuhl
◻ Bezirk Marzahn, PLZ 12681
◢ Dreß und Wucherpfennig
◆ Wohnungsbaugesellschaft Marzahn
☞ Einzelhandel
⊞ 4.129 m²
⚒ 1995–1996

Stadtteilzentrum Hellersdorf, Block 3.1, Wohn- und Geschäftshaus
◻ Hellersdorfer Straße
🚅 U5 Hellersdorf
◻ Bezirk Hellersdorf, PLZ 12627
◢ Schattauer + Tibes, Berlin
◆ MEGA Entwicklungs- und Gewerbeansiedlungs AG
☞ Wohnen, Einzelhandel
⊞ 12.706 m²
⚒ 1995–1997

Stadtteilzentrum Hellersdorf, Block 11
◻ Hellersdorfer Straße
🚅 U5 Hellersdorf
◻ Bezirk Hellersdorf, PLZ 12627
◢ Walter A. Noebel, Berlin
◆ MEGA AG/Otremba Baubetreuungs-

gesellschaft
☞ Wohnen, Büro, Einzelhandel, Markt
⊞ 18.000 m²
⚒ 1995–1997

Stadtteilzentrum Hellersdorf, Block 28/29
◻ Hellersdorfer Staße
🚅 U5 Hellersdorf
◻ Bezirk Hellersdorf, PLZ 12627
◢ Rolfes + Partner, Berlin
◆ MEGA Entwicklungs- und Gewerbeansiedlungs AG
☞ Parkhaus mit Tankstelle
⚒ 1997–1998

Spree-Center, Hellersdorfer Straße/ Cecilienstraße
◻ Hellersdorfer Straße/Cecilienstraße
🚅 S5 Kaulsdorf
◻ Bezirk Hellersdorf, PLZ 12619
◢ Manfred Pechtold, Berlin
◆ KapHag Unternehmensgruppe
☞ Einkaufszentrum
⊞ 16.000 m²
⚒ 1993

Stadtteilzentrum Hellersdorf, Block 3.2
◻ Henny-Porten-Straße 10/12, Janusc-Korczak-Straße 23/25
🚅 U5 Hellersdorf
◻ Bezirk Hellersdorf, PLZ 12627
◢ Liepe + Steigelmann, Berlin
◆ MEGA Entwicklungs- und Gewerbeansiedlungs AG, Berlin
☞ Wohnen, Einzelhandel
⊞ 7.250 m²
⚒ 1995–1997

Kita 8 Karow-Nord
◻ Hofzickendamm/Zum Kappgraben
🚅 S8 Karow, Bus 158
◻ Bezirk Weißensee, PLZ 13125
◢ Peter Brinkert, Berlin
◆ Bezirksamt Weißensee von Berlin, vertreten durch die Senatsverwaltung für Bauen, Wohnen und Verkehr
☞ Kindertagesstätte
⊞ 1.200 m²
⚒ 1997–1998

Hotel-, Büro- und Wohngebäude Holzmarktstraße 34
◻ Holzmarktstraße 34
🚅 U5 Frankfurter Allee, S3, 5, 7, 9, 75 Hauptbahnhof, Bus 140, 142, 240, 265
◻ Bezirk Friedrichshain, PLZ 10243
◢ Nalbach + Nalbach, Berlin

◆ OMG, Donaueschingen
☞ Hotel, Gastronomie, Büro, Wohnen
⊞ 11.950 m²
⚒ 1997–1999

Wohnhaus Jakobsohnstraße 29–33
◻ Jakobsohnstraße 29–33/Pistoriusstraße
🚅 Tram 12, 23; Bus 255
◻ Bezirk Weißensee, PLZ 13086
◢ Rolf Backmann + Eugen Schieber, Berlin
◆ Kettler Liegenschaften GmbH
☞ Wohnen
⊞ 4.400 m²
⚒ 1996–1997

Grundschule 19, Karow-Nord
🚅 S8 Karow
◻ Bezirk Weißensee, PLZ 13125
◢ Baesler, Schmidt + Partner, Berlin
◆ Bezirk Weißensee
☞ Grundschule mit Sporthalle
⊞ 8.100 m²
⚒ Baubeginn 1998

Masterplan Karow-Nord
◻ nördlich des Dorfes Karow
🚅 S8 Karow, Bus 150, 158, 350
◻ Bezirk Weißensee, PLZ 13125
◢ Moore, Ruble, Yudell, Santa Monica
◆ Land Berlin mit Arge Karow: Groth + Graalfs GmbH, GEHAG
☞ Wohnen, Gewerbe, Kindertagesstätten, Grundschulen, Oberschule, Sportstätten
⊞ Baufläche ca. 97,7 ha
⚒ 1994–1997

Wohnhäuser A2, B2, C2, D2, Karow-Nord
🚅 S8 Karow
◻ Bezirk Weißensee, PLZ 13125
◢ Krüger Schuberth Vandreike, Berlin
◆ KapHag, Wohnungsbaugesellschaft Weißensee
☞ Wohnen
⊞ 9.248 m²
⚒ 1994–1996

Siedlung Kastanienallee
◻ Kastanienallee/Eschenallee
🚅 S1 Wilhelmsruh, Bus 53, 107, 122
◻ Bezirk Pankow, PLZ 13158
◢ Rainer Oefelein, Berlin
◆ ARCA Bauregie- und Verwaltungs GmbH
☞ Wohnen
⊞ 6.017 m²

🏗 1994–1995

Wohnungsbau Kemberger Straße 31–41
🗓 Kemberger Straße 31–41
🚇 S7 Marzahn
✉ Bezirk Marzahn, PLZ 12689
📐 Linie 5 Architekten, Margot Gerke, Wolf von Horlacher, Gabriele Ruoff, Berlin
➦ Wohnungsbaugesellschaft Marzahn
☞ Wohnen
⊞ 6.365 m²
🏗 1998–1999

Wohn- und Geschäftshaus Klandorfer Straße 2A
🗓 Klandorfer Straße 2A
🚇 S7 Ahrensfelde
✉ Bezirk Marzahn, PLZ 12689
📐 Wolf-Dieter Borchert, Klaus Hendel, Planungsgruppe H3, Berlin
➦ Wohnungsbaugesellschaft Marzahn
☞ Wohnen, Gewerbe
🏗 1994–1996

Wohn- und Geschäftshaus Konrad-Wolf-Straße 3–7
🗓 Konrad-Wolf-Straße 3–7/Suermondtstraße 37 A
🚇 Tram 5, 15
✉ Bezirk Hohenschönhausen, PLZ 13055
📐 Jürgen Schulz, Berlin
➦ Wohnungsbaugesellschaft Hohenschönhausen
☞ Wohnen, Einzelhandel, Gewerbe
🏗 1995–1996

Wohn- und Geschäftshaus Konrad-Wolf-Straße 13
🗓 Konrad-Wolf-Straße 13
🚇 Tram 5, 15
✉ Bezirk Hohenschönhausen, PLZ 13055
📐 Baasner, Möller und Langwald, Berlin
➦ Wohnungsbaugesellschaft Hohenschönhausen
☞ Wohnen, Gewerbe
⊞ ca. 11.269 m²
🏗 1994–1996

Wohn- und Geschäftshaus Konrad-Wolf-Straße 61–64
🗓 Konrad-Wolf-Straße 61–64
🚇 Tram 5, 15
✉ Bezirk Hohenschönhausen, PLZ 13055
📐 Liepe + Steigelmann, Berlin
➦ Trigon Consult GmbH, Berlin
☞ Wohnen, Einzelhandel
⊞ 16.000 m²

🏗 1995–1996

Wohn- und Geschäftshaus Konrad-Wolf-Straße 104
🗓 Konrad-Wolf-Straße 104/Werneuchener Straße 34
🚇 Tram 5, 15
✉ Bezirk Hohenschönhausen, PLZ 13055
📐 Rolf D. Weisse, Berlin
➦ Wohnungsbaugesellschaft Hohenschönhausen
☞ Wohnen, Gewerbe
⊞ ca. 2.980 m²
🏗 1995–1996

Müllverbrennungsanlage Blockdammweg
🗓 Köpenicker Chaussee
🚇 S3 Betriebsbahnhof Rummelsburg
✉ Bezirk Lichtenberg, PLZ 10317
📐 Steffen Lehmann & Partner, Berlin, mit Robert Westphal, Christian Schmidt, Michelle Overly-Dahlmann
➦ BEWAG Berliner Kraft- und Licht AG
☞ Müllverbrennungsanlage, Bioabfallbehandlungsanlage
⊞ 57.000 m²
🏗 1998–2000

Quartier Landsberger Allee
🗓 Landsberger Allee/ Rhinstraße
🚇 S7 Poelchaustraße, Tram 6,7
✉ Bezirk Lichtenberg, PLZ 12681
📐 Daniel Libeskind, Berlin (Projektleitung: R. Slinger)
➦ diverse Investoren
☞ Büro, Wohnen, Einzelhandel, Gewerbe, Gastronomie
⊞ 1.000 Wohnungen, Läden 60.000 m², Büros 400.000 m², Gewerbe 70.000 m²
🏗 1997 – ca. 2015

Landsberger Arkaden
🗓 Landsberger Allee 106
🚇 S8, 10 Landsberger Allee
✉ Bezirk Lichtenberg, PLZ 10407
📐 Aldo Rossi, Mailand mit Bellmann & Böhm, Berlin
➦ Dr. Peter und Isolde Kottmair GbR, München
☞ Büro, Einzelhandel, Gewerbe
🏗 1996–1999

Wohn- und Gewerbekomplex Landsberger Allee 217–219
🗓 Landsberger Allee 217–219
🚇 S8, 10 Landsberger Allee, Tram 7, 8, 17

✉ Bezirk Hohenschönhausen, PLZ 13055
📐 Pudritz + Paul, Berlin
➦ Immobilienfonds Ziel 8 GbR, Berlin
☞ Wohnen, Gewerbe, Einzelhandel
⊞ 22.050 m²
🏗 1994–1995

Gewerbepark GIP Mahlsdorf
🗓 Landsberger Straße
🚇 S5 Mahlsdorf
✉ Bezirk Hellersdorf, PLZ 12623
📐 Machleidt + Stepp, Berlin, mit Meyer, Bach, Hebestreit, Sommerer
➦ GIP Gewerbe im Park Berlin-Mahlsdorf GbR
☞ Büro, Gewerbe
⊞ 120.000 m²
🏗 1995–1999

Gewerbepark Mahlsdorf, Bauteil »N«
🗓 Landsberger Straße 230
🚇 S5 Mahlsdorf, Bus 195
✉ Bezirk Hellersdorf, PLZ 12623
📐 Fischer + Fischer, Köln
➦ GIP/DIFA
☞ Büro
⊞ 5.500 m²
🏗 1997–1998

Gewerbepark Mahlsdorf, Bauteil »R«
🗓 Landsberger Straße 230
🚇 S5 Mahlsdorf, Bus 195
✉ Bezirk Hellersdorf, PLZ 12623
📐 Fischer + Fischer, Köln
➦ GIP/Hansa Invest
☞ Büro, Gewerbe
⊞ 11.000 m²
🏗 1996–1997

Gewerbepark Mahlsdorf, Bauteil »S«
🗓 Landsberger Straße 230
🚇 S5 Mahlsdorf, Bus 195
✉ Bezirk Hellersdorf, PLZ 12623
📐 Fischer + Fischer, Köln
➦ GIP/DIFA
☞ Büro, Gewerbe
⊞ 7.600 m²
🏗 1996–1997

Wohn- und Geschäftshaus Liebenwalder Straße 25/31
🗓 Liebenwalder Straße 25/31/Heiligenstädter Straße
🚇 Tram 6, 7
✉ Bezirk Hohenschönhausen, PLZ 13055
📐 Hans-Jürgen Mücke, Berlin
➦ Wohnungsbaugesellschaft Hohenschönhausen

☞ Wohnen, Gewerbe
🏃 1995–1996

**Wohn- und Gartenhaus
Liepnitzstraße 60/61**
🔲 Liepnitzstraße 60/61/Hönower
Wiesenweg
🚊 S3 Karlshorst
✉ Bezirk Lichtenberg, PLZ 10318
📐 Steffen Lehmann & Partner, Berlin
☜ R & S Specker Gruppe
☞ Wohnen
⊞ 3.000 m²
🏃 1998–1999

Wohnbebauung Branitzer Platz
🔲 Louis-Lewin-Straße
🚊 U5 Louis-Lewin-Straße
✉ Bezirk Hellersdorf, PLZ 12627
📐 CASA NOVA, Reinhold, v. Langekerke,
Schulze, Berlin
☜ Wohnungsbaugesellschaft Hellersdorf
mbH
☞ Wohnen
⊞ Mehrfamilienhaus: 6.223 m²,
Einfamilienhäuser: 3.670 m²
🏃 Mehrfamilienhaus: 1995 –1997,
Einfamilienhäuser: 1997 – ca.1999

**Gymnasium und Sporthallen Allee der
Kosmonauten**
🔲 Maratstraße
🚊 Tram 6, 18, Bus 190, 194, 291
✉ Bezirk Marzahn, PLZ 12683
📐 Schmidt-Thomsen & Ziegert, Berlin
☜ Senatsverwaltung für Bau- und Woh-
nungswesen, Bezirksamt Marzahn
☞ Schule, Sporthalle
⊞ Gymnasium: 9.150 m², Sporthalle:
8.450 m²
🏃 1997–1999

**Wohn- und Geschäftshaus Märkische
Allee 230A–244A**
🔲 Märkische Allee 230A–244A
🚊 S7, 75 Poelchaustraße/Marzahn
✉ Bezirk Marzahn, PLZ 12679
📐 Karl-Manfred Pflitsch, Berlin
☜ Wohnungsbaugesellschaft Marzahn
☞ Wohnen, Gewerbe
⊞ ca. 5.482 m²
🏃 1995–1996

**Wohn-, Büro- und Geschäftshaus »Plaza
Marzahn«**
🔲 Mehrower Allee
🚊 S7 Mehrower Allee

✉ Bezirk Marzahn, PLZ 12687
📐 Baasner, Möller und Langwald, Berlin
☜ Gädecke & Landsberg
☞ Wohnen, Büro, Gewerbe
🏃 1995–1997

»Haus Müller«, Mirower Straße 188
🔲 Mirower Straße 188
🚊 Bus 108
✉ Bezirk Hellersdorf, PLZ 12623
📐 Tophof & Hemprich, Berlin
☜ Renate und Fritz Müller
☞ Wohnen
⊞ 440 m²
🏃 1997

Kita 5 Karow-Nord
🔲 Münchehagenstraße 43
🚊 S8 Karow, Bus 150, 158, 350
✉ Bezirk Weißensee, PLZ 13125
📐 Höhne & Rapp, Berlin/Amsterdam
☜ Bezirksamt Weißensee mit der Se-
natsverwaltung für Bauen, Wohnen und
Verkehr
☞ Kindertagesstätte
⊞ 1.333 m²
🏃 1997–1998

**Umbau und Erweiterung Krankenhaus
Kaulsdorf**
🔲 Myslowitzer Straße 45
🚊 S5 Kaulsdorf
✉ Bezirk Hellersdorf, PLZ 12621
📐 Wolfgang Scharlach, Berlin
☜ Land Berlin
☞ Allgemeines Krankenhaus
⊞ 20.850 m²
🏃 1998–2005

Reihenhäuser Nesselweg 18–21
🔲 Nesselweg 18–21
🚊 Bus 155, X21
✉ Bezirk Pankow, PLZ 13158
📐 Linie 5 , Wolf von Horlacher, Gabriele
Ruoff, Berlin
☜ City 7 B Grundbesitzanlagen-Gesell-
schaft, Berlin
☞ Wohnen
⊞ 2.900 m²
🏃 1994–1996

**Wohn- und Geschäftshäuser Neumann-
straße 3**
🔲 Neumannstraße 3
🚊 U2 Vinetastraße, Bus 155; S8, 10
Prenzlauer Allee, Tram 13, 23, Bus 158
✉ Bezirk Pankow, PLZ 13189

📐 Fin Bartels/Christoph Schmidt-Ott,
Berlin, mit KMKP
☜ Stübecke/Dr. Görlich
☞ Wohnen, Einzelhandel
⊞ 6.074 m²
🏃 1994–1995

Wohnbebauung Neustrelitzer Straße
🔲 Neustrelitzer Straße 67/77
🚊 Tram 5, 15
✉ Bezirk Hohenschönhausen, PLZ 13055
📐 Kirsch und Mösing, Berlin
☜ Wohnungsbaugesellschaft Hohen-
schönhausen, Berlin
☞ Wohnen
🏃 1995–1996

Wohngebietszentrum am Tierpark
🔲 Otto-Schmirgal-Straße 1
🚊 U5 Tierpark
✉ Bezirk Lichtenberg, PLZ 10319
📐 MRL Markovic Ronai Lütjen Voss,
Hamburg/Berlin
☜ Mediconsult, Düsseldorf
☞ Einkaufszentrum, Praxen, Büro
⊞ 45.000 m²
🏃 1997–1998

Wohnhäuser, Karow-Nord
🔲 Pfannschmidtstraße
🚊 S8 Karow, Bus 158
✉ Bezirk Weißensee, PLZ 13125
📐 Dörr, Ludolf und Wimmer, Berlin
☜ GEHAG Berlin
☞ Wohnen
⊞ 14.000 m²
🏃 1994–1996

Wohnhäuser E2, F2, Karow-Nord
🔲 Haus E2: Pfannschmidtstraße 61,
Haus F2: Pfannschmidtstraße 67
🚊 S8 Karow
✉ Bezirk Weißensee, PLZ 13125
📐 Bangert Scholz, Dietrich Bangert,
Berlin
☜ GEHAG
☞ Wohnen
⊞ jeweils 1.400 m²
🏃 1994–1996

**Wohn- und Geschäftshäuser Prenzlauer
Promenade 47**
🔲 Prenzlauer Promenade 47–48/Treskow-
straße 30–34
🚊 U2 Vinetastraße, Bus 155, Tram 1,
Bus 255, 158
✉ Bezirk Weißensee, PLZ 13089

🖉 Fin Bartels/Christoph Schmidt-Ott, Berlin mit Hansen + Wiegner + Eberl-Pacan

↭ Deutsche Immobilien Investierungs AG Fonds 100, Berlin

☞ Wohnen, Einzelhandel, Hotel, Gastronomie

⊞ 19.620 m²

🏃 1995–1996

Handels- und Dienstleistungszentrum »Linden-Center«

🖳 Prerower Platz

🚊 S75 Hohenschönhausen

✉ Bezirk Hohenschönhausen, PLZ 13051

🖉 J.S.K., Berlin

↭ ECE Projektmanagement

☞ Einzelhandel, Gewerbe

⊞ 51.000 m²

🏃 1994–1995

Wohnhaus Rheingoldstraße

🖳 Rheingoldstraße

🚊 S3 Karlshorst

✉ Bezirk Lichtenberg, PLZ 10318

🖉 Sabine Puche, Berlin

↭ Puche & Partner, Berlin

☞ Wohnen

⊞ ca. 1000 m²

🏃 1995–1996

Geschäftszentrum »Die Pyramide«

🖳 Rhinstraße 140/Alte Rhinstraße,

🚊 S8, 10 Landsberger Allee, Tram 7, 8, 17

✉ Bezirk Marzahn, PLZ 12681

🖉 Regina Schuh, Berlin

↭ Fundus-Fonds-Gruppe

☞ Büro, Gewerbe

⊞ 44.000 m²

🏃 1992–1994

Wohnbebauung Roedernstraße 73–74, Konrad-Wolf-Straße 28–29

🖳 Roedernstraße 73–74/Konrad-Wolf-Straße 28–29

🚊 Tram 5, 15

✉ Bezirk Hohenschönhausen, PLZ 13053

🖉 Architekturbüro PUB, Berlin

↭ Wohnungsbaugesellschaft Hohenschönhausen

☞ Wohnen

🏃 1995–1997

Integrierte Grund- und Sonderschule Rosenthaler Weg

🖳 Rosenthaler Weg

🚊 Bus 107

✉ Bezirk Pankow, PLZ 13127

🖉 Carmen Geske/Thomas Wenzel, Berlin

↭ Bezirksamt Pankow

☞ Schule, Sporthalle

⊞ Schule: 7.126 m², Sporthalle: 2.676 m²

🏃 1997–1998

Französisch Buchholz (Städtebau)

🖳 Rosenthaler Weg/Blankenfelder Straße, Triftstraße

🚊 Tram 50, Bus 150

✉ Bezirk Pankow, PLZ 13127

🖉 Engel & Zillich, Berlin (Gesamtkonzept); Landschaftsplanung: H. Kossel

↭ Arbeitsgemeinschaft Buchholz-West, südlicher Teilbereich (Arge Süd)

☞ Wohnen, Einzelhandel, Gastronomie, Gewerbe, Kulturelle Einrichtungen, Schulen, Kindertagesstätten

⊞ Baufläche ca. 70 ha

🏃 1995 – 1999

Wohnhaus Rummelsburger Straße 63

🖳 Rummelsburger Straße 63

🚊 U5, S5, 7, 75 Lichtenberg, Bus 108

✉ Bezirk Lichtenberg, PLZ 10315

🖉 Christian Kühnel, Berlin

↭ Grundstücksgesellschaft Berlin

☞ Wohnen

🏃 1995–1996

Wohnungsbau Schillerstraße 2–6, Waldowstraße 22/23

🖳 Schillerstraße 2–6/Waldowstraße 22/23

🚊 Tram 5, 15

✉ Bezirk Pankow, PLZ 13053

🖉 Städtebaulicher Entwurf: Winfried Brenne/Eble + Kalepky, Berlin
Planung: Winfried Brenne (mit Franz Jaschke)

↭ GSW Gemeinnützige Siedlungs- und Wohnungsbaugesellschaft Berlin mbH

☞ Wohnen, Gewerbe

⊞ 3.856 m² (Schillerstraße 2–6), 2.423 m² (Waldowstraße 22/23)

🏃 1993–1997

Wohngebäude Schillerwiese

🖳 Schillerstraße 9/10, 21/22

🚊 Tram 50, 52

✉ Bezirk Pankow, PLZ 13156

🖉 Wolfgang-Rüdiger Borchardt, Berlin

↭ JHD Beteiligungsgruppe GmbH & Co.; Objekt Pankow, Schillerstraße KG c/o DIG Domberger & Partner Immobilien Management GmbH

☞ Wohnen, Einzelhandel

⊞ 11.100 m²

🏃 1995–1996

Grund- und Sonderschule Schönewalder Straße 9

🖳 Schönewalder Straße 9

🚊 U5 Hellersdorf

✉ Bezirk Hellersdorf, PLZ 12627

🖉 Rolf D. Weisse, Berlin

↭ Bezirksamt Hellersdorf

☞ Grund- und Sonderschule

⊞ ca. 14.680 m²

🏃 1995–1997

Grundschule St. Maurizius

🖳 Schulze-Boysen-Straße

🚊 U5 Magdalenenstraße

✉ Bezirk Lichtenberg, PLZ 10365

🖉 Arno Weber, Berlin

↭ Bezirksamt Lichtenberg

☞ Grundschule

🏃 1994–1996

Oberstufenzentrum Sozialpädagogik und Sozialpflege

🖳 Schwanebecker Chaussee/Lindenberger Weg 67/71

🚊 S8 Buch

✉ Bezirk Pankow, PLZ 13122

🖉 Bernhard Winking, Berlin

↭ Land Berlin vertreten durch die Senatsverwaltung für Bauen, Wohnen und Verkehr

☞ Oberstufenzentrum, Sporthalle

⊞ 9.207 m²

🏃 1996–1998

Wohnbebauung Branitzer Platz, Häuser A1, E3–E8

🖳 Schwarzheider Straße/Annerburger Straße/Adele-Sandrock-Straße

🚊 U5 Louis-Lewin-Straße

✉ Bezirk Hellersdorf, PLZ 12627

🖉 Kny & Weber, Berlin

↭ Wohnungsbaugesellschaft Hellersdorf mbH

☞ Wohnen

⊞ ca. 8.300 m²

🏃 1996–1997

Wohnhaus Schweriner Ring 2–76

🖳 Schweriner Ring 2–76/Ernst-Barlach-Straße 8–20

🚊 S75 Wartenberg

✉ Bezirk Hohenschönhausen, PLZ 13059

⌖ CASA NOVA, Reinhold, v. Langekerke, Schulze, Berlin
➲ Wohnungsbaugesellschaft Hohenschönhausen mbH
☞ Wohnen
🏃 1994–1997

Sanierung Doppelhochhaus Seefelderstraße 48/50
▢ Seefelderstraße 48/50
🚋 Tram 5,13, 15
✉ Bezirk Hohenschönhausen, PLZ 13053
⌖ Barkow Leibinger, Berlin
➲ HOWOGE Wohnungsbaugesellschaft Hohenschönhausen
☞ Gewerbe
⊞ 1.400 m²
🏃 1997–1998

Wohnhäuser
Simon-Bolivar-Straße 14–31
▢ Simon-Bolivar-Straße 14–31
🚋 S8, 10 Landsberger Allee, Tram 7, 8, 17
✉ Bezirk Hohenschönhausen, PLZ 13053
⌖ Pudritz + Paul, Berlin
➲ Immobilienfonds Ziel 7 GbR, Berlin
☞ Wohnen
⊞ Wohnen: 35.334 m²

Rathaus Hellersdorf
▢ Spanischer Platz
🚋 U5 Hellersdorf, Bus 154
✉ Bezirk Hellersdorf, PLZ 12627
⌖ Hartmut Behrendt/Christoph Stutzer, Berlin
➲ Bezirksamt Hellersdorf mit der Senatsverwaltung für Bauen und Verkehr
☞ Rathaus, Verwaltung, BVV-Saal, Abteilung Bau- und Wohnungswesen
⊞ ca 6.000 m²
🏃 1994–1996

Wohn- und Geschäftshaus
Spittastraße 15
▢ Spittastraße 15
🚋 S3, 5, 6, 7, 8, 9, 10, 75 Ostkreuz
✉ Bezirk Lichtenberg, PLZ 10317
⌖ Peter Busch, Berlin
➲ CRE Real Estate GmbH
☞ Wohnen, Gewerbe
⊞ ca. 1.900 m²
🏃 1995–1996

Stadtteilzentrum Hellersdorf
▢ Stendaler Straße/ Hellersdorfer Straße

🚋 U5 Hellersdorf
✉ Bezirk Hellersdorf, PLZ 12627
⌖ Brandt & Böttcher, Berlin
➲ Wohnungsbaugesellschaft Hellersdorf, MEGA AG
☞ Wohnen, Büro, Kaufhaus, Einzelhandel, Gastronomie, Bibliothek, Oberstufenzentrum, Fachhochschule, Kleinkunstzentrum, Kino, Schwimmbad
⊞ ca. 400.000 m²
🏃 ca. 1994–2004

Wohn- und Geschäftshaus in Hellersdorf, Block 4.1
▢ Stendaler Straße/Quedlinburger Straße
🚋 U5 Hellersdorf
✉ Bezirk Hellersdorf , PLZ 12627
⌖ HPP Hentrich-Petschnigg & Partner, Berlin
➲ MEGA Entwicklungs- und Gewerbeansiedlungs AG
☞ Wohnen, Einzelhandel, Büro
⊞ ca. 7.000 m²
🏃 1995–1997

Verwaltungsgebäude Streustraße 117
▢ Streustraße 117
🚋 S8, 10 Greifswalder Straße, Tram 2, 3, 4
✉ Bezirk Weißensee, PLZ 13086
⌖ Rolf D. Weisse, Berlin
➲ Wohnungsbaugesellschaft Weißensee mbH
☞ Büro
⊞ ca. 1.600 m²
🏃 1994–1995

Werkstatt für Behinderte Triftstraße 50
▢ Triftstraße 50
🚋 Tram 50, Bus 251
✉ Bezirk Pankow, PLZ 13127
⌖ Feddersen, von Herder + Partner, Berlin
➲ Nordberliner Werkstätten GmbH
☞ Werkstatt für Behinderte
⊞ 4.700 m²
🏃 1994–1995

Mehrfamilienhaus Waldstraße 63
▢ Waldstraße 63/Uhlandstraße
🚋 Tram 52, 53, Bus 107, 250
✉ Bezirk Pankow, PLZ 13156
⌖ SPREE, Axel Heueis, Berlin
➲ BHP Münster
☞ Wohnen
⊞ ca. 1.600 m²
🏃 1997–1998

Siedlung Wernerstraße 6–10, 26–36
▢ Wernerstraße 6–10, 26–36
🚋 S5 Mahlsdorf, Bus 199
✉ Bezirk Hellersdorf, PLZ 12621
⌖ CASA NOVA, Reinhold, von Langekerke, Schulze, Berlin
➲ Wohnungsbaugesellschaft Hellersdorf mbH
☞ Wohnen
⊞ 8.463 m²
🏃 1994–1995

Gewerbezentrum Marzahn
▢ Wolfener Straße 36
🚋 S7 Raoul-Wallenberg-Straße
✉ Bezirk Marzahn, PLZ 12681
⌖ Dybe und Partner, Berlin
➲ Gewerbesiedlungs GmbH, Berlin
☞ Gewerbe
⊞ 33.800 m² (Nutzfläche)
🏃 1993–1995

Wohnungsbau Wolfshagener Straße
▢ Wolfshagener-/Pankgrafenstraße
🚋 S8, 10 Pankow, Bus 227
✉ Bezirk Pankow, PLZ 13187
⌖ Schiedhelm + Partner, Berlin
➲ Westtrakt: DEGEWO, Berlin, Osttrakt: DEMOS, Berlin
☞ Wohnen, Gewerbe
🏃 1994–1997

Zentrum für integriertes Wohnen und behindertengerechtes Arbeiten
▢ Wotanstraße 16–18/Gotlindestraße 49/49 A–B
🚋 U5, S5, 7, 75 Lichtenberg
✉ Bezirk Lichtenberg, PLZ 10365
⌖ Gutzeit Beyer, Berlin
➲ Grundstücksgesellschaft Wotanstraße GbR/Gutzeit Beyer Fonds Nr. 4
☞ Zentrum für integriertes Wohnen und behindertengerechtes Arbeiten
⊞ ca. 8.700 m²
🏃 1993–1995

Kita Französisch Buchholz
▢ Französisch Buchholz
🚋 S8, 10 Blankenburg, Tram 50
✉ Bezirk Pankow, PLZ 13127
⌖ Meier-Hartmann, Nielebock, Berlin
☞ Kindertagesstätte

Umbau Realschule / Alterations to the general secondary school Glienicker Straße

Glienicker Straße 24–30 | S6, 8, 9, 45, 46 Adlershof, Bus 360 | 12557 Köpenick

Das Schulgebäude und die Doppelsporthalle komplettieren einen Straßenraum, der auf der gegenüberliegenden Seite eine geschlossene Bebauung aufweist. Zwischen zwei bestehenden und formal identischen Schulgebäuden aus Ziegelmauerwerk wird, typologisch und funktional überzeugend, ein kompakter viergeschossiger, weit in den rückwärtigen Grundstücksbereich ragender Baukörper eingepaßt. Er übernimmt, gleich den Mittelrisaliten der Nachbarbauten innerhalb deren architektonischer Ordnung, eine die Funktionen und Baumassen ordnende Rolle. Mit den Altbauten ist er durch Glasbrücken geschoßweise verbunden. Das auffällig in den Straßenraum wirkende und zwischen die Altbauten gleichsam eingespannte Bauteil enthält die vertikale Erschließung, großzügige und funktional eindeutige Verteilerflure und die Sanitärräume. Im hinteren Bauteil liegen im Erdgeschoß die Aula und in den darüber liegenden Geschossen die Klassenräume. Die seitlichen Außenwände sind als Lochfassade ausgebildet, die Rückseite hat einen vertikalen Glasschlitz vor dem Treppenhaus. Die formal leicht überinszeniert wirkende Straßenfassade erscheint als große, im Dachbereich mittig eingeknickte Ziegelsteinwand, deren symmetrische Mitte eine fast gebäudehohe, verglaste Öffnung erhält. Der Gebäudekörper erfährt in der Grundrißfigur sowie im Dachzonenbereich leichte Einknicke bzw. Faltungen, was im Zusammenspiel mit den Klinkerwänden an expressionistische Bauten der 20er Jahre erinnert. Die etwas hinter der Straßenflucht zurückstehende Sporthalle erscheint gleichsam als monumentale symmetrische Steinskulptur, die ebenfalls aus massiven Klinkerwänden besteht; die Konstruktion ist allerdings aus Stahlbeton.

The school building and the double sports hall complete a street setting which has a closed building structure on the opposite side. A compact four-storey building, which extends far into the rear section of the plot, is inserted between two formally identical existing brick-built school buildings in a way that is typologically and functionally convincing. Like the central projections of the neighbouring buildings and within their architectural framework, it structures the functions and volume of the building. It is connected to the old buildings by glass bridges on each floor. The building inserted between the old buildings, which has a marked impact on the street environment, contains the vertical access, large and functionally clear distribution corridors and the sanitary rooms. At the rear of the building, the ground floor contains the school hall, and the upper floors contain the classrooms. The outer walls at the side are designed as perforated façades; at the rear there is a vertical glazed slit in front of the staircase. The street façade, which seems slightly over-dramatic in its form, is a large brick wall with an indentation in the middle of the roof, and with a glazed opening at its symmetrical centre which spans almost the whole height of the building. The floor plan of the building and its roof have slight indentations or folds; in conjunction with the brick walls, this recalls the Expressionist buildings of the 1920s. The sports hall, which is set back behind the alignment line, seems almost like a monumental, symmetrical sculpture, which also appears to be brick-built. However, its structure consists of reinforced concrete.

Christoph Mäckler, Frankfurt/Main/Berlin ◆ Land Berlin ☞ Realschule mit Doppelsporthalle ⊞ 10.600 m² ⚒ 1996–2001

Wirtschafts- und Wissenschaftsstandort / Economic and scientific estate Adlershof (WISTA)

Rudower Chaussee | 12484 Treptow | S6, 8, 9, 45, 46 Adlershof, Bus 160, 360

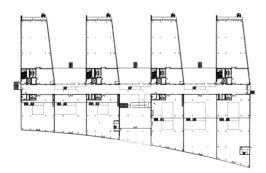

Grundriß Business-Center, Erdgeschoß

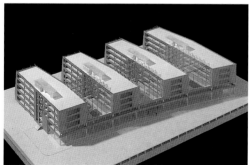

Business-Center, Dörr, Ludolf, Wimmer

Auf dem Gelände rund um den ältesten Flughafen Deutschlands soll in den nächsten Jahren ein Stadtquartier für Wissenschaft und Forschung entstehen. Vorgesehen sind Einrichtungen für Forschung und Entwicklung, technologieorientiertes Gewerbe und Dienstleistungen, Wohnungen in gehobener Qualität, soziale Infrastruktureinrichtungen, Medien- und Kommunikationseinrichtungen sowie Anlagen für Freizeit und Erholung. Das Stadtquartier soll 13.000 Bewohner und 5.000 Studenten aufnehmen und insgesamt 30.000 Arbeitsplätze bereitstellen. Angestrebt wird eine funktionale Mischung, die in naher Zukunft einen urbanen Stadtteil entstehen läßt.

Das erste Projekt des WISTA-Geländes (Wirtschafts- und Wissenschaftsstandort Berlin-Adlershof) ist ein Business-Center mit Büro- und Ladenflächen, entworfen von den Architekten Dörr, Ludolf und Wimmer. Die Anlage besteht aus einer kammartigen Struktur mit vier selbständigen, quer zur Rudower Chaussee stehenden Baukörpern, deren offene Stellung und architektonische Durcharbeitung mit hohem Glasanteil das angestrebte Ziel allerdings verfehlen, einen dichten, ›urbanen‹ Charakter in dem Gebiet zu schaffen. Die Gebäudekante folgt dem Schwung der Straße, wobei die beiden unteren Geschosse als straßenbegleitende Sockelbebauung mit Laden- und Ausstellungsflächen die einzelnen Gebäude miteinander verbinden. Zwischen den Gebäuden befinden sich entlang des zukünftigen ›Boulevards‹ unbeheizte gläserne Hallen als Klimapuffer und Schutz vor Emissionen; auf der Rückseite sind in den Zwischenzonen Gartenhöfe. Das Gebäudeensemble wird mittig von der Straße erschlossen; hier liegt eine große Eingangshalle und quer dazu eine alle Gebäude verbindende, lobbyartige Erschließungsachse. An dieser liegen jeweils die Treppen- und Aufzugskerne für die vertikale Erschließung. Die Fassaden sind sowohl im Sockelbereich

On the area around the oldest airport in Germany, an urban centre for science and research is planned to develop over the coming years. The plan includes establishments for research and development, technology-based industry and service companies, high class apartments, social infrastructure facilities, media and communication facilities and leisure and recreation facilities. The area is planned to accommodate 13,000 residents and 5,000 students and to provide a total of 30,000 jobs. A functional mixture is being aimed for, which will create an urban suburban development in the near future.

The first project on the WISTA site (economic and scientific estate, Berlin-Adlershof) is a business centre with office and shop accommodation designed by the architects Dörr, Ludolf and Wimmer. The development consists of a comb-like structure with four separate blocks which are at right angles to Rudower Chaussee. But their open position and architectural design, with a high proportion of glass, misses the goal of creating a dense, ›urban‹ character in the area. The edge of the building follows the curve of the road, and the lower two storeys, as a pedestal structure following the road and containing shops and exhibition areas, link the individual buildings. Between the buildings along the future ›boulevards‹, there are unheated glass halls which serve as a climatic buffer and a protection from emission; to the rear, there are garden courtyards between the blocks. The complex of buildings is served by a road in the middle. There is a large entrance hall here, and at right angles to the hall is a lobby-type access axis linking all buildings. The staircases and lift shafts for vertical access lead off this axis. The façades have band-type windows in the pedestal area and on the long sides and gable sides. The solid wall areas are faced with dark red clay tiles to fit in with the nearby hangars and workshops of the former airport, which are protected architectural monuments.

Business-Center, Dörr, Ludolf, Wimmer

Innovationszentrum für Umwelttechnologie

Innovationszentrum Photonik

als auch an den Längs- und Giebelseiten mit Bandfenstern versehen. Die geschlossenen Flächen sind in Anlehnung an den denkmalgeschützten Bestand der benachbarten Hangars und Werkhallen des ehemaligen Flughafens mit dunkelroten Tonziegeltafeln verkleidet. Ein neuer Eingangspavillon an der Grenze zum Gelände der WISTA besetzt das Eckgrundstück Rudower Chaussee und Leibnizstraße. Er stammt von den Architekten Barkow und Leibinger und ersetzt das bisherige Pförtnerhaus. Es ist ein aus einfachen, großflächigen Glaselementen zusammengesetztes, abstrakt erscheinendes Gebäude, das vor allem durch seine in die Tiefe gestaffelten Raummodule – Café, Ausstellungsraum und Informationsbereich – und den hohen Grad an Transparenz auffällt. Die Räume bilden einen Kernbereich, um den die Glaselemente als Fassadenschicht stereometrisch-orthogonal angeordnet sind. Mit seiner klaren, einfachen Form nimmt der Pavillon Bezug auf die Bauformen der Nachbarbebauung, die aus den 30er Jahren stammt. Ein weiteres größeres Projekt sind die Bauten für das Innovationszentrum Photonik, die von den Architekten Ortner und Ortner sowie Sauerbruch und Hutton ent-

A new entrance pavilion on the border of the WISTA land area occupies the corner plot at the junction of Rudower Chaussee and Leibnizstrasse. It was designed by the architects Barkow and Leibinger, and it replaces the previous porter's building. It is an abstract-looking building composed of simple, large-format glass elements which is particularly striking because of the staggered spatial modules – café, exhibition room and information area – and the high degree of transparency. The rooms form a core area around which the glass elements are stereometrically and orthogonally arranged as a façade layer. With its clear, simple form, the pavilion establishes a link to the building structures of the neighbouring buildings, which date from the 1930s.

A further major project comprises the buildings for the Photonics Innovation Center, which were designed by the architects Ortner and Ortner and Sauerbruch and Hutton. The buildings by Ortner and Ortner are two structures which fit in with the dimensions and rhythm of the existing buildings. They are simple, abstractly designed, stereometric blocks. The internal structure follows the principle of an ›end‹ building. At one place, both have a

worfen wurden. Bei den Gebäuden von Ortner und Ortner handelt es sich um zwei Baukörper, die die Dimensionen und den Rhythmus der vorhandenen Bebauung aufnehmen: Es sind einfache, abstrakt durchgeformte, stereometrische Volumen. Die innere Gliederung folgt dem Prinzip einer ›Kopf‹-Bildung: Sie haben an einer Stelle jeweils eine transparente Fassadenschicht, hinter der sich die Eingangs- und vertikalen Erschließungszonen befinden, also die Bereiche, in denen der öffentliche Raum in die Struktur der Gebäude übergeht. Diese besteht in einem Falle aus reinen Büroeinheiten, die in einem viergeschossigen, rechteckigen Gebäude zweibündig organisiert sind. Bei dem anderen Gebäude handelt es sich um eine zweigeschossige Gebäudekubatur plus Dachgeschoß, in der sich neben Büroräumen eine hohe Halle befindet. Beide Baukörper sind jeweils an drei Seiten mit einer eigenwilligen Befensterung versehen: Innerhalb einer abstrakten Fläche aus Keramikfliesen, die in einem regelmäßigen Raster angeordnet sind, liegen gegeneinander verschoben die Öffnungen der Fenster, die das Motiv der Bewegung einführen. Kontrastiert wird dieses ›tektonische‹ Fassadengewebe mit der gold-metallenen Farbe der Sonnenschutzgitter vor den transparenten Fassadenschichten.

In direkter Nähe davon stehen die beiden im Grundriß amorph konfigurierten Gebäude der Architekten Sauerbruch und Hutton. Die Grundrisse entstanden aus der Logik der speziellen Nutzung heraus: Notwendig sind große, abdunkelbare Laborflächen und ein minimaler Erschließungsaufwand. Das große, dreigeschossige Gebäude aus Betonfertigteilen wird von einer linearen Erschließungsachse geteilt, an der die Nutzungseinheiten liegen. Das kleinere enthält eine 7,5 Meter hohe Halle und ist als einfacher Stahlbau konzipiert. Die ›weichen‹ Konturen der Fassaden haben zweischichtige Glasfassaden mit dahinter liegenden, farblich unterschiedlichen Sonnenschutzpaneelen, die dem Farbspektrum des Lichts folgen.

transparent façade layer behind which the entrance and vertical access zones can be found, i.e. the areas in which the public setting is reflected in the structure of the buildings. In one case, this structure consists purely of office units which are arranged on two sides of a central corridor in a four-storey, square building. The other building is a two-storey building cube plus roof storey containing both office rooms and a high hall. Both buildings have unconventional windows on three sides. Within an abstract area made up of ceramic tiles arranged in a regular pattern, the openings of the windows, which introduce the motif of movement, are offset against each other. This ›tectonic‹ façade texture is contrasted with the metallic colour of the sun protection grid in front of the transparent façade layers.

Directly nearby are the two buildings by the architects Sauerbruch and Hutton, which are amorphously configurated in the floor plan. The floor plans arose from the logic of the special use. It is necessary to have large laboratory areas which can be darkened, and a minimum of effort for access. The large, three-storey building of concrete blocks is sub-divided by a linear access axis on which the units for use are situated. The smaller one contains a hall which is 7.5 metres high, and was designed as a simple steel structure. The ›soft‹ contours of the façades have double layer glass façades with interior sunshade panels of different colours which follow the colour spectrum of light.

Informations- und Eingangspavillon, Rudower Chaussee 5: ◿ Barkow/Leibinger, Berlin ❧ WISTA-Management GmbH ☞ Information, Ausstellung, Gastronomie ⊞ ca. 160 m² ⚐ 1997–1998 | Business-Center, Rudower Chaussee 5: ◿ Dörr-Ludolf-Wimmer, Berlin ❧ Objektgesellschaft WISTA-Business-Center mbH ☞ Büro, Einzelhandel ⊞ ca. 24.000 m² ⚐ 1996–1997 | Photonikzentrum, Neubauten 2 und 3, Rudower Chaussee 6C: ◿ Ortner & Ortner, Berlin ❧ WISTA-Management GmbH ☞ Büro, Werkstatt, Labor ⊞ 4.430 m² (Neubau 2), 3.760 m² (Neubau 3) ⚐ 1996–1997 | Innovationszentrum Photonik, Rudower Chaussee 6: ◿ Sauerbruch/Hutton, Berlin ❧ WISTA-Management GmbH ☞ Gewerbe, Büro, Labor, Werk- u. Produktionsstätten ⊞ 11.000 m² ⚐ 1996–1997

BEWAG-Hauptverwaltung / BEWAG main administration

»Am Schlesischen Busch«, Puschkinallee 52 | S6, 8, 9, 10 Treptower Park | 12435 Treptow

Dieser große und konzeptionell strenge Verwaltungskomplex steht am Rande eines traditionellen Industrie- und Gewerbegürtels, der sich entlang des Landwehrkanals erstreckt. Er bildet städtebaulich den Übergangsbereich zwischen der offenen Bebauung im Süden und dem Park »Schlesischer Busch« im Norden. Er besteht aus drei sechsgeschossigen, U-förmigen Einzelbaukörpern mit achtgeschossigen Akzentuierungen und aus einem Gebäuderiegel, der mit einem der U-Blöcke einen vierseitig geschlossenen Atriumblock bildet; hier befindet sich der Hauptzugang zu dem Ensemble. Die beiden anderen Blöcke öffnen sich mit ihrer offenen Seite zum Park hin. Alle Gebäude sind auf mehreren Ebenen mit Brückenbauwerken aus einer Stahl-Glas-Konstruktion untereinander verbunden. Die Binnenerschließung der Büroetagen ist in der Regel nach dem Zweibundsystem organisiert, bei dem Atriumblock ist es eine Dreibundanlage mit zwischengeschalteten Zonen für die Neben- und Sanitärräume. Die vertikale Erschließung ist jeweils an den Kopfenden der Bauten, bei den längeren Gebäuderiegeln zusätzlich in der Gebäudemitte organisiert. Gestalterisch sind alle Gebäude als Einheit zusammengefaßt; sie folgen alle der gleichen strukturellen und architektonischen Logik: Die beiden unteren Geschosse bilden durch die zweigeschossigen Arkadengänge und Stützenkonstruktionen einen Gebäudesockel. Darüber sind drei Geschosse durch eine Horizontalgliederung der Fenster- und Brüstungsbereiche zusammengefaßt; wiederum darüber liegt das letzte Geschoß mit einer durchgehenden Fensterreihe. Die geschlossenen Brüstungsbereiche – außer in den Geschossen vier und fünf –, die Gebäudeecken und die Arkaden sind mit einem bläulich-roten Ziegelverblendmauerwerk versehen.

This large, strictly designed administrative complex is situated at the edge of a traditional industrial and commercial belt which extends along the Landwehrkanal. In the urban setting, it forms the border between the open building structure to the south and the park »Schlesischer Busch« to the north. It consists of three individual U-shaped individual buildings with eight-storey highlighted sections and one long building which forms a closed atrium block in combination with one of the U-shaped blocks; this is where the main entrance to the complex is situated. The other two blocks face the park with their open side. All the buildings are interlinked on several levels with steel and glass bridge structures. Internal access on the office storeys is mainly to two units per storey for each staircase, in the atrium block, access is to three units per storey, with intermediate zones for auxiliary and sanitary rooms. Vertical access to each building section is at the end of the buildings, and in the longer building blocks there is also a vertical access facility in the middle of the building. All the buildings are combined into a unit in their design, and all follow the same structural and architectural logic. The two lower storeys, with the two-storey arcades and the support structures, form a pedestal for the building. Above this area, three storeys are visually combined by a horizontal sub-division of the window and breastwork areas. Above these storeys is the last storey, with a continuous row of windows. The closed breastwork – except on storeys four and five – the corners of the buildings and the arcades are faced with blue-red facing bricks.

🖊 Liepe + Steigelmann, Berlin, mit Michael Vaerst ❧ Grundwertfonds Schlesischer Busch GbR ☞ Büro ⊞ Nutzfläche: ca. 46.000 m² 🚶 1993–1995

Gartenstadt Falkenberg / Falkenberg garden city

Ortsteil Bohnsdorf, östlich der Paradiesstraße und westlich der Buntzelstraße | S9, 45 Altglienicke | 12526 Treptow

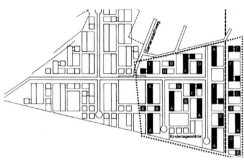

Das Konzept der Siedlung beruht auf der Wiederaufnahme der Tradition des Gartenstadtgedankens vom Ende des 19. und Beginn des 20. Jahrhunderts und auf der Fortführung der von Bruno Taut 1912 bis 1913 in der Nachbarschaft realisierten sogenannten »Tuschkastensiedlung«. Dem Gesamtplan liegt eine Struktur zugrunde, die, mit einem Ost-West-orientierten ›Central Park‹ als Rückgrat, eine teppichartige Bebauung aus verschieden großen Einzelhäusern vorsieht. Diese drei- bis viergeschossigen Baukörper entfalten städtebaulich ein unregelmäßiges Wechselspiel mit den Grundfiguren Punkt und Zeile, wobei die räumliche Disposition der Häuser ein variantenreiches Angebot an offenen und geschlossenen Gärten, Freiräumen, Wegen und Übergängen zum Park bietet. Der erste Bauabschnitt im nordöstlichen Teil des Geländes besteht aus einer Reihe von punkt- und zeilenartigen sowie winkelförmigen Gebäuden, von denen eine bestimmte Anzahl jeweils wieder überschaubare Häusergruppen bilden. Diese werden durch das Wegenetz sowohl getrennt als auch miteinander verbunden. Konfiguration und Durchbildung der einzelnen Gebäude beruhen auf einem Baukastensystem aus sechs Haustypen. Das Grundmuster bzw. -modul bilden übereinandergestapelte Maisonettewohnungen, was eine Fülle von Variationen bei der Grundrißorganisation erlaubt – vor allem bezüglich der Anordnung von Balkonen und Terrassen. Die Architektursprache der Häuser bezieht sich deutlich auf das Vokabular der Klassischen Moderne: Einfache, orthogonal konfigurierte Kubaturen, Wandscheiben, vertikal verglaste Erschließungszonen und horizontale Bandfenster rhythmisieren die in den Garten bzw. Park eingebetteten Baukörper.

The concept of the estate involves a revival of the traditional garden city idea dating from the end of the 19th and the beginning of the 20th century and a continuation of the so-called »paint box estate« designed nearby by Bruno Taut in 1912–1913. The overall plan is based on a ›Central Park‹ on an east-west axis as the backbone, which envisages carpet-like building developments with detached buildings of different sizes. These structures of three to four storeys create an irregular urban interplay of the basic forms of dot and line; the spatial arrangement of the buildings offers a varied range of open and enclosed gardens, open spaces, paths and connections to the park. The first building phase in the north-east of the land area consists of a series of ›dot-type‹, elongated and angled buildings, a certain number of which are combined to create coherent groups of buildings. These groups are both separated and linked by the path network. The configuration and design of the individual buildings is based on a modular system consisting of six building types. The basic pattern or module consists of maisonettes arranged over each other, which permits a wealth of ground plan variations – especially with regard to the arrangement of balconies and terraces. The architectural language of the buildings clearly recalls the vocabulary of the classic modern era: simple, orthogonally configured cubes, solid walls, vertically glazed access zones and horizontal band-type windows create a regular pattern for the buildings that are set in the garden and park.

⬟ Quick, Bäckmann und Quick, Berlin; Landschaftsplanung: Hannelore Kossel ⬣ Berliner Bau- und Wohnungsgenossenschaft von 1892 e.G. ☞ Wohnen ⊞ 1. Bauabschnitt: 28.204 m² ⚒ Baubeginn 1997

Treptower und Twin-Towers / Treptower and Twin-Towers | **Treptower** Hoffmannstraße | **Twin-Towers**

Hoffmannstraße/Eichenstraße | S6, 8, 9, 10 Treptower Park | 12435 Treptow

Links und rechts Treptower

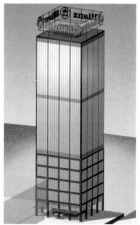

Twin-Towers

Auf dem Gelände des ehemaligen DDR-Kombinats Elektro-Apparate-Werke (EAW) wird in den nächsten Jahren ein städtebaulich und räumlich kompaktes Dienstleistungs- und Gewerbezentrum entstehen, ergänzt durch Infrastruktureinrichtungen wie Läden, Restaurants etc. und durch Wohnungen bzw. separat errichtete Wohnbauten. In Nachbarschaft zu den alten Fabrikgebäuden aus roten Klinkern entsteht eine sechsgeschossige Hofbebauung nach dem Berliner Blockmuster. Sie hat eine traditionell steinerne Lochfassadenstruktur und bildet eine zusammenhängende bauliche Einheit. Aufgesattelt ist dieser Bebauungsstruktur eine transparente fünfgeschossige Zeilenbebauung in Südost-Nordwest-Ausrichtung.

Der sogenannte »Treptower«, entworfen von Gerhard Spangenberg, ist Teil dieser Bebauung. Der 30geschossige Turm an der Ecke Elsenbrücke und Spree erhält im Sockelbereich ebenfalls eine andere Struktur als der Schaft: Dem zweigeschossigen Eingangsbereich mit grosser Lobby und dem Zugang zu den Aufzügen folgt über acht Vollgeschosse eine annähernd quadratisch-würfelförmige Rasterstruktur mit Steinverkleidung; daraus erhebt sich eine feingliedrige Stahl-Glas-Konstruktion. Zwei sich ebenfalls gegenüberliegende Fassadenseiten erhalten hier eine vertikale Gliederung, die beiden anderen eine eher horizontale Einteilung nach dem Prinzip von Bandfenstern. Zwei sich gegenüberliegende Treppenhauskerne, verbunden durch eine Lobby, und ein umlaufender Flur erschließen die Büroräume auf den Ebenen der einzelnen Etagen.

In direkter Nachbarschaft dazu stehen die »Twin-Towers« der Architekten Kieferle und Partner: zwei spiegelbildlich identische 17geschossige Hochhäuser, die durch einen dreigeschossigen Sockelbau miteinander verbunden sind. Daraus erheben sich die Turmbauten, die einen Kern für die Neben- und Sanitärräume haben und über außenliegende, aus dem quadratischen Grundriß herausgerückte Treppenhäuser vertikal erschlossen sind. Die Volumen und Fassadenflächen sind durch viel zu viele Gestaltungselemente gegliedert: Über dem zu feingliedrig konstruierten Sockel aus einem Stützen-Balken-System, das mit Naturstein verkleidet ist, erscheinen Lisenen, Profile, farblich und plastisch betonte Fenstersohlbänke, balkonartige Austritte, gerundete Glaselemente, glattgewalzte Kassetten und Paneele, Stahl-Glas-Konstruktionen und überstehende Dachabschlüsse. Die Volumen sind mithin nicht plastisch-kubisch, sondern leider zu aufgelöst ausgebildet, wodurch ihnen die ästhetische Energie eines Hochhauses verlorengeht, das nach tektonisch sachlichen und einheitlichen Regeln entworfen ist.

On the land formerly occupied by the GDR combine »Electrical apparatus works (EAW)«, a compactly built service and commercial centre will be built in the coming years which will be supplemented by infrastructure facilities such as shops, restaurants etc. and apartments and separately built residential buildings. Near the old red brick factory buildings, a six-storey courtyard building on the typical Berlin block pattern is being constructed. It has a traditional brick perforated façade structure and forms a coherent structural unit. A transparent five-storey elongated block running from south-east to north-west straddles this building structure.

The so-called »Treptower« designed by Gerhard Spangenberg is part of this development. The thirty-storey tower block at the junction of Elsenbrücke and the river Spree also has a structure in the base which is different from that in the tower itself. Above the two-storey entrance zone with a large lobby and the access to the lifts, there are eight full storeys with an almost square, cube-like grid structure with brick facing; a fine steel and glass structure then rises out of this cube. Two opposite sides of the façade are vertically sub-divided, the others have a more horizontal structure with band-type windows. Two opposite staircase shafts, connected by a lobby and with a surrounding corridor provide access to the offices on the individual storeys.

Near this building are the »Twin-Towers« designed by the architects Kieferle and Partner: two identical, mirror-image tower blocks with seventeen storeys, which are connected by a three-storey base structure. The towers, which have a core for auxiliary and sanitary rooms and vertical access with outer staircases which protrude out of the square floor plan, rise out of this base. The volumes and their façades, are sub-divided by too many design elements. Above the base, which is too fine in its structure with its column and beam system faced with natural stone, there are pilasters, profile sections, window ledges with striking colours and forms, narrow balcony structures, rounded glass elements, smoothed cassettes and panels, steel and glass structures and overhanging roofs. The volumes are not textured and cubic, instead they are unfortunately too loose in their structure, loosing the aesthetic energy of a tower block designed according to tectonic functional and uniform principles.

Treptower: ◿ Gerhard Spangenberg, Berlin ◈ Grundstücksgesellschaft Am Treptower Park Berlin (Unternehmensgruppe Roland Ernst) ☞ Büro, Einzelhandel ⊞ 180.000 m² ⚒ 1995–1997/98 | Twin-Towers: ◿ Kieferle und Partner, Stuttgart ◈ Roland Ernst Städtebau, RES, Berlin, Prof. Dr. Hc. Ignaz Walter, Walter Bau AG, Augsburg ☞ Büro- und Verwaltungszentrum ⊞ 43.014 m² ⚒ 1995–1997

Wohnhaus / Residential building Radickestraße 7

Radickestraße 7 | S6, 8, 9, 45, 46 Schöneweide | 12489 Treptow

Das Gebäude steht in einer Umgebung, die geprägt ist durch viergeschossige Blockstrukturen, Zeilenbauten und durch den Übergang zu einem Villengebiet mit vorwiegend zweigeschossiger Bebauung. An einer Strassenkreuzung liegend, versucht es, diese verschiedenen Bezüge im Volumen aufzugreifen: Es ist viergeschossig plus Dachaufbau; das Volumen schwankt zwischen Solitär und Zeile, und zugleich dynamisiert es die Ecke. Der Grundriß ist annähernd quadratisch; er wird auf jedem Geschoß getrennt durch eine mittlere durchgesteckte Zone, in der sich das Treppenhaus und zum Teil die Sanitärräume bzw. Küchen befinden. Die beiden Wohnungen pro Geschoß sind unterschiedlich groß und mit Balkonen versehen. Die Grundrißfigur wird allerdings nicht zum Anlaß genommen, einen kubischen Baukörper, ein in sich ruhendes Volumen zu formulieren. Vielmehr ist eine Fassadenseite über alle Geschosse abgeschrägt, mit schwarzen Welleternitplatten verkleidet und mit gaubenartigen Fenstern versehen. Dieser nicht aus der Architektur, aus den Grundrissen oder dem Kontext heraus generierte dynamische und etwas überinszenierte Effekt wird gekrönt durch einen signalrot verputzten Penthouse-Körper auf dem Dach, dessen Volumen von einem Rand- bzw. Luftbalken vervollständigt wird, der gleichzeitig die Grundfläche der Dachterrasse nachzeichnet.

The building is situated in an environment which is characterised by four-storey block structures, elongated apartment blocks and the transition to an area of villas which mainly have two storeys. In its setting on a crossroads, it tries to integrate these different contexts in its volume: it has four-storeys plus the rooftop structure, its volume fluctuates between the solitary and the row and it dynamises the corner situation. The floor plan is almost square, but it is sub-divided on each floor by a zone extending throughout the building which contains the staircase and, to some extent, the sanitary rooms and kitchens. The two apartments on each floor are different in size and have balconies. However, the floor plan shape is not taken as a reason to create a cubic building structure and a self-contained volume for the building. Instead, the façade slopes down over all the storeys, is clad with black corrugated Eternit panels and has dormer-type windows. This dynamic and slightly over-dramatised effect, which is not generated from the architecture, the floor plans or the context, is crowned by a penthouse structure on the roof which is plastered bright red, and which is supplemented in its volume by a projecting beam around the edge which follows the ground area of the roof terrace.

Georg Ritschl, Berlin ❧ R+W Immobilienanlagen ☞ Wohnen ⊞ ca. 700 m² 🏃 1995

Krematorium / Crematorium Baumschulenweg

Baumschulenweg | S6, 9, 10, 45, 46 Baumschulenweg | 12437 Treptow

Das Gebäude steht inmitten des alten Friedhofs. Das Erscheinungsbild des eigenwillig anmutenden Bauwerks innerhalb der Friedhofsanlage ist geprägt durch seine kubische Form, die aus Sichtbeton hergestellten Fassadenwände der Längsseiten und die halboffenen, gedeckten Vorhöfe und Feierhallen. An diesen Frontseiten sind die Fassaden großzügig geöffnet und verglast. Mittelpunkt und baulich-räumlicher Nukleus des Baukörpers ist die gebäudehohe Kondolenzhalle, die über die gleiche Höhe reicht wie die drei benachbarten Normalgeschosse mit ihren Nebenräumen. Die Halle ist im Grundriß quadratisch konfiguriert. 29 Sichtbetonstützen, die die Dachkonstruktion tragen, stehen in unregelmäßiger Anordnung. Gleichzeitig schaffen sie – durch ihre Stellung zueinander – innerhalb des großen Raumes ›distanzierende Räume‹ für die verschiedenen, gleichzeitig wartenden Trauergemeinden. Hier fällt punktartiges Licht von oben: Die Säulen haben zwar ein ›Kapitell‹ aus Stahl, darüber aber eine derart konstruierte Verbindung zum Dachtragwerk, daß durch die glasgedeckte Öffnung ein Lichteinfall möglich ist. An den Vorhallenseiten liegen – wie eingestellt unter deren Dachbereiche – eine große und zwei kleine Feierhallen sowie zwei Aufbahrungsräume; diese können sowohl von der Halle als auch direkt von der Vorhalle aus betreten werden. Sie weisen eine Galerie für einen Chor, ein Orchester und Platz für das Orgelspiel auf. Der zweigeschossige Einäscherungsraum befindet sich direkt unter der zentralen Halle; die notwendigen Räume für Besprechungen, Feierannahmen, Rechnungswesen und Urnenversand liegen in einer mehrgeschossigen Raumzone an den Längsseiten zwischen der Halle und der Außenfassade.

The building is in the middle of the old cemetery. The appearance of the unconventional-looking building within the cemetery complex is characterised by its cubic form, the exposed concrete façades on the longer sides of the building and the semi-open, covered front courts and ceremonious halls. On these front sides, the façades are generously open and glazed. The central focus and the spatial and structural nucleus of the building is the high condolence hall, which is as high as the adjoining three normal storeys with their auxiliary rooms. The hall is square in its floor plan and contains 29 irregularly arranged exposed concrete pillars which bear the roof structure. At the same time – because of their position in relation to each other – they create spatial zones within the large room, ›distance‹ for the various groups of mourners who are waiting at the same time. Single rays of light fall from above: the pillars have a steel capital, but above that, they are linked to the roof support structure in such a way that light can fall through the glass-covered opening. At the sides of the entrance hall – as if inserted under the roof areas – are one large and two small ceremonious halls and two chapels of rest; they can be reached both from the hall and directly from the entrance hall. They have a gallery for a choir and orchestra and space for an organist. The two-storey cremation zone is directly below the central hall; the necessary rooms for consultation, funeral bookings, accounting and despatch of urns are in a zone of several storeys on the long sides between the hall and the external façade.

Axel Schultes, Berlin ⬢ VR-Bauregie GmbH, Eschborn ☞ Krematorium ⊞ 9.300 m² 🏃 1996–1998

Altglienicke

S9, 45 Grünbergallee, Bus 96a | 12524 Treptow

Wohnhaus, Dörken + Heise, Wohngebiet 1.4

Kita, Gebiet Buchstabenflächen, urbanistica

Der im Südosten der Stadt gelegene Stadtteil gehört zu den ersten, in denen man im Zuge der Entwicklung der »Neuen Vorstädte« Wohnbaupotentiale auswies. Drei Strukturen prägen den Ortsteil: der alte Dorfkern mit unterschiedlichen Haustypologien, durchmischte Einfamilienhausgebiete und ›Datschen-Siedlungen‹ und eine Platten-Großsiedlung aus den unmittelbaren Vor- und Nachwendezeiten. Der Ortskern wurde und wird durch Verdichtungsmaßnahmen behutsam ergänzt. Südlich davon wurden zwei neue Wohngebiete ausgewiesen: die »Buchstabenflächen« im Bereich Wegedornstraße und Schoenefelder Chaussee und das Wohngebiet 1 südlich und nördlich der Eisenbahntrasse des Berliner Südrings. Bei der Planung steht die Entwicklung des ›Wohnstandortes im Grünen‹ im Vordergrund; die heterogene, netzartige Struktur wird also nur weiterentwickelt.

Teilgebiet Buchstabenflächen

Der Kontext dieses in vier Einheiten geteilten Gebiets ist gekennzeichnet durch eine niedrige heterogene Siedlungsstruktur. Die Bebauung beruht auf einem städtebaulichen Konzept der Architekten Pieper und Partner, von denen auch die Entwürfe für die Wohnhäuser stammen. Die Einzelbaukörper der Siedlungseinheiten reagieren durch ihre unterschiedliche Durchbildung auf die Nachbarschaftsbebauung, indem ihre meist flachgedeckten Volumen durch Erker, erkerähnliche Anbauten oder Staffelgeschosse gegliedert sind. Im Bereich der Dorothea-Viehmann-Straße sind zum Beispiel zwölf Doppelhäuser und 14 Mehrfamilienhäuser entstanden, wobei bei den letzteren das oberste Geschoß als Staffelgeschoß ausgebildet ist. Die dreigeschossigen Baukörper sind rot verklinkert und haben ein flach geneigtes Dach; sie sind jeweils zwischen zwei nebeneinander ste-

This area in the south-east of the city was one of the first where potential for housing construction was identified in the course of the »new suburbs« development. The area is characterized by three structures: the old village core with varied building types, mixed detached houses and allotment areas, and a large prefabricated housing scheme dating from the time directly before and after the fall of the Wall. The core area has been and will continue to be added to through cautious gap-closure measures. To the south two new housing areas have been identified: the »Buchstabenflachen« in the area of Wegedornstrasse and Schoenefelder Chaussee, and housing area 1 south and north of the tracks of the south Berlin rail ring. In planning the main aspect is the development of the ›green-belt housing location‹; so the heterogeneous network-type structure will simply be developed further.

Buchstabenflächen (»Letters Areas«)

The context of this area, divided into four units, is characterized by a low, heterogeneous settlement structure. The development is based on urban planning by the architects Pieper and partner, who also designed the residential buildings. The individual solidia of the units of the scheme react with the neighbouring constructions with their differing designs, their mostly flat-roofed volumes structured by oriels, oriel-like constructions or staggered storeys. For example in the Dorothea-Viehmann-Strasse 12 duplexes and 14 multiple dwellings have been built, the top floor of the multiple dwellings being designed as a staggered storey. The three-storey solidia have red clinker brick and a slightly sloping roof; they are each located between pairs of four-storey buildings. In the Usedomstrasse and Peenestrasse area three-storey row buildings stand at right angles to the street,

Häuserzeile Usedom-/Peenestraße, urbanistica

Wohnhaus, Hofanlage, Wohngebiet 1.1

Stadtvilla, Heide/Beckerath, Wohngebiet 1.2

Luftaufnahme Altglienicke, Wohngebiet 1.1

henden viergeschossigen Häusern angeordnet. Im Bereich Usedom- und Peenestraße stehen dreigeschossige Zeilenbauten quer zur Straße; sie weisen eine zweigeschossige rot verklinkerte Sockelzone auf. Im Bereich Kasperstraße wechseln sich drei- und viergeschossige Wohnhäuser ab, wobei die dreigeschossigen den Anschluß zur Nachbarbebauung herstellen. Auch hier ist die Sockelzone verklinkert, das oberste Geschoß jeweils weiß verputzt. Alle Gebäude sind geprägt durch eine einfache Architektursprache mit Lochfassaden. Eine dreigeschossige Kita im Bereich Kasperstraße ergänzt mit ihrer gestaffelten Kubatur das südliche Quartier der »Buchstabenflächen«. Ihr Nukleus ist eine große Halle, die als internes Erschließungselement dient und im zweiten Obergeschoß in eine Dachterrasse übergeht, die von zwei weiß verputzten Kuben eingefaßt ist.

Wohngebiet 1

Das Wohngebiet 1 setzt sich aus vier selbständigen Quartieren zusammen, denen ein traditionelles Siedlungsmuster zugrunde liegt. Ursprünglich sollte hier eine Siedlung in Großplattenbauweise entstehen. Städtebauliche Intentionen sind die eindeutige Gliederung öffentlicher und privater Räume, die Freihaltung der Blockinnenbereiche von Wageneinstellpätzen und die Einbeziehung der Gebiete in parkähnlich gestaltete Freiräume. Darüber

with a two-storey base zone of red clinker brick. In the Kasperstrasse area three-storey and four-storey residential buildings alternate, the three-storey ones forming the transition to the neighbouring development. Here too the base zone is of red clinker brick, the top storey white plaster. All buildings are characterized by a simple architectural language with perforated façades. A three-storey nursery adds its staggered cubing to the southern Quarter of the »Buchstabenflächen«. Its nucleus is a large hall which serves as an internal access element and forms the transition to a second-floor roof terrace set between two white plastered cubes.

Housing area 1

Housing area 1 is composed of four independent quarters based on a traditional settlement pattern. Originally a large-part prefabricated development was planned here. The aims of urban planning here are clear organization of public and private space, keeping car parking out of the areas inside the blocks, and the integration of the areas in park-type open space. Additionally a type of scheme has been developed which allows room for articulation of various architectural forms. The building structure is mainly four-storey and five-storey residential buildings and shared facilities such as schools and nurseries.

hinaus wurde eine Siedlungstypik entwickelt, die verschiedenen Architekturformen Platz zur Artikulation läßt. Die Bebauungsstruktur besteht in der Hauptsache aus vier- bis fünfgeschossigen Wohnhäusern und Gemeinbedarfseinrichtungen wie Schulen und Kitas.

Wohngebiet 1.1

In diesem Teilgebiet südlich der Bahntrasse entstehen insgesamt 587 Wohneinheiten. Die Bebauungsstruktur besteht entlang der Bahn aus langen, gekrümmten fünfgeschossigen Häuserzeilen, von denen jeweils zwei durch einen viergeschossigen Querbau zu einer U-förmigen Hofanlage zusammengeschaltet sind. Ergänzt wird diese Bebauung durch zwei ebenfalls U-förmige Wohnhausanlagen, eine L-förmige Baufigur, zwei Grundschulen und eine Kita. Der traditionellen Siedlungstypik gemäß ist auch die Architektursprache: verklinkerte und verputzte Wandflächen, sachliche, einfache Lochfassadensystematik, flach geneigte Dächer, Vorgärten und vom Verkehr frei gehaltene Blockinnenbereiche als Spiel- und Freiflächen. Die unterschiedlich großen Wohnungen funktionieren nach dem Durchwohnprinzip, wobei auch Küchen und Bäder an den Außenfassaden liegen.

Wohngebiet 1.2

Dieses Gebiet mit 971 Wohneinheiten schließt östlich an das Gebiet 1.1 an. Es weist geschlossene Wohnblocks, Zeilenbauten und Punkthäuser auf. Die ›Torhausbebauung‹ der Architekten Dörken und Heise bildet das Entrée in das Gebiet: ein Platz mit Infrastruktureinrichtungen und Ladeneinheiten in der Erdgeschoßzone und ein zwölfgeschossiges Hochhaus. Interessant sind die viergeschossigen Gebäude der Architekten Heide und von Beckerath: Die Wohnungen, als Zweispännertypen organisiert, werden über eine einläufige Treppe erschlossen. Der traditionelle Wohnungsflur ist aufgegeben zugunsten einer bewohnbaren, weiträumigen Diele, wodurch ein großzügiges ›Durchwohnprinzip‹ ermöglicht wird. Die Gartenfassaden sind vollverglast, wobei die Wohnräume raumhohe Schiebetürelemente aufweisen. Alle übrigen Fassaden bestehen aus einer dunklen Klinkerverblendung mit einem immer gleichen französischen Fensterelement, das durch ein außenliegendes metallenes Schiebepaneel geschlossen werden kann; dadurch ist die Fassadenfläche immer anders rhythmisiert.

Wohngebiet 1.3

Dieses Gebiet mit seinen 482 Wohneinheiten liegt nördlich des Gebietes 1.1. Es besteht aus einem zentralen öf-

Housing area 1.1

A total of 587 housing units are being constructed in this section south of the rail tracks. Along the railway the building structure comprises long crooked five-storey rows, joined in pairs by a fourstorey cross building to form U-shaped courtyard structures. There are also two other U-shaped housing blocks, an L-shaped structure, two primary schools and a nursery. The architectural language matches the traditional scheme type: clinker brick and plastered wall surfaces, simple functional perforated façade system, slightly sloping roofs, front gardens and traffibfree block interiors as play areas and open space. The flats of different size function on the live-through principle, whereby kitchens and bathrooms are also at the exterior façades.

Housing area 1.2

This area with 971 housing units joins area 1.1 to the east. It comprises self-contained blocks, rows and free-standing buildings. The ›gatehouse development‹ by architects Dorken and Heise forms the entrance to the area – a square with infrastructure facilities and shops in the ground floor zone, and a twelve-storey tower block. The four-storey buildings by architects Heide and von Beckerath are interesting. The flats are organized as pairs and are accessed via single flights of stairs. The traditional corridor has been abandoned in favour of a large useable hall, allowing a generous ›livethrough principle‹. The garden façades are fully glazed, the rooms having room-height sliding door elements. All other façades have dark clinker brick facing with always identical French window elements, which can be closed with an extemal metal sliding panel. This provides the façade with an always varying rhythm.

Housing area 1.3

This area with 482 housing units is to the north of area 1.1. It comprises a central public park, set in rhythmicaliy displaced buildings along the railway tracks and an extremely long row building, with shorter rows oriented at right angles to it. Unfortunately due to the unsettled rhythm and the colourfulness of the individual sections, the striking ›long building‹ by architects Dahne and Dahl with 208 flats does not possess the energetic and architectural potential required for such a planning gesture. It does not appear as a selfcontained unit but decomposes aesthetically into its individual parts.

Housing area 1.4

With 328 housing units the area lies between area 1.3 and the »Buchstabenflachen«. It comprises five-storey

fentlichen Park, der eingefaßt ist durch rhythmisch versetzte Bauten entlang der Bahntrasse und einem extrem langen Gebäuderiegel; es wird ergänzt durch quer dazu orientierte kürzere Zeilenbauten. Das auffällige ›Langhaus‹ der Architekten Dähne und Dahl mit seinen 208 Wohnungen weist aufgrund der unruhigen Rhythmik und Buntheit der einzelnen Bauabschnitte leider nicht die für eine solche städtebauliche Geste notwendigen energetischen und architektonischen Potentiale auf; es wirkt nicht als geschlossene Einheit, sondern zerfällt ästhetisch in seine Einzelteile.

Wohngebiet 1.4

Mit seinen 328 Wohneinheiten liegt es zwischen den Gebieten 1.3 und »Buchstabenflächen«. Es besteht aus fünfgeschossigen U-förmigen Hofanlagen und ergänzenden Zeilenbauten sowie Punkthäusern bzw. stadtvillenartigen Gebäudetypen. Prägendstes Element bei den Gebäuden der Architekten Dörken und Heise sind die dreigeschossigen Wintergartenzonen, die sich fast über die gesamte Länge der Fassaden erstrecken.

U-shaped courtyard formations, row buildings, and freestanding buildings and town villa type buildings. The most striking feature of the buildings by architects Dorken and Heise are the threestorey winter garden zones, which stretch along almost the whole length of the façades.

Wohngebiet 1.3: ◢ Dähne + Dahl, Berlin ↩ Stadt und Land Wohnbauten Gesellschaft mbH ☞ Wohnen ⊞ ca. 22.000 m² ⚲ 1996–1997 | Wohnhäuser, Porzer Straße/Coloniaallee: ◢ Frank Dörken/ Volker Heise, Berlin ↩ Stadt und Land Wohnbauten Gesellschaft mbH ☞ Wohnen ⚲ 1996–1997 | Zwei Wohnhäuser, Porzer Straße/Coloniaallee: ◢ Tim Heide/Verena von Beckerath Architekten, Berlin ↩ Stadt und Land Wohnbauten Gesellschaft mbH ☞ Wohnen ⊞ je 890 m² ⚲ 1996–1997 | Wohngebiet 1.3, Wegedornstraße: ◢ Buchstabenflächen: ARGE Urbanistica, Berlin, Kny & Weber Architekten, Berlin ↩ Grundstück Wegedornstraße GbR vertreten durch DEGEWO ☞ Wohnen, Gewerbe ⊞ 29.814 m² ⚲ 1995–1997 | Wohnhäuser, Block 811, Chorweiler Straße/Ehrenfelder Straße: ◢ Yoshimi Yamaguchi-Essig + Mathias Essig, Berlin ↩ BAVARIA Baubetreuungs GmbH ☞ Wohnen ⊞ 14.969 m² ⚲ 1995–1996

Rudower Felder / Rudow fields

U7 Rudow, Bus 171, 260 | 12355 Neukölln

Innerhalb der für die »Neuen Vorstädte« definierten Strategie wurde für die Rudower Felder – aufgrund der unmittelbaren Lage an der Stadtgrenze – eine spezielle Siedlungseinheit entwickelt, die den Schlußstein im Neuköllner Siedlungsgürtel bildet, mithin eine ›Stadtkante‹ bzw. ›Stadtmauer‹ definiert, die einen repräsentativen Zentrumsbereich aufweist und darüber hinaus die ehemalige Grenze zur DDR – den Mauerstreifen – in einen Park einbindet, der nicht nur ökologischen Wert hat, sondern als ›städtischer Park‹ nutzungsorientiert angelegt ist.

Die Siedlungstypik und typologische Bandbreite der einzelnen Gebäude, die ebenso wie das städtebauliche Konzept von den Architekten Martin und Pächter entwickelt wurde, besteht aus einem Zentrumsquartier im Bereich des zentralen Platzes am künftigen U-Bahnhof mit einer dichten, z.T. kammartig angelegten Baufolge aus U-förmigen Blöcken oder Zeilen, einem westlich davon gelegenen Stadtvillenquartier aus meist punktartigen Gebäuden, einer dichten Straßenrandbebauung entlang der Waltersdorfer Chaussee (zum Teil ebenfalls kammartig angelegt aus Wohn-, Büro- und Geschäftsbauten) und einem Gebiet aus Zeilenbauten und U-förmigen Wohnblöcken, die die südliche Stadtkante bilden. Eingestreut sind Infrastruktureinrichtungen, eine Grundschule, ein Gymnasium, Kindertagesstätten, ein Jugendfreizeitheim und Sporthallen und -plätze. Um die nötige Dichte zu erzielen und um die notwendigen Freiflächen und Parks im Süden und Norden des Quartiers schaffen zu können, wurde eine vier-, im Zentrumsbereich fünfgeschossige Bebauungsstruktur sowohl bei den Zeilen und Blöcken als auch den Punkthäusern bzw. Stadtvillen gewählt. Für alle Gebäudetypen, Freiräume und Straßenquerschnitte wurden darüber hinaus bestimmte Regeln bezüglich Zonierung und Gliederung aufgestellt, um ein Mindestmaß an Einheitlichkeit zu erreichen, was für die

In the strategy defined for the »new suburbs«, a separate residential concept was developed for the Rudow fields – as a result of their location on the edge of the city – which marks the limit of the belt of residential areas in Neukölln, and in a way represents an outer ›city wall‹ with a distinctive central area, and which also integrates the former border between West Berlin and the GDR – the line of the Wall – into a park which is not only ecological in its value, but is also designed for use as a ›city park‹.

The development style and the range of individual building types were developed by Martin and Pächter, the architects who also designed the urban development plan. The project contains a central area around the central square by the future underground station, with a concentrated series of U-shaped blocks and elongated buildings, designed in some instances on a comb-like plan; to the west of this area is a district of town villas with mainly detached buildings, a continuous development along the street on Waltersdorfer Chaussee (which is also partly on a comb-like plan, with residential, office and shop buildings) and an area of elongated blocks and U-shaped residential blocks forming the southern edge of the city. Spread through this development there are infrastructure facilities, a primary school, a grammar school, kindergartens, a youth leisure centre, sports halls and outdoor sports facilities. To achieve the required residential density and still create the necessary open areas and parks in the southern and northern parts of the district, the area is made up of four-storey buildings, and even five-storey buildings in the central area; this applies both to the elongated and block buildings and to the detached buildings and town villas. In addition, certain planning principles were set up for the zoning and sub-division of the open spaces and street cross sections in order to achieve a minimum of consistency, which is important for the identity of such a »new sub-

Wohnhaus Martin + Pächter, Gertrud-Dorka-Weg

Wohnhaus Mussotter + Poeverlein

Wohnhaus Martin + Pächter, Lieselotte-Breuer-Straße

Wohnhäuser Schattauer + Tibes, Jeanette-Wolff-Straße

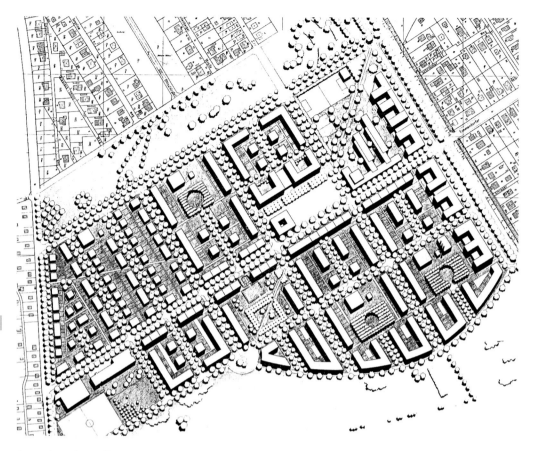

Gesamtplan Rudower Felder

Identitätsbildung einer solchen »Neuen Vorstadt« wichtig ist. So sind zum Beispiel nur Flachdächer oder flach geneigte Dächer vorzufinden, womit man sich auch in die Neuköllner Siedlungstradition der 20er Jahre gestellt hat; die Hufeisensiedlung von Bruno Taut und Martin Wagner wurde in mancher Hinsicht bewußt als Vorbild gewählt, das man den eigenen Vorgaben und Wünschen entsprechend – bezüglich eines dichten ›urbanen‹ Stadtquartiers – anpaßte und transformierte.

Das Gebäude der Architekten Martin und Pächter in der Liselotte-Berger-Straße 25, am Südrand des zentralen Platzes gelegen, demonstriert die städtebauliche und architektonische Strategie: Ein fünfgeschossiger, stereometrisch aus einer Zeile heraus entwickelter Baukörper steht an der Straße und definiert eindeutig den Straßenraum; er weist im Erdgeschoß eine Ladenzone und darüber vier Wohngeschosse auf. Das nach vorn orientierte Treppenhaus ist in der Fassade sichtbar gemacht durch eine fensterartige, viergeschossige Stahl-Glas-Konstruktion, deren Brüstungsfelder zum Teil geschlossen und gelb gestrichen sind. Die einfachen zweigeteilten Fenster liegen in ruhigem Rhythmus innerhalb weiß verputzter Wandflächen. Die 3-Zimmer-Wohnungen sind als Zweispänner angelegt; sie haben, nach Süden orientiert, entweder Balkone oder Loggien.

urb«. For example, all buildings have either flat roofs or leaning flat rooms, which is in keeping with the Neukölln residential estate tradition dating from the 1920s. The ›horseshoe estate‹ by Bruno Taut and Martin Wagner was, in some respects, deliberately chosen as a model, which was then adapted and transformed in accordance with the specifications and wishes of the present design in order to create a dense, ›urban‹ suburb.

The building designed by Martin and Pächter in Liselotte-Berger-Strasse 25, at the southern edge of the central square, demonstrates the urban planning and architectural strategy. A five-storey building, developed stereometrically out of an elongated block building, stands directly by the street, thus clearly defining the street context. On the ground floor it has a shopping zone, and above that are four residential storeys. The staircase, which is at the front of the building, is visible in the façade because of a window-type, four storey steel and glass structure with partly closed breastwork panels which are painted yellow. The simple, two-part windows are placed in a peaceful rhythm within white plastered wall surfaces. Each level of the staircase gives access to two three room apartments, which have either balconies or loggias on the south side.

Das Haus Gertrud-Dorka-Weg 4–6, von den gleichen Architekten entworfen (als Doppelhaus, das sich aus zwei viergeschossigen Zweispännern zusammensetzt), verdeutlicht den Grundtypus des Quartiers: Das Erdgeschoß ist als architektonisch definierte Sockelzone mit einem dunklen Ziegelverblendmauerwerk versehen; darüber folgt eine zweigeschossige Zone aus verputzten, weißen Wandflächen mit den ruhig gesetzten Fenstern und den Einschnitten für die Loggien. Das Dachgeschoß ist leicht zurückgesetzt, farbig abgesetzt und mit einem weit ausladenden Dach versehen. Das Treppenhaus ist im Erdgeschoß durchgeschaltet; die unten angeordneten Wohnungen sind als Maisonetten ausgebildet. Alle Küchen und Bäder sind nach außen orientiert.

Die Punkthäuser der Architekten Schattauer und Tibes stehen in der Jeannette-Wolff-Straße 8, 10, 16 und 18. Es sind auf quadratischem Grundriß aufgebaute viergeschossige Gebäude, die bautypologisch die Balance zwischen einem Siedlungshaus und einer Stadtvilla halten. Dabei folgen die Fassadengliederungen den dahinter angeordneten Räumen, wobei die Baukörpervolumen durch vertikale Farbflächen zusätzlich gegliedert sind. Die Loggien sind in den Gebäudeecken angeordnet, was den Gebäude-Kubaturen die Schwere und Geschlossenheit nimmt. Die Sockelzone wird nur durch die Eingangssituation markiert; die Dachzone dagegen wird an zwei Seiten durch eine bandartige Anordnung der Fenster unter dem vorstehenden Flachdach deutlich gemacht. Auch in diesen als Zweispänner organisierten Gebäuden sind die Küchen und Bäder nach außen orientiert.

Die viergeschossigen Stadt- bzw. Punkthäuser der Architekten Mussotter und Poeverlein – von denen in unmittelbarer Nachbarschaft u.a. auch das winkelförmige Gebäude realisiert wurde – sind strenger konzipiert: Zwei Gebäudeflanken sind geschlossen bzw. nur mit kleinen punktartigen Öffnungen perforiert; die zur Straße orientierte Fassadenseite ist jeweils gleichmäßig durch stehende Fensterformate gegliedert; die jeweils gegenüberliegende ist – fast wie ein Regal – durch die Stirnseiten der Wände und Decken zwischen den Loggien strukturiert. Durch diese Gliederungen sind kastenartige, kubische Baukörper entstanden, deren formale und strukturale Strenge durch eine einheitlich vermauerte Ziegelvorblendschale ästhetisch unterstützt wird. Die Gebäude sind als Zweispänner organisiert, wobei die lang-rechteckig konfigurierten Wohnungen durch ein gebäudetiefes Treppenhaus voneinander getrennt sind.

The building at Gertrud-Dorka-Weg 4–6, which was designed by the same architects (as a semi-detached building which is made up of two four-storey parts, with two apartments per storey in each section) underlines the basic type of building in the district. The ground floor, as an architecturally defined base zone, has dark-coloured facing brickwork; above that is a two-storey zone with plastered, white wall areas and with a peaceful window pattern and recesses for the loggias. The roof storey is set back slightly, with a contrasting colour and an overhanging roof. The staircase passes through the centre of the building sections on the ground floor; the lower apartments are arranged as maisonettes. All kitchens and bathrooms face the outside.

The detached buildings designed by the architects Schattauer and Tibes are situated in Jeannette-Wolff-Strasse 8, 10, 16 and 18. They are four-storey buildings built on a square ground plan, and in their style they strike a balance between the estate apartment block type and the town villa. The sub-division of the façade follows the structure of the rooms behind, and the volume of the buildings is additionally structured by vertical colour zones. The loggias are located on the corners of the buildings, which breaks up the heaviness and solidity of the cubic building shapes. The base zone is only marked out by the entrance area, but the roof zone is emphasised on two sides by a band-type arrangement of the windows under the overhanging flat roof. These buildings, which are again organised with two apartments per storey, also have the kitchens and bathrooms facing the outside.

The four-storey town and detached housed designed by the architects Mussotter and Poeverlein – who also designed the nearby angular building – are more strict in their concept. Two sides of the building have continuous wall façades, or only small, dot-like perforations; the façade sides facing the street are structured by a regular pattern of upright window formats; the other side of each building is structured, almost like a shelf, by the ends of the walls and floors between the loggias. This sub-division has created box-like, cubic buildings; their formal and structural strictness is aesthetically underlined by a uniformly laid facing brick façade. The buildings are organised with two apartments on each storey; the long, rectangular apartments are separated from each other by a staircase which occupies the full depth of the building.

Wohn- und Gewerbehäuser: ◢ Martin + Pächter & Partner, Berlin ⬙ GEHAG, Berlin/Stadt und Land Wohnbauten Gesellschaft mbH ☞ Wohnen, Gewerbe ⊞ 19.800 m² ♠ 1995–1997 | Wohn- und Geschäftshäuser: ◢ Schattauer + Tibes, Berlin ⬙ GEHAG Gemeinnützige Heimstätten Aktiengesellschaft ☞ Wohnen, Einzelhandel ♠ 1995–1996 | Wohnhäuser: ◢ Mussotter + Poeverlein, Berlin ⬙ GEHAG Gemeinnützige Heimstätten AG/Stadt und Land Wohnbauten Gesellschaft mbH/Bavaria Bau- und Objektbetreuung GmbH ☞ Wohnen ⊞ 10.820 m² ♠ 1995–1996 | Wohn- und Geschäftshaus: ◢ Arno Bonanni, Berlin ⬙ R & S Specker Gruppe/Bavaria ☞ Wohnen, Einzelhandel ⊞ 9.370 m² ♠ 1995–1997

Wohn- und Geschäftshaus / Residential and commercial building Sonnenallee 166

Sonnenallee 166/Treptower Straße 8–9/Herzbergstraße 17–18 | U7 Karl-Marx-Straße | 12059 Neukölln

SÜDOSTEN/SOUTHEAST

Das Gebäude besetzt ein dreieckiges Grundstück am Ende eines spitzwinklig zulaufenden Blockes und komplettiert die geschlossene Straßenrandbebauung dreier Straßenzüge gegenüber dem Hertzbergplatz. Die Ecke selbst wird betont durch ein fünfgeschossiges, zylinderförmiges Bauteil, das wie ein Turm wirkt; hinter dessen halbkreisförmiger, zweischaliger Fassade befinden sich – als Emissionsschutz für die Wohnungen – wintergartenähnliche Vorräume. Dieser Turm bildet die Schnittstelle für das Treppenhaus und gleichzeitig das Gelenk für die beiden Gebäudeflügel, die als selbständige Baukörper im Stadtraum erscheinen. Im Erdgeschoß befindet sich eine große, zusammenhängende Geschäftsraumfläche einer Bank. In den fünf Normalgeschossen sind unterschiedlich große Wohnungen untergebracht, deren Zimmer an langen, schmalen Fluren entlang gereiht sind; Küchen und Bäder, Wohnräume und Loggien sind grundsätzlich zur Straße orientiert. Zwischen den beiden scherenartig auseinanderstrebenden Gebäudeteilen befinden sich Nebenräume und weitere Loggien. Da sich im Untergeschoß eine Tiefgarage befindet, wurden die Keller-, Hobby- und Abstellräume im zurückversetzten Dachgeschoß untergebracht; jeder dieser kleinen Räume hat zusätzlich eine Dachterrasse. Der vertikale Aufbau folgt traditionellen Regeln: ein mit Naturstein verkleideter Sockel, horizontale Geschoßzonierungen mit vertikalen Gliederungselementen – Wintergartenverglasung und französische Fenster – und ein Staffelgeschoß.

The building occupies a triangular plot at the end of a block between two streets that meet at an acute angle, and thus completes the closed urban development pattern on three streets opposite Hertzbergplatz. The corner itself is accentuated by a five-storey, cylindrical structure which appears like a tower; behind this semicircular, double shell façade – for emission protection for the apartments – are rooms which are like winter gardens. This tower forms the focal point for the staircase and, at the same time, the meeting point for the two wings of the building, which appear as independent buildings in the urban context. The ground floor contains a large, continuous commercial unit which is occupied by a bank. The five normal storeys contain apartments of different sizes, with their rooms arranged along long, narrow corridors; the kitchens, bathrooms, living rooms and loggias are always situated on the street side. Between the two parts of the building, which move away from each other like scissor blades, there are auxiliary rooms and further loggias. As the basement contains an underground car park, the »cellar« rooms, hobby and storage rooms are situated in the staggered roof storey; each of these small rooms also has a roof terrace. The vertical structure is based on traditional principles: a pedestal faced with natural stone, horizontal zoning storey by storey with vertical sub-division elements – winter garden glazing and French windows – and a staggered top storey.

Elmar Leist, Berlin, mit J. Müller-Leist, D. Wöhler ◆ Dresdner Bank Immobilien Service GmbH, Berlin ☞ Wohnen, Bank
⊞ 1.651 m² 🛠 1992–1993

Rummelsburger Bucht / Rummelsburg Bay

S3 Rummelsburg | 10317 Lichtenberg

Wohnhaus
Herman Hertzberger

Im Zuge der Berliner Olympiabewerbung wurden das Gebiet rund um den Bahnhof Ostkreuz, die ehemalig von Industriebetrieben genutzten Flächen nördlich der Halbinsel Stralau und die Halbinsel selbst zum Entwicklungsgebiet. Hier sollen bis zum Jahre 2010 unter anderem über 5.000 Wohnungen, ca. 500.000 qm Büro- und Gewerbeflächen, vier Schulen, elf Kindertagesstätten und drei Jugendfreizeitheime entstehen. Das städtebauliche Gesamtkonzept basiert auf dem Leitbild ›Städtische Landschaft‹, das der Architekt Klaus Theo Brenner mit den Landschaftsarchitekten Thomanek und Duquesnoy 1993 entwickelt hat. Für das Teilgebiet Stralau-Stadt zeichnet Hermann Hertzberger verantwortlich. Maßgeblich war die Idee, den neuen Stadtteil mehr als bisher zur Spree zu orientieren. Es wurden drei Quartiere ausgewiesen, die jeweils den baulichen Bestand berücksichtigen und aufgrund ihrer spezifischen Lage strukturelle Besonderheiten aufweisen. Innerhalb dieser Quartiere entstehen wiederum besondere Siedlungseinheiten mit einem eigenen städtebaulich-architektonischen Thema. Diese drei Quartiere sind: das Teilgebiet Rummelsburg nördlich der Insel Stralau, das Teilgebiet Stralau-Dorf an der Spitze der Halbinsel und das Teilgebiet Stralau-Stadt, zwischen Bahnhof Ostkreuz und Stralau-Dorf gelegen.

Im Teilgebiet Rummelsburg folgt die Bebauung der Architekten Pudritz und Paul der städtebaulichen Vorgabe Brenners: drei sogenannte ›Hofgärten‹, bestehend aus jeweils einem U-förmigen Baukörper, deren Gebäudeschenkel jeweils derart um einen weiteren Baukörper verlängert sind, daß zwischen ihnen die quartiersspezifische Ost-West-Durchwegung möglich ist. Durch diese Lage und Konfiguration der Baukörper sind fast alle Wohnungen zur Spree hin orientiert. An den hofseitigen Fassaden und an den Kopfbauten am Wasser liegen großzügige Balkone, Loggien oder Terrassen, die

In the course of Berlin's application to hold the Olympic Games, the area around Ostkreuz station, the former industrial area to the north of the Stralau peninsula and the peninsula itself became a development area. The new development here by the year 2010 is planned to include over 5,000 residential units, about 500,000 square metres of office and business premises, four schools, eleven kindergartens and three youth leisure centres. The overall urban development concept is based on the principle of ›urban landscapes‹ which was developed by the architect Klaus Theo Brenner in cooperation with the landscape architects Thomanek and Duquesnoy in 1993. Hermann Hertzberger is responsible for the sector of Stralau town. The main element was the idea of designing the new district with greater orientation towards the river Spree than was formerly the case. Three areas were planned, each of which took into account the existing buildings and had special structural features because of its specific location. Within each of these areas, separate estates are being built, each with its own urban architectural theme. These three areas are the Rummelsburg section to the north of the Stralau peninsula, the Stralau village area at the tip of the peninsula and the Stralau town area, situated between Ostkreuz station and Stralau village.

In the Rummelsburg area, the development by the architects Pudritz and Paul follows the urban development plan stipulated by Brenner. Three so-called »court gardens«, each consisting of a U-shaped building with its side wings extended around a further building in such a way that the east-to-west routes which are specific to the area are possible between them. Because of this position and configuration of the buildings, almost all apartments are arranged to face the river Spree. The façades on the court sides and the end buildings facing the water have generously sized balconies, loggias or terraces, the street side façades are designed as perfo-

Wohnhaus Pudritz + Paul

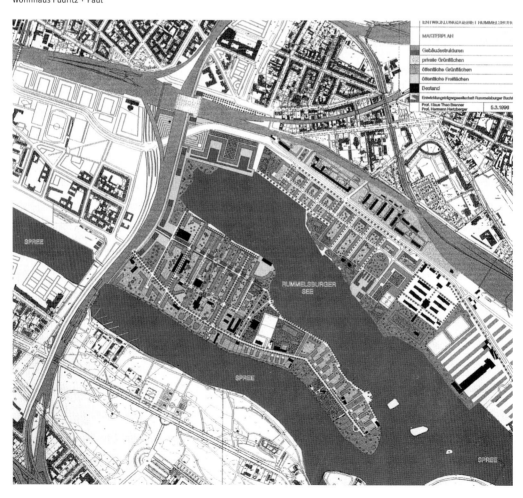

straßenseitigen Fassaden sind als Lochfassaden ausgebildet. Die sechs- bis siebengeschossigen Baukörper
sind mit einem Ziegelverblendmauerwerk versehen,
dessen Farbspektrum von braun über rot bis grün reicht.
Die beiden Kindertagesstätten der Architekten Alsop
und Störmer sind Ergebnis eines Wettbewerbs, der die
Typisierung von Kitas zum Ziel hatte. Die Gebäudekörper sind modulartig durchgebildet, wobei jeweils zwei
Gruppen zu einer ›Wohnung‹ zusammengefaßt sind:
eine im Erdgeschoß, zwei im Obergeschoß. Im Obergeschoß ist jede Wohnung um einen kleinen Patio organisiert, der sich bei Bedarf durch ein bewegliches Dach
öffnen und schließen läßt. Die Baukörper sind in
›Schieflage‹ gebracht – das heißt, daß die Fassaden aus
der Lotrechten kippen; außerdem sind sie jeweils in
speziell für den Standort entwickelte, zum Teil amorph
konfigurierte Freiräume eingebettet. Die Verkleidung
der Fassaden mit Schichtholzplatten und die Schräg-
lage der Kubaturen erzeugen den Eindruck von objekthaft inszenierten ›windschiefen Kisten‹.

Für das Teilgebiet Stralau-Dorf hat Klaus Theo Brenner
eine spezielle Haustypologie entwickelt, die als Thema
das ›Gehöft‹ mit Einfriedung und Einzelgebäuden auf-
greift. Aus diesem Typus entwickelt er eine zusammenhängende Bebauungsstruktur, die dem Gebiet einen
spezifischen Charakter verleiht. Für das Teilgebiet
Stralau-Stadt hat Herman Hertzberger eine zeilenartige
Bebauungsstruktur entwickelt, die dem vorhandenen
Bestand von zum Teil denkmalgeschützten Industriege-
bäuden folgt.

rated façades. The six and seven storey buildings are
faced with facing bricks with colours ranging from brown
through red to green.

The two kindergartens, designed by the architects Alsop
and Störmer, are the result of a competition aimed to
create typical kindergarten architecture. The building
blocks are modular in structure, and the groups are combined in pairs to form ›apartments‹: one on the ground
floor, two on the first floor. Each »apartment« on the
first floor is arranged around a small patio which can be
open or closed as required by means of a moveable roof.
The buildings are erected ›at an angle‹ – i.e. the façades
are slightly off vertical and are integrated in open spaces
developed specially for the location with a partly amorphous structure. The façade facing with chipboard panels
and the leaning nature of the cubic buildings create the
impression of artificially placed ›windblown boxes‹.

For the Stralau village area, Klaus Theo Brenner developed a special type of building based on the theme of the
›farmstead‹ with an enclosure and individual buildings.
On the basis of this type, he developed a coherent development structure which gives the area a specific character. For the Stralau town area, Herman Hertzberger developed a structure of elongated buildings which follows
the structure of the existing industrial buildings, some of
which are protected architectural monuments.

Masterplan: MBM, Josep Martorell, Oriol Bohigas, David Mackay; Rahmenplan Stralau Dorf, Rummelsburg: Klaus Theo Brenner, Berlin;
Rahmenplan Stralau-Stadt: Herman Hertzberger, Amsterdam | Hofgärten, Hauptstraße: ✏ Pudritz + Paul, Berlin ☜ Ziel GmbH, Ber-
lin ☞ Wohnen, Einzelhandel, Gewerbe ⊞ 45.100 m² ♣ 1996–1997 | Stadtpalais, Hauptstraße: ✏ Pudritz + Paul, Berlin
☜ Ziel GmbH, Berlin ☞ Wohnen, Einzelhandel, Gastronomie ⊞ 2.900 m² ♣ ca. 1997–1999 | Kita, Hauptstraße: ✏ Alsop & Stör-
mer, Hamburg ☜ Bezirksamt Lichtenberg ☞ Kindertagesstätte ⊞ 1.252 m² ♣ 1997–1998

Kita / Kindergarten Groß-Ziethener Chaussee 144

Groß-Ziethener Chaussee 144 | U7 Rudow, Bus 271 | 12355 Neukölln

Das Gebäude steht mit seiner zunächst fremd wirkenden Figur parallel zur Straße; der städtebauliche Kontext ist geprägt von weit gestreuten Einfamilienhäusern. Dies erlaubte eine eher landschaftsplanerische Interpretation eines Baukörpers, der sich als eingeschossiger Riegel mit Anbauten über der Nullebene erhebt. Diese Figur ist aus einem linearen, konischen Baukörper entwickelt, der im hinteren Grundstücksbereich steht und dort – eingegraben – zwei Geschosse aufweist. Zur Straße hin ist dieser Bauteil ergänzt worden um drei kleine Baukörper auf quadratischem Grundriß und zusätzlich um drei Baukörper, die jeweils einen Drittelkreis umschreiben, in dem kreissegmentartig jeweils vier Gruppenräume und die Sanitäranlagen angeordnet sind. Die kubischen Baukörper nehmen die vertikale Erschließung auf; sie werden ›bekrönt‹ von steilen, glänzenden Dreiecksdächern, die das Gebäude im Gelände visuell markieren und verankern. Zwischen dem Riegel und diesen angeschlossenen Baukörpern liegt eine das ganze Gebäude begleitende Erschließungszone, an der die Räume für die Erzieher und die Versorgung liegen. Diese Anordnung erlaubte es, jeder baulichen Einheit einen eigenen Spielplatz zuzuordnen. Durch den Wechsel von stereometrischen und rund geschnittenen Baukörpern bzw. -teilen und von hohen schmalen und niedrigen Räumen entlang einer linearen Raumzone sind im Inneren fließende Übergänge geschaffen worden, die immer wieder einen visuell und funktional erlebbaren Bezug zum Außenraum erlauben. Die Materialien Sichtbeton, Kalksandsteinmauerwerk und Holz und die verhaltene Farbgebung, weiße Wände und blaue Treppen, unterstützen den Eindruck eines angenehm rhythmisierten Kontinuums der Raumfolgen.

At first site, the shape of this building parallel to the street appears incongruous in its setting; the urban context is characterised by detached one-family houses which are widely spread out. This permitted an almost landscape planning approach to the building structure, which rises above ground level as a single-storey long block with annexes. This shape is developed from a linear, conical building which is sunk into the ground in the rear part of the plot and has two storeys. Towards the street, this building block has been supplemented by three small buildings on a square floor plan and three buildings which each describe a third of a circle, and in which four group rooms and the sanitary facilities are arranged in each building like segments in a circle. The cubic buildings contain the vertical access facilities and are ›crowned‹ by steep, shining, triangular roofs which characterise the buildings visually in the grounds and at the same time anchor them. Between the long building and these adjoining buildings is an entrance and access zone along the whole building, which also leads to the rooms for the teachers and utilities. This arrangement made it possible to assign a play area to each structural unit. The alternation of stereometric and round buildings and sections, of high narrow rooms and low rooms along a linear spatial zone has created flowing transitions in the interior which always permit a visual and functionally experienced reference to the outdoor spaces. The materials of exposed concrete, limestone masonry and wood and the restrained colouring with white walls and blue stairs underline the impression of a pleasantly rhythmic continuum of spatial sequences.

◢ Deubzer/König, Berlin ◆ Bezirksamt Neukölln, Abteilung Jugend und Sport ☞ Kindertagesstätte ⊞ 2.234 m² 👤 1991–1994

Wohnhäuser / Residential buildings Imbrosweg 70–70G

Imbrosweg 70–70G | U6 Alt-Mariendorf, Bus 277, U6 Westphalweg, Bus 383 | 12109 Tempelhof

Das Gebäudeensemble stellt eine Erweiterung der Wohnsiedlung Mariendorf-Ost dar, die in den Jahren 1956 bis 1963 nach einem Entwurf von Wils Ebert gebaut wurde. Es besteht aus vier Einzelgebäuden, von denen zwei eine Art Torsituation formulieren: Diese beiden Bauten sind durch eine Brücke, einen Steg – eine geschlossene ›konstruktivistische‹ Stahl-Glas-Konstruktion – miteinander verbunden, was zwar ungewöhnlich ist, aber nicht unangenehm wirkt. Durch das leichte Verdrehen der Gebäude gegeneinander ist zwischen den Baukörpern ein offener Freiraum, quasi ein Quartiersplatz entstanden. Die im Rahmen des sozialen Wohnungsbaus errichteten Gebäude haben durchweg angenehm offene und großzügig geschnittene Grundrisse, die dem Durchwohnprinzip folgen: zweiseitig orientiert, aufgeweitete Flure, außenliegende Küchen und Bäder, Loggien oder Balkone, große Fenster. Die Architektursprache ist von einer eigenwilligen Interpretation der Wand bzw. der Fassadenschichten geprägt. Die fünfgeschossigen Baukörper werden nicht als in sich ruhende Volumen aufgefaßt und rhythmisch regelmäßig durchgebildet und perforiert, sondern gleichsam in Wandelemente zerlegt, die eine eigene Logik bei ihrer Zusammensetzung entfalten: Mal sind sie perforierte Fassaden oder Brandwände, mal sind sie – schmal geschnitten – als Stütze eingesetzt oder als reine Wandvorlagen, die sich um die Volumen legen; außerdem haben die Balkone bzw. Loggien mal Stahl- und mal Mauerbrüstungen. Durch diesen vielfältigen Wechsel von gechlossenen und offenen Flächen in verschiedenen Tiefenschichten entsteht eine irritierende plastische Wirkung. Die nichtorthogonale Stellung, der Brückensteg und die Tonnendächer tragen zu dieser Wirkung ebenfalls bei.

This complex of buildings is an extension of the Mariendorf East residential estate which was built from 1956 to 1963 to a design by Wils Ebert. It consists of four individual buildings, two of which form a sort of gateway: these two buildings are connected by a bridge, a walkway – a closed, ›constructivist‹ steel and glass structure – which is unusual, but not unpleasant in its effect. The buildings are slightly at an angle to each other, which creates an open space between the buildings, almost a sort of district square. The buildings are part of the subsidised residential construction programme, and they all have pleasantly open and generously designed floor plans on the front-to-back principle, i.e. they face two sides of the building, have wide corridors, outside kitchens and bathrooms, loggias or balconies and large windows. The architectural language is characterised by an unconventional interpretation of the wall and façade layers: the five-storey buildings are not treated as self-contained volumes and rhythmically designed and perforated, instead they are broken down into wall segments which develop their own logic in their combination. Some are perforated façades or fire walls, some are narrow and used as supports or as pure facing walls which surround the building structures, and the balconies and loggias sometimes have steel railings, sometimes brick railings. This wide-ranging interchange of closed and open surfaces at different depth layers creates an irritating intense effect. The irregular positioning, the bridge and the arched roof also contribute to this effect.

ELW Eyl, Weitz, Wuermle & Partner, Berlin, mit A. Hierholzer ⬤ Invest Consult, Berlin ☞ Wohnen ⊞ 9.330 m² ⚘ 1992–1993

Wohnbebauung / Residential development Tempelhofer Damm 44–46

Tempelhofer Damm 44–46 | U6 Paradestraße | 12101 Tempelhof

Die beiden Wohnbauten stehen gegenüber dem von Ernst Sagebiel entworfenen und 1936 bis 1941 errichteten Flughafen Tempelhof. Sie bilden eine neue markante und der städtebaulichen Situation angemessene Eingangssituation für die Siedlung »Tempelhofer Feld«, die von verschiedenen Architekten zwischen 1920 und 1930 nach einem städtebaulichen Entwurf von Fritz Bräuning gebaut wurde. Das zunächst irritierende, kompakt und monumental erscheinende Bild der beiden symmetrisch zueinander stehenden Baukörper ist Folge des Entwurfskonzeptes, das ganz bewußt auf den stark befahrenen Tempelhofer Damm und die dominante Form des Flughafengebäudes reagiert. Um die Bewohner vor den Emissionen zu schützen, wurde den Wohnungen auf allen Geschossen ein breiter Flur bzw. Laubengang vorgeschaltet. Diese Erschließungszone ist hinter einer aus Kalksandstein gemauerten Fassadenschicht verborgen, die mit kleinen quadratischen Fenstern versehen ist. Markiert wird diese Erschließungszone durch einen offenen Schlitz im sechsten Geschoß und über eine fast gebäudehohe Öffnung. Die beiden Gebäude erscheinen durch ihre Form an der Straße und die rasterförmigen Einschnitte als strenge kubische Körper; sie wölben sich allerdings bogenförmig in den Siedlungsraum. Alle Nebenräume, Küchen und Sanitärbereiche sind zur Straße, die Wohn- und Schlafräume, Loggien und Wintergärten nach hinten orientiert.

These two residential buildings are situated opposite Tempelhof Airport, which was designed by Ernst Sagebiel and built from 1936 to 1941. They form a new, striking and architecturally appropriate entrance setting for the »Tempelhof Field« residential estate built by various architects between 1920 and 1930 to an urban planning design by Fritz Bräuning. The initially irritating, apparently compact and monumental appearance of the two buildings, which are arranged symmetrically to each other, is a result of the design concept which deliberately reacts to the busy Tempelhofer Damm and the dominant form of the airport building. To protect the residents from noise and pollution, a wide corridor or arbour is placed in front of the apartments on all storeys. This access zone is concealed behind a limestone façade with small, square windows. This access zone is marked by an open slit on the sixth floor and an opening which is almost as high as the building. As a result of their form on the street side and the grid-like indentations, the two buildings look like strict cube structures. However, they follow an arch-like curve in keeping with the estate. All auxiliary rooms, kitchens and sanitary facilities are placed on the street side; the living rooms and bedrooms, loggias and winter gardens face to the rear.

Chestnutt Niess, Berlin ☞ Tempelhofer Feld AG ☞ Wohnen ⊞ 8.199 m² ♠ 1989–1992

Erweiterung Albert-Einstein-Schule / Extension Albert Einstein School

Parchimer Allee 125 | U7 Parchimer Allee, Bus 181 | 12359 Neukölln

Dieser 1992 mit dem Architekturpreis des BDA ausgezeichnete Schulerweiterungsbau steht am südwestlichen Rand der berühmten, von Bruno Taut und Martin Wagner entworfenen Hufeisensiedlung im Stadtteil Britz, Bezirk Neukölln. Der städtebauliche Kontext wird durch eine vorwiegend zeilenartige zwei- bis viergeschossige Bebauungsstruktur charakterisiert. Der neue Anbau wird sowohl als selbstverständlicher, integraler Bestandteil der kamm- und pavillonartigen Schulanlage als auch als raumbildendes Element des Stadt- und Straßenraumes lesbar. Das Rückgrat des halbelliptischen Baukörpers, ein langer Erschließungsflur, verbindet drei bestehende Bautrakte miteinander und mündet in einem Treppenhaus bzw. im Erdgeschoß in einer weiträumigen Foyerhalle, die als Verteiler fungiert. Hier im Erdgeschoß sind die Räume für Musik und der Schülerfreizeitbereich, wie Cafeteria und Aufenthaltsräume, untergebracht. Im ersten Obergeschoß befinden sich die Schulverwaltung, Lehreraufenthaltsräume und die Bibliothek, im zweiten Obergeschoß die Fachklassentrakte für Kunst und Physik. Alle diese Räume sind gleich befenstert, wodurch der dynamischen Form der Ellipse, die gleichwohl als monolithische Wand erscheint, eine angenehme Ruhe verordnet wird. Die Stahlbetonkonstruktion ist mit einer zweischaligen, hinterlüfteten Ziegelmauerwand verkleidet, wie überhaupt nur naturbelassene Materialien verwendet wurden: Granitfußböden, Holz, Glas und Beton. Die plastische Wirkung des neuen Gebäudetraktes wird durch eine die Ellipsenform parallel begleitende aufsteigende Beton-Säulenreihe erhöht.

This school extension project, which was awarded the architecture prize of the Association of German Architects (BDA) in 1992, is at the south-western edge of the famous ›horseshoe‹ housing estate, which was designed by Bruno Taut and Martin Wagner and is situated in Britz in the district of Neukölln. The urban setting is mainly characterised by rows of buildings with two to four storeys. The new extension can be seen both as a natural, integral part of the ridge and pavilion type school complex and as a structural spatial element in the urban and street setting. The backbone of the semi-elliptical building structure, a long access corridor, links three existing building blocks and ends with a staircase, with a generously proportioned foyer on the ground floor which acts as a central distribution area for access to the different areas. The ground floor contains the music rooms and the pupils' free time facilities such as the cafeteria and recreation rooms. The first floor contains the school offices, the teachers' rooms and the library and the second floor contains the classrooms for Art and Physics. All of these rooms have the same size windows, which creates a pleasant serenity in the dynamic form of the ellipse, which otherwise appears like a monolithic wall. The reinforced concrete structure is faced with double-layer, rear-ventilated facing bricks, and natural materials have been used throughout: granite floors, wood, glass and concrete. The spatial effect of the new building structure is heightened by a rising row of concrete columns which is arranged parallel to the elliptical shape.

Bangert Scholz, Stefan Scholz, Berlin ◆ Bezirksamt Neukölln, Abteilung Volksbildung ☞ Schule ⊞ 3770 m² ⚒ 1988–1991

Wohnquartier / Residential estate Gerlinger Straße

Gerlinger Straße 54 | Bus 179 | 12349 Neukölln

Die Wohnanlage zeichnet sich durch ein einfaches Ordnungsprinzip aus, das sowohl die vorhandenen Wegenetze berücksichtigt als auch eine neue, eigene Struktur schafft. Diese öffnet sich zu den quartiersübergreifenden Freiräumen und vermittelt gleichzeitig zwischen den verschiedenen Wohneinheiten und unterschiedlichen Wohntypologien, den Gemeinschaftseinrichtungen und dem Wegenetz. So sind differenzierte Räume und spannungsreiche Raumsequenzen entstanden. Die Baustruktur besteht aus Wohnhauszeilen mit Wintergärten und Läden im Erdgeschoß, aus freistehenden Mehrfamilienhäusern mit erweiterten Treppenhäusern und vor allem aus den das Gesamtbild der Anlage prägenden Genossenschaftshäusern mit glasgedeckten, hellen Gemeinschaftshallen. Sind die Grundrisse in allen Wohnungen nach dem bewährten Durchwohnprinzip organisiert, also nach zwei Seiten orientiert, so sind bei den Genossenschaftshäusern auch neue interessante Wohnformen entstanden. Denn die Wohnungen gruppieren sich hier um eine jeweils dreigeschossige Halle, die als Wintergarten und somit als Wärmepuffer, zugleich aber auch als Gemeinschaftsraum und Spielfläche fungiert. Durch die Kombination der verschiedenen, bis zu viergeschossigen Gebäude, durch die Stellung zueinander und vor allem durch die architektonische Durcharbeitung mittels ruhiger Ziegel- und Putzwände mit gleichmäßiger Befensterung wurde ein Quartier an der Peripherie geschaffen, das die Vorzüge des stadtnahen Wohnens mit denen der Stadtrandsiedlung in Einklang bringt.

This residential complex is characterised by a simple arrangement which takes into account the existing access roads and paths and also creates its own new structure. This structure opens up to the open spaces beyond the estate, and at the same time acts as a link between the different residential units and types of residence, the communal facilities and the roads and paths. This creates differentiated zones and exciting spatial sequences. The building structure consists of rows of residential buildings with winter gardens and shops on the ground floor, detached apartment blocks with extended staircases and, especially, the residence association buildings which dominate the overall appearance of the complex, with glass-covered, bright communal halls. Where the room layouts in all apartments are organised on the conventional front-to-back principle, i.e. facing two sides, in the residence association buildings interesting new apartment layouts have also been created. Here, the apartments are grouped around a central hall, which spans three storeys in each building and serves as a winter garden and a heat store, but at the same time also as a communal room and play area. With the combination of different buildings of up to four storeys in height, the arrangement of these buildings in relation to each other, and especially because of the architectural style based on calm brick and rendering walls with even windows, a residential area has here been created on the periphery of the city which harmonises the advantages of living near the city with the advantages of living on the outskirts.

Liepe + Steigelmann, Berlin, mit Klaus Gayer ◆ Berliner Bau- und Wohnungsgenossenschaft von 1892 e.G. ☞ Wohnen
1993–1994

Estrel Residence Hotel

Sonnenallee 225 | S45, 46 Köllnische Heide, Bus 141, 241 | 12057 Neukölln

Der Hotelneubau gehört in die Kategorie jener Bauten seit 1990, bei denen es nicht gelang, das gewaltige und an sich anspruchsvolle Bau- und Nutzungsprogramm in eine angemessene Großform zu überführen und diese städtebaulich zu integrieren. Das mit 1.100 Zimmern größte Hotel Deutschlands steht an einer spitzwinklig zulaufenden Straßenecke an der Sonnenallee. An dieser Ecke ergibt sich durch die Schräge, die Steinverkleidung in den unteren zwei sowie die Glasverkleidung in den oberen 13 Geschossen ein durchbrochener, prismatischer Baukörper. Durch die Abtreppung der Steinverkleidung gegenüber den wie eingestellt wirkenden Glaskörpern in den anderen Bauteilen entlang der Straße ergibt sich ebenfalls eine undefinierte und fragwürdige Baukörperkomposition: Die Figur als architektonische Form soll nämlich kleiner erscheinen als sie ist, anstatt die große Form als großstädtische Baufigur herauszuarbeiten und mit den Mitteln der Architektur und Baugestaltung kenntlich zu machen. Das Innere wird dominiert durch die zum Teil zweigeschossige Empfangshalle, eine Passage und ein Atrium, eine große Halle, die das Thema der Galleria interpretiert: In den Erdgeschossen sind Läden, Restaurants und Bistros untergebracht, der ›möblierte‹ Straßenraum zwischen den beiden Fassadenfronten ist allerdings überdeckt; Innen- und Außenraum sind nicht deutlich getrennt und ablesbar, die Baugestaltung wirkt eher anspruchslos, wenn auch nicht unambitioniert. Die eigentliche Hotelstruktur – als bauliche und räumliche Organisation aller Raummodule bzw. Nutzungseinheiten –, die Lage, der Zuschnitt und die Zugänge zu den Zimmern sind großzügig, aber konventionell.

This new hotel building is one of the category of buildings which have arisen since 1990 in which the architects were not able to translate the ambitious standard aimed for in the proposed building and utilisation into an appropriate large-scale form and integrate this form into the urban setting. This largest hotel in Germany, with 1,100 rooms, is situated on an oblique-angled corner on Sonnenallee. On this corner, the oblique structure, the stone facing on the lower two storeys and the glass facing of the upper thirteen storeys create a broken, prismatic building structure. The staggered structure of the stone facing in contrast with the glass structures in the other parts of the building along the street, which appear to be added almost as an afterthought, creates a poorly defined and questionable composition of the building which aims to make the architectural form appear smaller than it is instead of developing the large form as a cosmopolitan structure and emphasising it with the means of architectural design. The interior is dominated by the reception hall, which partly extends over two storeys, a passage and an atrium, a large hall which interprets the theme of the gallery. The ground floors accommodate shops, restaurants and bistros, but the ›furnished‹ street area between the two façade fronts is covered; the interior and exterior are not clearly separated and distinguishable, the design of the building seems to be rather unsophisticated in spite of its ambitions. The actual hotel structure – in terms of the structural and spatial organisation of all the room modules and utilisation units –, the position, layout and access to the rooms are generously proportioned, but conventional in style.

⊿ Hennes + Tilemann, Bonn ⬥ Ekkehard Streletzki ☞ Hotel, Kongreßzentrum ⊞ ca. 65.000 m² ♣ 1994–1995

Wohnpark / Residential park Britzer Straße 52–68

Britzer Straße 52–64, U6 Alt-Mariendorf, Bus 181, 177, 277 | 12109 Tempelhof

Die 343 Wohnungen umfassende Wohnanlage liegt in einem Gebiet mit einer relativ niedrigen und weniger dichten Bebauungsstruktur. Diese Lage erklärt sowohl die zum Teil geneigten Dächer als auch die Staffelung der Gebäude von drei- bis fünfgeschossigen Haustypen. Hauptelement der Anlage ist ein weiter, rechteckiger Hofraum, der auch als Haupterschließungsachse funktioniert und an dem entlang vier- und fünfgeschossige Wohnhäuser stehen, die von verschiedenen Architekten entworfen wurden. Die räumliche Struktur und Dichte überraschen zunächst in diesem Kontext an der Peripherie. Vom Platz aus erreicht man durch Querwege oder Hausdurchgänge die hinter der hohen Platzbebauung gelegenen kleineren, zur Landschaft hin offenen Bereiche oder Nachbarschaftshöfe, die von einer zwei- bis dreigeschossigen Bebauung eingefaßt sind. Diese offenen und geschlossenen Plätze sind alle, parallel zum zentralen Platz, durch Tore unter den Häusern hindurch miteinander verbunden. Diese vielfältige Durchwegung macht die dichte Bebauungsstruktur durchlässig und angenehm offen, ohne die Kompaktheit aufzugeben. Die einzelnen Gebäude weisen innerhalb der Möglichkeiten der festgelegten Siedlungsstruktur und der Vorgaben eine unterschiedliche Architektursprache auf. Weiße, ruhige Kubaturen mit einer rhythmisch einfachen Befensterung wechseln sich ab mit formalen Verspieltheiten und farbig verputzten Bauteilen oder vorspringenden Wandscheiben. Auch die Wohnungsgrundrisse sind unterschiedlich durchgebildet, wobei einige Architekten das Thema der Erschließung in ihre Grundrißdisposition einbezogen und somit interessante Raumsequenzen im Inneren der Treppenhäuser geschaffen haben.

This residential development of 340 apartments is located in an area with a relatively low and less dense building structure. This situation explains both the use of sloping roofs for some building and the staggering of the building types, with three to five storeys. The main element of the development is a broad, rectangular courtyard which also serves as the main access route, and along which there are four and five storey buildings designed by different architects. In this context, the spatial structure and density of the periphery at first seem surprising. Outdoor paths and passages through the buildings lead from the square to the smaller open spaces and neighbourhood courtyards behind the higher buildings on the square, which are open to the surrounding scenery and enclosed by buildings with two to three storeys. These open and closed squares and courtyards are all linked together parallel to the central square by gateways below the buildings. This multiple path structure makes the relatively dense development structure lighter and pleasantly open, without negating its compactness. Within the scope of the defined estate structure and the specifications, the individual buildings show different architectural styles. White, calm cubes with regular and simple window patterns alternate with formal playfulness, building sections with coloured plaster and protruding wall slabs. The floor plans of the apartments are also different; some of the architects integrated the theme of access in their ground plan design, thus creating interesting spatial sequences in the staircases.

Nalbach + Nalbach, Berlin/Kammann, Grossmann, Damosy, Berlin/Oefelein Rainer, Berlin/Eyl, Waitz, Würmle+Partner, Berlin
Wohnen ⊞ 26.915 m² ↝ Aquis-Zweite Verwaltungsgesellschaft mbH+Co. Britzer Straße KG 👥 1991–1993

Siedlung Spruch / Spruch residential estate

Kalksteinweg 17A | Bus 172, X11 | 12349 Neukölln

Die Siedlung, die 1996 mit dem Architekturpreis des BDA Berlin ausgezeichnet wurde, kombiniert auf vielfältige Weise städtebauliche und architektonische Themen des Bauens an der Peripherie. Das Grundmuster besteht aus der Haupterschließungsstraße, quer dazu verlaufenden Wohnhöfen und aus Freiräumen zwischen den Wohnhöfen. Diese nach jeder Seite offenen Freiräume werden als Gärten von allen Bewohnern genutzt. Die Wohnhöfe dagegen sind als Sackgassen ausgebildet; hieran stehen, jeweils in leicht versetzter Position zueinander, die Wohngebäude. Die Materialität der Höfe wirkt durch die weiß verputzten Häuser und durch die Pflasterung eher steinern, wird aber durch die die Hausvolumen einfassenden Grünbereiche und durch zum Teil verglaste Bauteile angemessen abgemildert. Das System der irritierend gegeneinander versetzten Hauskörper wird begleitet durch ein Ordnungsprinzip, das einen zugrundeliegenden Haustyp durchdekliniert. Der drei- bis viergeschossige würfelförmige Baukörper wird als Typus vielfältig durch unterschiedliche Erschließungssysteme und Wohnungstypen und farbig betonte Einschneidungen und Terrassen bzw. Wintergärten ›manipuliert‹. Dadurch entsteht das rhythmisierte Bild einer Siedlung, das aus immer neuen und anderen Sequenzen zu bestehen scheint und doch auf einem Modul beruht. Die Idee des Grundtypus wird zwar nicht sofort erkennbar, schlägt sich aber nieder in der beruhigten Erscheinung und in der städtisch-räumlichen Qualität, die durch die Dimensionierung der Anlage, die Form der Einzelhäuser und die einheitliche Materialität hergestellt wird.

This residential state, which was awarded the 1996 architecture prize of the Berlin branch of the Association of German Architects (BDA), combines urban planning and architectural themes of building on the outskirts in a number of ways. The basic pattern consists of the main access road, the traverse residential courts and the open spaces between the residential courts. These open spaces, which open out to each side, are used as gardens by all the residents. The residential courts, on the other hand, are designed as cul-de-sacs around which the residential buildings are grouped in a slightly offset position to each other. The material of the courts has a rather stone effect because of the white rendered buildings and the stone paving, but it is softened appropriately by the vegetation which surrounds the buildings and by the partially glazed parts of the buildings. The irritating offset pattern of the buildings is accompanied by an organisational principle which consists declinations of a basic type of building. The three to four storey cubic building block structure is ›manipulated‹ in various ways by different building access systems and apartment types and by highlighted coloured cutaways, terraces and winter gardens. This creates a rhythmic impression of an estate which appears to consist of ever changing sequences, but which is nevertheless based on a single module. The idea of the basic type is not immediately recognisable, but it becomes apparent in the peaceful general impression and the urban and spatial quality which is created by the size of the development, the shape of the individual buildings and the uniform materials.

Engel und Zillich, Berlin ✎ Haschtmann Baubetreuungsgesellschaft mbH, Berlin ☞ Wohnen ⊞ ca. 54.000 m² ⚘ 1993–1995

Erweiterung und Verdichtung Siedlung Schlierbacher Weg / Schlierbacher Weg residential estate

Schlierbacher Weg, Sandsteinweg, Grauwackeweg | U6 Alt-Mariendorf, Bus 176 | 12349 Neukölln

Die Siedlung mit ihren 172 Wohnungen wurde in den Jahren 1952/53 im Rahmen des sozialen Wohnungsbaus errichtet. Die Neubaumaßnahme besteht aus der Instandsetzung und Modernisierung des Bestandes und der Verdichtung durch Dachaufbauten. Die Wohnungsgrundrisse wurden verändert bzw. neu organisiert, vor allem aber durch Zusammenlegung vergrößert. Den Erfordernissen des ökologischen Stadtumbaus wurde durch viele Einzelmaßnahmen entsprochen. Ausgangspunkt der Planung war außerdem die Beteiligung und das Mitspracherecht der Mieterschaft, um deren Verdrängung zu vermeiden und die Identität mit ›ihrer‹ Siedlung zu stärken. Architektonisch wurde darauf Wert gelegt, alle Neubaumaßnahmen als Eingriffe kenntlich zu machen, ohne allzu störend in die sachliche, schlichte Erscheinung der Siedlung einzugreifen. Beispielsweise wurde die Fläche und Fenstereinteilung der Fassaden nicht oder nur minimal geändert, die gebäudehoch verglasten Treppenhäuser bilden nach wie vor das strukturierende Element der einzelnen Hauseinheiten. Hinzugekommen sind die mit zementgebundenen Spanplatten verkleideten Dachaufbauten und Erkerelemente, die mit den neu verputzten, gelb und rot gestrichenen, einfachen Fassaden angenehm kontrastieren. Balkone und Vordächer setzen rhythmisch neue Akzente. Die Außenanlagen wurden den Wünschen der Bewohner entsprechend in die Planung einbezogen: Mietergärten und offene Grünbereiche ergänzen das Konzept.

This estate, with its 172 apartments, was erected in the years 1952/53 as part of the subsidised residential programme. The new building project consists of the renovation and modernisation of the existing substance and upward extension to increase the residential density. The ground layout of the apartments was changed or reorganised, and in particular, apartments were combined to create larger units. A number of individual measures were adopted to meet the requirements for ecological urban reconstruction. A further element of the planning process was the involvement and consultation rights of the tenants, in order to avoid displacing them and to strengthen their identification with ›their‹ estate. Architecturally, great care was taken to ensure that all new building measures were clearly visible as interventions, but without disturbing the functional and simple visual identity of the estate. For example, the wall areas and window patterns of the façades were left unchanged or only changed minimally, the glass-walled staircases extending over the full height of the buildings are still the structuring element for the individual building units. New elements are the rooftop structures and bay elements faced with cement-bound chipboard, which create an attractive contrast to the simple façades with their new rendering which is painted in yellow and red. The balconies and porches create new rhythm patterns. Following the wishes of the residents, the grounds were also included in the planning: the concept is supplemented by gardens for tenants and by open areas of vegetation.

⌂ AG Stadtwerkstatt und Baufrösche Kassel ⬿ Stadt und Land Wohnbauten GmbH, Berlin ☞ Wohnen ⊞ 10.256 m² (Bestand), 3.711 m² (Verdichtung) 🏃 1991–1992

Kita und Wohnhaus / Kindergarten and residential building Böhmische Straße 38–39

Böhmische Straße 38–39 | U7 Karl-Marx-Straße | 12055 Neukölln

Das ungewöhnliche Konzept des Ensembles verdankt sich der städtebaulichen Situation und der besonderen Bebauungsstruktur im historischen, fast dörflich anmutenden Kern von Rixdorf: Die radiale Anlage der Straßen weist tiefe Grundstücke mit schmalen und langen Remisen und Scheunen in den hinteren fächerförmigen Grundstücksbereichen auf. Das vier- bis fünfgeschossige Wohnhaus bezieht sich mit seiner stereometrisch-kubischen Form, seinem verklinkerten Sockel und seinen verputzten weißen Fassadenflächen eindeutig auf den Straßenraum. Die zunächst ungewohnt wirkende Fensterformatierung und -lage ensteht aus der inneren Erschließung, die zum Teil über Laubengänge erfolgt, und der ungewöhnlichen Konfiguration der vielfältigen Grundrißtypen: Hier sind ökonomisch und trotzdem großzügig geschnittene 1- bis 6-Zimmer-Wohnungen, z.T. als Maisonetten, kombiniert worden. An der nicht angebauten Seite schiebt sich der langgestreckte, tief in den Blockinnenbereich reichende Baukörper der eingeschossigen Kita unter das hier aufgeständerte straßenseitige Gebäude. Der linearen Struktur des Kitagebäudes, das durch drei zweigeschossige Körper rhythmisch akzentuiert wird, folgt die innere Organisation: Der hofseitige Haupterschließungsgang führt bis in die im hinteren Grundstücksbereich stehende Scheune, die, zum Hort umgebaut, nunmehr zum Ensemble gehört und mit den anderen Gebäuden einen intimen Hof bildet. Der Blockdurchwegung folgend ist die Kita mit einer Glasschürze als Wärmepuffer versehen, hinter der sich schmale Raumzonen und die Gruppenräume befinden.

The unusual concept of the ensemble is due to the urban situation and the special development structure in the historical heart of Rixdorf, which has an almost village character. The radial structure of the streets leads to long plots with narrow, long sheds and barns in the rear, fan-like parts of the plots. The four to five storey residential building, with its stereometric and cubic form, its clinker-faced pedestal and its white plaster façades, clearly relates to the street setting. The window formats and positions, which initially seem unfamiliar, result form the internal access structure, which is partly through arbours, and the unusual configuration of the many ground plan types. 1 to 6 room apartments, which are economical and yet generously sized, are combined here, some of them as maisonettes. At the side which is not built against, the long building of the enclosed kindergarten is inserted under the raised building on the street side and extends far into the centre of the block. The linear structure of the kindergarten building, which is rhythmically accentuated by three two-storey structures, is reflected in the inner organisation. The main access corridor on the courtyard side extends to the barn in the rear part of the plot; this barn is converted into a building for the afternoon care of schoolchildren, and it now belongs to the ensemble, and together with the other buildings it forms an intimate courtyard. The kindergarten has a glass shell as a heat buffer along the line of the paths through the block which encloses narrow indoor areas and the group rooms.

Linie 5 Architekten, Margot Gerke, Wolf von Horlacher, Gabriele Ruoff, Berlin ✆ Bezirksamt Neukölln ☞ Wohnen, Kindertagesstätte ⊞ 3.089 m² ♣ 1995–1996

Wohnquartier Ortolanweg / Ortolanweg residential estate

Ortolanweg 70–90 | U7 Parchimer Allee | 12359 Neukölln

Die Gebäudegruppe bildet am Ortolanweg die Grenze zwischen der offenen Bebauung im Süden und dem nördlich gelegenen Landschaftsraum, den gegenüberliegenden »Britzer Wiesen«. Sie besteht aus drei ›genossenschaftlichen‹ Glashallenhäusern, einer rhythmisch dreigegliederten Wohnhauszeile und einem Wohnhausensemble, das einen offenen Wohnhof umschließt. Ein ›Anger‹ bildet den Mittelpunkt des Quartiers. Die Glashallenhäuser bestehen aus einem schmalen winkelförmigen Gebäude und einem daran anschließenden tieferen Gebäuderiegel. In der Mitte zwischen diesen drei- und viergeschossigen Baukörpern befinden sich jeweils die dreieckig konfigurierten, glasgedeckten Hof- bzw. Hallenräume, die der gemeinschaftlichen Nutzung, als Klimapuffer und der passiven Solarenergiegewinnung dienen. Sie sind intensiv bepflanzt und über einen Durchgangsraum mit den im Süden liegenden Freiräumen verbunden. Die großzügig organisierten Wohnungen folgen dem Durchwohnprinzip: Eßräume und Küchen liegen zur Halle, alle anderen Räume orientieren sich nach außen. Die Erschließung erfolgt zumeist über die Halle und die dort liegenden Laubengänge. Die Wohnhauszeile ist geprägt durch zwei baulich transparente Zonen aus Balkon- und Erschliessungsbrücken zwischen drei Gebäuden sowie durch die angehobenen Eingangsplateaus, die als ›Binnenräume‹ Durchblicke und Durchwegung ermöglichen. Alle Gebäude sind in einer sachlichen Architektursprache gehalten: ›gut proportionierte Baukörper, glatt verputzte Flächen, ruhige Lochfassaden und schmale Konstruktionsglieder.

This group of buildings forms the boundary on Ortolanweg between the open building structure to the south and the open landscape to the north, the »Britzer Wiesen« (Britz meadows) opposite the estate. It consists of three ›cooperative‹ glass hall buildings, a triple structured residential building row and a residential complex which encloses an open courtyard. A ›meadow‹ forms the centre of the estate. The glass hall buildings consists of a narrow, angular building and an adjoining, lower elongated block. At the centre, between these three and four storey buildings, are the triangular, glass-covered courtyard or hall areas which serve for communal use, as a climatic buffer and for passive solar energy. They are intensively vegetated and linked with the open spaces to the south by a passage room. The generously organised apartments follow the front to back principle: the dining rooms and kitchens face the hall area, all other rooms face outwards. Access is mainly via the hall and the arbours contained in the hall. The residential building block is characterised by two transparent structural zones with balcony and access bridges between three buildings, and by the raised entrance levels which serve as ›interior space‹ and provide lines of sight and access paths. All the buildings are designed in a functional architectural language with well-proportioned buildings, smoothly plastered surfaces, calm perforated façades and narrow structural elements.

⊿ Liepe + Steigelmann, Berlin ☛ Berliner Bau- und Wohnungsgenossenschaft von 1892 e.G. ☞ Wohnen ⊞ 11.940 m²
🕴 1990–1992

Institut für Chemie der HUB
- ▦ Adlershof
- ▦ S8, 9, 45, 46 Adlershof
- ✉ Bezirk Treptow, PLZ 12489
- ◢ Volker Staab und A. Niewenhuizen, Berlin
- ✎ Land Berlin, vertreten durch den Senat für Bauen, Wohnen und Verkehr
- ☞ Institutsgebäude
- ⊞ 23.500 m²
- ⚒ 1998–2001

Wohnhaus Ahornweg 1/Fürstenwalder Damm 274
- ▦ Ahornweg 1/Fürstenwalder Damm 274
- ▦ S3 Friedrichshagen, Tram 60
- ✉ Bezirk Köpenick, PLZ 12587
- ◢ Pudritz + Paul, Berlin
- ✎ GbR Fürstenwalder Damm 274, Berlin
- ☞ Wohnen
- ⊞ 1.400 m²
- ⚒ 1995–1996

Forum Köpenick
- ▦ Bahnhofstraße 33–38
- ▦ S3 Köpenick
- ✉ Bezirk Köpenick, PLZ 12555
- ◢ gmp von Gerkan, Marg & Partner, Hamburg, Projektleitung: J. Rind
- ✎ GP Fundus Gewerbebau und Projektierung GmbH
- ☞ Einzelhandel (Einkaufszentrum)
- ⊞ 103.423 m²
- ⚒ 1996–1997

Wohn- und Geschäftshaus Bölschstraße 2
- ▦ Bölschestraße 2/Müggelseedamm 167–171
- ▦ S3 Friedrichshagen
- ✉ Bezirk Köpenick, PLZ 12587
- ◢ Bernhard Winking, Hamburg/Berlin
- ✎ Multicon Bauträgergesellschaft mbH
- ☞ Wohnen, Einzelhandel
- ⊞ 4.660 m²
- ⚒ 1995–1997

Wohn- und Geschäftshaus Bölschestraße 137
- ▦ Bölschestraße 137/Müggelseedamm 163
- ▦ S3 Friedrichshagen, Bus 60, 61
- ✉ Bezirk Köpenick, PLZ 12587
- ◢ Bernhard Winking, Hamburg/Berlin
- ✎ Hanseatica
- ☞ Wohnen, Einzelhandel

- ⊞ 5.394 m²
- ⚒ 1995–1998

Wohn- und Geschäftshaus am Schmollerplatz
- ▦ Bouchéstraße 34–36/Schmollerstraße 1–4/Schmollerplatz 21–23
- ▦ S45, 46 Treptower Park, Bus 141, 167
- ✉ Bezirk Treptow, PLZ 12435
- ◢ Liepe + Steigelmann, Berlin
- ✎ Trigon Consult GmbH, Berlin
- ☞ Wohnen, Einzelhandel
- ⊞ 9.420 m²
- ⚒ 1995–1996

Wohnhaus Bruno-Wille-Straße 21
- ▦ Bruno-Wille-Straße 21
- ▦ S3 Friedrichshagen
- ✉ Bezirk Köpenick, PLZ 12587
- ◢ Maedebach, Redeleit & Partner, Berlin
- ✎ BB-Grundfonds 16 GBR, Berlin
- ☞ Wohnen
- ⊞ 1.404 m²
- ⚒ 1995–1996

Büchner Hof
- ▦ Büchnerweg 2–20/Zinsgutstraße 26–50, Radickestraße 1–5, Wassermannstraße 95–115
- ▦ S6, 8, 9, 45, 46 Adlershof
- ✉ Bezirk Treptow, PLZ 12489
- ◢ Martin und Pächter & Partner, Berlin, Liepe + Steigelmann, Berlin, Neuer + Jasinski, Berlin
- ✎ Trigon Consult GmbH & Co
- ☞ Wohnen, Gewerbe
- ⊞ 36.041 m²
- ⚒ 1997

Kindertagesstätte Buckower Damm 192
- ▦ Buckower Damm 192
- ▦ U7 Britz-Süd, Bus 144
- ✉ Bezirk Neukölln, PLZ 12349
- ◢ Bernd Müller-Guilford, Berlin
- ✎ Land Berlin vertreten durch HBA Neukölln
- ☞ Kindertagesstätte
- ⊞ 1.492 m²
- ⚒ 1991–1992

Sporthaus am Buckower Damm 150
- ▦ Buckower Damm 150
- ▦ Bus 144
- ✉ Bezirk Neukölln, PLZ 12349
- ◢ Lohöfer und von Essen, Berlin
- ✎ Bezirksamt Neukölln,

Sport- und Bäderamt
- ☞ Sporthaus mit Umkleide-, Mehrzweckräumen und Serviceeinrichtungen
- ⊞ 1.521 m²
- ⚒ 1993–1994

Zwei Wohngebäude Buckower Damm
- ▦ Buckower Damm 151/163
- ▦ Bus 144
- ✉ Bezirk Neukölln, PLZ 12349
- ◢ Thomas Nolte, Berlin
- ✎ GEHAG Gemeinnützige Heimstätten-AG, Berlin
- ☞ Wohnen, Gewerbe
- ⊞ 6.267 m²
- ⚒ 1993–1994

Erweiterung Krankenhaus Hedwigshöhe
- ▦ Buntzelstraße 36
- ▦ S6, 8, 45 Grünau
- ✉ Bezirk Treptow, PLZ 12526
- ◢ Brullet, di Pineda, Barcelona, mit Huber & Staudt, Berlin; Landschaftsplanung: »St Raum a«, Stefan Jäckel, Tobias Micke
- ✎ St. Hedwig Kliniken GmbH
- ☞ Krankenhaus, Psychiatrie
- ⊞ 28.800 m²
- ⚒ ca. 1997–2002

Grundschule und Sporthalle Drorystraße
- ▦ Drorystraße
- ▦ U7 Neukölln, S45, 46 Neukölln, Bus 141, 170
- ✉ Bezirk Neukölln, PLZ 12055
- ◢ Rolf Backmann + Eugen Schieber, Berlin
- ✎ Bezirksamt Neukölln
- ☞ Grundschule, Sporthalle
- ⊞ 31.500 m³
- ⚒ 1996–1998

Mehrfamilienhäuser Gerlinger Straße
- ▦ Drusenheimer Weg
- ▦ Bus 179
- ✉ Bezirk Neukölln, PLZ 12349
- ◢ IBUS Architekten, Schreck, Hillmann, Nagel, Lütkemeyer, Berlin
- ✎ Häuser D1/D2: WIR, Häuser B3/B4: GEHAG
- ☞ Wohnen
- ⊞ 6.960 m²
- ⚒ 1993–1994

Shopping-Center »Am Treptower Park«
- ▦ Elsenstraße 111–114
- ▦ S6, 8, 9, 10 Treptower Park
- ✉ Bezirk Treptow, PLZ 12435

⬧ Wolfgang Henne, Böblingen, IFB Planungsgruppe Rödl + Dr. Braschel GmbH

⬥ Shopping Center Am Treptower Park
GbR, Berlin

☞ Einzelhandel, Gastronomie, Gewerbe,
Büro, Wohnen

⊞ 81.537 m²

🏃 1997–1999

Sanierung und Umbau Oberstufenzen-
trum Versorgungstechnik

⬚ Fischerstraße/Schlichtallee

🚆 S5, 7 Nöldnerplatz

✉ Bezirk Lichtenberg, PLZ 10317

⬧ Helge Pitz/Christine Hoh-Slodczyk,
Berlin, mit Heide-Rose Kristen

⬥ Landesschulamt Berlin vertreten durch
das Bezirksamt Lichtenberg,
Senatsverwaltung für Bauen, Wohnen und
Verkehr

☞ Oberstufenzentrum, Außenstelle der
Landesbildstelle Berlin

⊞ 28.044 m²

🏃 1992–2000

Wohnbebauung, Fließstraße/Flutstraße

⬚ Fließstraße/Flutstraße

🚆 S9, 10, 45, 46 Schöneweide

✉ Bezirk Treptow, PLZ 12439

⬧ Bellmann & Böhm, Berlin

⬥ Wohnungsbaugesellschaft Berlin-Mitte
(WBM)/MM Management Beteiligungsgesellschaft, Berlin/GEPCO S.p.a. Genua, Italien

☞ Wohnen

⊞ 100.000 m²

🏃 1997– ca. 2000

Wohnbebauung Freiheit 2–4

⬚ Freiheit 2–4

🚆 S10 Spindlersfeld

✉ Bezirk Köpenick, PLZ 12555

⬧ Rolf D. Weisse, Berlin

⬥ Köpenicker Liegenschaftsgesell-
schaft, Berlin

☞ Wohnen, Gewerbe

⊞ 4.664 m²

🏃 1996–1997

Wohnbebauung Friedrichshagener
Straße 5 E–K

⬚ Friedrichshagener Straße 5 E–K

🚆 S3 Köpenick

✉ Bezirk Köpenick, PLZ 12555

⬧ P.A.I. Rosie Grässler, Uwe Stolt, Berlin

⬥ KÖWOGE

☞ Wohnen

⊞ 5.640 m²

🏃 1995–1996

KITA Gerlinger Straße

⬚ Gerlinger Straße

🚆 Bus 179

✉ Bezirk Neukölln, PLZ 12349

⬧ Peter Bendoraitis, BGM Architekten,
Berlin

⬥ Bezirksamt Neukölln

☞ Kindertagesstätte

🏃 1994–1996

Wohn- und Geschäftshaus B2

⬚ Glienicker Straße 4–6

🚆 S10 Spindlersfeld, Tram 68, Bus 360

✉ Bezirk Köpenick, PLZ 12557

⬧ Peter Brinkert, Berlin

⬥ Limberger und Partner GmbH & Co. KG
vertreten durch Dr. Klaus Keunecke, Berlin

☞ Wohnen, Einzelhandel

⊞ 2.250 m²

🏃 1996–1997

Wohnanlage »Hofje«

⬚ Grauwackeweg 17–19

🚆 Bus 172, X11

✉ Bezirk Neukölln, PLZ 12349

⬧ AG Stadtwerkstatt Berlin, Lutz
Stanke, Michael Wilberg

⬥ Stadt und Land Wohnbauten GmbH,
Berlin

☞ Wohnen, integriertes Wohnen

🏃 ca. 1996–1998

Instandsetzung Gartenstadt Falkenberg

⬚ Berlin-Grünau

🚆 S8 Grünau

✉ Bezirk Treptow, PLZ 12524

⬧ Winfried Brenne, Berlin

⬥ Berliner Bau-und Wohnungsgenossenschaft von 1892 e.G.

☞ Wohnen

🏃 1991–1997

Wohnbebauung Grünauer Straße
117–127

⬚ Grünauer Straße 117–127

🚆 Tram 68

✉ Bezirk Köpenick, PLZ 12557

⬧ Feige + Partner Architekten, Berlin

⬥ W. Graf und Maresch GmbH, Augsburg

☞ Wohnen

⊞ 13.700 m²

🏃 1996–1997

Wohnbebauung Grünauer Straße
129–135

⬚ Grünauer Straße 129–135

🚆 Tram 68

✉ Bezirk Köpenick, PLZ 12557

⬧ Heinz A. Hellermann, Berlin

⬥ Grünauer Straße 129–135 GbR,
Dr. Görlich GmbH

☞ Wohnen, Gewerbe

⊞ ca. 7.123 m²

🏃 1994–1995

»Haus Rhode«

⬚ Heisterbachstraße 14

🚆 S10 Spindlersfeld, Bus 167, Bus 169

✉ Bezirk Köpenick, PLZ 12559

⬧ Hildebrandt + Lay, Mainz/Berlin, mit
N. Jonietz

⬥ Therese und Gerd Rhode

☞ Wohnen

⊞ 380m²

🏃 1992–1993

Kindl-Boulevard

⬚ Hermannstraße 214–216/Rollberg-
straße/Mainzer Straße

🚆 U8 Boddinstraße

✉ Bezirk Neukölln, PLZ 12049

⬧ WEP Winkler, Effinger und Partner,
Berlin

⬥ Bauwert GmbH, Berlin/München

☞ Büro, Einzelhandel, Gewerbe, Hotel

⊞ 52.000 m²

🏃 1994–1996

Gropius-Passagen

⬚ Johannisthaler Chaussee 295–327

🚆 U7 Johannisthaler Chaussee

✉ Bezirk Neukölln, PLZ 12391

⬧ Manfred Pechtold, Berlin

⬥ H.F.S. Immobilienfonds GmbH

☞ Einkaufszentrum, Arztpraxen, Multiplex-Kino, Diskothek

⊞ 140.000 m²

🏃 1995–1998

Wohnhäuser Karl-Marx-Straße 272/Juli-
usstraße 1–2

⬚ Karl-Marx-Straße 272/Juliusstraße
1–2

🚆 U7 Grenzallee

✉ Bezirk Neukölln, PLZ 12051

⬧ Hafezi und Vahlefeld, Berlin

⬥ Grundstücksgesellschaft Karl-Marx-/
Juliusstraße bR

☞ Wohnen, Gewerbe

⊞ ca. 4.275 m²

🏃 1995–1996

Wohnhaus Kiefholzstraße 408–410
🏠 Kiefholzstraße 408–410
🚇 S6, 8, 9, 10 Plänterwald
✉ Bezirk Treptow, PLZ 12435
📐 Liepe + Steigelmann, Berlin
👉 Trigon Consult Berlin
☞ Wohnen
⊞ 7.060 m²
🏃 1994–1995

Untersuchungshaftanstalt für Jugendliche Kirchhainer Damm 219
🏠 Kirchhainer Damm 219
🚇 S2 Lichtenrade
✉ Bezirk Tempelhof, PLZ 12309
📐 Urs Müller, Thomas Rhode, Jörg Wandert, Berlin
👉 Senatsverwaltung für Justiz
☞ Untersuchungshaftanstalt mit pädagogischem Schwerpunkt
⊞ 8.600 m²
🏃 1995–1997

Wohnhäuser und Kindertagesstätte, Landreiter Weg/Wildhüter Weg
🏠 Landreiter Weg/Wildhüter Weg/Am Eichenquast
🚇 U7 Lipschitzallee, Bus 144
✉ Bezirk Neukölln, PLZ 12353
📐 Rainer Oefelein, Berlin
👉 Stadt und Land Wohnungsbaugesellschaft mbH
☞ Wohnen, Kindertagesstätte
⊞ 15.400 m²
🏃 1994–1995

Hauptverwaltung der Eternit AG
🏠 Köpenicker Straße 26
🚇 U7 Rudow
✉ Bezirk Neukölln, PLZ 12355
📐 Grüntuch & Ernst, Berlin
👉 Eternit AG
☞ Büro
⊞ 4.500 m²
🏃 1998 – ca. 2000

Bürogebäude Lahnstraße 84
🏠 Lahnstraße 84
🚇 U7 Neukölln, S45, 46 Neukölln
✉ Bezirk Neukölln, PLZ 12055
📐 Rolf Backmann + Eugen Schieber, Berlin
👉 GBR Lahnstraße 84
☞ Büro
⊞ 2.200 m²
🏃 1995–1997

Wohnbebauung Lindenstraße 28–30
🏠 Lindenstraße 28–30
🚇 S3 Köpenick
✉ Bezirk Köpenick, PLZ 12555
📐 Monika Krebs
👉 Otremba Unternehmensgruppe
☞ Wohnen, Büro
🏃 1995–1996

Jugendfreizeitzentrum
🏠 Lipschitzallee 29
🚇 U7 Lipschitzallee
✉ Bezirk Neukölln, PLZ 12353
📐 Dörr-Ludolf-Wimmer, Berlin
👉 Bezirksamt Neukölln
☞ Jugendfreizeitheim
⊞ ca. 800 m²
🏃 1992–1996

Wohnbebauung Lüderstraße 2–8
🏠 Lüderstraße 2–8/Freiheit 9
🚇 S3 Köpenick, S10 Spindlersfeld
✉ Bezirk Köpenick, PLZ 12555
📐 Kny & Weber, Berlin
👉 GbR Lüderstraße 2–8/ Freiheit 9 c/o RODO-PLAN GmbH
☞ Wohnen, Gewerbe
⊞ 3.194 m²
🏃 1995–1996

Wohnbebauung am Emmauskirchhof
🏠 Mariendorfer Weg 39/40
🚇 S45, 46 Herrmannstraße, Bus 177, 277
✉ Bezirk Neukölln, PLZ 12051
📐 Klaus Meier-Hartmann, Berlin
👉 Nostro Grundbesitz GmbH & Co. 39–40 KG
☞ Wohnen
🏃 1993–1994

Grundschule mit Sporthalle Mohnweg
🏠 Mohnweg 20
🚇 Bus 141, 172
✉ Bezirk Treptow, PLZ 12524
📐 Urs Müller, Thomas Rhode, Jörg Wandert, Berlin
👉 Senatsverwaltung für Bauen, Wohnen und Verkehr
☞ Grundschule, Sporthalle
⊞ 11.500 m²
🏃 1995–1997

Wohnhäuser Mohriner Allee, Koppelweg
🏠 Mohriner Allee/Koppelweg
🚇 U7 Britz-Süd, Bus 144, 181
✉ Bezirk Neukölln, PLZ 12347
📐 Peter Berten, Berlin

👉 Stadt und Land Wohnbauten GmbH
☞ Wohnen
🏃 ca. 1993–1995

Wohnanlage Mühltaler Straße 18–32
🏠 Mühltaler Straße 18–32
🚇 S3 Köpenick, Bus 269, 169
✉ Bezirk Köpenick, PLZ 12555
📐 Pudritz + Paul, Berlin
👉 Grundreal Vermögensverwaltungs GmbH
☞ Wohnen
⊞ 9.500 m²
🏃 1994–1995

Polizeidirektion Nalepastraße
🏠 Nalepastraße 10–50
🚇 S3 Köpenick
✉ Bezirk Köpenick, PLZ 12459
📐 Ben Van Berkel/Van Berkel & Bos, Amsterdam
☞ Polizeidirektion, Sporthalle, Sportanlage
🏃 ca. 1996–1999

Kita, Ortolanweg 94
🏠 Ortolanweg 94
🚇 U7 Britz-Süd, Bus 181
✉ Bezirk Neukölln, PLZ 12359
📐 Wolf & Partner, Berlin
👉 Bezirksamt Neukölln, Abteilung Jugend und Sport, Hochbauamt
☞ Kindertagesstätte
⊞ 2.865 m²
🏃 1991–1993

IBZ Adlershof
🏠 Ostwaldstraße 7–51
🚇 S6, 8, 9, 45, 46 Adlershof
✉ Bezirk Treptow, PLZ 12489
📐 Fin Bartels/Christoph Schmidt-Ott, Berlin, mit Gernot Wagner
👉 Land Berlin vertreten durch die Alexander-v.-Humboldt-Stiftung, Bonn
☞ Wohnen (für Wissenschaftler der WISTA Adlershof)
⊞ 3.343 m²
🏃 1996–1997

Wohnhaus Rollbergstraße 20
🏠 Rollbergstraße 20
🚇 U8 Boddinstraße
✉ Bezirk Neukölln, PLZ 12053
📐 ASA Architekturbüro, Berlin
👉 Stadt und Land Wohnbauten GmbH
☞ Wohnen, Gewerbe
🏃 1994–1995

Humboldt-Universität Berlin, Institut für Mathematik
▭ Rudower Chaussee 4
🚊 S6, 8, 9, 45, 46 Adlershof
✉ Bezirk Treptow, PLZ 12484
📐 Steidle + Partner, München
🔨 Land Berlin, Senatsverwaltung für Wissenschaft, Forschung und Kultur
☞ Hörsaalgebäude, Fachbereichsgebäude
⊞ 12.200 m²
🏃 1999–2001

Sanierung und Neugestaltung Blockheizkraftwerk Adlershof
▭ Rudower Chaussee 5
🚊 S6, 8, 9, 45, 46 Adlershof
✉ Bezirk Treptow, PLZ 12489
📐 Barkow Leibinger, Berlin
🔨 BTB – Blockheizkraftwerk- und Betreiberzentrale
☞ Blockheizkraftwerk
⊞ ca. 2.000 m²
🏃 1995–1996

Rudower Felder, Kindertagesstätten
▭ Rudower Felder
🚊 Bus 171, 260
✉ Bezirk Neukölln, PLZ 12355
📐 Freitag, Hartmann, Sinz, Berlin
🔨 Bezirksamt Neukölln, Abteilung Jugend und Sport, Abteilung Bau- und Wohnungswesen
☞ Kindertagesstätte
⊞ jeweils ca. 1.050 m²
🏃 1995–1997

Umbau einer Fabriketage Schinkestraße 8–9
▭ Schinkestraße 8–9
🚊 U8 Schönleinstraße
✉ Bezirk Neukölln, PLZ 12047
📐 Christian Huber und Joachim Staudt, Berlin
🔨 Christian Dietrich
☞ Büro, Seminarraum
⊞ ca. 280 m²
🏃 1993

Altstadt Köpenick, Block 14
▭ Schloßplatz/Grünstraße/Kietzer Straße/Müggelheimer Straße
🚊 S3 Köpenick; Tram 60, 68, 26, 67
✉ Bezirk Köpenick, PLZ 12557
📐 Peter Brinkert, Berlin
🔨 HABERENT Grundstücks GmbH, Berlin
☞ Gastronomie, Einzelhandel, Hotel, Wohnen
⊞ 10.300 m²

🏃 1998–2000

Wohngebäude Sonnenallee 192
▭ Sonnenallee 192
🚊 U7, 8 Hermannplatz, Bus 241
✉ Bezirk Neukölln, PLZ 12045
📐 ELW Eyl, Weitz, Wuermle & Partner, Berlin
🔨 Groth + Graalfs, Berlin
☞ Wohnen, Kindertagesstätte, Gewerbe
⊞ 7.000 m²
🏃 1997–1998

Kindertagesstätte Parksiedlung Spruch
▭ Straße 621 Nr. 111
🚊 Bus 172
✉ Bezirk Neukölln, PLZ 12347
📐 Freitag, Hartmann, Sinz, Berlin
🔨 Haschtmann Baubetreuungsgesellschaft mbH
☞ Kindertagesstätte
⊞ ca. 1.930 m²
🏃 1994–1996

Rudower Felder, Energiezentrale
▭ Straße 623 Nr. 11
🚊 Bus 171, 260
✉ Bezirk Neukölln, PLZ 12355
📐 Freitag, Hartmann, Sinz, Berlin
🔨 BTB Blockheizkraftwerks-Träger- und Betreibergesellschaft mbH Berlin
☞ Energiezentrale
⊞ ca. 1.280 m²
🏃 1996–1997

Wohnhaus mit Kindertagesstätte Warthestraße
▭ Warthestraße
🚊 U8 Leinestraße, S45, 46 Hermannstraße, Bus 144
✉ Bezirk Neukölln, PLZ 12051
📐 Stankovic + Bonnen, Berlin
🔨 WIR Wohnungsbaugesellschaft Berlin mbH; Bezirksamt Neukölln von Berlin
☞ Wohnen, Kindertagesstätte
🏃 Fertigstellung 1997

Wohnhaus Wattstraße 24
▭ Wattstraße 24
🚊 S6, 8, 9, 45, 46 Betriebsbahnhof Schöneweide
✉ Bezirk Köpenick, PLZ 12459
📐 Jochen Dreetz und Partner, Berlin
🔨 GbR Wattsraße 24
☞ Wohnen
⊞ 1.684 m²
🏃 1994–1995

Wohnhaus Wendenschloßstraße 103–109A
▭ Wendenschloßstraße 103–109A
🚊 Tram 62
✉ Bezirk Köpenick, PLZ 12559
📐 Schmidt-Thomsen & Ziegert, Berlin
🔨 KÖWOGE Köpenicker Wohnungsbaugesellschaft
☞ Wohnen, Einzelhandel
⊞ 4.904 m²
🏃 1994–1996

Wohnhaus Weserstraße 1
▭ Weserstraße 1
🚊 U7, 8 Herrmannplatz
✉ Bezirk Neukölln, PLZ 12047
📐 Schattauer + Tibes, Berlin
🔨 Stadt und Land Wohnbauten GmbH, Berlin
☞ Wohnen
🏃 1991–1992

Wohnhaus Wilhelminenhofstraße 47
▭ Wilhelminenhofstraße 47/Marienstraße 19
🚊 Tram 26, 61, 67
✉ Bezirk Köpenick, PLZ 12459
📐 Höhne & Rapp, Berlin
🔨 KöWoGe Köpenicker Wohnungsbaugesellschaft mbH
☞ Wohnen, Einzelhandel, Gewerbe
⊞ 4.126 m²
🏃 1998–1999

Kita Wissmannstraße 31
▭ Wissmannstraße 31
🚊 U7, 8 Herrmannplatz
✉ Bezirk Neukölln, PLZ 12049
📐 Walter Rolfes, Berlin, mit Joachim Ganz
🔨 Bezirksamt Neukölln
☞ Kindertagesstätte
🏃 1993–1996

Werkstatt der Kulturen, Umbau und Erweiterung ehemalige Brauerei
▭ Wissmannstraße 31–42
🚊 U7, 8 Hermannplatz
✉ Bezirk Neukölln, PLZ 12049
📐 Elmar Leist, Berlin
🔨 Senat für Gesundheit und Soziales – Ausländerbeauftragte, vertreten durch den Senat für Bauen, Wohnen und Verkehr
☞ Mehrzwecksaal, Gastronomie, Musikaufführungsraum, Seminarräume, Übungsräume, Büro
⊞ 4.050 m²
🏃 1990–1993

Gewerbezentrum / Commercial centre Ullsteinhaus

Ullsteinstraße 114–142 | U6 Ullsteinstraße, Bus 270 | 12099 Tempelhof

Das neue Gewerbezentrum ergänzt den denkmalgeschützten Komplex des Ullsteinhauses, das 1924 nach einem Entwurf von Eugen Schmohl errichtet wurde. Das Gebäudeensemble, das unter anderem das Berliner Modezentrum beherbergt und aufgrund seiner Anlage verschiedene andere Nutzungen aufnehmen kann, besteht aus drei Bauteilen: einem großen und einem kleineren Hallenkomplex und einem langgestreckten, dreigeschossigen Baukörper längs zum Teltowkanal, aus dem sich wiederum drei zehngeschossige Turmbauten erheben. Der Schwung dieses letztgenannten Gebäudes führt die gebogene Linienführung des Altbaus aus den 20er Jahren fort. Die einzelnen Gebäude sind durch freistehende Treppenhaustürme, die zwischen den Hallen und dem langen Gebäudekörper stehen, miteinander verbunden. Dadurch können die auf quadratischem Grundriß entwickelten Türme von großflächiger Erschließung freigehalten werden: Im Inneren ergibt sich so die Möglichkeit, die einzelnen Geschosse verschieden zu nutzen, zum Beispiel als Büroeinheiten, Hotel oder für Wohnungen. Die Türme haben auf der Südseite ein Reflektionsschild aus poliertem Aluminiumwellblech, das das Zenithlicht in die nordseitigen Aufzugshallen reflektiert. Die in ihrer Struktur offene Stahlskelettbauweise und das Prinzip der einfachen Lochfassade unterstützen den intendierten Zweck, auf unterschiedliche Nutzungsanforderungen zu reagieren. Die grossen, einfachen Gebäudevolumen mit ihren rötlichbraunen Fassaden aus vorgeblendeten, durchgefärbten Betonwerksteinplatten nehmen die Tradition des Berliner Industriebaues auf.

The new commercial centre is a supplement to the protected monument complex of the Ullsteinhaus, which was built in 1924 to a design by Eugen Schmohl. The complex of buildings, which includes the Berlin fashion centre and, because of its basic design, can also accommodate a variety of other uses, consists of three sections: a large hall complex, a small hall complex and an elongated, three-storey building structure parallel to the Teltow canal, out of which three ten-storey tower buildings rise. The dynamic structure of this last building section continues the curved structure of the old building dating from the 1920s. The individual buildings are linked by separate staircase towers which are situated between the halls and the elongated structure. This enables the towers, which are square in design, to be kept free from the necessity of devoting large areas to access facilities. In the interior, this creates the option of using the individual storeys in different ways, e.g. as office premises, hotel or apartments. To the south, the towers have a reflective shield of polished corrugated aluminium sheeting which reflects the zenith light into the lift shafts to the north. The open steel frame structure and the principle of the simple perforated façade support the intended purpose of reacting to the requirements of different uses. The large, simply structured volume of the buildings, with their reddish brown façades of facing, coloured natural concrete stone panels, follow the tradition of industrial construction in Berlin.

✎ Nalbach + Nalbach, Berlin ↩ Becker + Kries Grundstücks GmbH & Co., Berlin ☞ Modecenter Berlin, Gewerbe, Büro ⊞ 69.260 m² ⚒ 1991–1995

Wohnanlage / Residential development Cunostraße/Orberstraße

Cunostraße 54–57/Orberstraße 10–16 | U7 Fehrbelliner Platz, S45 Hohenzollerndamm, Bus 115 | 14193 Wilmersdorf

Die Wohnanlage mit 150 Wohnungen komplettiert als Straßenrandbebauung ein Quartier aus den 20er Jahren, das ein orthogonales Straßenraster aufweist. Die Bebauung folgt den vordefinierten Straßenräumen und bildet im inneren Grundstücksbereich einen großen, ruhigen Wohnhof. Die Gebäudekörper haben fünf Geschosse und darüber eine zweigeschossige, an einigen Stellen etwas zurückversetzte Dachgeschoßzone; im Hofbereich sind die Gebäude zum Teil auch als turmartige, siebengeschossige Körper ausgebildet. Dort, wo die Gebäude torartig in den Blockinnenbereich überleiten, sind die Volumen ›manipuliert‹: durch überkragende Bauteile, abgerundete Ecken und einen Materialwechsel von glattem Putz zu Ziegelverblendmauerwerk. Gebäudehohe Wandscheiben aus rotem Ziegelmauerwerk ragen an diesen Stellen zusätzlich gestisch-dekorativ schräg nach oben geneigt aus dem Volumen heraus. Die Fassaden sind im Hofbereich in der Regel als ruhig rhythmisierte Lochfassaden ausgebildet; zum Straßenraum hin werden Fenstergruppen gebildet oder über die ganze Gebäudelänge sich erstreckende Bandfenstereinheiten; die Treppenhäuser sind zum Teil mit Bullaugenfenstern versehen. Die Logik der verschieden vorgenommenen Perforierungen und rhythmischen Unterbrechungen der Baukörper und die Positionierung von Loggien und Fenstern ist kaum nachvollziehbar: Sie folgen nicht den einfach organisierten Grundrißschemen mit ihren 1,5- bis 4-Zimmer-Wohnungen, nicht der Erschließungsstruktur und ebensowenig einer tektonischen Ordnung.

This residential development with 150 apartments is a street edge building complex which completes a district dating from the 1920s which has an orthogonal street pattern. The building follows the pre-defined street structure, and in the centre of the plot it forms a large, peaceful residential courtyard. The buildings have five storeys, and above that a roof storey zone which is set back in places. On the side facing the courtyard, the buildings are in some cases designed as tower-like, seven-storey structures. Where the buildings form a gateway into the centre of the block, the volume is ›manipulated‹ by overhanging building elements, rounded corners and a change of material from smooth plaster to facing bricks. Wall slabs of red bricks over the full height of the buildings form additional decorative and symbolic protrusions which rise up obliquely out of the structure. On the courtyard side, the façades are generally designed as calmly regular perforated façades; on the street side, window groups or band-type window units extending over the whole length of the building are formed. The staircases have porthole windows in places. The logic of the different perforations and rhythmic interruptions of the building structure and the positions of the loggias and windows is difficult to follow. It does not conform to the simple floor plan organisation of the apartments ranging from one and a half rooms to four rooms, nor does it follow the access structure or any tectonic organisational structure.

⊿ Feddersen, von Herder + Partner, Berlin ⌁ Klingbeil-Gruppe/ASTRIS Grundstücksgesellschaft mbH + Co. KG ☞ Wohnen ⊞ 14.874 m² ⚒ 1990–1992

Wohnbebauung / Residential estate Bürgipfad 22–36

Bürgipfad 22–36 | S25 Lichterfelde-Ost, Bus 180, 280 | 12209 Steglitz

Die kleine Siedlung liegt am Stadtrand innerhalb eines heterogen bebauten Gebietes, in dem vorwiegend Ein- und Zweifamilienhäuser, Reihen- und Doppelhäuser stehen. Einige der vorhandenen typologischen Merkmale wurden in die neue Siedlung, die als ›insulärer‹ Komplex mit einer eigenwilligen Struktur gleich erkennbar ist, in transformierter Gestalt aufgenommen. Die Bebauungsstruktur beruht auf einem Grundmodul, das je nach Größe der Wohnungen variiert wurde. Der vorherrschende Typus ist ein dreigeschossiges Reihenhaus, wobei das dritte Geschoß von einer 1,5- oder 2-Zimmer-Wohnung eingenommen wird, deren jeweilige Erschliessung über einen kurzen Laubengang erfolgt, der an ein Treppenhaus am ›Kopf‹ der Gebäudezeilen angeschlossen ist. Fast jede Wohnung ist darüber hinaus direkt oder über eine kleine Außentreppe mit einer Gartenparzelle verbunden. Um die ›Ordnung‹ der Siedlung zu stören, wurden kleinere Doppelhäuser unregelmäßig zwischen diesen Reihenhausmodulen angeordnet. Die Wohnungen haben zumeist neutral geschnittene Räume ohne Hierarchie in bezug auf ihre Größe, Anordnung und Erschließung. Das Besondere jedoch liegt im Fertigungsprozeß: Gegenüber der konventionellen Bauweise für Siedlungen in dieser Größenordnung ist hier eine speziell entwickelte Fertigteilmontage angewandt worden, mit der der durchschnittliche Quadratmeterpreis von 2.700 Mark um über 500 Mark unterschritten werden konnte. Trotzdem wurde formal eine modern-sachliche Architektursprache durchgehalten, die im ruhigen Rhythmus mit Wiederholungen und Reihungen einfacher Elemente in Erscheinung tritt.

This small estate is on the edge of the city in an area with heterogeneous development with mainly single-family and two-family houses, terraced and semi-detached houses. Some of the previously existing typological features have been integrated in a transformed form into the new estate, which is immediately recognisable as an ›island‹ complex with an unconventional structure. The development structure has a basic module which is varied depending on the size of the apartment. The predominant type is a three-storey terraced building, with the third storey containing an apartment classed as a 2 room or 1.5 room apartment reached through a short arbour which is connected to a staircase at the end of each row. Almost every apartment is also linked directly or via a small outdoor staircase with a garden plot. In order to break up the ›tidy structure‹ of the estate, small double houses were arranged irregularly between these terrace modules. Most apartments have neutrally designed room plans without any hierarchical order in terms of their size, layout and access. But the main distinguishing feature of the development is the construction method. By contrast with the conventional building method for estates of this size, a specially designed pre-fabricated assembly method has been used here, which enabled the purchase price to be kept more than DM 500 below the average price per square metre of DM 2,700. In spite of this unconventional method, a modern, functional architectural language was coherently maintained, which can be seen in the calm rhythm, with repetition and sequential arrangements of simple elements.

◢ Klaus Wiechers + Christian Beck, Berlin ◆ GSW Gemeinnützige Siedlungs- und Wohnungsbaugesellschaft Berlin mbH ☞ Wohnen ⊞ 13.590 m² ♣ 1993–1995

Büro- und Geschäftshaus / Office and shopping building Schloßstraße 40

Schloßstraße 40 | U9 Rathaus Steglitz, S1 Rathaus Steglitz, Bus 170, 180, 185, 188, 280, 285 | 12165 Steglitz

Das weithin im Stadtraum an dieser Kreuzung auffallende Gebäude gegenüber dem backsteinfarbenen Rathaus (1889) steht auf einem besonderen Grundstück; dieses bildet die Schnittstelle zwischen der traditionellen, Berlin-typischen Blockrandbebauung, der sich anschließenden Villenbebauung und der in den 70er Jahren vorgenommenen Überformung des Stadtraumes mit unmaßstäblichen Großbauten und der Stadtautobahn. Rücksicht zu nehmen war zudem auf den davor stehenden Autopavillon (1951) und auf die »Schwartzsche Villa« (1897), die beide unter Denkmalschutz stehen. Auf diese Lage und Umstände reagiert das neue Büro- und Geschäftshaus mit einer besonders skulptural geformten Architektur. An eine bestehende Brandwand gebaut, wird aus den Elementen Wand, Fuge, Scheibe, Glashaus und Kubus ein differenzierter Baukörper gebildet, der seine typologischen Merkmale und seine Nutzung Funktion nicht gleich preisgibt. Auffälligstes Merkmal ist die parallel zur Brandwand gestellte und zur Straßenecke hin dynamisch-schräg angeschnittene und zusätzlich gebogene Scheibe, die das große Glashaus (Bürohaus) einfaßt. Diese Scheibe, die wie eine Lochfassade perforiert ist, wird auf der Höhe der Geschosse zwei bis vier durch einen gläsernen Kubus durchstoßen. Zwischen der aufgedoppelten Brandwand und der Scheibe ragt die Stirnseite des langen Glashauses hervor. Von zwei Treppenhaus- bzw. Aufzugskernen erschlossen, bieten die Normalgeschoßebenen haustiefe Büroräume entlang der Brandwand. Dieser Kontrast zwischen der Normalität der Binnenstruktur und der dramatischen Inszenierung der stadträumlichen Erscheinung ist enorm.

This building, which is prominent even from a distance in the street setting at this crossroads opposite the brick-coloured tow hall (1889), is situated on a special plot which forms a link between the traditional block-edge building structure which is typical of Berlin, the adjacent villa district and the domination of the urban setting in the 1970s with disproportionately large buildings and the urban motorway. Consideration also had to be made of the automobile pavilion in front of the plot (1951) and the »Schwartzsche Villa« (1897), both of which are protected architectural monuments. The new office and shop building reacts to this location and setting by a particularly sculpture-like architectural design. Built against an existing fire wall, the elements of wall, joint, panel, glass house and cube are used to form a differentiated building structure which does not immediately betray its typological qualities. The most striking feature is the panel which is installed parallel to the fire wall and, towards the street corner, is cut away at a dynamically oblique angle and additionally curved, and which surrounds the large glass building (office building). This panel, which is like a perforated façade in type, is penetrated by a glass cube at the level of storeys two to four. Between the double fire wall and the panel, the front of the long glass building protrudes. With its access via two staircase and lift shafts, the normal storeys offer office rooms over the full depth of the building along the fire wall. This contrast between the normality of the internal structure and the dramatic design of the urban design appearance is enormous.

Assmann, Salomon und Scheidt, Berlin ⬥ Haberent Grundstücks GmbH, Berlin ☞ Büro, Einzelhandel, Gewerbe ⊞ 3.270 m²
1991–1992

Geschäftshaus »Galleria« / »Galleria« shopping building

Schloßstraße 101 | U9 Schloßstraße, Bus 186 | 12163 Steglitz

Das achtgeschossige Warenhaus besetzt ein Eckgrundstück in einem normalen, Berlin-typischen Häuserverband. An die Nachbarbebauung schließt es an durch ockerfarbene Ziegelsteinverbände innerhalb einer gerasterten Tragstruktur. Bewußt atektonisch ausgeführt, steht diese ›falsche‹ Wand nicht auf der Grundfläche, sondern beginnt – als in eine fremde Statik eingebundenes System aus Rahmen und Füllung – erst im ersten Obergeschoß: Sie ist aufgehängt an die Stahlverbundkonstruktion mit ihren eingezogenen Stahlbetondecken, auf der die Konstruktionsstruktur des Gebäudes beruht. Das Erdgeschoß dagegen ist vollverglast bzw. mit Schaufenstern versehen. Die Eingangssituation wird im Stadtraum weithin markiert durch eine linsenförmige, gläserne, über sechs Geschosse reichende Glasfassade. Sie bildet mithin ein großes Schaufenster. Diese Linse hat ein eigenständiges Konstruktionsraster aus zwei mal fünf parallel zueinander stehenden Säulen. Im Inneren stoßen die Verkaufsflächen direkt an diese transparente Wand. An der Gebäudeecke steht, wie eingespannt, ein ebenfalls gläserner Aufzugsturm, der gegebenenfalls in die darunter liegende U-Bahn-Station verlängert werden kann. Die Binnenerschliessung erfolgt durch eine Rolltreppe und eine einläufige Treppenanlage entlang der Ziegelsteinverkleidung. Ein Basement, zwei Tiefgaragengeschosse und zwei Penthouse-Wohnungen ergänzen das Warenhaus.

This eight-storey shopping building occupies a corner plot in a normal block of buildings that is typical of Berlin. It is connected to the adjacent building by ochre-coloured brick facing mounted in a framework structure. This ›false‹ wall is deliberately atectonic and does not rest on the ground but rather – as a framework and panel system integrated into an extraneous load-bearing structure – only begins on the first floor. It is suspended from the sectional steel frame construction with its inserted ceilings of reinforced concrete, which is the principle of the building's structure. By contrast, the ground floor is fully glazed and has display windows. The entrance is clearly marked on the exterior of the building by a lens-shaped glass façade which spans six storeys. This façade thus forms a large display window. The lens has its own structural framework, with two times five parallel columns. In the interior of the building, the sales areas extend directly to this transparent wall. At the corner of the building, almost tied to the building, is a lift tower which is also glass-covered and which can, if necessary, be extended into the underground station below. Internal access to the various storeys is via an escalator and a straight staircase along the brick facing. The building is supplemented by a basement, two underground parking levels and two penthouse apartments.

Quick, Bäckmann und Quick, Berlin Peter Fritz Einzelhandel, Gewerbe, Wohnen 7.784 m² 1993–1994

Oberstufenzentrum / Upper school Immenweg

Immenweg 6–10 | U9 Schloßstraße, Bus 383 | 12169 Steglitz

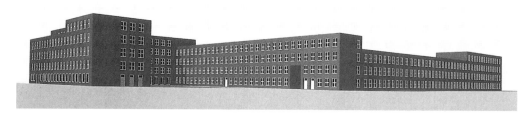

Das Schulgebäude ist eingebunden in einen städtebaulichen Kontext, der hauptsächlich von Bauten aus den 20er und 30er Jahren geprägt ist. Deren städtebauliche Disposition ist dem damals vorherrschenden Zeilenbau zu verdanken. Dieser Logik verschreibt sich auch der Schulneubau: Sein langer drei- bis fünfgeschossiger Gebäudekörper legt sich wie ein Mäander um zwei von ihm gebildete Räume, den Schulhof und den Sportplatz. Straßenseitig steht ein vier- bzw. fünfgeschossiges Gebäudeteil, in dem sich im Erdgeschoß die Schulbibliothek befindet. Von der schmalen Seite des Schulhofs aus wird das Schulgebäude zentral über ein Foyer, das in eine Cafeteria übergeht, erschlossen; die Treppenhauskerne liegen in den Gebäudewinkeln. Ein Werkstattgebäude, eingebunden in die Mäanderfigur der Zeile, bildet das Gelenk zwischen den beiden einhüftig organisierten, drei- bis viergeschossigen Schulklassentrakten. Sie umschließen von zwei Seiten einen großen Sportplatz. Das ganze Gebäude ist in monolithischem Mauerwerksbau errichtet, die äußere Schale besteht aus einem roten Klinkerverband. Die Einheitlichkeit des Materials und die durchweg serielle und monotaktische Befensterung innerhalb der Fassade, die mal als in der Fläche gebundene Lochfassadenstruktur, mal als vertikal gegliederte Lisenenordnung erscheint, unterstützen den sachlichen Gestus der Schulanlage. Ein Jugendfreizeitheim auf der anderen Seite des Sportplatzes bildet ein weiteres bauliches Element innerhalb der horizontalen, etwas schwer und nicht ausbalanciert wirkenden Raumkomposition mit ihrer einheitlichen Wandstruktur und -begrenzung.

This school building is part of an urban context which is mainly characterised by buildings dating from the 1920s and 1930s. The urban structure arises from the block construction style which was predominant at the time. The new school building also follows this logic. Its elongated, three to five storey building structure meanders around two spaces created by itself: the school yard and the sports area. On the street side there is a four to five storey building section which contains the school library on the ground floor. From the narrow side of the school yard, the school building is entered via a central foyer, which leads to a cafeteria; the staircases are at the corners of the building. A workshop building which is integrated into the meandering structure of the block forms the junction between the two classroom wings, which are three to four storeys high and have classrooms on one side of the corridor. They enclose two sides of a large sports area. The whole building is constructed in monolithic masonry, and the outer shell consists of red facing brickwork. The uniformity of the material and the consistently regular pattern of rows of windows within the façade, some of them appearing as a perforated structure in the façade surface and some as a vertically arranged lens structure, underline the functional character of the school complex. A youth leisure centre on the other side of the sports area forms a further structural element within the horizontal spatial composition with its uniform wall structure and boundaries, which appears rather heavy and unbalanced in its overall impact.

◢ ENSS Eckert, Negwer, Sommer, Suselbeek, Berlin ◆ Senatsverwaltung für Bauen, Wohnen und Verkehr ☞ Oberstufenzentrum
⊞ 21.000 m² ⚒ 1997–1999

Büro- und Wohnblock / Office and residential block Ahornplatz

Ahornstraße 20 | U9 Schloßstraße | 12163 Steglitz

Die Bebauung komplettiert die Figur des Ahornplatzes, die durch die Bauten der letzten Jahrzehnte in ihrer Wirkung stark beeinträchtigt wurde, mit einem über sieben Geschosse reichenden Gebäude, das eigentlich aus zwei Teilen besteht: Ein Volumen, auf annähernd quadratischem Grundriß, ergänzt die Bauflucht der Ahornstraße und betont die Tiefe des Platzes. Ein anderes bildet den Fassadenabschluß an der zurückgesetzten Platzseite; es ragt weit in den hinteren Grundstücksbereich. An der Gelenkstelle dieser kubischen Körper befinden sich die beiden Treppenhauskerne. Über der Ladenzone folgen fünf Bürogeschosse mit unterschiedlich großen Räumen. Den Abschluß bildet ein Geschoß mit drei Wohnungen. Das Haus wirkt durch seine horizontale Linienführung, die durch die auskragenden Decken aus Sichtbeton hervorgerufen wird, und durch die Proportionierung und serielle Anordnung seiner vertikalen Fassadenteile sowie nicht zuletzt durch die Farbe zunächst etwas fremd und formal ambivalent. Die die Platzecke betonenden und auch sonst stark hervortretenden Stirnseiten der Betondecken zeichnen die orthogonale Hauskubatur nach und sind umlaufend mit einem Brüstungselement versehen – obwohl die Flächen nicht als Austritte gedacht sind. Die Fassaden aus französischen Fenstern mit dazwischen liegenden Einbauten aus blaugrün gestrichenen Buchenholz-Paneelen dagegen treten an der Ecke mit einem leichten Schwung zurück. Die Rahmung der formal minimalisierten Fassadenelemente durch sichtbare, das Haus plastisch gliedernde Betonprofile verleiht dem Haus seine Grundstruktur; deren ›Ordnung‹ wird aber durch die nicht überall funktional sinnvollen Brüstungsgeländer irritiert.

This development completes the appearance of Ahornplatz, which had been severely impaired in its effect by the buildings erected over the last few decades, with a building of seven storeys which basically consists of two parts. One structural volume on an almost square floor plan supplements the building alignment line of Ahornstrasse and emphasises the depth of Ahornplatz. The other structure completes the façade on the side of Ahornplatz which is set back, and extends far into the rear of the land plot. The two staircases are situated at the joint of these cubic elements. Above the shops there are five floors of offices, with rooms of different sizes. At the top of the building is a storey containing three apartments. Because of the horizontal lines cased by the overhanging ceilings of exposed concrete, the proportions and serial arrangement of the vertical façade sections and, not least, the colour, the building initially appears strange and formally ambivalent. The ends of the concrete ceilings, which emphasise the corner of Ahornplatz and are very prominent, underline the orthogonal cubic structure of the building and have an all-round railing element, even though the areas are not intended to be used as balconies. The façades, consisting of French windows with blue-green painted beechwood panels in between are slightly set back at the corner. The framing of the formally minimalised façade elements by visible concrete profiles drastically sub-divides the building and determines its basic structure. However, this structure is irritatingly interrupted by the railings which are not always functionally necessary.

Alfred Grazioli, Berlin 🖉 Haschtmann Baubetreuungsgesellschaft, Berlin ✏ Büro, Wohnen ⊞ 3.227 m² 🏛 1993–1994

Grundschule und Kita / Primary school and kindergarten Curtiusstraße

Curtiusstraße 39–41 | S1 Lichterfelde-West | 12205 Steglitz

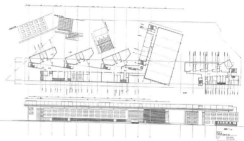

Das Gebäude vemittelt mit seiner zunächst etwas fremd anmutenden Erscheinung zwischen einer kleinmaßstäblichen Wohnbebauung und großstädtischen Volumina, zum Beispiel von Infrastruktureinrichtungen wie der S-Bahn. Darüber hinaus war der vorhandene Baumbestand zu berücksichtigen. Das Bauprogramm umfaßt eine dreizügige Grundschule mit einer Sporthalle sowie eine integrierte Kindertagesstätte. Die Primärstruktur besteht aus einem dreigeschossigen Gebäuderiegel, der zum Straßenraum eine geschlossene Kante ausbildet und somit, im Kontext mit der Nachbarbebauung, die Straßenraumbildung unterstützt. Hier weist der Baukörper eine einfache, regelmäßig organisierte Lochfassade auf. Zur Gartenseite wird diese lineare Struktur durch rhythmisch gesetzte Einzelbaukörper unterbrochen, die aus dem Baukörper herausgeschwenkt sind, und durch die ebenfalls herausgedrehte größere Sporthalle. Auf diese Weise werden Binnenbereiche und Aussenraum miteinander verschränkt und die Übergänge fließend gestaltet. Die Konstruktion besteht aus einem kombinierten Schotten-Stützen-System. Die Schichtung von unterschiedlichen Nutzungsebenen auf begrenzter Grundfläche wird im Stadtraum durch die Ausbildung einer großen Dachplattform für den Pausenhof und die Außensportanlage verdeutlicht. Sie ist über die gesamte Gebäudestruktur gespannt und faßt somit die im unteren Bereich zusammengesetzte Gebäudefigur zu einem einheitlich lesbaren Volumen zusammen. Diese gigantische, käfigartige Stahlkonstruktion mit ihren geschoßhohen, nach innen schräg geneigten Begrenzungsbrüstungen steht an einigen Stellen auf gebäudehohen, V-förmig ausgebildeten Stahlstützen.

With its initially strange appearance, the building mediates between an area of small residential buildings and large urban structures, for example infrastructure facilities such as the »S-Bahn« urban railway. A further brief was to take into account the existing trees. The construction project comprises a primary school with three classes per school year, a sports hall and an integrated kindergarten. The main structure consists of the three-storey elongated block, which forms a continuous front along the street and thus, in the context of the neighbouring buildings, supports the structure of the street setting. Here, the building has a simple, regular perforated façade. On the garden side, this linear structure is interrupted by regularly place individual buildings which project out from the main building, and by the larger sports hall, which also protrudes from the main building. In this way, inner areas and outer space are joined together in a flowing transition. The design consists of a combined pillar and bulkhead system. The layering of different utilisation levels on a limited ground area is visibly underlined in the urban setting by the construction of a large roof platform for the playground and the outdoor sports area. It spans the whole structure of the building, thus uniting the separate building structures which exist at a lower level into a volume which can be seen as a unit. This gigantic, cage-like steel structure, with its breastwork railings which are as high as a whole storey and lean inwards, is set in some places on V-shaped steel supports spanning the whole height of the building.

Andrew Alberts/Tim Heide/Peter Sassenroth, Berlin ⟿ Senatsverwaltung für Bauen, Wohnen und Verkehr, Bezirksamt Steglitz ☞ Grundschule, Kindertagesstätte ⊞ 11.000 m² ⚤ 1995–1998

Sportanlage / Sports complex Windmühlenberg

Am Kinderdorf | Bus 134, 334 | 14089 Spandau

Die Sportanlage ergänzt ein Schulgebäude, das an der Grenze zwischen einer verstreut-niedrigen Bebauungsstruktur und der offenen Feldflur steht. Sie ist, in direkter Nachbarschaft zu zwei Sportplätzen, im Gelände kaum wahrnehmbar, da ihre Funktionsbereiche in die Erde eingegraben sind. Nur eine regelmäßig angeordnete Reihe von Betonpylonen markiert die Lage der ›unsichtbaren‹ beiden Gebäudeteile. Ein absteigender Geländeeinschnitt teilt die Anlage in zwei Bereiche: ein Umkleide- und Duschbereich für den Außensport, der von einer weit geschwungenen Mauer eingefaßt ist, die sich vom Kellereingang des Schulgebäudes bis zum Sportplatz hinzieht und am Sportfeld in einem eingeschossigen Kopfbau endet. Parallel dazu steht auf der anderen Seite eine senkrecht und scharfkantig in den Geländeschnitt eingestellte Mauer aus blau-bunten Brandklinkern, hinter der die der Sporthalle vorgelagerten Funktionsbereiche liegen. Hier befindet sich auch der Hauptzugang zur Halle. Über dieser Mauer erheben sich die prismatisch geformten, drei Meter hohen Betonpylone, die mit einer parallel dazu gestellten zweiten Reihe die Dachkonstruktion aus stählernen Fachwerkbindern tragen. Die Halle selbst ist ringsum mit Glaselementen versehen, die vom Boden bis zur Dachkante reichen, wodurch ein selbständiger gläserner Kubus entsteht, der gleichsam wie in die technomorphe Konstruktion eingestellt wirkt. Naturraum und technisch-handwerkliche Tektonik gehen in diesem Bauwerk eine gelungene funktionale und ästhetische Symbiose ein, die sowohl von einem hohen Maß an Konzentration und Ruhe getragen wird als auch vom Moment der dem Sport eigenen Bewegung und Dynamik.

The sports complex is an addition to a school building which is situated between an area of widely spread low buildings and the open fields. It is directly next to two sports fields, and it is hardly visible in the landscape because its functional areas are sited below the level of the surrounding ground. Only a regularly arranged row of concrete pylons marks the position of the two ›invisible‹ building sections. A downward sloping section cut out of the land separates the complex into two areas: a changing and shower area for outdoor sports, which is surrounded by a widely curved wall which reaches from the basement entrance of the school building to the sports field, and ends there in a single storey end building. Parallel to it on the other side, there is a vertical and sharpedged wall of blue colourful clinker bricks in the sloping cutaway, and behind this wall are the functional areas leading to the sports hall. This is also where the main entrance to the hall is situated. The prismatically shaped, three metre high concrete pylons rise above this wall, and together with a second parallel row of pylons they bear the roof construction of steel framework binders. The hall itself is surrounded by glass elements reaching from the floor to the edge of the roof, creating a separate glass cube which almost appears to have been inserted into the technomorphous structure. In this building, the natural setting and the technical structure and craftsmanship enter into a successful functional and aesthetic symbiosis which combines a high degree of concentration and tranquillity with the movement and dynamism which are characteristic of sports.

✏ Benedict Tonon, Berlin, mit Karl Hufnagel, Götz Hinrichsen ↩ Bezirksamt Spandau ☞ Sportanlage ⚐ 1992–1995

Wohn- und Bürohaus / Residential and office building Düppelstraße 1

Düppelstraße 1/Potsdamer Straße | S1 Zehlendorf, Bus 118, 148 | 14163 Zehlendorf

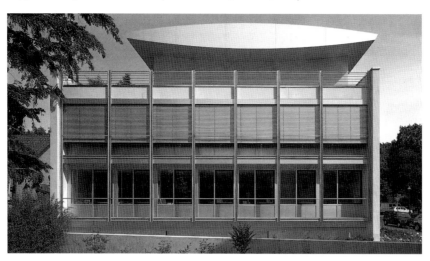

Das Gebäude besetzt ein Eckgrundstück in einem heterogenen städtebaulichen Umfeld, das aus freistehenden Einfamilienhäusern, Reihenhäusern, mehrgeschossigen Wohnbauten und Büro- und Werkstattgebäuden besteht. Der zweigeschossige kubische Gebäudekörper reagiert auf diesen Kontext vor allem mit seinen vier unterschiedlich gestalteten Fassaden, wodurch allerdings in der Summe eine architektonisch etwas undeutliche Stimmung erzeugt wird. Die Grundfläche des Gebäudes ist annähernd quadratisch. In den beiden ersten Geschossen liegen je zwei flexibel aufteilbare Büroeinheiten, die über eine einläufige Treppe in der Mitte des Gebäudekörpers erschlossen werden. Im Dachgeschoß, das in der Grundfläche kleiner ist, liegen zwei 2-Zimmer-Wohnungen mit je einer Terrasse. Zur stärker befahrenen Potsdamer Straße hat das Gebäude eine Lochfassade. Die gegenüberliegende Südseite ist, eingespannt zwischen zwei Wände, in einer Metall-Glas-Konstruktion ausgeführt und die Westseite als geschlossene Wand mit einer Kletterhilfe zur Begrünung gestaltet. Die Eingangsseite hat eine fast gebäudehoch verglaste Wandöffnung, die den Büroräumen als Fenster dient und das Treppenhaus zum Straßenraum öffnet. Im Kontext der Nachbarbebauung und angesichts der einfachen inneren Gebäudestruktur wirkt die ausladende Geste des linsenförmigen Daches als aufgesetztes und nicht aus der Architektur heraus generiertes Element und daher etwas unangemessen und fremd.

The building occupies a corner plot in a heterogeneous urban environment consisting of detached houses, terraced houses, apartment blocks, office and workshop buildings. This two-storey cubic structure reacts to this context especially with its four differently designed façades, although this creates a rather indistinct overall architectural atmosphere. The base area of the building is almost square. The first two storeys each have two office units which can be flexibly divided and which are reached from a straight staircase in the middle of the building. In the attic, which has a smaller floor area, there are two two-room apartments, each with its own terrace. On the side facing the busy road, Potsdamer Strasse, the building has a perforated façade. The other side facing the south is suspended between two walls and executed as a metal and glass structure, and the west side is designed as a solid wall with a trellis to support vegetation. The entrance side has a glazed wall opening which almost spans the entire height of the building, and which serves as a window for the offices and opens the staircase to the street. In the context of the neighbouring buildings and in view of the simple internal structure of the building, the protruding nature of the lens-shaped roof appears as an arbitrary addition rather than as an element generated out of the architecture itself, and thus it seems inappropriate and extraneous.

◢ Backmann + Schieber, Berlin ◆ Privat ☞ Büro, Wohnen ⊞ 1.100 m² ♠ 1994–1995

Laborgebäude Umweltbundesamt / Laboratory building, Federal Environment Agency

Thielallee 88–92 | S1 Lichterfelde-West, Bus 101, 148 | 14195 Dahlem

Das zunächst etwas kapriziös und effektvoll erscheinende Gebäude birgt sowohl nutzungstechnisch und funktional als auch architektonisch eine interessante Konzeption, die sich aus dem Zweck herleitet, Schädlingsbekämpfungsmittel zu prüfen. Aus diesem Grund wurden möglichst sterile Raumeinheiten benötigt – und zudem solche zur Zucht von allerlei Kleingetier wie Ameisen, Wanzen, Zecken, Ratten, Schaben, Kaninchen und Tauben. Da Zucht, Haltung und Testreihen spezifische Anforderungen stellen, wurde das Raumprogramm entsprechend zerlegt. Dabei entstanden vier Raumgruppen, für die auf dem dreieckig konfigurierten Grundstück innerhalb einer dichten Bebauung im sogenannten »Dahlemer (Forschungs-)Dreieck« eine räumliche Struktur, eine Figur und in Verbindung damit ein gesondertes Erschließungs- und Konstruktionssystem entwickelt wurden. Es entstand mithin kein einheitliches Volumen, sondern vielmehr diese etwas irritierende plastische Figur aus zueinander in Beziehung gesetzten Kuben mit einer jeweils eigenwilligen Verkleidung aus Beton, Holz oder Wellblech bzw. Aluminium. Diese einer inneren Logik folgende Addition von prismatischen Körpern aus unterschiedlichen Materialien führt zu einer spannungsreichen Plastik innerhalb des Geländes. Die innere Struktur der einzelnen Kuben folgt dagegen einer klar erkennbaren traditionellen Ordnung, nämlich der einfachen Reihung von meist gleichgroßen Labors und anderen Räumen. Getrennt und zugleich verbunden sind diese in sich eigenständigen Raum- bzw. Hausmodule durch Flure oder offene Bereiche, in die einfache Stege und Treppenelemente mit Stahlwangen und leichten Auftritten montiert sind.

The building, which appears rather capricious and ostentatious in its design, is based on an interesting concept for its use, function and architecture, a concept which derives from its purpose – to test pesticides. For this reason, the room units must be as sterile as possible, and there must also be rooms for breeding all sorts of small animals such as ants, bugs, ticks, rats, cockroaches, rabbits and pigeons. Breeding, management and experimentation all require specific conditions, therefore the room programme was broken down accordingly. This led to the development of four groups of rooms on the triangular plot in the middle of a densely developed area in the so-called »Dahlem (research) triangle«, a spatial structure, a design figure and, as a result, a separate access and construction system. The result was not a uniform volume, bur rather this somewhat irritating, vividly textured structure of interrelated cubes, each with an eccentric facing of concrete, wood, corrugated iron or aluminium. This cumulation of prismatic structures of differing materials, which follows an inner logic, leads to a dramatic sculptural effect within the development. However, the interior structure of the individual cubes follows a clearly recognisable traditional organisational principle, i.e. a simple series of laboratories and other rooms which are usually of the same size. These self-contained room and block modules are separated and, at the same time, connected by corridors or open areas into which simple walkways and stair elements are mounted with steel spring boards and lightweight treads.

🖊 Maedebach, Redeleit & Partner, Berlin ✒ Bundesrepublik Deutschland, vertreten durch die Bundesbaudirektion ☞ Labor
⊞ BRI: 8.000 m³ 🏃 1993–1995

Erweiterung Klärwerk Waßmannsdorf / Extension of Wassmannsdorf sewage plant

Straße am Klärwerk | S9, 45 Schönefeld + Bus 602, 735, 736, 737 | 15831 Waßmannsdorf (außerhalb Berlins)

Das neue Betriebs- und Sozialgebäude wurde im Zuge der Erweiterung des alten Klärwerks um neue Klärstrecken errichtet. Es bildet, in einer eingeschnittenen Böschung liegend, eine weithin sichtbare signifikante Grenze zwischen Landschaftsraum und Werksgelände und zugleich eine ästhetisch eigenständige, objekthafte Figur. Entsprechend seiner Lage und Funktion gliedert es sich in vier gestalterisch selbständige Teile. Der Gebäudesockel mit seiner vorgeblendeten dunklen Mauerschale ist als Brückenbau über den Geländeschnitt angelegt; er wird im unteren Bereich gequert von dem Wasserlauf zwischen Klärstrecken und Landschaftsraum. Hier sind Technik- und Installationsräume, Werkstätten und Lager untergebracht. Darüber liegt, in Längsrichtung, eine Servicescheibe, die den Sockel und auch die beiden benachbarten Gebäudeteile mit unterschiedlichen Raumgruppen durchdringt. Dieser 3,6 Meter breite und fast 90 Meter lange Riegel enthält die Installationsschächte, Sanitär- und diverse Nebenräume und an den Enden vollverglaste Treppenhäuser. Auf der Südseite befindet sich über dem Sockel die Bürozone, die auf den Landschaftsraum orientiert ist: vollverglaste Räume mit davor liegenden, auskragenden Verschattungsdächern. Auf der Nordseite sind in einem im Aufriß konisch konfigurierten Bauteil die Küche, die Kantine, Gasträume, Vortrags- und Ausstellungsräume untergebracht. Alle diese Bauteile sind zu einem harmonischen, bisweilen etwas konstruktivistisch anmutenden Gebäude ›zusammenmontiert‹, das je nach Standort entweder präzise-graphisch – durch die klaren Linien, die die Volumina umschreiben – oder aber akzentuiert-skulptural in der flachen Landschaft wirkt.

As part of the extension of the old sewage plant, the new operating and recreation building was built around new sewage lines. It is in a lowered embankment, and it forms a clearly visible and significant boundary between the countryside and the plant, and at the same time an aesthetically independent structure. In keeping with its position and function, it is divided into four parts with a distinctly separate design. The pedestal of the building, with its dark facing brickwork, is arranged as a bridge over the embankment; towards the bottom it is crossed by the water flowing between the sewage lines and the rural scenery. This part accommodates the technical and installation rooms, workshops and stores. Above this area, in a longitudinal direction, is a service block which penetrates the pedestal and the two adjacent parts of the buiding with different groups of rooms. This block is 3.6 metres wide and almost 90 metres long, and it contains the installation shafts, the sanitary facilities, various auxiliary rooms and, at the ends, fully glazed staircases. Above the pedestal on the south side is the office zone, which faces the rural scenery; it has fully glazed rooms with overhanging roofs for shade. On the north side, in a section of the building which is conical in shape, are the kitchen, the canteen, visitors' rooms and lecture and exhibition rooms. All of these parts of the building have been ›put together‹ to form a harmonious building which sometimes appears rather constructivist and which, depending on the location, either appears graphically precise – with its clear outlines around the building's volume – or accentuated and sculptural within the flat scenery.

⬩ Gerhard Spangenberg, Berlin, mit Urs Vogt und Nils Eichberg, Susanne Hofmann, Sophie Jaillard, Felix Neubronner ⬩ Berliner Wasser Betriebe ⬩ Betriebsgebäude, Technikgebäude ⊞ Grundstücksfläche 177,5 ha ⬩ 1992–1998

Autohaus / Car garage and workshop Bismarckstraße 18A

Bismarckstraße 18A | Bus 181, 182 | 12169 Steglitz

Das Gebäude steht von der Straße abgerückt im hinteren Grundstücksbereich; den Kontext bilden Wohn- und Gewerbebauten. Das kleine, schwierig zu bebauende Grundstück wurde entsprechend den Anforderungen geschickt ausgenutzt. Unterzubringen waren eine Werkstatt und Abstellplätze für PKWs, Büro- und Sozialräume, Sanitäranlagen und ein Verkaufsraum für Ersatzteile. Der Grundstückszuschnitt, die geforderte Höhenbegrenzung und das funktionale Konzept haben zu einem Baukörper geführt, der die Formen aller seiner Teile aus der Logik und aus dem Wendekreisvermögen von Automobilen ableitet. Das Untergeschoß nimmt drei Werkstattbereiche für je ein Auto und einen Lastenaufzug auf. Im ersten Obergeschoß liegt der Verkaufsraum und eine offene, balkonartige Auskragung, die das Rangieren mit einem Materialwagen erlaubt. Das Dachgeschoß hat ebenfalls eine Auskragung, die den Abmessungen eines Autowendekreises folgt. Die Abfangung der Balkonlasten erfolgt über Stützen mit Auskragungen und über V-förmig angeordnete Stahlrohre, die das Motiv einer vertikalen Dynamik einführen. Im hinteren Bereich ist ein stereometrischer, turmartiger Baukörper als Treppenhausturm angefügt; er gibt dem Volumen zusätzlich visuellen Halt. Das Gebäude ist verputzt und weiß gestrichen, was die Plastizität des Baukörpers unterstützt. Die funktionale und konstruktive bzw. konstruktivistische Durcharbeitung knüpft an die Tradition von städtischen Autogaragen der zwanziger und dreißiger Jahre an.

The building is set back from the road in the rear part of the plot. The context consists of residential and commercial buildings. The small plot, which was difficult to build on, has been skilfully utilised in accordance with the requirements. The building had to accommodate a workshop, car parking spaces, office and recreation rooms and a sales room for parts. The shape of the plot, the restricted permissible height of the building and the functional concept have led to a building which derives the shape of all its parts from the logic and the turning circle capacity of cars. The basement contains three workshops which can each accommodate one car, plus a goods lift. The first floor contains the sales room and an open, balcony-type projection which permits turning with a material vehicle. The roof storey also has a projection which follows the dimensions of a turning circle. The load on the balconies is taken up by supports with projections and by steel bands arranged in a V pattern, which introduce a motif of vertical dynamism. At the rear, a stereometric structure is added as a staircase tower, giving extra visual stability to the building's volume. The building is faced with plaster and painted white, which underlines the vigour of the building. The functional design and constructivist implementation follows the tradition of urban car garages from the 1920s and 1930s.

Fischer/Fromm, Berlin ☙ A. Nowraty ☞ Autohaus ⊞ 750 m² ♫ 1992

Wohnbebauung Am Sandwerder
- ⌂ Am Sandwerder/Kronprinzessinnenweg
- 🚊 S1 Zehlendorf
- ✉ Bezirk Zehlendorf, PLZ 14109
- ✎ Thomas Nolte, Berlin
- ✎ GEHAG Gemeinnützige Heimstätten-AG, Berlin
- ☞ Wohnen
- ⊞ 2.548 m²
- 🏃 1992–1993

Bürocenter Tempelhof »Gothaer Versicherung«
- ⌂ Alarichstraße 12–17
- 🚊 U6 Ullsteinstraße
- ✉ Bezirk Tempelhof, PLZ 12105
- ✎ Kahlen + Partner, Berlin
- ✎ Kahlen + Partner Bau & Umwelttechnologie GmbH & Co. KG, Berlin
- ☞ Büro, Gewerbe
- ⊞ 18.200 m²
- 🏃 1995–1996

Einfamilienhaus Auf dem Grat 43A
- ⌂ Auf dem Grat 43 A
- 🚊 Bus 110
- ✉ Bezirk Zehlendorf, PLZ 14195
- ✎ Georg Heinrichs und Partner, Berlin
- ✎ Dr. Tiemann
- ☞ Wohnen
- ⊞ 206 m²
- 🏃 1990

Erweiterung der Erich-Kästner-Grundschule, Neubau Sporthalle
- ⌂ Bachstelzenweg 2/8
- 🚊 U2 Dahlem-Dorf
- ✉ Bezirk Zehlendorf, PLZ 14195
- ✎ Lehrecke & Lehrecke, Berlin
- ✎ Bezirksamt Zehlendorf, Abteilung Volksbildung
- ☞ Schule, Sporthalle
- ⊞ Erweiterung: 4.100 m²
- 🏃 1994–1999

Wohnbebauung Areal Andrewskaserne
- ⌂ Baseler Straße 127, 131/139/Goerzallee 30/66
- 🚊 Bus 185, 285, 211, 112, 283
- ✉ Bezirk Steglitz, PLZ 12205
- ✎ Assmann Salomon und Scheidt, Berlin
- ✎ Senatsverwaltung für Bauen, Wohnen und Verkehr, Bundesministerium für Raumordnung, Bauwesen und Städtebau
- ☞ Wohnen
- ⊞ 97.684 m²
- 🏃 1995–1996

Autohaus Saab-Weber
- ⌂ Berlepschstraße 6–8
- 🚊 S1 Zehlendorf, Bus 115
- ✉ Bezirk Zehlendorf, PLZ 14165
- ✎ Rolf Backmann + Eugen Schieber, Berlin
- ✎ Martin Weber
- ☞ Autohaus
- ⊞ BRI: 4.800 m³
- 🏃 1995–1996

Wohnungsbau Brandenburgische Straße 10–14A
- ⌂ Brandenburgische Straße 10–14A
- 🚊 S25 Südende, Bus 180, 181, 183, 187
- ✉ Bezirk Steglitz, PLZ 12167
- ✎ Borck Boye Schäfer, Berlin
- ✎ GSW Gemeinnützige Siedlungs- und Wohnungsbaugesellschaft mbH, Berlin
- ☞ Wohnen
- ⊞ 4.808 m²
- 🏃 1991–1992

Aufstockung/Anbau Wintergarten Bremer Straße 5
- ⌂ Bremer Straße 5
- 🚊 Bus 185
- ✉ Bezirk Steglitz, PLZ 12207
- ✎ Patzke Dedering, Berlin
- ✎ Prof. Dr. Karl Oeff, Dr. Astrid Oeff
- ☞ Nuklearmedizinische Praxis, Wohnen
- ⊞ 790 m²
- 🏃 1994–1995

Ergänzungsbebauung Celsiusstraße
- ⌂ Celsiusstraße
- 🚊 S25 Lichterfelde-Ost, Bus 180
- ✉ Bezirk Steglitz, PLZ 12207
- ✎ Axel Oestreich, Ingrid Hentschel, Berlin
- ✎ GSW Gemeinnützige Siedlungs- und Wohnungsbaugesellschaft mbH, Berlin
- ☞ Wohnen, Büro
- 🏃 1994–1995

Softwarehaus Charlottenburger Straße 4
- ⌂ Charlottenburger Straße 4
- 🚊 S1 Sundgauer Straße
- ✉ Bezirk Zehlendorf, PLZ 14169
- ✎ Höing
- ☞ Büro
- ⊞ 450 m²
- 🏃 1994–1995

Reihenhäuser an der Wannseebahn
- ⌂ Colmarer Weg
- 🚊 S1 Sundgauer Straße, Bus 148
- ✉ Bezirk Zehlendorf, PLZ 14169
- ✎ IBUS Architekten, H. Schreck, G. Hill-

mann, J. Nagel, I. Lütkemeyer, Berlin
- ✎ Berliner Baugenossenschaft EG, Bauherrengemeinschaft Baulos VI
- ☞ Wohnen
- ⊞ 720 m²
- 🏃 1993–1994

Verwaltungsgebäude »Tonstudios« Wasserstadt
- ⌂ Verlängerte Daumstraße 16–20
- 🚊 U7 Jungfernheide
- ✉ Bezirk Spandau, PLZ 13599
- ✎ Tophof & Hemprich, Berlin
- ✎ Hartmut Leibrand
- ☞ Büro
- ⊞ 4.800 m²
- 🏃 1998

Wohnungsbau Falkenseer Chaussee 242–256
- ⌂ Falkenseer Chaussee 242–256
- 🚊 U7 Rathaus Spandau, Bus 130
- ✉ Bezirk Spandau, PLZ 13583
- ✎ ELW Georg Eyl & Partner, Berlin
- ✎ WIR, Berlin
- ☞ Wohnen, Bank
- ⊞ 5.000 m²
- 🏃 1995–1997

Aufstockung Atrium-Villa, Gelfertstraße 44
- ⌂ Gelfertstraße 44
- 🚊 U1 Thielplatz
- ✉ Bezirk Zehlendorf, PLZ 14195
- ✎ SPREE Architekten, Martin Geyer, Berlin
- ☞ Wohnen
- ⊞ ca. 270 m²
- 🏃 ca. 1997–1998

Wohnbebauung Areal McNair-Kaserne
- ⌂ Goerzallee
- 🚊 Bus 110, 112
- ✉ Bezirk Steglitz, PLZ 12207
- ✎ ENSS, Eckert, Negwer, Sommer, Suselbeek, Berlin
- ✎ Investorenwettbewerb 2. Hälfte 1997
- ☞ Wohnen
- ⊞ ca. 95.000 m²
- 🏃 unbestimmt

Erweiterungsbauten Krupp Stahlbau
- ⌂ Gottlieb-Dunkel-Straße 50–52
- 🚊 Bus 177
- ✉ Bezirk Tempelhof, PLZ 12099
- ✎ SPREE Architekten, Axel Heueis, Berlin
- ✎ Krupp Stahlbau, Berlin
- ☞ Büro, Kantine

⊞ 1.070 m²
⚒ ca. 1997–1999

Die Spiegelwand
(Denkmal für im Nationalsozialismus
deportierte Berliner Juden)
▢ Hermann-Ehlers-Platz
🚇 S1, U9 Rathaus Steglitz
✉ Bezirk Steglitz, PLZ 12163
✍ Wolfgang Göschel, Joachim von Rosenberg, Berlin, mit Hans-Norbert Burkert
👉 Land Berlin, Senatsverwaltung für Bauen, Wohnen und Verkehr
☞ Denkmal
⚒ Einweihung: 1995

Jugendfreizeitheim Immenweg
▢ Immenweg 6–10
🚇 U9 Schloßstraße, Bus 383
✉ Bezirk Steglitz, PLZ 12169
✍ ENSS, Eckert, Negwer, Sommer, Suselbeek, Berlin
👉 Senatsverwaltung für Bauen, Wohnen und Vehrkeur
☞ Jugendfreizeitheim
⊞ 750 m²
⚒ 1997–1998

Seniorenheim Käthe Kollwitz
▢ Kaulbachstraße 63–67
🚇 S25 Lankwitz
✉ Bezirk Steglitz, PLZ 12247
✍ Rolf D. Weisse, Berlin
👉 Bezirksamt Steglitz
☞ Seniorenheim
⊞ ca. 6.940 m²
⚒ 1993–1995

Haus für die Studentenschaft der Freien
Universität Berlin
▢ Kiebitzweg 13–15
🚇 U1 Dahlem-Dorf
✉ Bezirk Zehlendorf, PLZ 14195
✍ Wolf & Partner , Berlin
👉 Der Präsident der Freien Universität Berlin, vertreten durch die Technische Abteilung der Freien Universität Berlin
☞ Büro, Veranstaltungssaal für die studentische Selbstverwaltung und Beratungsdienste
⊞ 1.200 m²
⚒ 1995–1997

Mehrfamilienhaus
Kurfürstenstraße 10B
▢ Kurfürstenstraße 10B
🚇 S25 Lichterfelde-Ost
✉ Bezirk Steglitz, PLZ 12249

✍ SPREE Architekten, Michael Kretzschmar, Berlin
👉 Ludwig Vetter
☞ Wohnen
⊞ ca. 800 m²
⚒ Fertigstellung 1995

Mehrfamilienhaus Kurze Straße 17
▢ Kurze Straße 17
🚇 Bus 280
✉ Bezirk Steglitz, PLZ 12167
✍ Georg Heinrichs und Partner, Berlin
👉 IGEWO
☞ Wohnen
⊞ 1.750 m²
⚒ 1991

Thailändisches Generalkonsulat
▢ Lepsiusstraße 64–66
🚇 U9 Schloßstraße
✉ Bezirk Steglitz, PLZ 12163
✍ J.S.K. , Berlin
👉 WPE West LB Immobilien
☞ Generalkonsulat, Wohnen
⊞ 3.500 m²
⚒ 1994–1995

Restaurant Liebenwalder Straße 2–3
▢ Liebenwalder Straße 2–3
🚇 U6, 9 Leopoldplatz
✉ Bezirk Wedding, PLZ 13347
✍ Münster & Sroka, Berlin
👉 Zukunftsbau GmbH
☞ Restaurant
⊞ 1.760 m²
⚒ 1991–1993

Wohnungsbau Malteser Straße 150–158
▢ Malteser Straße 150–158/Hanielweg 13–19
🚇 Bus 179, 183
✉ Bezirk Tempelhof, PLZ 12277
✍ Baesler, Schmidt + Partner, Berlin
👉 ITAG
☞ Wohnen
⊞ 22.750 m²
⚒ 1975–1977

Wohnungsbau Malteser Straße 180
▢ Malteser Straße 180
🚇 Bus 183
✉ Bezirk Tempelhof, PLZ 12277
✍ Georg Ritschl, Berlin
👉 R+W Immobilienanlagen
☞ Wohnen
⊞ ca. 700 m²
⚒ 1993–1994

Kindertagesstätte Manteuffelstraße
11/12
▢ Manteuffelstraße 11/12
🚇 S1 Botanischer Garten
✉ Bezirk Steglitz, PLZ 12203
✍ Hans Günther Rogalla, Berlin
👉 Bezirksamt Steglitz, Abteilung Bau- und Wohnungswesen, Hochbauamt
☞ Kindertagesstätte
⊞ 2.660 m²
⚒ 1993–1996

Geschäftshaus Manteuffelstraße 74
▢ Manteuffelstraße 74
🚇 U6 Alt-Tempelhof
✉ Bezirk Tempelhof, PLZ 12103
✍ IBUS Architekten, H. Schreck, G. Hillmann, J. Nagel, I. Lütkemeyer, Berlin
👉 H. J. Schmidt
☞ Einzelhandel, Wohnen
⊞ 1.950 m²
⚒ 1993–1994

Wohn- und Geschäftshaus
Mariendorfer Hof
▢ Mariendorfer Damm 19–21
🚇 U6 Ullsteinstraße, Bus 270
✉ Bezirk Tempelhof , PLZ 12109
✍ Arno Bonanni, Berlin
👉 ARCON GmbH
☞ Wohnen, Einzelhandel
⊞ 21.300 m²
⚒ 1995–1997

Erweiterung und Umbau
Villa Max-Eyth-Straße 29
▢ Max-Eyth-Straße 29
🚇 U1 Podbielskiallee
✉ Bezirk Zehlendorf, PLZ 14195
✍ Petra und Paul Kahlfeldt, Berlin
👉 Heiner und Celine Bastian
☞ Wohnen
⊞ 710 m²
⚒ 1992–1993

Kindertagesstätte Mörchinger Straße
▢ Mörchinger Straße
🚇 S1 Sundgauer Straße
✉ Bezirk Zehlendorf, PLZ 14169
✍ IBUS Architekten, H. Schreck, G. Hillmann, J. Nagel, I. Lütkemeyer, Berlin
👉 Bezirksamt Zehlendorf
☞ Kindertagesstätte
⊞ 1.880 m²
⚒ 1992–1994

Villa Oehlertplatz 6
▢ Oehlertplatz 6

S25 Südende
Bezirk Steglitz, PLZ 12169
Hinrich Baller, Doris Piroth, Berlin
Senon Grundstücksgesellschaft mbH
Wohnen
1.100 m²
1990–1991

Aufstockung Krankenpflegeheim Preysingstraße 40
Preysingstraße 40
Bus 183
Bezirk Steglitz, PLZ 12249
SPREE Architekten, Martin Geyer, Berlin
Krankenpflegeheim
1.900 m²
1994–1995

Parkhaus Reißeckstraße 10
Reißeckstraße 10
U6 Alt-Mariendorf, Bus 176, 177, 178, 179, 181
Bezirk Tempelhof, PLZ 12017
EMW Eller Maier Walter + Partner, Düsseldorf/Aachen/Berlin/Leipzig
SOLUM Concept Projektentwicklungsgesellschaft mbH
Parkhaus
ca. 1.800 m²
1997–1998

Erweiterung der Schulanlage Rothenburgstraße
Rothenburgstraße 16
U9, S1 Rathaus Steglitz
Bezirk Steglitz, PLZ 12163
Herbst und Lang, Berlin
Land Berlin
Oberschule, Grundschule, Sporthallen
9.850 m²
1995–1996

Wohnungsbau Woltmannweg
Scheelestraße/Osdorfer Straße/Woltmannweg/Blochmannstraße
S25 Lichterfelde-Ost, Bus 180, 186
Bezirk Steglitz, PLZ 12209
Uwe Hameyer, Berlin (Städtebau), Gebäude: Uwe Hameyer, Jürgen Doggenfuß, Gordon Richter, Hans Bandel/Günter Behrmann, Peter Heinrich, Joachim Wermund
GSW Gemeinnützige Siedlungs- und Wohnungsbaugesellschaft Berlin mbH
Wohnen, Sozialstation, Gewerbe, Jugendfreizeitheim, Kita

95.810 m²
1980–1992

Konrad-Zuse-Zentrum für Informationstechnik Berlin ZIB
Takustraße 7
U1 Dahlem-Dorf, Bus 101
Bezirk Zehlendorf, PLZ 14195
Dähne-Dahl, Berlin
Senator für Wissenschaft und Forschung
Forschungs- und Rechenzentrum
11.000 m²
1994–1996

Institut für Informatik der FU
Takustraße 9
U1 Dahlem-Dorf
Bezirk Dahlem, PLZ 14195
Baesler, Schmidt + Partner, Berlin
Senatsverwaltung für Wissenschaft und Forschung
Hochschulinstitut der Freien Universität Berlin
6.070 m²
1990–1993

Wohn- und Geschäftshaus Teltower Damm 41
Teltower Damm 41
S1 Zehlendorf
Bezirk Zehlendorf, PLZ 14167
Urs Müller + Thomas Rhode, Berlin
DII
Wohnen, Praxen, Einzelhandel
8.200 m²
1989–1990

Torhaus Krumme Lanke
Teschener Weg 5–6
U1 Krumme Lanke
Bezirk Zehlendorf, PLZ 14163
Feddersen, von Herder und Partner, Berlin
GAGFAH – Gemeinnützige Aktiengesellschaft für Angestellten-Heimstätten
Wohnen, Gewerbe
3.631 m²
1992–1993

Aufstockung Töpchiner Weg 164–180
Töpchiner Weg 164–180/Angermünder Straße 7–8
U6 Alt-Mariendorf, Bus 179
Bezirk Tempelhof, PLZ 12309
Baufrösche Stadt- und Bauplanungs

GmbH, Kassel
Stadt und Land Wohnbauten GmbH, Berlin
Wohnen
Bestand: 6.593 m², Aufstockung: 3.896 m²
1994–1995

Wenckebach-Krankenhaus
Wenckebachstraße/Albrechtstraße/Colditzstraße
U6 Kaiserin-Augusta-Straße, Bus 184
Bezirk Tempelhof, PLZ 12099
Borck, Boye, Schäfer, Berlin
Wenckebach Krankenhaus
Krankenhaus
13.000 m²
1990–1997

Heim für temporäres Wohnen, Wupperstraße 17–21
Wupperstraße 17–21
Bus 110
Bezirk Zehlendorf, PLZ 14167
Meyer-Rogge + Partner, Berlin
FSD Förderung Sozialer Dienste
Asylbewerberheim
4.242 m²
1994–1995

Lungenklinik Heckeshorn
Zum Heckeshorn 33
S1, 3, 7 Wannsee
Bezirk Zehlendorf, PLZ 14109
Feddersen, von Herder + Partner, Berlin
Krankenhaus Zehlendorf
Lungenklinik
15.000 m²
1991–1993

Straßenregister /Index of Streets
ohne Anhang/without Appendix

Bildnachweis/List of Illustrations

Abelmann + Vielain, Berlin: S. 107

ARD-Hauptstadtstudio, Berlin:
S. 98 (Fotograf: Michael Haring)

A.T.B. Architekten, Berlin: S. 231

Ackermann und Partner, München:
S. 164 (Fotograf: Christian Gahl)

Bernd Albers, Berlin:
S. 186 oben rechts

Ambassade de France – Bureau Berlin: S. 30

American Embassy Office Berlin:
S. 26, 77 unten

arTec GmbH: S. 120

ASS Assmann Salomon und Scheidt, Berlin:
S. 126 (Fotograf: Christian Gahl), 198 unten,
248, 300

Augustin und Frank, Berlin:
S. 210 unten (© Dieter Leistner/ARCHITEKTON)

Axel Springer Verlag, Berlin: S. 140 unten

Backmann + Schieber, Berlin:
S. 196 oben (Fotograf: Reinhard Görner), 249,
306 (Fotograf: Palladium Photodesign)

Bangert Scholz Architekten, Berlin:
S. 242, 285, 199 oben

Barkow Leibinger Architekten, Berlin:
S. 224 rechts

BC-Assmann, Berlin: S. 53

Becher + Rottkamp, Berlin: S. 250

Becker, Gewers, Kühn + Kühn, Berlin:
S. 174, 141 unten

Günter Behnisch, Stuttgart: S. 34

Hartmut Behrendt/Christoph Stutzer, Berlin:
S. 159, 207 (Fotograf: Wilmar Koenig)

Bellmann & Böhm, Berlin: S. 85, 111

BE-ST, Berlin: S. 22, 23, 71 unten

Berger + Parkkinen, Wien:
S. 54, 55 (Fotograf: Christian Richters), 78 unten

Betz Architekten, München-Berlin: S. 147

BHHS & Partner, Berlin: S. 165

Blase/Kapici, Berlin:
S. 148 (Fotograf: Peter Raffelt Fotografie)

Helge Bofinger & Partner, Wiesbaden/Berlin:
S. 114

Brands, Kolbe, Wernik, Berlin: S. 59

Stephan Braunfels Architekten, Berlin: S. 42

British Embassy Office Berlin: S. 25

Georg Bumiller Architekten, Berlin:
S. 44 (Fotograf: Reinhard Görner)

CCSC, Berlin:
S. 89, 90, 91, 92, 93, 140 oben, 198 oben, 199

Chestnutt Niess, Berlin:
S. 216, 284 (Fotograf: Reinhard Görner)

David Chipperfield, London:
S. 99 (Fotograf: T. Miller), 203

Kees Christiaanse, Rotterdam: S. 145 oben

Daimler Chrysler Gesellschaft für Potsdamer
Platz Projekt und Immobilienmanagement
GmbH, Berlin, Next Edit: S. 18

Deubzer König Architekten, Berlin:
S. 217, 282 (Fotograf: Schwarz)

DG Bank, Berlin: S. 35

DG Anlage GmbH, Frankfurt a.M.: S. 101

Diener & Diener Architekten, Basel:
S. 37 (Fotograf: Christian Baur)

DIFA Deutsche Immobilienfonds AG, Hamburg:
S. 145 (Simulation: Picture Factory)

Dörr-Ludolf-Wimmer, Berlin:
S. 190 rechts (Fotograf: Stefan W. Lucks),
194 unten (Fotograf: Martin Mai),
230, 260 rechts (Fotograf: Uwe Rau)

Max Dudler, Zürich/Berlin: S. 49, 81

Eble + Kalepky, Berlin: S. 228 oben

ECE Projektmanagement, Hamburg: S. 223

ELW Eyl, Weitz, Würmle & Partner, Berlin:
S. 191, 283 (Fotograf: Christina Bolduan-
Zanga)

EMW Eller Maier Walter, Berlin: S. 103

Engel & Zillich, Berlin:
S. 225, 289 (Fotograf: Uwe Rau)

ENSS, Berlin:
S. 186 unten links, S. 233 oben (Fotograf:
Markus Rössle), 302

ERB, Berlin: S. 279 links, 280 unten

Erzbischöfliche Vermögensverwaltungs
GmbH/Höger Hare Architekten, Berlin: S. 102

Feddersen, von Herder + Partner, Berlin:
S. 237, 297

Feige + Partner Architekten, Berlin: S. 202

Findeisen & Sedlacek, Berlin: S. 169

Fischer/Fromm, Berlin:
S. 199, 309 (Fotograf: Wilmar Koenig)

Norman Foster & Partners, London: S. 40

Freitag-Hartmann-Sinz, Berlin:
S. 173 (Fotograf: Karine Azoubib, Michael
Krüger)

Gemeinnützige Wohnungsbau AG, Berlin:
S. 208, 210 oben

Groth + Graalfs, Berlin:
S. 56 (Fotograf: Holger Knauf), 77 oben
(Simulation: VISTA)

Carmen Geske/Thomas Wenzel, Berlin: S. 117

gmp von Gerkan, Marg und Partner, Hamburg:
S. 29, 43 (Fotograf: H. Leiska), 46, 47, 67 (Fotograf: H. Leiska), 142 unten (Bünck + Fehse),
146, 176 (Bünck + Fehse), 192 (Punctum/
H.-Chr. Schink), 194 oben (H. Bach)

Alfred Grazioli, Berlin: S. 239, 303

Gruber, Kleine-Kraneburg, Frankfurt a.M.:
S. 41 (Fotograf: Stefan Müller)

Zvi Tadeusz Hecker, Berlin/Tel Aviv: S. 171

Tim Heide, Berlin: S. 271 links unten, S. 304

Hennes + Tilemann, Bonn:
S. 197 unten, 287 (Fotograf: Blasko)

Herlitz Falkenhöh AG, Berlin:
S. 213, 214 (Fotograf: Stefan Jänicke), 215

Hilmer & Sattler, München/Berlin: S. 51 rechts

Höhne + Rapp, Berlin: S. 233

Hans Hollein, Wien:
S. 52 (Fotograf: Sina Baniahmad)

HPP Hentrich-Petschnigg & Partner, Berlin:
S. 223

Werner Huthmacher, Berlin:
S. 129 rechts, 210 unten

IHK Berlin/Ludwig Erhard Haus: S. 157

jovis, Berlin:
S. 51 links, 62 links, 64 links, 65, 66, 78 oben,
79, 85, 138, 139 oben (Fotograf: Kerstin Müller)

J.S.K., Frankfurt a. M./Berlin:
S. 246 (Fotograf: Olaf Jablonski)

Kahlen + Partner Planungsbüro, Aachen:
S. 106, 195, 244

Kahlfeldt Architekten, Berlin: S. 175

Josef Paul Kleihues, Berlin:
S. 48, 82, 142 unten, 158

Kieferle und Partner, Stuttgart: S. 266 unten

Martin Kieren, Berlin:
S. 105, 122, 188 rechts, 189

Kohn, Pedersen, Fox, London: S. 155
Kollhoff & Timmermann Architekten, Berlin:
S. 24, 32, 84, 160, 241

Dr. Peter und Isolde Kottmair GbR, Berlin: S. 85

König, Stief & Partner GmbH, Berlin: S. 125

Kramm + Strigl, Darmstadt:
S. 205 (Fotograf: Hans Bach)

KSP, Berlin: S. 45 (Fotograf: Stephan Klonk)

KSV Krüger, Schubarth, Vandreike, Berlin:
S. 187 links (Fotograf: Steffen Jänicke)

Kühn-Bergander-Bley, Berlin:
S. 143 oben, 152

Christoph Langhof, Berlin: S. 113
(Fotograf: Wilmar Koenig)

Steffen Lehmann & Partner, Berlin:
S. 16, 110 (Fotograf: F. Bolk)

Lehrecke & Lehrecke, Berlin:
S. 229 (Fotograf: Linus Lintner)

Elmar Leist, Berlin:
S. 278 (Fotograf: Peter Raffelt Fotografie)

Hilde Léon, Konrad Wohlhage, Berlin:
S. 124 (Fotograf: Christian Richters), 161
(Fotograf: Stefan Müller), 206 (Fotograf:
Christian Richters)

Daniel Libeskind, Berlin:
S. 116, 144 unten, Umschlag hinten rechts
(Fotograf: Bitter & Bredt)

Liepe & Steigelmann, Berlin:
S. 235, 264, 286, 292 (Fotograf: Hermann
Josef Müller)

Christoph Mäckler, Frankfurt a.M./Berlin:
S. 62 rechts

Maedebach, Redeleit & Partner, Berlin:
S. 123, 169, 307

Modersohn/Freiesleben, Berlin:
S. 97 (Fotograf: GIGANT)

Kerstin Müller/Alexander Schippel, Berlin:
S. 63, 70, 93, 141 unten

Stefan Müller, Berlin:
S. 41, 68, 69, 83, 88, 140 oben rechts, 156,
291, 259

Bernd Müller-Guilford, Berlin:
S. 209 unten links

Thomas Müller/Ivan Reimann, Berlin: S. 96, 127

Münster Sroka, Berlin: S. 238

Murphy-Jahn, Chicago:
S. 162 (Fotograf: H.G.Esch)

Mussotter + Poeverlein, Berlin:
S. 226, 275 Mitte links, 276

Nalbach + Nalbach, Berlin:
S. 104 oben links (Fotograf: Christian Gahl),
186 unten rechts, 200 oben, 288, 296

Ivan Nemec, Frankfurt/M.: S. 233 unten

Walter A. Noebel, Berlin: S. 170, 190 links

Rainer Oefelein, Berlin:
S. 144 Mitte, S. 166, Umschlag hinten links
(Fotograf: Christian Gahl)

OMA, Rotterdamm: S. 109

Ortner & Ortner, Berlin: S. 31

OSB Sportstättenbau GmbH, Berlin:
S. 128 links, 129 links (Fotograf: R. Grahn),
128 rechts (Fotograf: photoline), 129 rechts
(Fotograf: W. Huthmacher), 142 oben (R.
Grahn), 243 (CBF-IPRO/OSB)

Jörg Pampe, Berlin:
S. 150 (Fotograf: Hans-Joachim Roscher)

Pächter + Partner, Berlin:
S. 204, 275 oben, Mitte links

Patzschke, Klotz + Partner, Berlin: S. 33

Jürgen Pleuser, Berlin:
S. 80 (Fotograf: Studio Ivan Nemec)

Pysall, Stahrenberg & Partner, Berlin: S. 108

Quick, Bäckmann, Quick, Berlin:
S. 154, 265, 301 (Fotograf: Thomas Millutat)

Rausch + Willems, Berlin: S. 145 unten

Rave Architekten, Berlin: S. 36

Rheinische Hypothekenbank, Frankfurt a.M.,
Harald Quandt Grundbesitz KG, Bad Homburg:
New Concept: S. 27

Ralf Richter, Düsseldorf: S. 100, 141 oben

Georg Ritschl, Berlin:
S. 268 (Fotograf Christina Bolduan-Zanga)

Sallfner & Partner, Berlin: S. 158

Sauerbruch/Hutton Architekten, Berlin/London:
S. 87, 139 unten (Studio Lepkowski, Berlin),
94 (Fotograf: Uwe Rau)

Jürgen Sawade, Berlin:
S. 174 (Fotograf: Reinhard Görner)

Carola Schäfers, Berlin:
S. 186 links oben, 234

Schattauer + Tibes, Berlin:
S. 224 links, 227, 275 unten (Fotograf: A.
Akhtar)

Alexander Schippel, Berlin:
S. 12, 13, 14, 17, 19, 20, 21, 22, 23, 71 unten,
72, 73, 76

Schneider und Schuhmacher Architekten,
Berlin: S. 10 (Fotograf: Jörg Hempel)

Axel Schultes Architekten, Berlin:
S. 39, 269

Ulrich Schwarz, Berlin:
S. 118, 153, 217, 241, 282

Senatsverwaltung für Bauen, Wohnen und
Verkehr, Berlin: S. 74, 75

Senatsverwaltung für Stadtentwicklung, Berlin:
S. 167 (Fotograf: Wuthenow)

Sorat Hotel Spreebogen, Berlin: S. 151

Gerhard Spangenberg, Berlin:
S. 86, 197 oben, 266 oben, 308 (Fotograf:
Palladium Photodesign)

Stadt und Land Wohnbauten GmbH, Berlin:
S. 200 oben, 270, 271, 290

Steidle + Partner, Berlin/München:
S. 208, 209 oben (Fotograf: Reinhard Görner)

Steinebach & Weber, Berlin: S. 240

Stiftung Topographie des Terrors: S. 121

Stössner-Fischer, Berlin: S. 95

Takamatsu + Lahyani, Berlin: S. 222

Benedict Tonon, Berlin:
S. 60 (Fotograf: Peter Raffelt Fotografie),
150, 187 rechts, 305

O. M. Ungers, Köln/Berlin:
S. 115, 144 oben, 172, Umschlag vorn links

Unternehmensgruppe Roland Ernst:
S. 11 (Fotograf: Siegfried Büker)

Van den Valentyn Architekten, Köln: S. 50

Claude Vasconi, Paris: S. 201

Miroslav Volf, Saarbrücken: S. 61

Wert=Konzept, Berlin: S. 58

Wasserstadt GmbH, Berlin:
S. 279 rechts (Fotograf: Uwe Rau), links, 280
oben (Fotograf: David Brandt), unten

Architektengruppe Wassertorplatz, Berlin:
S. 119

Klaus Wiechers + Christian Beck, Berlin:
S. 299 (Fotograf: Claas Dreppenstedt)

Bernhard Winking Architekten, Hamburg/Berlin:
S. 28, 77 oben

WISTA, Wissenschafts- und Wirtschaftsstand-
ort Berlin-Adlershof: S. 261, 262

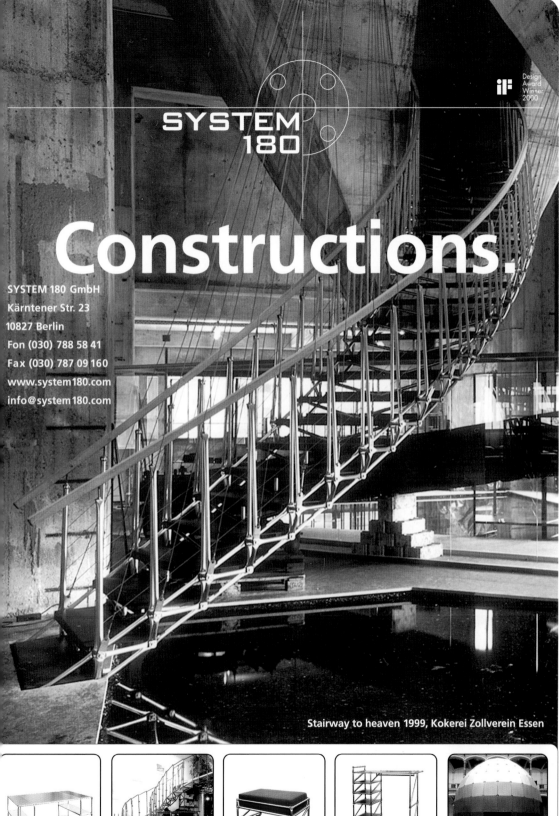

BÜCHER
BÜCHERBOGEN
BÜCHERBOGEN
BOGEN

International Books   Art   Photography   Design

Architecture

Bücherbogen am Savignyplatz
Stadtbahnbogen 593,   10623 Berlin (Charl.)
Telefon 030/318 695-0
Telefax 030/313 72 37
eMail buecherbogen.berlin@berlin.snafu.de
▶ **Architektur   Kunst   Design   Foto**

Bücherbogen am Tattersall
Stadtbahnbogen 585,   10623 Berlin (Charl.)
Telefon 030/31 50 37 50
Telefax 030/313 22 15
eMail filmbogen@aol.com
▶ **Film   Bühne   Tanz   Kostüm   Textil**

Bücherbogen in der Knesebeckstraße
Knesebeckstraße 27,   10623 Berlin (Charl.)
Telefon: 030/886 83 695
Telefax: 030/886 83 717
▶ **Internationales Modernes Antiquariat**
Architektur Kunst Design Foto Film

Bücherbogen in der Nationalgalerie
Potsdamer Str. 50,   10785 Berlin (Tiergarten)
Telefon 030/261 10 90
Di-Fr 10-18, Sa + So 11-18 Uhr
▶ **Kunst d. 20. Jahrhunderts   Architektur**

Bücherbogen in der Kochstraße
Kochstraße 19,   10969 Berlin (Kreuzberg)
Telefon 030/251 13 45
Telefax 030/251 11 73
▶ **Bauen   Stadt   Foto   Design**

Bücherbogen im Stülerbau
Schloßstraße 1,   14059 Berlin (Charl.)
Gegenüber dem Schloß Charlottenburg
Telefon: (030) 32 69 58 14
Di-Fr 10-18, Sa + So 11-18 Uhr
▶ **Picasso und seine Zeit**
Die Sammlung Berggruen

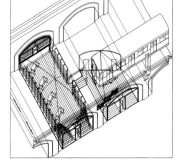

Internationale Publikationen
Ausstellungskataloge
Fachzeitschriften

Modernes Antiquariat
Restauflagen

International publications
Exhibition catalogues
Professional journals

Second-hand books
Remainders

PINC.

Einzelstück

Auch grosse Unternehmen haben klein begonnen.
USM Möbelbausysteme kennen keine endgültige Grösse.

USM
Möbelbausysteme

Florian Profitlich

BerlinBilder images

jovis

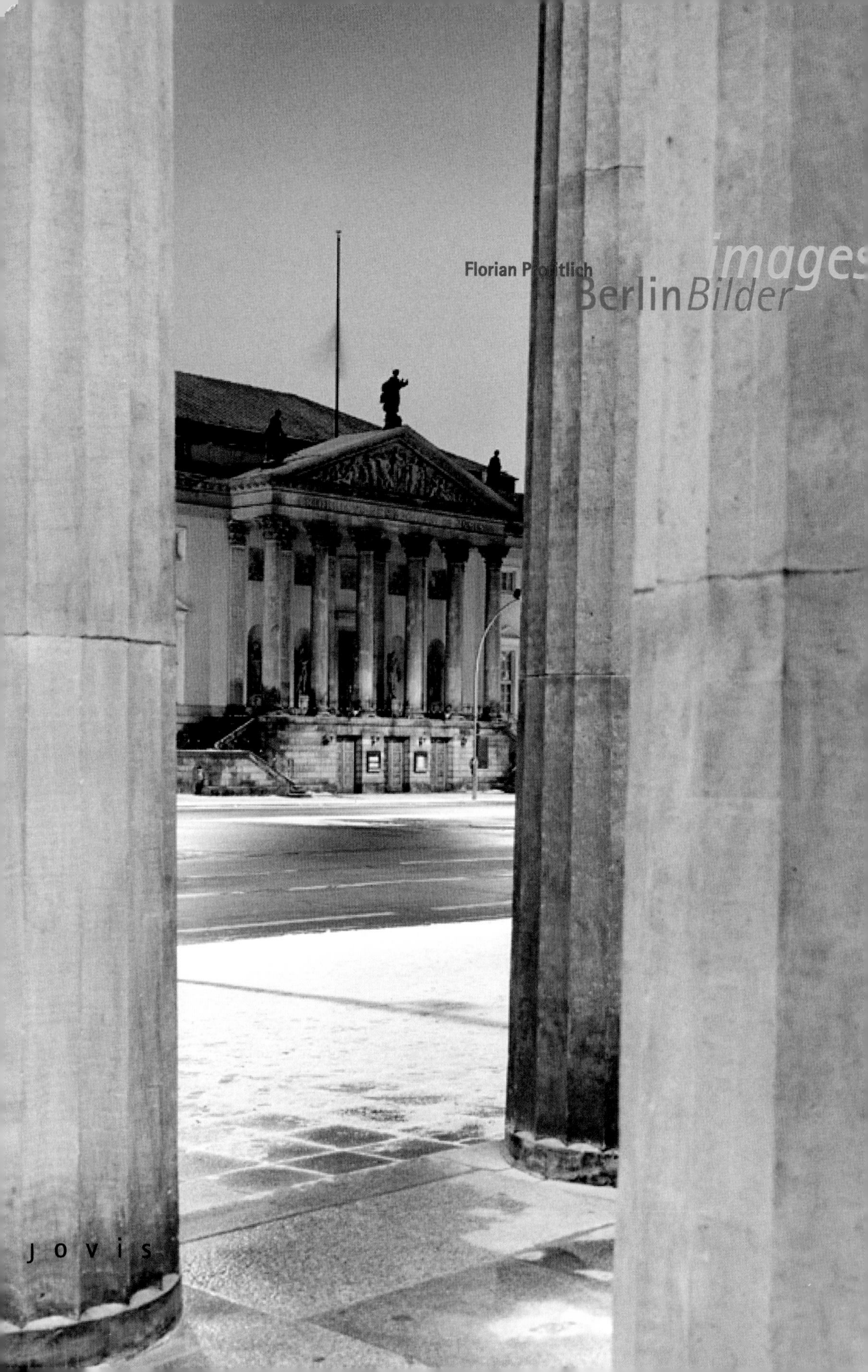